존 브라운

# 존 브라운

W.E.B. 뒤 보아 지음 | 김이숙 옮김

## 존 브라운의 무덤에 바치는 찬가

그의 육신은 썩어 흙이 되었네
육신은 썩어 흙이 되었으나
그의 영혼은 아직도 행진하고 있지

그는 진실한 열아홉 대원들과 함께 하퍼스 페리를 점령하여
늙은 버지니아가 무서워 벌벌 떨게 만들었지
그들은 그를 반역자라고 목매달았어
실은 그들이 반역 무리이거늘
그의 영혼은 아직도 행진하고 있지

존 브라운은 노예의 자유를 위해 죽었다네
노예를 자유케 하기 위해 목숨을 바쳤다네
그러나 그의 영혼은 지금도 행진하고 있지

저 하늘의 별들은 기쁜 얼굴로 내려다보고 있어
저 하늘의 별들은 기쁜 얼굴로 내려다보고 있어
늙은 존 브라운의 무덤을

―남북전쟁 때 북군이 즐겨 부르던 노래―

―저자 서문―

# 흑인 민중의 진정한 영혼을 일깨운 존 브라운

샌번과 힌튼, 코넬리, 레드패스가 존 브라운에 대해 이야기한 후로, 오로지 존 브라운의 삶을 다른 각도에서 조명해보고 싶은 마음에서, 그들이 매우 조심스럽게 수집했던 자료를 새롭게 강조하고, 다른 시각에서 이러한 사실들을 다루어볼 기회를 가졌던 것 같다. 이 책에서 채택한 시각은 별로 알려지지는 않았으나 엄청나게 중요한, 미국 흑인들의 내적 발전을 토대로 바라본 것이다.

존 브라운은 오직 흑인을 위해 애쓴 것이 아니었다. 그는 그들과 함께 노력했다. 그들의 일상생활의 벗이었으며, 그들의 결점과 장점을 알았고, 미국 백인들이 거의 느끼지 못했던 그들의 쓰라린 비극을 느꼈다. 그러니 존 브라운의 이야기는 그의 활동이 보여주는 이러한 측면을 적절히 강조하지 않고는 완성될 수 없을 것이다. 그러나 애석하게도, 이러한 우정과 오래 지속된 친밀감에 관한 서면 기록 가운데 현재 존재하는 것이 거의 없어서, 덧붙여 제시할 자료가 별로 없다. 대부분의 경우 앞에서 말한 저자들(나는 그들을 아낌없이 인용했다)과 앤더슨, 페더스톤호, 배리, 헌터, 보우틀러, 더글러스와 해밀턴 같은 다른 작가들을 인용하는 것에 만족해야 할 것이다. 하지만 특별한 자료가 없다 하더라도 명백한 진실은 분명히 모습을 드러내며, 이 책은 흑인 민중의 진정한 영혼을 어루만지는 데 가장 가까이 다가간 사람에 대한 기록이며, 그에게 바치는 찬사다.

W.E.B. 뒤 보아

―역자 서문―

# 몸과 마음의 자유를 찾은 영혼

　노예는 가고 싶은 곳을 자유로이 갈 수 없고, 읽기를 배우는 것이 법으로 금지되어 있으며, 자신의 의사에 따라 결혼을 할 수도 없고, 주인이 마음대로 죽이거나 살릴 수 있으며, 사고 팔 수 있는 사람을 가리킨다. 노예제도란 노예에게 가하는 이러한 제한과 주인에게 주어진 이 같은 권리를 법적으로 보장한 제도를 말한다. 미국에서는 불과 100여 년 전까지도 이러한 제도가 실제로 있었다. 주인이 백인이고 노예가 흑인이던 아메리카의 노예제도는, 19세기 문명사의 가장 추악하고 가장 더러운 오점으로 남았다.

　"억압의 대가는 자유의 대가보다 크다."

　억압은 인간을 타락시키며, 인간의 타락은 타락한 사람들과 타락시킨 사람들 모두에게 크나큰 대가를 요구한다. 아메리카의 노예제도는 노예의 인간성만 파괴한 것이 아니라, 노예주의 영혼도 빼앗아갔다. "빛과 자유를 사랑하는 태양의 아이들"이었던 노예들은 "몸과 마음과 영혼의 굴종"을 받아들였으며, 자유를 찾아 신세계로 건너온 검소한 개척자들이었던 주인들은 노예를 갖게 된 순간부터 악마의 얼굴로 변했다. 그리하여 타락한 사람들과 타락시킨 사람들 모두 타락의 소용돌이에 휘말려 좀처럼 빠져나오지 못했다. 그 가운데 몇 사람은 매우 드물게 그 소용돌이를 뚫고 세상 밖으로 나왔다. 그러한 소수는 예사롭지 않은 힘과 용기를 지녔거나, 천성적으로 타락에 예민하여 죽을힘을 다해 타락 밖으로 뛰쳐나간 것이다. 그들의 예민함은 이따금 역사에 그 자취를 남기기도 한다. 그와 같은 소수 중에 존 브라운이 있었다.

그는 배우지 못했다. 정식 학교 교육은 거의 받아보지 못했으며, 책도 읽은 것이 별로 없었다. 고통스러울 정도로 수줍어했으며, 친구도 거의 없었고, 홀로 황야를 떠도는 것이 그의 특별한 즐거움이었다. 가난하여 소년 시절부터 무두질을 배웠으며, 혼자 힘으로 공부하여 전문 측량기사가 되기도 하고, 우체국장을 지내기도 했으며, 목재 판매상이 되기도 하고, 양을 치며 양모사업을 벌이기도 했다.

열두 살에 "예시처럼" 학대당하는 한 흑인 노예 소년을 목격한 후, 그의 "날카로운 눈은 항상 사람의 길을 찾고 있었으며, 그의 섬세한 가슴은 모든 곳에서 일어나는 부정과 잘못에 민감"하여, 노예에게 자유를 주어야 한다는 생각이 수십 년 동안 "정욕처럼" 그를 "사로잡았"다.

그는 "단순했다. 화가 나도록 단순했다. 교양이나 학식, 행복이나 전통에 관한 궤변은 그의 마음을 조금도 움직이지 못했"다. 그리고 그는 예민했다. 그의 예민함은 그에게 '노예제도는 그르다'고 말해주었으며, 그의 단순함은 '그것을 죽이라'고 명령했다. 양심에 호소하는 권고가 노예를 해방시키거나 온건한 정치 활동이 노예제도를 폐지할 수 없다고 느낀 그는, '노예제도는 피로써만 없앨 수 있을 것'이라는 결론을 내렸다. 그리고 그 결론에 따라 행동했다.

그는 22명의 동지를 이끌고 노예제도의 상징인 정부의 무기고를 습격했다. 그의 소규모 병력을 보고 사람들은 그의 '뻔뻔스러움'에 경악했으며, 그를 정신병자로 몰아세웠다. 인간의 이기심이란 때로 자신의 나약함을 감추기 위해 행동하는 사람을 정신병자로 매도할 만큼 극악한 것이기도 하다.

백인인 그가 흑인 노예의 자유를 위해 목숨을 바치게 만든 것은 무엇이었을까?

"억압받는 이들과 학대당하는 이들, 하나님의 판단으로는 당신처럼 선하고 소중한 그들에 대한 나의 연민 때문이었소…… 그대들은 내가 가장 불쌍하고 가장 힘이 약한 흑인들, 노예제도로 말미암아 억압당한 그들의 권리를 가장 부유하고 유력한 사람들의 권리만큼이나 존중한다는 사실을 이해해줬으면 좋겠소. 그것이 나를 움직여온 사상이었소. 오로지 그것만이. 억압당한 이들의 비탄에 젖은 울부짖음이 나의 동기이며, 내가 이곳에 오도록 부추긴 유일한 이유요. 나는 내가 옳았다고 믿으며, 틀렸다고 생각하지 않습니다……."

모든 종교의 가르침은 '연민'으로 모아진다고 볼 수 있다. 인간 사회를 가장 인간답게 만드는 것은 '연민' 아니겠는가. 그런 의미에서 이웃을 위해 '피흘림'을 마다하지 않았던 존 브라운은 가장 종교적인 사람이었다. 악을 알아보고도 그것을 내치지 않는 것은 그에게는 벌받을 일이었다. 그의 연민은 '피흘림'조차도 "사랑의 행위"로 만들었다. 그의 습격은 노예뿐 아니라 주인들도 노예제도라는 "비참한 생활방식에서 해방시키기 위"한 것이었다. 그의 습격은 정부의 무기고인 '하퍼스 페리'에 3일간의 자유를 주었고, 그의 영혼과 그곳의 흑인들은 그 자유를 누렸다. 그는 평생에 걸쳐 꿈꿔온 정의 사회를 3일 동안 그곳에 건설했다.

그러나 그의 습격은 실패했으며, 그와 세 아들은 죽음을 당했고, 다른 대원들은 교수형을 당하거나 포로가 되거나 도망자가 되었다. 하지만 그가 "노예제도를 끝장내는 전쟁을 끝내지 않았던 거라면, 적어도 노예제도를 끝장내는 전쟁을 시작한 것이었"음을 역사는 증명했다. 그가 하퍼스 페리에서 3일 동안에 보여준 곧은 정신, 교수형을 선고받고 법정에서 한 최후의 감동적인 변론과 그의 마지막 죽음은 무관심과 침묵으로 일관하던 미국인들의 가슴에 불을 질렀으며, 머지않아 남북전쟁을 일으키는 도화선이 되었다. 남북전쟁은 엄청난 피흘림을 대가로, 노예와 주인 모두 인간이기를 포기하게 만든 극악무도한 노예제도의 공식적인 종말을 선언했다.

그를 정신병자라고 비웃는 사람들의 이기심과 나약함을 슬퍼하며, 그는 이렇게 말하고 떠났다.

"이웃을 사랑하는 모든 이들에게 내 사랑을 전합니다. 내가 공개적으로 참살을 당할 때, 나약하거나 위선적인 어떤 기도도 내게 쏟아지지 않기를 간청해왔습니다. 또한 내 유일한 신앙심 깊은 종자(從者)들은 백발의 노예 어머니들이 인도하는, 불결하고 남루하고 모자도 쓰지 않은 맨발의 불쌍하고 가여운 노예 소년들과 소녀들이기를 기도했답니다. 안녕! 안녕히!"

2003년 6월
옮긴이 김이숙

# 습격 지점이 표시된 하퍼스 페리 지도
## MAP OF HARPER'S FERRY

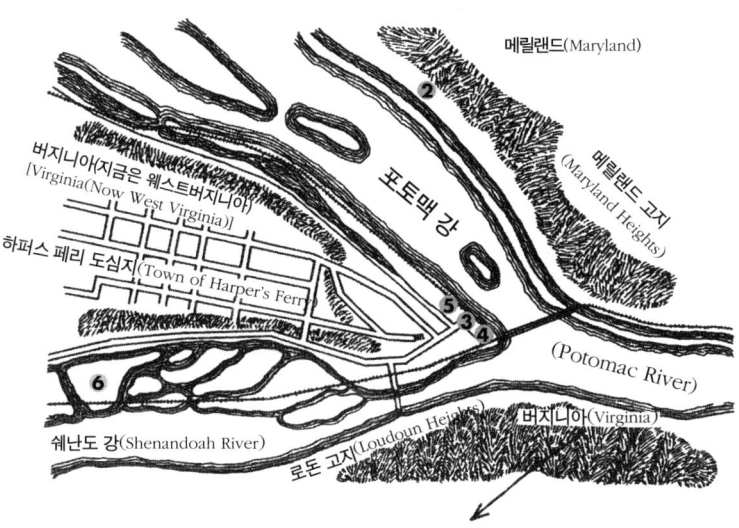

**장엄한 검은 길로 향함**(To the Great Black Way)

1. 케네디 농가
2. 교사(校舍)
3. 병기고
4. 조병창
5. 차고
6. 소총 제작소

# 장엄한 검은 길
## MAP SHOWING THE GREAT BLACK WAY

- 존 브라운의 일기에 표시된 하퍼스 페리와 다른 지점들
- 늪지
- 산악지대

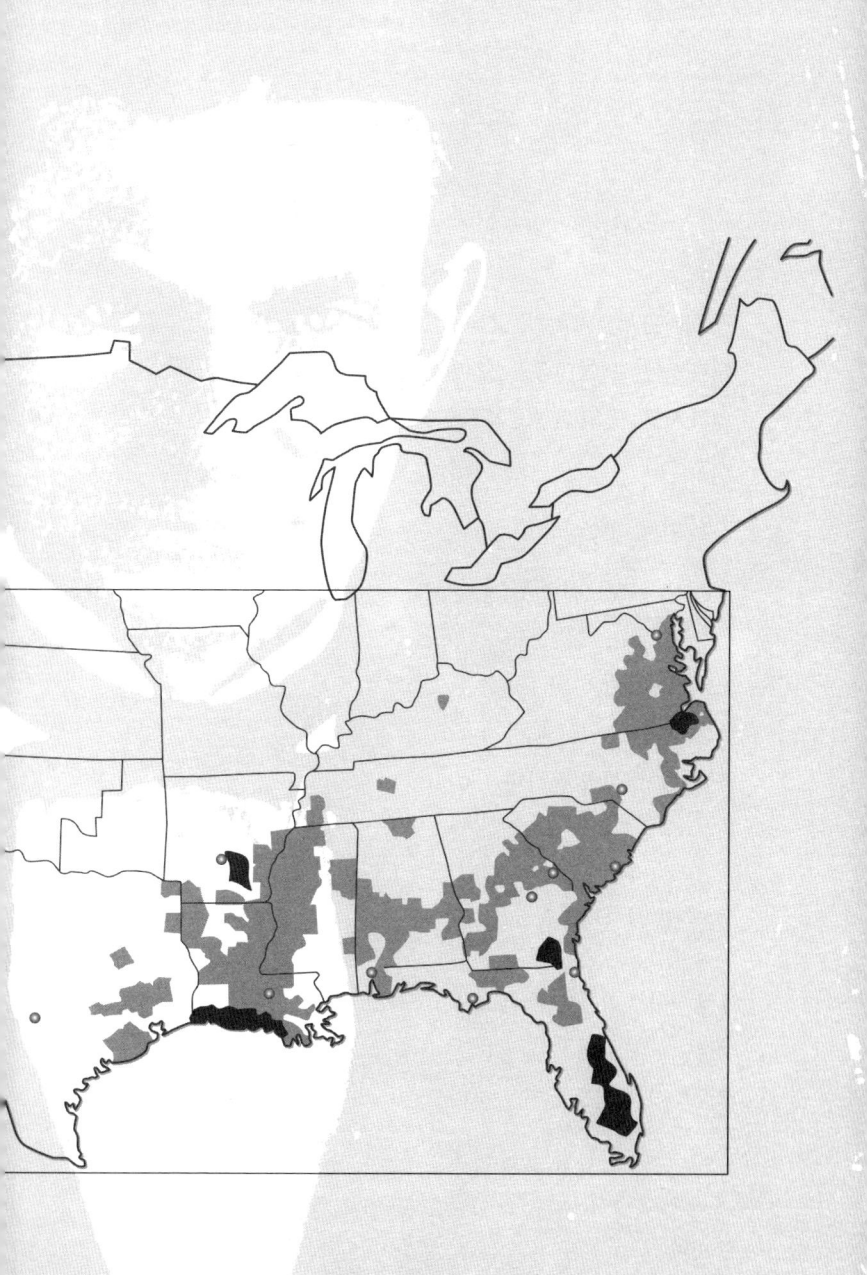

차례

존 브라운 무덤에 바치는 찬가  5
저자 서문—흑인 민중의 진정한 영혼을 일깨운 존 브라운  6
역자 서문—몸과 마음의 자유를 찾은 영혼  8
지도  13

## 1부 무두장이

1장—신세계의 덫  21
2장—삶을 바꾼 세 가지  28
3장—불행이 엄습하다  36

## 2부 캡틴 브라운

1장—아프리카의 마력  89
2장—캔자스의 부름  145
3장—작은 전투를 계속하다  170

## 3부 3일간의 자유

1장—원대한 계획  231
2장—흑인 동지들과의 만남  270
3장—장엄한 검은 길  310
4장—결전의 날  347
5장—진실은 반드시 승리하리라  378

연보  409
미주  415
부록  425

—1부—
# 무두장이

― 1 ―

# 신세계의 덫

이는 주께서 선지자로 말씀하신바,
애굽에서 내 아들을 불렀다 함을 이루려 하심이니라.

아프리카의 신비로운 마력은 지금도, 그리고 과거에도 줄곧 아메리카 전체에 드리워졌다. 이 마력은 아메리카가 해야 할 가장 힘든 일의 길잡이 노릇을 해왔고, 아메리카 최고의 문학작품에 상상력을 불어넣었으며, 아메리카의 가장 달콤한 노래들을 불러왔다. 아메리카 최대의 운명―의식되지도 않은 채 비록 멸시당하고 있지만―은 옛 아프리카가 아메리카의 아버지들의 아버지들에게 주었던 선물들을 다른 어떤 대륙보다 먼저인 아프리카 대륙에 되돌려주는 것이다.

그러나 아메리카가 아프리카에 빚진 수많은 감화 가운데 가장 큰 것은, 이처럼 검은 대륙의 아이들이 지닌 슬픔이 불러들인 10여 명의 영웅적인 사람들이다. 이들은 사실을 깨닫고 타인을 위해 헌신하겠다는 신념을 용기 있게 실천한 사람들로 베네제트, 게리슨, 해리엇 스토위, 섬너, 더글러스, 링컨…… 등이다. 하지만 이때 어느 누구보다도 존 브라운을 가장 먼저 꼽아야 할 것이다.

존 브라운은 신념이 굳고 투박한 사람이었다. 힘차면서도 섬세하게 조각한 사람 같았다고나 할까. 존 브라운이라는 인물을 만드는 데는 크롬웰의 '철기병(鐵騎兵)'다운 단호한 공정성과 웨일스 켈트족다운 자유에 대한 불꽃 같은 갈망, 네덜란드 주부다운 검약 등이 한몫을 했다. 초기에 아메리카에서의 피난처를 찾아 미지의 바다를 건넌 것은 바로 이런 것들—검약, 자유, 공정성—이었다. 하지만 이것들은 나중에 왔다. 그보다 먼저 탐욕이 왔으며, 탐욕은 아프리카에서 흑인 노예들을 데려왔다.

콜럼버스가 이끈 바로 그 배를 타고 오지는 않았다 하더라도, 뒤를 이어 니그로가 왔다. 그들은 드 소토*를 따라 미시시피로 왔고, 다이용과 함께 버지니아를 보고, 코르테스*와 함께 멕시코를, 피사로*와 함께 페루를 보았으며, '시볼라의 일곱 황금도시'**를 찾아가는 코로나도*의 서부 유랑길을 인

---

* **드 소토** De Soto. 1496~1542. 에스파냐의 탐험가이자 정복자. 중앙 아메리카와 페루를 정복하는 데 참여했고, 북아메리카 남동부 지역을 탐험하던 중 미시시피 강을 발견했다.
* **코르테스** Hernan Cortez. 1485~1547. 에스파냐의 정복자. 아즈테카 왕국을 멸망시키고 멕시코를 스페인 왕의 영토로 만들었다.
* **피사로** Francisco Pizarro. 1475~1543. 에스파냐 정복자이며 탐험가. 에스파냐에서 페루를 독립시키기 위해 최초의 진정한 투쟁을 이끈 식민주의자이다.

도했다. 순례자들이 오기 1년 전, 그들은 북아메리카 대륙에 영구적으로 발을 들여놓았다.

이러한 흑인들은 자신의 의지에 따라 온 것이 아니었다. 새로운 아메리카의 조급한 탐욕이 세계의 노동자들을 노예로 만들려는 풍습, 빈사상태에 이르렀으나 잊혀지지 않은 풍습을 이기적이고 한편으로는 경솔하게 '신세계'에서 되살리려 했기 때문에 온 것이었다. 이리하여 대서양 서쪽에서 부와 자유가 탄생하면서 노예제도가 생겨났다. 노예제도는 점차 인종과 피부색에 따른 계급 차별 위에 구축됨에 따라 더욱더 잔인하고 끔찍해져서, 인류애라는 공통의 결속력마저 깨뜨리고 출생과 외모라는 인위적인 장벽을 만들어냈다.

그 결과는 악(惡)이었다. 모든 불공평이 그럴 수밖에 없듯이. 처음에 흑인들은 자신들을 옭아맨 속박 속에서 몸부림치고 발버둥치며 죽어갔다. 그들의 피는 대서양을 건너는 길과 아름다운 서인도제도 주위의 길을 붉게 물들였다. 시간이 흐르면서 그러한 속박은 그들을 더욱 심하게 옭아맸으며, 그들은 음울한 무관심 또는 행복한 무시에 복종하여, 이따금 사납고 격심한 복수의 불꽃을 짧게 피워올릴 뿐이었다.

이러한 흑인들은 인간일 뿐이었다. 훌륭한 다른 인간들과

▪ **황금도시** 16세기에 에스파냐 정복자들이 북아메리카에서 찾던 전설적인 영화와 부귀의 도시들
▪ **코로나도** Francisco Coronado, 1510~1554. 에스파냐의 탐험가. 보물도시를 찾기 위해 북아메리카 지역을 탐험했으며, 탐험 목적을 이루지는 못했지만 그랜드캐니언과 같은 북아메리카 남서부의 주요 대지형들을 발견했다.

조금도 다르지 않은 인간이었다. 몸집이나 신장 면에서는 키가 더 큰 민족들보다 현격하게 작았으며, 다부졌다. 지적 능력과 도덕적 균형성 면에서는 모든 인간에게 넉넉한 형제애를 보여주어 '열정적인 인간'의 모습을 갖추었으며, 이는 바로 그들의 특색이 되었다. 아프리카의 축축한 열기 밑으로 따스한 구릿빛 피부와 곱슬곱슬한 머리카락, 다채로운 음악과 삶에 대한 심미적인 향유, 물물교환과 교역에 대한 직감, 가족의 삶과 정부에 대한 강한 유대감이 자리잡고 있었다.

그러나 이러한 특징은 야만적인 노예 매매로 말미암아 흑인들이 오래 살던 땅을 떠나 다른 풍토와 다른 사람들에게로 급격하게 이주당하면서 상처를 입고 상하고 오해를 받게 되었다. 그들의 피부색은 예속의 상징이었으며, 그들의 열대지방 습관은 게으름으로 여겨졌고, 그들의 예배는 이교도적인 것으로 생각되었으며, 그들의 가풍과 통치체제는 무자비하게 뒤집히고 더럽혀졌다. 그들의 수많은 선은 악이 되었으며, 그들의 많은 악은 선이 되었다.

억압의 대가는 자유의 대가보다 더 컸다. 인간의 타락은 타락한 사람들과 타락시킨 사람들 모두에게 상당한 대가를 요구한다. 니그로 노예들은 마지못해 온순과 공허한 무지로 빠졌으며, 반면 그들의 주인들은 자신들도 모르는 사이에 엄청난 소용돌이에 휩쓸렸다. 노예제도는 그들을 폭력과 계급 차별과 잔학이 판치는 더 어두운 시대로 거슬러오르도록 만드는 한편, 자유와 향상이 소용돌이치는 급류를 탈 수밖에 없도록 몰아붙였다.

그들은 르네상스라고 부르는 수세기에 걸친 야만적인 잠에서 깨어나 놀라운 문명의 각성을 이루고자 하는 충동을 느꼈다. 그들은 우리가 종교개혁이라 부르는 유럽의 의식을 강력하게 휘저어놓은 모태였다. 또한 그들과 그들의 자손은 새로운 세기에 새로운 땅에서 인간의 자유의 초석을 놓는 데 주요한 역할을 할 운명이었다. 그 땅에서는 이미 이러한 새로운 자유가 탄생하는 데 따른 고통이 느껴졌다. 늙은 유럽은 신대륙에서 영적인 곳에 대한 거대한 갈망을 낳았다. 그래서 르네상스의 자유와 종교개혁의 엄격한 도덕과 부를 찾는 사람들의 검약 정신이 아메리카로 확대되었다.

세 지역은 시간이 신세계에 이식한 이런 세 가지 특징을 상징했다. 즉, 영국은 루터 반란의 마지막 흰 꽃인 청교주의를 보냈으며, 네덜란드는 르네상스의 새로운 활력과 검약 정신을 보냈다. 한편 켈트족 국가와 프랑스, 아일랜드, 웨일스 같은 몇몇 국가는 개인의 자유에 대한 격렬한 갈망을 보냈다. 이러한 세 요소는 겸허한 인간으로 변장하고 오는 경우가 많았다. '메이플라워호'의 영국인 목수, 새로운 도시를 찾아온 암스테르담의 재단사, 웨일스의 방랑자 같은 모습으로. 그러한 세 사람에게서 오랜 세월이 흐른 뒤에 존 브라운이 태어났다.

얽히고 설킨 인간의 실마리를 풀기 위해 우리는 하나님이 특별한 인간들을—세계의 구원을 찾아온 선택된 배를—보낸다고 기쁘게 믿기도 한다. 자유와 청교주의와 상업의 화신—노예제도의 역류를 뚫고 휩쓸려온 이 새롭고 거대한 물결—이, 오랜 세월이 흐른 뒤에 와서 자유로 가는 길을 가르쳐주고 자유의 대가가 억압의 대가보다 적다는 사실을 깨달은 사람을 탄생시킨다는 것보다 더 잘 들어맞는 이야기가 있을까?

정말 그랬다. 1620년의 황량한 12월, 한 목수와 직조공이 플리머스\*에 착륙했다. 피터와 존 브라운이었다. 목수인 피터는 훌륭한 가문의 혈통이었던 것 같다. 확신할 수는 없으나 영국의 국왕 헨리 8세가 그의 청교주의를 빌미 삼아 화형에 처한 16세기 초의 바로 그 존 브라운 가문이었는데, 그의 아들 또한 거의 똑같은 운명을 맞았다. 피터 브라운이 상륙한 지 30년이 지나서 웨일스 사람 존 오웬이 코네티컷의 윈저로 와서 그 사회를 건설하는 데 이바지했으며, 그 옆에 네덜란드의 재단사 피터 밀스가 정착했다. 1700년에 코네티컷에서 태어난 피터 브라운의 손자에게는 미국 독립전쟁에 참여한 군인 아들이 하나 있었는데, 이 아들은 웨일스 사람의 한 손녀와 결혼하여 1771년 2월에 존 브라운의 아버지 오웬 브라운이라는 아들을 낳았다. 이 오웬 브라운의 한 이웃 사람은 "내 아버지는 그를 매우 존경하고 존중했던 것으로 명확히" 기억

---

■ **플리머스** 식민지시대 뉴잉글랜드 최초의 영국 식민지가 된 매사추세츠 주의 항구로, 종교의 자유와 더불어 더욱 풍요로운 삶을 찾고자 했던 영국 청교도들이 메이플라워호를 타고 신대륙에 첫발을 내디던 곳이다.

난다고 했다.

"그는 그 옛날의 코네티컷 풍습대로 진실로 독실하고 경건한 사람이었다. 그의 한 가지 특색은, 그의 이름과 인격을 내 기억에 깊이 새겨 지울 수 없게 만들었다. 그는 고통스러울 정도로 심각한 말더듬이였다. 나는 그토록 심한 결점을 가진 사람은 처음 보았는데, 내 기억으로는 이날까지도 내가 아는 그 어떤 말더듬이보다 심했다. 우리 집은 1807년 초여름에 허드슨에서 다른 개척지로 이주했다가 1812년에 코네티컷으로 돌아갔기 때문에, 나중에는 그 가족의 어느 누구도 만날 기회가 드물었다. 그런데 나는 이날까지도 목에 들러붙은 듯한 한마디와 씨름하며 질식이라도 할 것 같은 사람을 볼 때면, 기도할 때를 제외하고는 더듬지 않고 말을 할 수 없었던 선량한 오웬 브라운 씨를 기억해내지 않을 수가 없다."[1]

1800년 5월 9일, 오웬 브라운은 이렇게 적었다.

"존이 태어났다. 제 고조부가 태어난 뒤 100년이 지나서. 특별한 건 전혀 없다."[2]

—2—

## 삶을 바꾼 세 가지

하나님께로 보내심을 받은 사람이 났으니,
그의 이름은 요한(John)이라.

 

열두 살 아니면 열다섯 살의 키 크고 당당한 소년은 "맨발에 모자도 쓰지 않고, 사슴 가죽 바지에 이따금 가죽 멜빵 하나를 달아 어깨 위로 걸치고"[1] 북부 오하이오의 숲 속을 배회했다. 그는 이 낯설고 황량한 땅으로 왔던 시절을 떠올렸다. 커다란 흰 마차와 음매 하고 울음소리를 내는 소 떼를 몰고 코네티컷에서 펜실베이니아를 거쳐 융기한 언덕들과 산들을 넘어 떠돌던 그 시절, 5명의 사내아이들은 눈을 동그랗게 뜨고 사나운 들짐승과 볕에 타 거무스름한 더 거친 사람들(인디언들)의 이 새로운 세계를 빤히 쳐다보았다. 머지않아 삶 자체가 현실 속에서 펼쳐져, 소를 몰고 방울뱀을 죽이며, 대지와 나무와 하늘뿐인 장엄한 아침이면 마음껏 말을 달리는 그 사람들을 보았다. 그는 "이 거칠고 새로운 땅에서 어슬렁거리며, 새와 다람쥐와 이따금은 야생 칠면조의 둥지를 발견하는 방랑자"가 되었다. 처음에는 인디언들을 보면 낯선 두려움이 가득 밀려왔다. 그러나 다정하고 사려 깊은 아버지는 인디언들을 악당으로도 소유물로도 생각하지 않았기 때문에 이러한 두려움은 "금세 떨어져 나갔으며, 그는 예절을 저버리지 않을 정도로 인디언들 주위를 배회하곤 했다."

이렇듯 자유분방하고도 조용한 삶의 희비극은 이상할 정도로 단순하고 원시적인 것들을 떠올리게 했다. '3개의 큼지막한 놋쇠 못바늘' 훔치기, 한 인디언 소년이 그에게 주었던 불가사의한 노란색 조약돌을 잃어버린 일, 꼬리가 잘린 작은 다람쥐에 대한 애정과 그 다람쥐를 잃어버린 사건(그는 이 다람쥐 잃은 것을 슬퍼하며 헛되이 세상을 찾아다녔다), 마지막으로 항상 이곳에 있는 죽음—한 마리 암양의 죽음과 어머니의 죽음—의 그림자.

이 모든 일들은 그가 여덟 살이 되기 전에 일어났으며, 이러한 일들은 그를 키운 최고의 교육이었다. 그는 가죽을 곱게 다듬어 채찍 끝의 나긋나긋한 부분을 만들 수 있었다. 소 떼를 지키고 인디언과 이야기를 나눌 수도 있었다. 그러나 책과 정식 학교 교육은 거의 받아보지 못했다.

"존은 절대 싸우기를 좋아하는 아이가 아니었으나 지나칠 정도로 어렵고 거친 놀이를 좋아했으며, 그러한 놀이는 전혀 그의 성에 차지 않았다. 짧은 기간 동안 이따금 학교에 보내졌을 때는, 씨름을 하고 눈싸움을 하고 달리고 뛰고 누추한 모직 모자를 벗어던져 버릴 기회를 가졌다. 이는 학교라는 틀에 박힌 속박을 보상해줄 수 있는 거의 유일한 탈출구였다."

"그러한 기분을 느끼거나 학교에 갈 기회가 거의 없었던 그는, 그다지 학식 있는 사람이 되지는 못했다. 항상 집에 머물며, 학교로 보내졌을 때보다 더 열심히 일하는 쪽을 선택하곤 했다." 결과적으로 "문법에 대해서는 아무것도 배우지 못했으며, 사칙연산과 같은 기본적인 산수에 대해서도 학교에서는 별로 많은 지식을 얻지 못했다."

열 살이 되어 거의 유일하게 읽은 것은 조그만 역사책 한 권이었는데, 한 오랜 친구의 열린 책장이 그를 그 역사책으로 유혹했다. 그는 놀이 시합이나 운동 경기에 대해서는 아무것도 몰랐다. 친구도 거의 또는 전혀 없었으며, "집을 떠나 홀로 꽤 멀리까지 황야를 떠도는 것이 그의 특별한 즐거움이었다……. 열두 살이 되었을 무렵에는 소 떼를 몰고 100마일 이상 떨어진 곳까지 가곤 했다." 그래서 그의 영혼은 고립하여 홀로, 하지만 속박이나 구속을 받지 않고 자라, 지나치게 겸손하면서도 아주 강하고 확고한 의지를 지녔다. 다른 사람과 자리를 함께할 때면 고통스러울 정도로 수줍어하고 부끄럼을 탔으며, 더 작은 영혼들이 비웃거나 잊어버릴 사소한 잘못도 항상 자신의 마음속을 살피는 그에게는 과장되어 끔찍하게 보였다. 존에게는 "매우 어리석고 나쁜 습관이 하나 있었다……. 거짓말을 하는 버릇이었다. 대체로 비난이나 처벌을 면하기 위해서"였다. 그 이유는 "비난받는 것을 잘 참아내지 못했기 때문이다. 지금 생각해보니 좀더 자주 전적으로 솔직해지도록 격려받았더라면…… 이러한 잘못을 그토록 자주 저지르지는 않았을 것이며, (만년에) 그토록 오랫동안 그토록 하찮은 버릇과 씨름할 필요도 없었을 텐데."

그러한 천성은 본질적으로 경건하고 신비주의적이기까지 하지만 결코 미신적이지 않았고, 신경(信經)과 신조(信條)를 맹목적으로 신봉하지는 않았다. 그의 가족은 사상이나 기강 면에서 완고한 청교도가 아니었으며, 오히려 존이 태어나기 바로 전까지는 근면한 개척정신을 지닌 온화한 이교주의에 심취했다.

그의 아버지가 기이한 칼뱅파의 은어를 사용해서 인용하는 바에 따르면, "나는 1782년에 마음 편히 살았다. 1782년은 기억할 만한 해였다. 캔턴이라는 도시에서 대규모의 종교 부흥집회가 있었기 때문이다. 어머니와 누나들과 형 존은 에드워드 마일스 경이 이끄는 그해 여름의 부흥집회에서 구원에 대한 희망을 만났다. 내가 그 집회의 대상이었는지는 확실히 말할 수 없지만, 이 점만은 말할 수 있다. 그때 설교를 듣기 시작했다고. 지금도 선명하게 기억나는데, 그 모든 설교를 다 듣지는 않았으나 그러한 설교의 주제가 무엇인지는 알았다. 우리 가족의 변화는 엄청났다. 형 존이 시작한 가족에 대한 숭배는 그후로 언제까지나 이어졌다. 캔턴에서 특별 예찬 모임이 있었는데, 우리 가족은 성가대원이 되었다. 협의회 모임이 지속적으로 이루어졌으며, 예찬 모임―모든 예찬 모임은 우리 가족을 매우 좋은 교제단체로 끌어들였는데—은 은총을 갈구하는 우리에게 크나큰 도움을 주었다."

이렇게 해서 숲 속의 이 어린 자유인은 종교적인 분위기에서 태어났다. 엄격하고 지적인 청교주의의 분위기가 아니라, 더 온화하고 더 섬세한 유형의 분위기에서. 그렇다 하더라도 천성적으로 회의적인 성향을 타고난 그의 정신이 아무런 의심 없이 받아들인 건 아니었다. 그의 삶과 교회의 원칙들은 그를 온전하게 만족시키지 못했으며, 그는 "어느 정도의 기독교 개종자"가 되었을 뿐이다.

그러나 그의 의문들에 대한 한 가지 답이 그 자체의 놀랄 만한 자격증을 품고 나타났다. 읽은 책이 거의 없고, 사고 세계에 대한 좁은 식견을 가진 사람에게 더 놀랄 만한 모든 의문에 대한 자격증, 즉 영어판 성경이 나타났던 것이다. 그는 자라서 "성경의 진정성을 확고하게 믿는 사람이 되었다. 이 책에 매우 정통했다."

그는 성경을 읽고 또 읽었다. 긴 구절들을 외우기도 했다. 간단하고 박력 있는 구절을 영어로 모사했으며, 자기 존재와 역사, 시, 철학, 그리고 진실의 핵심으로 끌어들였다. 그에게는 구약의 지독한 위엄이 신약의 사랑과 희생만큼 진실했으며, 구약과 신약이 함께 어울려 그의 영혼을 닦았다. "이러한 사실은 그의 생의 처음 15년을 이해하는 데 도움을 줄 것이다. 그 기간 동안 그는 나이에 비해 매우 강하고 몸집이 커졌으며, 한 인간으로서 아무리 어려운 일이라도 끝까지 수고하고 애쓰겠다는 야심을 품었다."

 어린 존 브라운은 1812년에 일어난 전쟁으로 말미암아 삶이나 사건들과 최초로 폭넓게 접촉했다. 헐*의 불길한 출정은 그의 서부 고향 가까이에 전투 현장을 끌어들였다. 방랑을 즐기는 단순하고 늙은 영혼으로, 선견지명은 없어도 검약했던 그의 아버지는 쇠고기 도급자가 되었으며, 소년은 아버지의 소 떼를 몰고 헐의 진지 근처를 어슬렁거렸다. 진지의 군인들을 만나 자신의 용감한 행동을 칭찬받았으며, 나이에 어울릴 것 같지 않은 이야기에 귀를 기울였다. 그러나 그는 현혹되지 않았다. 그가 느끼는 전쟁은 진짜 전쟁이었으며, 소문으로 듣거나 동화에나 나오는 전쟁이 아니었다. 그는 부끄러운 패배를 보았으며, 반역에 대한 이야기를 들었고, 사기와 속임수에 대해 알게 되었다. 질병과 죽음은 끈끈한 흔적을 남겨 디트로이트에서 허드슨 마을을 통과하여 집으로 향하는 길까지 이어졌다. "그 전쟁 때 그가 보았던 것은 군 문제를 혐오할 만큼 막대한 영향을 끼쳐서, 그는 군에서 교육이나 훈련을 받으려 하지 않았다."

 그러나 이 사람을 형성하는 이 모든 어린 시절의 예상과 예시처럼 눈에 띄는 한 사건이 있다. 우리가 분명하지 않은 윤

---

* 헐 Hull, 1753~1825. 미국의 군인이며 미시간 준주의 초대 민정지사. 1812년 영국과의 전쟁이 시작되자 미시간 방어와 캐나다 공격 임무를 지닌 부대의 지휘를 맡았다. 그러나 엉성한 계획으로 단 한 번의 전투도 치르지 않은 채 항복하여 부대와 요새를 영국군에게 넘겨주었다. 군사재판에서 비겁 행위와 임무 불이행으로 유죄 판결을 받아 사형을 선고받았다.

곽으로만 알 수 있는 사건이지만, 알지 못하는 사이에 이 소년에게 이 사람의 행위를 예시해준 사건이었다.

전쟁 때 어떤 농장주가 존을 자신의 집으로 기쁘게 맞아들였다. 소년이 소 떼를 몰고 100마일쯤 황야를 배회하다 이른 곳이었다. 농장주는 몸집이 크고 진지하며 수줍음이 많은 소년을 자신의 손님들에게 칭찬하며 애지중지했다. 그러나 존은 농장주의 응접실에서 칭찬과 좋은 음식보다 훨씬 더 흥미로운 것을 발견했다. 농장주의 앞마당에 한 소년이 있었던 것이다. 외딴곳에 사는 이 시골 소년에게는 친구애 같은 것은 드문 감정이었다. 그러나 나서기를 꺼리는 그의 성품에 따뜻한 마음이 일어 이 낯선 소년을 다정하게 환영했는데, 특히 소년은 흑인으로, 반쯤 벌거벗었으며 가련해보였기 때문이다.

존의 귀에는 주인과 그 가족의 친절한 목소리가 이 흑인 소년에 대한 가혹한 학대로 들렸다. 밤이 되자 이 흑인 노예는 지독한 추위 속에 누워서 잤다. 주인 가족은 바로 존의 눈 앞에서 쇠삽으로 이 가련한 소년을 한 번 때리더니, 손에 잡히는 대로 무기를 들고 마구 두들겨팼다. 눈을 동그랗게 뜨고 침묵을 지킨 채 그 광경을 바라보면서, 존은 의문을 던졌다. 이 소년은 서툴거나 아둔한 걸까? 아니었다. 소년은 민활하고 총명했으며, 제 종족의 따스한 인정을 품고 "셀 수 없이 많은 작은 친절한 행위들을" 보여주었다. 그래서 존은 서슴없이, 솔직하고 허심탄회하게, "자신과 똑같은 존재로 온전하게" 소년을 인정했다.

이 흑인 소년은 열심히 일했으며, 존의 눈에는 끊임없이 학대를 받아야 할 사람으로는 보이지 않았다. 오히려 기쁨을 주는 사람이었다. 세상이 이렇게 이루어져 있나? 이 소년은 아버지도 없고 어머니도 없었다. 또한 모든 노예들은 당연히 자신을 보호하거나 자신의 장래를 대비해줄 사람 하나 없이 아버지도 어머니도 있어서는 안 되었으며, 주인 마음대로 살리거나 죽일 수 있었다. 이런 제도는 반쯤 어른이 되어가는 사람에게는 두렵고 놀라운 일이라서, 그는 물었다.

"하나님이 그들의 아버지인가?"

그 땅의 150만 흑인 노예들이 그가 묻는 것을 묻고 있었다.

―3―
# 불행이 엄습하다

주의 강림하신다는 약속이 어디 있느뇨?
조상들이 잔 뒤부터 만물이 처음 창조할 때와 같이 그냥 있도다.


1819년 존 브라운이라는 이름을 가진 훤칠하고 차분하고 기품 있는 젊은이는 매사추세츠 플레인필드로 가서 모세 홀락 경의 제자로 들어갔다. 이곳은 아메르스트 대학을 준비하는 기관이었다. 그가 방랑―삶의 길을 찾는 영적인 도정, 생계를 꾸려야 하는 황야에서의 육체적 방랑―을 시작하던 시기였다. 여러 해가 흐른 뒤 그는 한 소년에게 이렇게 썼다.

"네가 좀 명확한 계획을 세웠으면 좋겠다. 계획을 확실하게 세우는 사람이 많지 않은 것 같다. 또 다른 이들은 자신이 하는 어떤 일에도 달라붙어서 열심히 하지 않는다. 이건 존에게는 해당되지 않는 얘기였다. 그는 자신의 일반적인 목표에 대한 답이 보이는 한, 자신이 시작한 일은 무엇이든 끈기 있게 매달렸다. 그러므로 자신이 맡은 일에 영향을 줄 정도로 실패하는 일이 드물었으며, 항상 자신이 맡은 일에서 성공할 것으로 예상했다."[1]

존 브라운은 플레인필드에서 교육을 받을 것이라고 예상했으며, 자신이 해야 할 일에 검약과 그의 온 삶을 특징짓는 이상주의를 보기 드물게 혼합했다. 아버지는 그를 도와줄 수 있는 것이 거의 없었다. 전쟁에 이어, 전쟁이 낳은 어쩔 수 없는 결과인 "어려운 시기"가 이어졌기 때문이다. 아버지의 표현대로, "돈은 부족해졌으며 재산의 가치는 떨어졌고, 좋은 성과를 가져오리라고 생각했던 것은 그 비용에도 못 미치곤 했다. 나는 서너 번 대량 구매를 했으나 많은 손실을 입었다."

그래서 가난한 소년이라면 스스로 자신의 길을 개척할 수밖에 없듯이, 존은 플레인필드에서 새롭게 시작했다. 이 학교 교장의 아들이 들려주는 바에 따르면, "그는 사방 1피트 정도 크기의 말굽 가죽 한 조각을 부츠 밑창에 대기 위해 가져왔는데, 그가 7년 동안 무두질한 가죽이었다. 그에게는 자신이 직접 무두질한 양가죽 한 조각도 있었다. 폭이 1인치의 8분의 1 정도인 여러 개의 끈을 잘라 만든 것이었다. 다른 학생들은 그 끈을 당겨보곤 했다. 아버지는 그러한 끈 하나를 가져가서 손가락에 감고 눈을 반짝이며 만족한 미소를 지으면서 말씀하셨다. '내가 이 끈을 끊어보지.' 아버지가 끊지 못하는 광경과 아버지 자신의 표정, 그 낡은 부엌에 있던 물건들과 사람들을 하나하나 바라보던, 단호하지만 친절하고 태연한 그 젊은이의 얼굴은 이 작은 사건을 확실히 기억하게 해주었다."[2]

 그러나 그의 모든 검약과 이곳에서의 계획은 실망을 안겨 줄 수밖에 없었다. 그는 재기가 뛰어난 학생이 아니었으며, 그가 유일하게 성공할 수 있는 기회는 길고 진지한 지원서에 있을 뿐이었다. 정규 공부를 꾀하기 전에 여러 번 지원서를 작성했으나, 대체로 뉴잉글랜드의 여러 학교를 찾아간 이런 여행은 짧은 시도에 지나지 않았다. 대부분은 허드슨에 있는 아버지의 무두질 공장에서 열심히 일했다. "열다섯에서 스무 살까지 그는 대부분의 시간을 무두장이와 제혁공인 아버지의 장사를 도우며 보냈다." 그러나 천성적으로 자신의 자리를 찾기 위해 세상의 이곳저곳을 끊임없이 기웃거렸다. 그 과정에서 점차 자신만의 찬찬하고도 확고한 방식으로 결론에 이르렀는데, 중요한 사람이 되겠다는 것이었다.

 그는 뭐든 해낼 수 있다고 느꼈으며, 지도하고 지휘하는 사람들에게 익숙해졌다. 쓸쓸한 가족을 부양했고, 무두질 공장의 직공이며 동시에 요리사였다. "공장 사람들과 의좋게 지내는 동시에 사업에 대한 면밀한 관심과 경영의 성공으로, 더 나이든 사람들 가운데 진지하고 더 지적인 부류가 그를 매우 좋아했다. 이로 말미암아 그는 자신이 존경하는 사람들에게서 수없이 정중한 대우를 받았으며, 결국 그의 허영심은 이로써 많은 영향을 받아 극도의 수줍음을 지녔는데도 불구하고 자부심과 자만심이 가득한 성인으로 성장했다. 너무 일찍부터 다른 사람이 순종하는 방식으로 형성된 이러한 습관으로 말미암아 만년에는 거만하고 지시하는 듯한 태도로 말하는 경향이 심해졌다."[3] 그래서 그가 자신에 대해 말할 때도 다른 사람들은 특이한 힘의 의식과 은근한 자부심만을 보았으며, 이는 나중에 그의 특성이 되었다.

대학 교육을 받지 못했다는 사실이 존 브라운에게 어느 정도의 실망을 안겨주었는가 하는 문제는 단정적으로 말할 수 없지만, 더 높은 교육을 받고자 하는 그의 시도는 판에 박힌 길을 충실히 따르려는 의도였던 것 같다. 그러나 기질상 그러한 분야에서는 결코 적절한 토양을 찾을 수 없었을 것이다. 대학 교육이 불가능하다는 최종 결론은 이 강하고 분방한 영혼에게 확실한 안도감을 주지 않았나 싶다. 성취와 영예에 이르는 판에 박힌 길이 폐쇄되었다면, 자신의 발길이 닿을 길이 어떤 모습이어야 하는지를 안 자의 당혹스러움에 의해서만 훼손되는 안도감을.

단순히 무두장이로 끝나지 않겠다는 결심은 그의 모든 행동과 사고에 드러났다. 그는 혼자 힘으로 공부하기로 결심하고, 일반적인 산수 능력을 통달하여 전문 측량기사가 되었다. "어렸을 때 늘씬한 소와 말, 양과 돼지를 무척 좋아하기 시작했다." 한편, 자신의 삶과 직업에 대한 실질적인 경제 감각은 무엇보다도 결혼으로 향했다. 3명의 아내와 16명이 넘는 자녀를 둔 그의 아버지가 그에게 깊은 인상을 심어주려 했기 때문이다. 존 브라운 자신도 싫지는 않았다. 그는 자신의 입으로 말했듯이, "천성적으로 여자를 좋아하는 한편, 극도로 숫기가 없었다." 이 진지한 젊은이가 최초의 불행한 연애사건으로 얼마나 깊은 실망을 느꼈을지 쉽게 상상할 수 있을 것이다. 그 사건으로 말미암아 그는 사랑받지 못하는 다른 많은 이들의 아픔을 이해했으며, "죽고 싶은 욕망을 지속적으로 강하게" 느꼈다.

하지만 젊음은 첫사랑보다도 더 강한 법이다. 그의 집을 돌봐주러 온 미망인에게 과년한 딸이 있었는데, 수수하고 친절하고 순진한 시골 아가씨였다. 존 브라운은 당연히 스무 살에 이 아가씨 다이앤디 러스크(Dianthe Lusk)와 결혼했다. 그는 그녀를 "눈에 띌 만큼 못생겼지만 깔끔하고 부지런하고 알뜰하며, 훌륭한 품성을 지녔고, 누구보다도 신앙심이 깊고 실질적인 상식을 갖춘 아가씨"로 묘사했다.[4]

겉으로 보기에 이렇다 할 목적 없이 변화하는 성품을 지닌 채 끊임없이 방랑하며 계획 없이 동요하는 이 태평한 방관자를 당황하게 만드는 시기가 이어졌다. 그는 측량기사이기도 하고, 무두장이였다가 때로는 목재 판매업자였다. 우체국장을 지내기도 하고, 목양업자가 되기도 했으며, 목축업자이기도 하고, 양치기 노릇을 하다가 농부가 되기도 했다. 허드슨에서 살다가 프랭클린에서 살기도 하고, 오하이오의 리치필드에서 살기도 했다. 펜실베이니아, 뉴욕, 매사추세츠에서도 살았다. 아직까지는 이 모든 방랑과 동요에 성장과 목적과 활동이라는 거대한 기류가 있었다. 무엇보다도 그는 한 가족의 가장이 되었다. 1821년에서 1832년까지 11년 동안 7명의 자녀가 태어났다. 아들 여섯에 딸 하나. 그의 조상들이 물려준 가장의 이상은 히브리 시(詩)에 물들어가는 것과 그 자신의 기질로 말미암아 강화되어 그의 가정에서 점점 자라났다.

그의 맏아들과 딸은 그가 가족을 어떻게 다루었는지를 알려주는 여러 사소한 사건들을 들려준다.

"2개의 큰 길을 연결하는 좁은 길에 있는 우리 집은 1824년에 아버지의 지휘 아래 지었으며, 아직도 아버지가 지었던 그 모습을 많이 간직하고 있다. 정원이 있고, 정원 주변에는 아버지가 설계한 과수원이 있다. 집 뒤쪽의 둥근 언덕에는 그때 조그만 숲이 하나 있었는데, 지금은 사라지고 없다. 언덕 아래로는 개천이 있었다."[5]

"아버지는 당신의 모든 자녀가 어렸을 때, 밤이면 두 팔에 안고 당신이 가장 좋아하는 노래들을 불러주시곤 했다"고 큰딸은 회고한다.

"아버지에 대한 최초의 기억은 어느 일요일에 한 이웃집에서 열리는 예배 모임에 참석했던 일이다. 우리가 그 집에 이르러 조금 지나자, 아버지와 어머니가 자리에서 일어나 우리를 안으셨다. 목사님이 우리의 얼굴에 물을 뿌렸다. 우리가 자리에 앉은 후 아버지는 다이아몬드 모양으로 노란 점이 찍힌 부드러운 갈색 손수건으로 내 얼굴을 닦아주셨다. 그 손수건은 내게 아름다워보였으며, 나는 아버지가 그 예쁜 손수건으로 내 얼굴을 닦아주시니 참 좋은 분이라고 생각했다. 아버지는 그런 식으로 또 다른 식으로, 많은 애정을 보여주셨다.

이따금은 매우 엄격하고 단호해보였지만, 아버지의 애정은 그분이 엄격하다는 것을 잊어버리게 만들었다…….

아버지는 하루의 노동으로 지쳐서 집에 오실 때면 잠자리로 가시기 전에 가족의 누군가에게 성경을 읽어 달라고 부탁하시며(아버지가 밤과 아침에 일과처럼 치르시는 일이었다), 거의 언제나 말씀하시곤 했다.

'다윗의 시편 하나를 읽어주렴…….'

나와 단둘이 있을 때면 아버지는 잊지 않고 최고의 조언을 해주셨다. 진실하고 간절한 마음을 지닌 어머니라면 딸에게 무엇을 해주어야 할지에 관한 것들이었다. 아버지는 항상 내 일에 관심이 많으신 듯했으며, 내가 바느질을 하거나 뜨개질을 할 때면 옆으로 다가와 일감을 바라보시곤 했다. 그리고 내가 실잣기를 배우고 있을 때는 내 솜씨가 느는 것을 보시기라도 하면 언제나 나를 칭찬해주셨다. 아버지는 말씀하시곤 했다. '무슨 일을 하든 최선을 다하는 마음으로 해야 한다.'"[6]

"아버지는 자식을 협박하지 않는다는 원칙을 갖고 계셨다. 아버지가 명령하면 순종이 따랐다"고 그의 맏아들은 말한다.

"무두질 사업에 처음 뛰어들었던 나의 견습생 시절은 눈먼 말을 이용해서 탠 수피를 연마하는 3년 과정으로 이루어졌다. 여러 달 또는 여러 해가 지나면 이 일은 약간 지루해졌다. 다른 아이들은 햇빛이 내리쬐고 새들이 노래하는 밖에서 노는데 나는 그 일을 해야 할 때면, 늙은 말에게 꽤 오랜 휴식을 취하게 해주고 싶은 유혹을 느끼곤 했다. 특히나 아버지가 집에 안 계실 때는. 그럴 때면 놀이에 열중인 다른 아이들에게 끼여들곤 했다. 이런 일로 자주 훈계를 들어야 했으며, 아버지의 표현대로 '주인 눈 앞에서만 일하는 녀석'이라고 징계를 받아야 했다……. 아버지는 결국 나의 게으름과 다른 결점들을 이렇듯 자주 훈계하시는 것에 지쳐서, 내게 다음과 같은 일종의 장부를 적용하기로 결론을 내리셨다.

존 주니어
    어머니에게 복종하지 않을 때―회초리 8대
    불성실하게 일할 때―3대
    거짓말을 할 때―8대

아버지는 때때로 이 장부를 내게 보여주셨다. 어느 일요일 아침엔가 집에서 무두질 공장까지 함께 가자고 하시면서, 셈을 치를 때가 되었다는 결정을 내렸다고 말씀하셨다. 우리는 끝손질하는 방으로 들어갔는데, 아버지는 내 결점들에 대해 오랫동안 눈물 어린 표정으로 말씀하시고 나서, 내 장부를 다시 보여주셨다. 장부에는 빚의 합계가 적혀 있었다. 나는 대월 계정이나 차감 계산이 전혀 없었으며, 당연히 파산 상태였다. 나는 꼼꼼하게 준비된 푸르스름한 회초리로 맞아서 빚의 3분의 1 정도를 갚았다.

잠시 후, 참으로 놀랍게도 아버지는 윗도리를 벗으시더니 받침 위에 앉으시고는 내게 회초리를 내밀며 당신의 맨등을 때리라고 하셨다. 나는 감히 거역할 수가 없었으나 처음에는 세게 치지 않았다. '더 세게'라고 아버지가 말씀하셨다. '더 세게, 더 세게!' 아버지는 계정 잔액이 생길 때까지 그렇게 말씀하셨다. 따끔따끔한 회초리 끝이 지나간 아버지의 등에 조그만 핏방울들이 맺혔다. 그렇게 해서 셈이 끝나고 빚이 청산되었으며, 이는 죗값의 교리에 대한 최초의 실질적인 예시이기도 했다."[7]

딸들도 회초리를 피해갈 수는 없었다. "아버지는 종종 거짓말을 했다는 이유로 내게 회초리를 대곤 하셨다"고 한 딸은 회고했다.

"하지만 아버지가 나를 처벌할 때 내가 부당하다고 생각한 건 딱 한 번이었다. 그때 아버지가 나를 어찌나 엄한 얼굴로 쳐다보셨던지, 나는 감히 사실을 말씀드릴 수가 없었다. 아버지는 우리에게서 거짓말이라는 최초의 기미를 발견하시기라도 하면 '쯧쯧!' 하고 혀를 차셨는데, 아버지의 그런 모습은 우리 아이들에게 잔뜩 겁을 주는 경우가 많았다.

처음 학교에 다니기 시작했을 무렵의 어느 날, 벤치 뒤에서 옥양목 한 조각을 발견했다. 크지는 않았으나 내게는 꽤 귀중한 것으로 보였으며, 나는 집에 이를 때까지 그 천 조각을 어느 누구에게도 보여주지 않았다. 아버지는 내 이야기를 듣고는 말씀하셨다.

'내일 학교로 갖고 가서 그걸 잃어버린 사람이 누구인지 알아볼 수 있는 데까지 알아보거라. 하찮은 것이긴 하지만, 아무리 작은 것일지라도 소중히 생각하는 것을 잃어버리면 항상 기억이 나며, 그걸 발견한 사람이 돌려주기를 바란단다.'

아버지는 내게 매우 큰 애정을 보여주셨으며, 언제나 내 눈에 띄는 한 가지는 아버지의 특별한 애정과 할아버지에 대한 헌신이었다. 추운 날 할아버지가 잠자리에 드시면 아버지는 항상 할아버지의 이불을 끌어올려 주셨으며, 밤중에 일어나 할아버지에게 방이 따뜻한지 여쭤보시곤 했다. 할아버지에게는 항상 너무나 친절하고 정다우신 것 같아, 아버지의 본보기는 보기에 아름다웠다."

그의 인정과 헌신은 특히 아팠을 때 빛을 발했다.

"아이들이 성홍열로 아프기라도 하면 당신께서 직접 우리를 돌보셨으며, 집에 찾아오는 사람을 보면 병이 옮기는 않을까 하여 집안으로 들어오지 않기를 바라며, 대문으로 나가 맞이하셨다.[8] …… 가족 중에 누군가가 아플 때면 병자를 돌보는 간호인을 잘 믿지 않고, 몸소 자리를 지키며 인자한 어머니처럼 구셨다. 한번은 어머니가 병으로 누우셨을 때, 2주 동안 매일 밤 자리를 지키셨다. 한번 잠자리에 들면 늦게까지 자버려서, 난롯불이 꺼져 어머니가 감기라도 걸리실까 염려하셨던 것이다."[9]

어린 딸아이의 죽음은 그가 얼마나 깊이 감동할 수 있는 사람인지를 잘 보여준다.

"아버지는 의료 기술이 그 아이에게 해줄 수 있는 모든 것을 지극한 애정과 사명으로 하시면서 고통을 느낄 틈이 없으셨다. 집에 계실 수 있는 시간의 대부분은 그 아이를 돌보며 보내셨다. 여러 날 밤을 주무시지 않고 견디며, 심지어 방안의 온도를 일정하게 유지하고 낮 동안 지속적으로 간호한 어머니의 노고를 덜어드리셨다. 기회가 닿을 때마다 그 아이와 함께 걸으며 노래를 불러주시곤 했으며, 그래서 아이는 머지 않아 발자국 소리만 듣고도 아버지인 줄 알았다. 아이는 아버지가 문으로 이어진 계단을 올라오시는 소리를 들으면 손을 뻗어 아버지에게 자신을 데려가 달라고 큰소리로 외치곤 했다. 양모 상점에 손님이 많아서 아이를 데려갈 시간이 없을 때는 몰래 상점을 빠져나가 양털 깎는 헛간을 지나서 부엌으로 들어가 식사를 하시곤 했으며, 아이가 당신을 보거나 당신의 목소리를 들을 수 있는 거실로는 들어가지 않으셨다. 나는 그 아이에게 불러주는 아버지의 노랫소리에 매혹되곤 했다.

 어느 날 아침, 아버지는 아이가 아무런 변화를 보이지 않는 것을 알아차리시고 그날을 넘기지 못할 거라고 우리에게 말씀하셨으며, 아이를 보기 위해 여러 번 집으로 오셨다. 정오가 조금 못 되어서 아버지는 집으로 와 아이를 바라보며 말씀하셨다. '갈 때가 다 되었구나.' 아이는 아버지가 하시는 말씀을 듣고, 눈을 뜨더니 아버지에게 자신을 데려가 달라고 애원하는 듯한 표정으로 작고 쇠약한 손을 들어올렸다. 아버지는 아이가 누운 베개째 요람에서 들어올려 아이가 숨을 거둘 때까지 안고 다니셨다. 아버지는 매우 침착하셨다. 아이의 눈을 감겨주고, 손을 포갠 다음 요람에 눕히셨다. 아이가 묻히자 아버지는 실신하듯 주저앉아 어린아이처럼 흐느껴 우셨다."[10]

존 브라운의 첫번째 아내 다이앤디 러스크는 1832년 8월 10일 출산하다가 죽었다. 그에게 일곱 자녀를 낳아주었는데, 그 가운데 2명은 매우 어려서 죽었다. 1833년 7월 11일, 이제 서른셋이 된 그는 자신의 장남보다 겨우 다섯 살 위인 열일곱의 처녀 메리 앤 데이(Mary Ann Day)와 결혼했다. 그녀는 그에게 13명의 자녀를 낳아주었으며, 그 중 일곱은 어려서 죽었다. 그래서 아들 일곱과 딸 넷이 어른으로 자라났으며, 그의 아내 메리는 그보다 25년을 더 살았다. 누구나 얘기하듯이 믿기 어려운 가족이었다. 대가족인데다 규율이 잘 잡혀 있었고, 근면했으나 빈곤을 면하기 어려웠다. 현명한 아버지는 자녀들이 성장하자마자 호령을 그만두고, 부탁하거나 조언만 했다. 장남이 인생의 첫 출발을 했을 때는 독특한 필체로 이런 편지를 적어보냈다.

"네 인생의 초년에 하나님의 섭리에 따라 네게 주어졌던 환경은 너 자신과 다른 사람들에게 마음의 흔들림을 시험하는 사소한 시련을 줄 것이며, 그런 시련을 통해 너는 만년에 동요하지 않는 마음을 간직할 수 있을 것이다. 네가 젊어서 그러한 시험을 어느 정도 거쳤으니, 내 마음이 기쁘다. 지금 무질서한 시골 학교에 들어가서 신임과 평가를 얻지 못한다면, 그 학교의 질서를 세우고 그 학교에 존재하는, 도리를 아는 모든 인간의 영혼과 원기를 일깨우지 못한다면—그렇다. 그

학교를 구성하는 모든 상스럽고, 버릇없고, 규율이 없는 사내아이들과 여자아이들의 영혼을 일깨우지 못하고, 그 부모들의 선의를 보장하지 못한다면—네가 어찌 나귀를 격려하여 알프스 산맥을 넘게 만들 수 있겠니? 네가 마부들을 데리고 달리는데 그들이 너를 지치게 한다면, 네가 어찌 말들과 싸울 수 있겠니? 평화의 땅에서 그들이 너를 지치게 한다면, 요단강에서는 어떻게 손을 쓰겠느냐? 이 아비가 그 질문의 답을 말해볼까? '너희 중에 누구든지 지혜가 부족하거든, 모든 사람에게 후히 주시고 꾸짖지 않으시는 하나님께 구하라.'"[11]

브라운은 자녀를 다루는 자신의 방식에 전혀 만족하지 않았다. 그는 아내에게 말했다.

"머리가 굵은 아들녀석들이 잘못을 저지르면, 당신 방으로 따로 불러서 친절히 타이르시오. 그리고 아이들의 신의에 친절하거나 강력하게 호소하는 것으로 잘못을 바로잡기가 어려운지 알아보시오. 내가 그런 이론을 아주 잘 실천한다고 주장하려는 것이 아니오. 솔직히 고백하자면, 난 그렇지가 못하오. 하지만 내 얼굴이 어둡고 흐리더라도 당신 얼굴은 빛나기를 바라오."[12]

그가 그의 가족에게 준 인상은 믿기 어려울 만큼 놀라운 것이었다. 한 손녀는 내게 쓴 편지에서 그에 대해 이렇게 적었다.

"존 브라운의 가족과 후손들의 태도는 항상 그에게 지나칠 정도의 존경을 표하는 것이었다. 이런 사정은 뭔가를 대변해준다. 엄격하고 완고하며 금욕적이고, 겉치레를 혐오하며, 아내와 딸들에게 자신은 입을 수 없는 상복 같은 수수한 색깔의 옷을 입기를—아직도 우리에게 유행하는 풍습—바라며, 아들녀석들이 사내아이다운 짓궂은 장난이라도 하면 심하게 매질을 했으나, 놀라울 만큼 다정다감했던 그는 자신의 말에게 짐을 지우느니 늘 걸어서 산을 오르곤 했으며, 가족을 헌신적으로 사랑했고, 누가 병이라도 나면 항상 몸소 간호를 떠맡았다."

개인적인 습관은 엄격했다. 심할 정도로 청결했으며, 버터를 불필요한 사치품으로 여길 만큼 음식을 아꼈다. 한때는 사과주와 포도주를 적당히 마시는 사람이었으나, 이 당시에는 엄격한 절대 금주자였다. 또한 말 애호가였으나 경주마를 사육하는 것에 대해서는 양심의 가책을 느끼는 사람이었다.

이 모든 기질은 존 브라운의 젊은 시절에 나이에 맞지 않게 침착하고 원숙한 분위기를 제공했다. 스무 살에 결혼했던 그는 장남보다 겨우 스물 한 살이 많았으며, 자녀를 많이 두고 다양한 직업을 전전하다 보니 너무 일찍 나이가 들어보였다. 사실 이 기간 동안, 스물에서 마흔까지의 20여 년 동안, 그는 영적인 삶의 엄청난 인격 발달을 경험했다. 이러한 발달은 가장 흥미롭고 결실이 풍부했다.

그는 책을 좋아하는 학자풍은 아니었다. 롤린의《고대 역사》, 요세푸스와 플루타르크, 나폴레옹과 크롬웰의 삶을 다룬 전기를 가지고 있는 정도였다. 이와 더불어 백스터의《성인들의 휴식》, 헨리의 《온유함에 관하여》와 《순례자의 발길》이 있었다. "하지만 무엇보다도 성경은 그가 가장 좋아하는 책이었으며, 그는 성경에 대한 지식이 완벽하여 누가 성경을 읽더라도 아주 사소한 실수까지 바로잡아주곤 했다."[13]

존 브라운의 종교적 삶에 두 가지 강력한 요소가 끼여들었다. 위압적이고 냉혹한 운명에 대한 예감과 죽음의 신비와 전망이 그것이었다. 그는 구약을 열심히 읽고 연구하여 젊었을 때의 분방한 종교적 회의주의는 더욱더 형식적이고 질서정연해졌다. 첫 아내의 오빠가 들려주는 말에 따르면, "브라운은 엄격한 친구"였다. 이 젊은이가 브라운의 유일한 휴일인 일요일에 누이를 찾아갈 때면, 브라운은 처남에게 말했다. "밀턴, 안식일에는 이곳을 방문하지 말았으면 좋겠네."

1837년의 경제 공황이 브라운에게 비틀거릴 만큼 큰 타격을 주었을 때, 그는 그 뒤에 숨은 옛 이스라엘 하나님의 모습을 보고 아내에게 이렇게 적었다.

"우리 모두 더없이 자비로우시고 연민과 전능한 힘으로 가득하신 그분을 믿도록 노력해야 하오. 그분을 믿는 자들은 부끄러움을 당하지 않을 것이니. 예지자 에스라는 하나님 앞에 기도하며 스스로에게 서약하시었소. 그 자신과 바빌론 포로들이 곤경에 처했을 때 말이오. 나는 당신이 비슷한 상황에 처한 내 손을 잡아주리라 의심치 않소. 절대 용기를 잃지 마시오. 하나님에게서 희망을 구하고, 온 마음을 기울여 그분을 섬기도록 모든 노력을 다합시다."[14]

나폴레옹 3세가 프랑스를 장악하고 코슈트\*가 아메리카로 왔을 때, 브라운은 "느닷없이 모든 사람을 사로잡은 것 같은 엄청난 흥분"을 거들떠보지도 않았다. "그런 일들과 관련하여 내가 할 말은 한 가지뿐이오. 나는 하나님이 그들 모두에게서 그분의 영원한 목적을 수행하고 계시다는 충만한 믿음으로 기뻐하오."[15]

존 브라운에게는 삶의 그늘과 공포가 일찍부터 자리잡았다. 어린 시절에는 외형적인 즐거움이 거의 없었으며, 청년 시절은 심각한 여러 책임으로 가득했고, 그 자신이 삶의 온전한 의미를 알기도 전에 그 의미를 자녀들에게 가르치기 위해 애써야 했다. 삶의 비통함은 죽음이 닥치는 것과 함께 그의 영혼 속으로 스며들었으며, 깊은 종교적 두려움과 불길한 예감은 그의 가족을 하나씩 데려갈 때마다 그를 압도했다. 1831년에는 네 살 난 아들을 잃었으며, 1832년에는 첫 아내가 미쳐서 죽었고, 갓난아기인 아들은 그 아내와 함께 묻혔다. 1842년에는 한 살에서 아홉 살까지 네 자녀가 모두 죽었다. 1846년과 1849년에는 계집아이 둘을 아기 때 잃었으며, 1852년에는 유아인 사내아이를 잃었다. 그의 글에서는 믿음을 지키려는 한 강한 사내의 몸부림을 발견할 수 있다.

"하나님은 흑사병을 데리고 우리를 방문하여, 우리 식구 4

---

■ **코슈트** L. Kossuth. 1802~1894. 헝가리의 정치개혁가. 오스트리아에서 독립하려는 헝가리인들의 투쟁을 북돋우고 이끌었다.

명이 죽어 잠들게 하기에 알맞다고 여기셨던 모양이오. 아직 살아 있는 우리 네 사람도 몸이 편치 않으니……. 이런 일은 우리 모두에게 쓴 잔을 주었고, 우리는 그 잔을 다 비웠소. 그러나 주님의 성스러운 이름은 영원히 찬미해야 하오."

다시 3년 뒤, 그는 새 무덤가에서 아내에게 편지를 쓴다.

"하나님은 견딜 수 없을 만큼 우리를 자주 벌하셨으나, 우리에게서 온전히 등을 돌리시거나 우리를 철저히 버리시지는 않았다는 것을 확신하오. 그분이 갑작스럽고 무서운 모습으로 우리의 사랑하는 아이를 남은 우리에게서(몇 명이 남았는지 굳이 당신에게 말할 필요가 없겠소) 불러가기에 알맞다고 여기신 것은 놀라운 일이 아니오. 나는 그분 앞에서 순종하여 머리를 숙이고 내 평화를 붙들겠소……. 나는 50여 년 세월 동안 모진 비바람이 치는 바다를 건너왔으며, 가장 이성적으로 마음을 다지고 그 격동하는 고난을 맞을 준비를 철저히 하라고 내게 가르칠 만큼 많은 일을 겪어왔소. 메리, 고난에 휘둘리는 동안 기운차게 이겨나갈 마음을 갖도록 노력합시다. 그리고 우리의 좌우명을 잊지 말고 끝까지 밀고 나갑시다. 우리에게는 살아야 할 하나의 삶밖에 없으므로."[16]

그의 영혼은 크나큰 어둠 속에서 빛을 찾아 더듬거린다.

"때로 이런저런 상상을 하다 보면 무대 뒤편으로 사라진 우리 가족들을 떠올린단다. 그럴 때면 상상 속에서나마 그들을 하나씩 불러낼 수 있어서 기쁘기까지 하다. 이 아비는 여러 식구들 중 거의 절반에 해당하는 식구들보다 오래 살아남았으며, 어떠한 일이 생기더라도 내 삶의 많은 부분을 살뜰히 살아왔음을 깨달아야 하리라."[17]

삶이 실패와 고난의 지루한 반복으로 이어지면서, 그 자신의 죄와 결점들로 말미암아 하나님이 그에게 천벌을 내리는 거라는 생각이 불쑥 솟아올랐다. 그는 다른 사람들과 이 세상을 돕기 위해 별로 한 일이 없다는 사실을 한탄한다.

"그토록 많은 세월을 살아오면서 인간의 행복을 증진시키기 위해 실제로 한 일이 거의 없었다는 후회가 수시로 나를 찾아오곤 하오. 나의 성품은 내가 진정 사랑하고 소중히 여기는 이들에게 친절하지도 않고 자애롭지도 않다는 자책감을 자주 느끼오. 그러나 나는 믿소. 내가 그들에게 고통과 불행의 원인이 되기를 그만둘 때, 그들은 나의 매정하고 잔인한 태도를 너그럽게 보아줄 것이라고."[18]

한 친구의 죽음은 그에게 말할 수 없는 자책감을 느끼게 한다.

"아버지는 그가 죽을 것을 예상했다고 말씀하시지만, 죽음이 가까워지면서 그가 그런 변화를 어떻게 느꼈을지는 말씀하시지 않는군요. 제 친구의 가장 중요한 관심사에 대해 제가 얼마나 불성실했는지 고백하지 않을 수가 없습니다. 그동안 제 곁에 있던 수많은 사람들과 친구들이 하나님에게 마음을 돌릴 수 있도록 제가 영향을 주려고 애쓴 노력이 얼마나 하찮았는지를 생각할 때면, 제가 더없이 사악하고 나태한 종이라는 선고를 받아 마땅하다고 여겨집니다. 제가 진정으로 하나님의 말씀을 들려주고자 했을 때 듣지 않겠다던 이는 거의 없었습니다. 다시스\*로 도망갔던 끔찍한 부끄러움들이 이따금 떠오릅니다."[19]

그 자신이 어릴 때 방황했던 것처럼, 특히 자녀들의 종교적 회의는 깨달음을 얻어가는 이 사람을 걱정시키고 당황케 하여, 결국에는 엄청난 죗값을 요구하는 그 자신의 크나큰 죄라는 환상을 갖게 했다. 그는 자녀들에게 끊임없이 간청한다.

"이 세상에 대한 나의 애착은 매우 강했으나 성스러운 하나님은 내게서 하나씩 고리를 끊어놓으셨다. 아직까지도 머지않아 모든 끈을 끊어내야 한다고 명심하고 있지만, 그래도 단 하나의 교훈도 얻지 못한 사람들처럼 그 끈에 매달려 있다. 내 가족이 이 세상은 사람의 집이 아니라는 것을 이해하고, 그에 따라 행동할 수 있기를 간절히 바란다. 이 아비가 너희에게 이런 바람을 가지면 안 되겠니? 많은 내 식구들—식구들 대부분—에게서 기대되는 신앙심을 생각할 때면, 이들을 도울 수 있는 일이 적다는, 매우 적다는 말을 하지 않을 수 없고, 또한 그렇게 느낄 수밖에 없구나. 내가 뿌린 씨앗에 알맞는 결과라는 사실을 너무나 잘 안다. 그리하여 내 죄를 더 크게 할 뿐이다. 10여 년 전, 이 아비는 내 아이들이 주님을 자신의 하나님으로 선택했다고 믿고 기운이 나서, 이 어린아이

---

\* 다시스 Tarshish. 요나 선지자는 여호와의 명령을 거역하고 다시스로 도망하려다가 고기 뱃속에 들어가 3일 동안 머물다 나왔다.(욘 1:3, 4:2)

들로 내 결점과 나쁜 본보기를 속죄하기 위해 이들의 감화와 본보기에 많이 의존했더니라. 그러나 우리는 지금 어디에 있느냐? 나의 좋은 본보기도 나쁜 본보기도 여러 식구의 현재 상태나 앞으로의 가망을 좋게 해주지 못하고 더 악화시킬 만한 상황에 처해 있다. 괴로움을 안겨주는 이 이야기를 더 오래 끌지는 않겠으나, 이것만은 말하고 싶다. 내가 지금과 같은 상황에 처한 것은 나 자신 외에 어느 누구도 안중에 없는 성벽(性癖) 때문이 아니라는 점을. 내가 정박지에서 어디로 방랑했는지 분명히 알 수 있을 것 같다. 이제 내 식구들과 함께 어디까지 이를 수 있을지는, 내 '알 수 있는' 능력이나 '희망할 수 있는' 용기를 넘어서는 일이다. 너희가 죄에서 벗어나 철저히 하나님에게 귀의하기를, 너희가 앞으로 보낼 아주 짧은 시기에 그분의 뜻에 맞게 확고한 신념으로 온 마음을 다하기를 바라마지 않는다."[20]

그는 또 이렇게 쓴다.

"너 자신의 종교적 믿음과 내 여러 아이들의 견해에 대해 한마디 한다. 나의 애정은 너무나 뿌리가 깊어 뽑아낼 수 없지만, 참된 하나님이 그분에 대한 내 아이들의 부정과 거부를 용서하시어 이들의 눈을 뜨게 해주시지 않는다면, '나의 흰 머리로 슬피 음부(陰府: 저승)로 내려가게 함이라.'"

그리고 또 이렇게 쓴다.

"이 아비는 하나님의 신이 우리의 굳은 마음으로 힘들어하지 않았기를 간절히 바라곤 했다. 때로는 내 아들들이 가련한 미혹을 던져버리고 하나님과 우리의 구세주이신 그분의 아드님을 믿기를 바라며 용기를 얻기도 한단다."[21]

이 모든 것은 언제나 분투하는 한 영혼의, 세상을 무서울 만큼 진지한 것으로 여긴 한 인간의 징표이다. 이것은 종교적 의심을 뛰어넘은 사람의 잘난 체하는 만족감도 아니었으며, 고민하지 않는 양심의 경솔함도 아니었다. 그에게는 세상이 거대한 드라마였다. 하나님은 그 연극에 출연하는 한 배우였으며, 존 브라운도 마찬가지였다. 그러나 그의 영혼은 자신이 맡은 역할이 무엇인지를 알기 위해 오랜 세월 고뇌했으며, 지금까지와 마찬가지로, 그리고 또다시 소름 끼치는 의심이 그를 엄습하여 자신의 위치를 하찮게 여기거나 하나님의 부름을 놓치게 놔두지 않았다. "연기 시작! 연기 시작!"을 요구한 사색적이고 남자다운 이 사람은 종종 신비의 장막을 찢고 싶었다. 그의 처남은 강신술사가 되었으며, 그 자신은 내세에서 들려오는 목소리를 듣기 위해 귀기울였다. 한두 번은 그 목소리가 들린다고 생각했다. 다이앤디 러스크의 영령이 또다시 곤경에 빠진 그를 인도하지 않았을까? 그는 한 번 그랬다고 말했다.

히브리 예언서에 대한 이러한 침윤, 죽음을 통한 징벌, 자신의 죄와 결점에 대한 의식, 어딘지 모르는 곳에서 들려올 목소리는 그의 종교적인 삶을 깊게 했으며, 어둡게 하고 넓게 했다. 그러나 이 모든 일에는 색다른 양식, 검약하고 완강할 정도로 세심함을 잃지 않는 마음, 일상적인 존재의 모든 사소한 사실들에 대한 빈틈없는 관심이 뒤따랐다. 이렇듯 지루할 정도로 세세한 관심은 때로 영적인 삶과 노력에 부담을 안겨 주고, 그러한 삶과 노력을 묻어버리고 침몰시켰다. 진부하고 불안정한 무두장이라는 사실 외에 남은 것이 전혀 없었으나, 세상에 자신의 위치를 확고히 마련하고 싶은 유혹을 느끼는 여느 사람과 마찬가지로, 헤아릴 수 없을 만큼 깊은 곳에서 영적인 삶―알고 싶은 지적 갈망, 더듬거리듯 길을 찾아가며 행하는 사람의 순결한 동경―이 솟아올랐다. 그리하여 완전한 인간은 아니라 할지라도 더욱더 깊고 더욱더 진실한 사람이 되어갔다.

"그 어떤 믿음이 깊은 종교적 감화자가 내 앞에 있을 때보다도, 이 사람의 집에 있는 동안에 나는 내 자신을 더 깊이 깨달았다"고 1847년 프레더릭 더글러스▪는 말했다.

존 브라운의 삶에서 가장 방대한 물리적 사실은 앨러게이니 산맥이었다. 장엄하게 펼쳐진 메인 주의 거무스름한 연안을 호위하고, 뉴잉글랜드의 바위가 많은 땅 위로 흘러가는 여러 강을 구불구불 흐르게 만들며, 분주한 펜실베이니아를 통

---

▪ 프레더릭 더글러스 Frederick Douglass, 1818~1895. 미국의 흑인 노예 해방운동가. 백인 노예 주인과 흑인 노예 사이에서 태어난 물라토로, 뉴욕으로 탈출한 지 7년 만에 자신의 노예 시절과 참혹한 노예제도를 극복한 인간 승리의 과정을 담아 《프레더릭 더글러스의 삶과 시대》를 펴냈으며, 주간 신문 〈노스스타〉를 창간했다. 그는 존 브라운이 하퍼스 페리 습격 계획을 털어놓은 최초의 흑인이었으나, 결국 이 계획에 가담하지 않는다.

과하여 캐롤라이나의 희미한 연봉들과 조지아의 붉은 산허리까지 굽이쳐 내달리는, 구릉지대와 산악지대가 많은 아름다운 산맥이었다.

존 브라운은 앨러게이니에서 태어난 것이나 다름없었다. 이곳의 삼림은 어린 시절 동화의 나라였다. 그는 이곳의 여러 마을에 살며 결혼을 하고 자손을 얻었다. 앨러게이니의 산허리에서 양을 치며 소름 끼치는 꿈을 꾸었다. 그를 자유와 죽음과 순교로 유혹한 것은 이 산맥의 신비롭고 장엄한 목소리였다.

1812년의 전쟁 때부터 남북전쟁 시기까지 앨러게이니가 이 땅의 산업 중심지를 형성하고 젊은이들을 그 근해와 광산과 산협과 공장으로 불러들여 미국이 발전하는 데 큰 역할을 했던 것처럼, 이 산맥은 존 브라운을 유혹했다.

그는 오하이오와 펜실베이니아의 소규모 지대에 걸친 앨러게이니의 서쪽 기슭에서 1805년에서 1854년까지 거의 모든 삶을 보냈다. 이곳은 피츠버그의 북쪽 80마일 부근에서 시작하여 클리블랜드의 남동쪽 25마일 지점에서 끝난다. 이곳에 있는 대여섯 개의 작은 도회지에서도 살았으나 주로 허드슨에서 살며, 청년 시절에는 점점 불어나는 가족을 부양하기 위해 일했다. 1819년에서 1825년까지는 허드슨에서 무두장이로 지냈다. 그런 다음 펜실베이니아의 앨러게이니 산협을 향해 동쪽으로 70마일을 이주하여, 다시 무두질 공장을 세우고 마을에서 중요 인사가 되었다. 존 퀸시 애덤스가 그를 우체국장으로 추대했으며, 그의 통나무 집에 마을 학교를 세웠고, 전쟁이 끝난 뒤의 새로운 번영은 이 모든 서부세계를 흔들어놓은 것과 마찬가지로 그를 휘저어놓았다. 사실 1812년 전쟁부터 남북전쟁까지 이 땅의 경제사는 엄청난 발전 시기를 아우른다. 이 시기에 살았던 사람의 일생을 글에 담고자 할 때는 반드시 거대한 사회적인 힘의 승리와 물질의 결합에 대한 지식을 갖고 이를 참작하지 않으면 안 될 것이다. 이로부터 현재의 미국이 설계되었다.

거칠게나마 이 시기의 특색을 이루는 세 국면을 살펴보자.

첫째, 전쟁 뒤에 이어진 절망의 심연. 이 시기에 영국은 새롭게 솟아나는 유아기(미국)의 산업을 죽이기 위해 자국의 상품을 거저나 다름없는 가격으로 우리에게 떠맡겼다. 둘째, 미국은 1816년에서 1857년까지 외국 상품의 경쟁에서 자국 상품을 보호했다. 1828년에는 수입 금지 품목이 증가했고, 1840년대에는 더 낮은 관세를 부과했으며, 1850년대에는 자유무역을 허용했고, 면화와 양모와 제철 업체들이 불규칙적이고 이따금이지만 엄청나게 활기를 띠었다. 셋째, 1819년과 1837년~1839년, 그리고 1857년 세 번에 걸쳐, 우후죽순처럼 성장하는 우리의 산업은 무서울 정도의 부적응을 양산했다.

1825년의 탄력적인 번창 시기에 청년 산업 역군으로 장성한 존 브라운은 머지않아 사회의 새로운 기운을 감지하기 시작했다. 펜실베이니아에서 10년 동안 일한 뒤 다시 서쪽으로 이주하여, 동부에서 서부까지 연결하기로 계획된 운송로에 더 가까워졌다. 그는 이 새로운 운송로 연안에 있는 땅에 자신의 잉여금을 투자하기 시작했으며, 급속하게 증식하는 한 은행의 중역이 되어 1835년에는 2만 달러의 재산가로 평가받았다. 그러나 그의 번창은, 실은 국가의 번창과 마찬가지로 부분적으로는 허망하고, 급격한 산업 발전의 한계를 훨씬 뛰어넘어 빠르게 확장되던 신용 대부 위에 쌓아올린 것이었다. 잭슨 대통령의 맹목적인 은행업 확장정책은 위기를 재촉했다. 문제는 1837년에 터졌다. 600개 이상의 은행이 파산했으며, 1만 명 이상의 피고용자가 일터에서 쫓겨났고, 돈벌이는 사라졌으며 물가는 곤두박질쳤다. 존 브라운과 그의 무두질 공장과 땅 투기는 큰 혼란에 빠져들었다.

그러한 패배는 8명의 자녀를 둔 서른일곱 살의 남자에게는 보통 타격이 아니었다. 그 자녀들은 이미 영적인 회의와 불안한 길을 지나온 전적이 있었다. 그는 3~4년 동안 확립된 계획이나 전망을 갖지 못한 채, 거의 가망 없이 발버둥쳤던 것 같다. 양심의 괴로움을 느낄 정도로 경주마를 사육했으며, 토지를 경작하고 측량 일을 했다. 다양한 분야의 중개업을 조사했으며, 여전히 무두질을 했다. 그러면서 점차 자신을 발견하기 시작했다. 그는 동물 애호가였다. 1839년에 코네티컷으로 한 무리의 소 떼를 몰고갔다가 아내에게 편지를 보낸 적이 있었다.

"집을 떠난 후로 줄곧 어서 일을 성사시키고 돌아가고 싶어 괴롭지만, 조금이라도 희망이 있을 때 일을 성취해야 한다는 생각 외에 본분에 충실할 길을 모르겠소. 지금은 전보다 사정이 더 순조로워보이지만, 그래도 내가 실망할지 모르겠소."[22]

그의 일기에 따르면, 팔려고 내놓은 특정 농지 값을 여기저기 알아보기도 했으나, 특히 목양업과 이에 대한 세세한 사항을 신중하게 조사했으며, 결국에는 양 떼를 사들여 오하이오의 집으로 몰고갔다. 새로운 직업, 양치기라는 직업을 갖는다는 사실을 알리는 신호였다. 양치기는 "어렸을 때부터 열렬히 갈망하던 천직과 같은 것"이었다. 그는 허드슨 근방에서 목양업을 시작했으며, 그 자신과 한 부유한 상인의 양을 돌보고 위탁을 받아 양모를 사들이기도 했다.

미국에서 이 분야의 산업은 그 당시 많은 성쇠를 거듭하여 쇠퇴한 뒤였다. 가내 수공업에서 공장 규모 경제로의 변화와 효과적인 기계 장치의 도입은 그간 느리게 진행되었으며, 주요 결점 가운데 하나는 질 좋은 양모의 수량이 항상 적다는 것이었다. 결과적으로 미국의 주요 공급 물량은 영국에서 들어왔으며, 나중에는 통상 정지와 전쟁이 그러한 공급 물량을 가로막아 국내 제조에 활기를 불어넣었다.

1810년에서 1815년까지 국내 제조가는 5배가 뛰었지만, 전쟁이 끝난 뒤 영국이 낮은 가격으로 상품을 내보내자 미국인들은 마땅히 관세보호 조치를 취해야 한다고 야단이었다. 목적을 이루기는 했지만, 역시 이런 상품의 보호를 받을 수 있었던 양모 생산업자들로 말미암아 낭패를 보았다. 상등품보다 품질이 낮은 상품에 대한 보호 조치가 더 열악하기는 했다. 그리고 미국이 생산하는 것은 품질이 낮은 상품이었다. 1816년에서 1832년까지 양모와 모직물에 매긴 관세의 벽은 꾸준이 높아져서 결국에는 금지나 다름없는 힘겨운 수치에까지 이르러, 가장 값싼 제품을 보호하는 결과가 되었다. 이런 식으로 모직물 제조업체는 1828년까지 전시(戰時)의 호황 수준을 회복했다.

1840년까지 모직물 제조업체는 해마다 2천5백만 달러에 상당하는 제품을 출시했으며, 1860년에 이르렀을 때는 그 사이 관세의 벽이 점점 약화되었으나 거의 5천만 달러의 제품을 출하했다. 이리하여 1841년 존 브라운이 목양업에 관심을 돌렸을 즈음에는 특히 품질 좋은 양모에 대한 수요가 점차 커지고 있었으며, 1842년 영국 관세 폐지 조치가 내려졌을 즈음에는 밀어닥치는 영국 제품에 호기가 주어지기도 했다.

목양업에 대한 타고난 취미와 점점 팽창하는 양모 무역의 호황 때문에 존 브라운은 이 분야를 택했다. 그러나 목양업만 마음에 두고 있었던 것은 아니다. 그의 영혼은 대기와 하늘을 갈망하고 있었다. 그는 사색하고 독서하고 싶었다. 시간은 비호처럼 지나갔으며, 그의 삶은 예나 지금이나 빵을 얻기 위한 초라한 몸부림에 지나지 않았다. 그마저 별 성공을 거두지 못했다. 그는 이미 크게 봉사하겠다는 꿈을 품은 바가 있었다. 오래 전부터 친구들과 가족에게 그런 이야기를 끄집어냈으며, 서른아홉에 이른 그는 분명하고도 명백하게 "자신의 가장 큰 목적 또는 가장 주요한 목적을 이루는 수단을 그에게 제공할 수 있는 것은 사업가라는 생각"[23]으로 새로운 삶에 뛰어들었다.

먼저, 대규모의 목양 농장을 구입하여 양 떼를 들여놓을 수 있도록 거의 파산에 이른 재정 상태를 다시 일으켜야 한다는 생각을 가졌다. 이에 따라 흑인 해방에 관한 계획을 이미 구상중이던 그는 남부나 남부 가까이에 이런 농장을 갖고 싶었다. 오벌린 대학의 관재인인 아버지를 통해 브라운이 더 잘 알게 된 게릿 스미스\*가 근래에 이 대학을 버지니아 땅으로 귀속시켰다는 사실을 알고 기회가 열린 듯했다. 오벌린 대학은 처음부터 노예제도를 반대하는 입장이 매우 강했기 때문에 존 브라운의 마음을 소중하게 여겼다. 그러나 버지니아 땅에 대한 토지 재산 소유권은 많은 불법 점거자들이 소유권을 주장하고 있다는 사실 때문에 애매해졌다. 이러한 문제로 말미암아 비용이 많이 드는 소송에 휘말릴 가능성이 짙었다.

브라운은 1840년 초에 관재인들에게 편지를 써서, 적절한 조건에 따라 토지를 구매하여 그곳에 그의 가족을 정착시킬 수 있다면, 토지 조사를 실시해 명목 지가를 밝히겠다고 제안했다. 또한 오래 전부터 품어온 한 가지 계획에 따라, 백인뿐 아니라 흑인도 입학할 수 있도록 제안한 학교 시설에 대한 이

---

\* 게릿 스미스 Gerrit Smith, 1797~1874. 미국의 개혁가, 자선사업가. 노예제 폐지론자가 되어 노예제를 반대하는 자유당을 조직하는 데 앞장섰다. 토지를 독점하는 데 반대하여 자신의 많은 농장들을 가난한 가정에 나누어주었다. 존 브라운에게 자금을 지원해주고, 땅을 기증하기도 했다.

야기도 꺼냈다.

이 대학의 1840년 4월의 기록에 따르면, "허드슨의 형제 존 브라운이 보내온 편지를 비서가 읽어주었는데, 그러한 땅을 방문하여 하루에 1달러의 임금과 필요한 비용과 적정선의 수당을 받고 그 땅을 측량하고 필요한 조사를 실시하겠다는 제안이 들어 있었다. 그 편지에는 시작이 순조롭다면 그곳을 그의 가족을 정착시키기 위한 준비 단계로 여기겠다는 계획도 솔직하게 표현되어 있었다. 그래서 이러한 제안을 받아들일 것인지, 위탁료와 필요한 장비를 비서이자 회계원이 제공할 것인지를 묻는 투표가 이루어졌다."[24] 회계원은 존 브라운에게 50달러를 보냈으며, 오벌린의 관재인인 그의 아버지에게 아들의 목표를 적극 칭찬하며 "그와 대학 모두에게 유리한 결과"를 희망한다는 편지를 써보냈다. 편지에는 이렇게 덧붙였다.

"그가 어려움을 겪거나 소송을 당하지 않고 토지 재산 소유권을 깨끗하게 처리하는 데 성공한다면, 내가 보기에는 종교적인 은전과 학교의 명예를 드높이기가 쉬울 것이며, 적절한 노력으로 하나님의 축복을 얻을 것이고, 머지않아 황무지가 싹을 내밀고 장미처럼 꽃을 피우는 것을 보게 될 것입니다."[25]

이리하여 존 브라운은 처음 버지니아를 보고, 희미한 블루릿지를 향해 서쪽으로 기복을 이루며 뻗어나간 그 풍요롭고도 질척거리는 땅을 관찰했다. 이때 하퍼스 페리*를 방문했을 가능성은, 확실치는 않으나 그랬을 법하기도 하다. 그러나 오벌린의 땅은 서쪽으로 200마일이나 오하이오의 계곡을 따라 산기슭의 구릉지대에 펼쳐져 있었다. 그는 4월에(집을 떠난 뒤 곧바로) 버지니아의 리플리에서 집으로 편지를 보냈다.

"예상했던 것만큼 이 지역이 마음에 든다. 이곳 주민들은 매우 선량하다. 그리고 하나님의 뜻이라면, 언젠가 내 가족과 함께 살고 싶은 곳을 봐두었다……. 이곳 주민들이 북부 사람들만큼 결의가 굳고 근면하며 재산 다루는 법을 알았더라면 벌써 부자가 되었을 것이다."[26]

1840년 여름 무렵, 그가 맡은 일은 명백하게 성공적으로 마무리되었다. 그는 자신의 거주지를 골라두었으며, "빅 배틀의 오른쪽 갈래 지점에서 소중한 샘물과 질 좋은 무연탄, 훌륭한 산기슭, 좋은 목재, 사탕단풍 숲, 그럴듯한 구릉지대와 풍광이 아름다운 집터를 발견했다. 모든 것이 마음에 든다."[27]

오벌린의 관재인들은 8월에 "자문위원회가 협상을 마무리 짓고 허드슨의 형제 존 브라운에게 그와 위원회 사이에 벌써부터 오가던 서신에 제시된 조건에 따라 우리의 버지니아 땅 1천 에이커를 줄 수 있음을 투표로 결정했다."[28]

그러나 이쯤에서 협상이 중단되었다. 1839년에 새로 시작된 경제 공황이 1842년과 그후까지 모든 사업에 대한 예측을

■ **하퍼스 페리** 쉐난도 강과 포토맥 강의 합류 지점에 있는 작은 읍으로, 1734년에 로버트 하퍼가 이곳에 정착하여 나룻배를 운영하고, 제분소를 세웠다. 이곳의 풍부한 수력 자원을 높이 평가한 조지 워싱턴 대통령은 이곳을 무기고로 지명했으며, 나중에는 하퍼의 자손들에게서 매입했다. 이곳은 미국의 주요 무기 공장과 소형 권총 생산지로 발달했다. 존 브라운은 이곳의 무기고를 무장 습격하여 전국을 흔들어놓는다.

뒤엎었으며, 존 브라운은 1842년에 정식 파산에 위안을 구할 수밖에 없었다. 그의 아들에 따르면, 이러한 조치는 전적으로 "외상으로 땅을 구입했기 때문이다. 오하이오 트럼불 카운티의 하트퍼드, 세스 톰슨과 연계해서 사들인 프랭클린의 그 건초 만드는 사람의 농장을 포함하여, 허드슨에서 아버지가 개인적으로 사들인 꽤 큰 규모의 인접한 농장 3개도 외상으로 구매한 것이었다. 아버지가 그러한 농장들을 구매할 때, 프랭클린에서 아버지의 위치가 매우 높아져 능력 있는 판사들은 아버지의 재산이 2만 달러에 상당한다고 추산했다. 그 당시 아버지는 사업 판단력이 뛰어난 사람으로 여겨졌으며, 카야호가 폴스에 있던 한 은행의 이사로 선출되기도 했다."[29]

아마 1837년의 파멸 이후, 브라운은 곤경에서 벗어나 버지니아의 땅을 사들여 그곳으로 이주할 수 있기를 희망했을 테지만, 사정은 더 나빠졌다. 친구의 보증을 서준 바람에, 그의 농장 가운데 가장 좋은 부분이 경매에 넘어가 한 이웃의 손에 들어갔다. 브라운은 법적 충고에 따라 소유 재산을 보유할 방법을 찾아보았으나, 체포되어 마크론 감옥에 갇혔다. 재산은 잃고 말았다. 1842년 10월에 합법적인 파산이 뒤따랐지만, 브라운은 그러한 이점을 최대한 이용하려 하지 않았다. 그는 코네티컷 록빌의 '뉴잉글랜드 모직회사'에 짧은 편지를 보냈다.

"나 존 브라운은 1839년 6월 15일인가 그 즈음에, 뉴잉글랜드 회사에서 (이 회사의 대리인 조지 켈로그 경을 통해) 앞서 언급한 회사에 댈 양모 구입 비용으로 총 2천8백 달러를 받았으며, 나 자신의 이익을 위해 경솔하게도 같은 액수를 보증했다가 상환받지 못했습니다. 그러므로 나는 미국의 법률에 따라 나의 채무에서 합법적으로 벗어났습니다. 이로써 (나의 불행과 특히 내가 당연히 받고 있는 도덕적 책임감에 빠진 나에 대한 앞에서 말한 회사의 크나큰 친절과 애정을 고려하여) 신성한 하나님이 내게 능력을 주실 것으므로 기회가 닿을 때마다 앞의 원금과 이자를 곧바로 갚을 것을 동의합니다."[30]

그는 동시에 켈로그 씨에게도 편지를 써보냈다.

"채무 소멸 자격을 얻기 위한 예상치 못한 비용, 황소 한 마리의 손실, 많은 식구들이 제게 지워준 빈곤으로 말미암아 제가 당신을 통해 빌린 돈을 갚을 길을 찾지 못하고 올해도 지나지는 않을까 염려스러운 마음을 전하게 되어 유감스럽니다."[31]

그는 죽을 때도 이 빚을 갚고 있던 상태였으며, 유언장에 그 빚에 쓸 50달러를 남겨놓았다.

그것은 존 브라운의 영혼이 질식하여 파멸되다시피 한 복잡한 재난이었다. 그는 때때로 숨이 막힌 듯 헐떡인다.

"나는 그동안 너무나 많은 고통을 받아와서 꼭 필요한 한 가지를 대부분 무시했으며, 천국과의 모든 교신을 중단하다시피 했다."[32]

그는 아들에게 또 이렇게 적었다.

"명리를 추구하는 내 사업은 호된 시련을 겪어왔으며, 아직도 그러하다. 하지만 우리는 전진하고 있으며, 우리에게는 양털 깎는 전단기가 있고, 건초 만들기 작업에서 제법 큰 성과를 이루어냈다. 우리의 무두질 사업은 예전과 거의 비슷하게 돌아가고 있다."[33]

그는 다시 아들에게 말한다.

"네게 얼마간의 돈을 보내주겠으나, 네가 떠난 후로 아직은 어떤 출처에서도 1달러도 벌어들이지 못했구나. 자금이 심하게 고갈되지만 않는다면, 내 일을 만회할 수 있을 것이다."[34]

그 다음에는 기회를 잃은 한 남자의 결심에 찬 말이 이어진다.

"하지만 다 괜찮다. 모든 일이 잘 되고 있다."[35]

점차 상황이 나아지기 시작했다. 완전히 포기한 적이 결코 없었을 그의 무두질 공장이 다시 가동되었으며, 양모 수익은 늘어났다. 1844년 초, "무두질 사업을 만회하고 있는 듯하다"고 그는 말한다.

"근래에 애크런의 시몬 퍼킨스 주니어와 공동 경영관계에 들어갔단다. 목양업을 광범위하게 펼쳐보려는 생각에서다. 그는 월동에 필요한 모든 먹이와 주거지를 제공하기로 했다. 우리는 양 떼를 돌보는 일을 맡기로 하고. 그 외의 모든 비용은 똑같이 부담하고, 수익도 똑같이 나누기로 했다."

가족이 애크런으로 이주할 수밖에 없었다며, 그는 이렇게 말한다.

"그동안의 내 세속적인 걱정거리를 가장 편안하고 가장 순조롭게 정리했다는 생각이 든다. 다른 어떤 길보다 더 많은 진보의 여지를 밤낮으로 우리에게 제공할 거라고 추정했단다. 하나님께서 우리에게 자비를 베푸시어 일이 그렇게 되도록 해주셨을 거라는 진심 어린 바람을 갖고 있다. 그분이 우리 영혼에 모자람을 보내시지는 않으셨기를. 양 떼를 돌볼 때를 제외하고 우리의 시간을 온전히 우리의 뜻대로 쓸 수 있을 것이다. 겨울에는 양 떼를 먹여살리거나 잠자리를 제공할 필요가 전혀 없단다. 우리는 그저 순무와 감자를 수확하기만 하면 된다. 우리 가족에게는 떳떳하지 못한 동맹관계로 생각되지 않을 거라 여긴다. 그들이 아주 잘 해낼 지혜를 갖고 있기를 진정으로 바란다. 이번 일이 가난한 파산자와 그의 가족에게 분명 힘을 줄 것이다. 고결함과 품격을 지키려는 우리의 근면하고 지속적인 노력들이 전부 다 묵살되었던 건 아니었음을 증명해주는 일이다."[36]

사실 이 일은 존 브라운에게는 물밀듯이 밀려오는 빛과 같았다. 사색하고 공부하고 꿈꾸고, 빵을 얻기 위한 오랜 몸부림과 성공이 거의 눈앞에 보였을 때 실패가 안겨준 깊은 실망을 맛본 뒤, 그 자신과 세상을 잘 알 수 있는 공간과 시간이 주어진 소중한 직업이었으므로. 1844년 7월 무렵, 브라운은 560두의 양을 기르고 2,700파운드의 양모를 생산했다고 보고했다. 그는 양모 1파운드당 56센트를 받았는데, 이는 양모가 고품질이었음을 보여준다. 그는 무두질 사업을 접기 시작했다. "우리가 처한 세속적인 일들의 일반적인 양상은 순조롭다. 하나님을 깡그리 잊어버리지 않기를 바랄 뿐"[37]이라고 그는 적었다.

그의 딸은 말한다.

"아버지는 양치기로서 당신의 양 떼에게도 자녀에게와 똑같은 주의 깊은 보살핌을 보여주셨다. 어느 해 봄이 생각난다. 아버지가 돌보던 많은 양 떼가 '머리에 혹이 나는' 병에 걸렸는데, 암양들이 새끼 양을 돌보려 하지 않았다. 아버지는 2주 동안 잠자리에 들지 않고 밤새 깨어 있거나 의자에 앉아 한두 시간 주무신 다음, 등불을 들고 밖으로 나가 암양들을 잡아서 새끼 양들이 젖을 빠는 동안 붙들고 계시곤 했다. 또한 죽은 것처럼 보이는 어린 새끼 양을 매우 자주 데리고 들어오셔서 따뜻한 물 속에 넣어두고, 살아 있다는 조짐이 보일 때까지 그 어린 새끼 양을 문질러주신 다음, 따뜻한 담요에 싸서 찻숟가락으로 따뜻한 우유를 먹이셨다. 아버지의 손길이 얼마나 부드럽고 애정이 넘쳤던지 서너 시간 지나면 새끼 양이 방안을 신나게 뛰어 돌아다니곤 했다.

어느 월요일 아침, 빨래 대야에 따뜻한 비누거품을 내서 내흰 옷을 막 담갔는데, 아버지가 죽은 것처럼 보이는 어린 새끼 양 한 마리를 데리고 들어오셨다. 새끼 양은 목숨이 붙어 있을 것 같지 않았다. 아버지가 말씀하셨다. '얼른 네 옷을 꺼내고 물 속에 이 새끼 양을 넣게 해주렴.' 나는 빨래를 못하게 되자 조금 속이 상해서 그 새끼 양을 살릴 수는 없을 것 같다고 말씀드렸다. 하지만 한두 시간 지나자 아버지는 새끼 양이 방안을 뛰어 돌아다니며 시끄럽게 제 어미를 부르게 만드셨다. 그 다음해 어느 날, 아버지가 헛간으로 오시더니 내게 말씀하셨다. '루스, 빨래하는 너를 방해했던 그 새끼 양으로 말미암아 방금 전에 100달러를 벌었단다.' 그 새끼 양은 색스니 순종이었다."[38]

1845년 무렵, 부귀는 다시 존 브라운의 손아귀에 있는 듯했다. 미국은 여러 번의 주목할 만한 산업 팽창기 중 가장 두드러진 시기로 접어들었으며, 양모업 상황은 특히 순조로웠다. 퍼킨스와 브라운이 소유한 색스니 종 양 떼는 "미국에서 가장 뛰어나고 가장 완벽한 양 떼라는 소문이 돌았으며, 값이 2만 달러 가까이 나갔다." 서부 양모 생산업자들이 번창하는 데 위험을 안겨주는 외견상의 단 한 가지 요소는, 제조업체들의 힘이 점차 세진다는 것과 그들이 값싼 양모를 원한다는 것이었다. 양모 제품에 대한 관세는 전보다 더 낮아졌지만, 전쟁이 일어나기 전까지는 값에 따라서 파운드당 20~30퍼센트 정도를 유지했으므로 충분한 보호 역할을 했다. 값싼 양모에 매긴 관세는 점점 낮아져서 1857년에는 파운드당 20센트 이하인 모든 양모는 자유로이 들어왔으며, 1854년에는 모든 등급의 캐나다산 양모가 면세로 미국에 들어올 수 있었다.

이러한 사정은 특히 양모의 자유 무역을 의미했다. 양말이나 속옷류, 양탄자 제조업체들이 증가했으며, 국내산 양모에 대한 수요가 지속적으로 늘어났다. 그러나 국내산 양모의 적정 가격을 분명히 파악하는 데 많은 어려움이 있었다. 제조업체들의 대리인들이 외딴곳의 미숙한 농부들에게 가장 낮은 가격을 제시하여 등급별로 분류하지 않은 양모를 대량으로 사들였으며, 양모는 품질과 가격이 천차만별인데 가장 낮은 등급이 모든 양모의 가격에 적용되는 경우가 흔했다.

존 브라운은 양모업에 관한 세부 사항을 파악하는 즉시 개선 계획을 짜기 시작했다. 이러한 개선을 단순히 개인의 재산 불리기 차원으로만 여기지는 않았다. 그에게 사업이란 자선 행위나 마찬가지였다. 오늘날의 우리도 이런 생각에 이르지는 못했으며, 사회주의자들이 추진하는 상황이어서 우리는 어렴풋이 파악하고 있을 뿐이다. 브라운은 돈 키호테식이거나 실제적이지 못한 일은 제안하지 않았으며, 원료 생산업자들과 제조업자들에게 전체 양모업의 수익을 더 공평하게 분배할 방법을 제안했다.

그는 먼저 양모 생산업자들을 일깨워 조직화하는 단계에 들어갔다. 펜실베이니아와 오하이오의 농부들을 광범위하게 찾아다녔다. "내년 여름의 운영 계획을 세우기 위해 양모 생산업자들을 만나고 있다"고 1846년 3월 24일자 편지에 썼다. "우리의 계획은 일반적인 호의와 일치하는 것으로 보인다." 그런 다음 더 큰 계획을 생각하고 있다고 덧붙였다. "사소한 사건들에서 유례가 없는 우리의 성공은 협동과 인내가 매우 중요한 일에서 어떤 결과를 가져올지에 대한 교훈을 가르쳐 줄지도 모르겠구나."[39] 인간과 비교해서 양이란 정말 어떤 가치가 있었을까? 돈이란 자유에 어느 정도의 중요한 의미를 가졌을까?

양모 생산업자들의 대표자대회가 열리기 전 브라운이 윤곽을 잡아놓은 계획은, 동부에 판매대리인을 영구적으로 상주시키고, 양모의 등급을 매기고 창고에 예치하며, 양털의 품질에 따라 이윤을 공동 관리한다는 것이었다. 최종적으로 1846년에 퍼킨스와 브라운은 다음과 같은 내용의 회람을 돌렸다.

"다음에 서명한 업무 대리 양모 상인들, 양모의 등급을 매기는 사람들, 그리고 수출업자들은 품질과 조건이 맞을 경우 생산업자들과 소유주들의 양모를 수취하여 등급을 매기고 실질 가격에 따라 현금으로 이 양모를 판매하기 위한 협정에 찬성하는 바이다."[40]

존 브라운은 이 일의 특별 임무를 맡는 자리에 앉았으며, 그의 아들은 오하이오에서 목양 농장을 운영했다. 이러한 운동의 바탕을 이루는 사상은 훌륭했으며, 금세 성공적인 출발을 보였다. 존 브라운은 가족과 함께 스프링필드로 이주해서 살았다. 1846년 12월, 그는 이렇게 적었다.

"느리지만 빈틈없이 우리 사업을 꾸려가고 있다고 믿는다. 또한 우리는 어떠한 상황에서도 합리적으로 예상할 수 있을 뿐더러, 우리가 아는 한, 이 사람들과 또한 우리가 함께 일을 도모할 수밖에 없었던 많은 사람들도 우리를 마음에 들어 한다."[41]

2주일 뒤인 1847년의 어느 날, 그는 "돌아온 후로 약 4,000달러에 상당하는 양모를 현금으로 바꾸었다. 16일까지 최고 7,000달러를 마련할 것 같다"[42]고 적었다.

이러한 초기의 번창은 대단했지만, 사업은 결국 실패했으며 1851년에 실질적으로 포기했다. 왜 그랬을까? 중대한 도덕적 의문들을 경제 영역으로 끌어들이는 그런 이상한 경제적 모순들 가운데 하나 때문이었다. 어제는 피했으며 오늘은 피하려 애쓰고 있지만, 내일은 해답을 찾아내야 하는 의문들. 누구나가 거대한 산업의 최선의 이익을 위한 일인 줄 아는, 그런 일을 하는 사람이 있었다. 원료의 품질을 등급화하고 향상시키며 판매를 체계화하는 일. 그의 방법들은 전적으로 공정했으며, 그의 기술적 지식은 탁월했고, 그의 조직은 능률적이었다. 그러나 제조업체들의 단체가 몇 달 안에 그가 사업에서 손을 떼게 만들었다. 왜 그랬을까?

현재의 사업 윤리로 평범한 해답을 생각해보면, 존 브라운이 양모 시장을 제조업체들에게 불리한 방향으로 "궁지에 몰아넣을" 수 없었기 때문이었을 것이다. 그는 결코 그렇게 하려 하지 않았다. 그러한 재정적 약탈 수법은 결코 그에게 떠오르지 않았으며, 그런 생각이 떠올랐다 하더라도 미련없이 버렸을 것이다. 그는 구매자든 판매자든 어거지로 밀어붙이고 싶어하지 않았다. 가치 있는 제품을 공정한 가격에 제시하고, 그에 대한 공정한 수익을 창출하고자 했다.

이러한 체계가 이 분야의 모든 거래에 최선이라는 사실은 누구나 알았지만, 힘이 약했다. 중세의 상인들이 약탈자들이나 다름없는 귀족들의 무지막지한 맹공격에 대항할 힘이 약했던 것과 똑같은 의미에서 힘이 약했다. 제조업체들의 탄탄한 조직은 존 브라운이 자신의 양모 가격을 내릴 수밖에 없게 만들기에 충분했다. 즉, 농장 경영자인 브라운이 인간의 옷을 짓는 사업의 이윤보다 더 적은 이윤을 취하도록 만들 수 있었다. 다시 말해, 조직력이 우수한 산업형 노상 강도들이 양모 농장 경영자를 가로막고 머리 위로 손을 들게 만들 수 있었다는 얘기다.

그러나 존 브라운은 농장 경영자들이 중간 정도의 수익만 얻는 것은 노상의 제조 신사들 때문임을 잘 알고 있었다. 돈을 버는 것은 제조업체 사람들이었다. 이제 중세의 상인 조합인 한자동맹과 같은 대응조직을 만들어 이러한 노상 강도들의 요구에 대항하는 길이 있었다. 이때의 어려움은 겁먹은 모든 집단을 하나의 조직으로 끌어들이는 일이었으리라. 제조업체들은 무식자들 또는 반항자들을 아주 없애든지 식량 공세로 항복시켜 이득을 취할 수 있었다. 이것은 현대의 사업방식이다. 극빈자들과 매춘부들이 희생자이고, 그 승리는 타협으로 이루어지며, 이에 따라 대여섯 명의 백만장자가 인정 많은 세상에 태어나는 싸움에 2개의 산업 부대를 포진시키는 결과로 이어지는 방식 말이다.

반면에 조직화된 경제적 침략에 아무런 반대를 하지 않는다는 것은, 공정성을 승인하지 않는 산업세계에서 자신이 갖고 있는 명분의 순진한 정당성에 의존한다는 뜻이다. 그것은 산업의 죽음을 의미하며, 존 브라운에게도 그와 같은 의미일 수밖에 없었다. 1846년의 관세법은 제조업체들의 이윤을 삭

감했다. 점차 늘어나는 양모 무역은 몇 년 안에 그러한 손해를 보상하고도 남았겠지만, 그들은 "취미로 이 사업에 종사하는 것이 아니"었다. 즉, 그들은 돈벌이보다 높은 도덕률을 인정하지 않았으며, 이에 따라 현재의 이윤을 그대로 지키고 미래의 가능한 이윤까지 보태기로 굳게 결심했다. 그들은 양모 가격을 억지로라도 끌어내리려는 과거의 노력들을 이어갔으며, 1854년까지 양모의 실질적인 자유 무역을 이루어냈다.

그 사이 뉴잉글랜드 지방의 제조업체들은 존 브라운에 대항하여 불매매동맹을 맺기 시작했다. 그들은 그가 위험을 깨닫고 자신이 취급하는 정말 품질이 훌륭한 양모의 가격을 낮출 거라고 기대했다. 그러나 그는 완고했다. 그가 제시하는 가격은 적당했으며, 양모업에서는 공정성을 중요한 요인으로 여겨야 한다고 생각했다. 제조업체들은 반대했다. 그는 게임의 규칙에 따라 경기를 펼치고 있는 것이 아니었다. 한 동료 상인이 불평했듯이, 그는 "'장사꾼'이 아니었다. 자신의 양모에 등급이 매겨지고, 그런 다음 특정 가격이 정해질 때까지 기다렸다. 이러한 상황이 제조업체들의 구미에 맞을 경우, 제조업체들은 그러한 양털을 가져갔다. 구미에 맞지 않을 때는 다른 곳에서 구매했다……. 하지만 그는 철저할 정도로 정직하고 공정한 사람이었다. 엄하고 굽힐 줄 모르는 사람이었다. 브라운은 큰돈을 벌 수 있는 위치에 있었으며, 보통으로 자란 상인이었다면 그렇게 했을 것이다."[43]

제조업체 단체는 그 즉시 좀더 세게 압박했다. 브라운의 사무원들에게 뇌물을 먹이고, 다른 "경쟁적인" 방식들을 자주 써먹었다. 그러나 브라운은 완고하고 침착했다. 큰 부를 이루어낼 가망은 그를 유혹한 것이 아니라 오히려 불쾌하게 만들었다. 사실 지금까지와 마찬가지로 성공적이고 유력한 이 모든 도매사업은 더 크고 유용한 계획들에서 그가 손을 떼게 만들었다. 그는 시간을 들여 많은 생각을 했다. 주변 상황은 그 일을 더욱더 단순한 돈벌이로 만들었다. 제조업체들은 당연히 돈을 좇았다. 그의 고객들은 단지 수익만을 기다렸으며, 그의 동업자는 언제나 불안스레 대차대조표를 면밀히 검토했다. 이러한 모든 양상은 브라운을 점점 더 불안하게 만들었다. 그래서 그는 1847년 12월에 냉정하게 적었다.

"우리의 사업은 안정을 잡아갈 것으로 보이며, 돈 문제에 관한 한 조금이라도 더 악화될 일은 없을 것이다. 돈을 벌거나 잃는 문제는 전혀 우리 관심 밖의 일이라고 믿는다. 하지만 이 아비는 돈 문제가 너무 큰 부분을 차지한다는 것을 느낄 수 있다. 세상이 그렇다고 하더라도, 약간의 재산을 잃는 것은 인생을 놓고 볼 때 정말 사소한 문제다.

'숭고한 노고를 견딜수록
더욱 고매한 만족을 얻으리니.'"[44]

그러나 다음해에 심각한 금전 압박이 가해져, "지난 여러 해 중 어느 때보다 심한 압박을 받고 있다. 우리 양모를 구입하기로 계약했던 사람들 가운데 일부는 아직 계약한 대로 값을 치르고 양모를 가져갈 형편이 못 되며, 우리는 사업을 접을 수가 없는 상황이다."[45]

이로 말미암아 가격이 폭락했으며, 사방의 불평을 샀다. 양모 생산업자들의 불평이 컸는데, 그들의 이윤이 지속적으로 커지지 않았기 때문이다. 또한 브라운이 요구한 가격에 대해 점차 시끄럽게 이의를 다는 제조업체들의 불평도 만만치 않았다.

그는 1849년 초에 이렇게 적었다.

"우리는 최근에 빠르게 중간 수준을 회복하는 양모를, 계약에 따라 1847년의 가격으로 판매해왔다."

그러나 그는 다가올 폭풍의 징후를 보며, 다음과 같이 덧붙인다.

"이곳에 있는 우리는 대다수가 희망의, 유일한 희망의 과녁을 쏘았다는 가장 유력한 증거들을 갖고 있다."[46]

위기가 닥쳐오는 것은 확실했다. 이 회사를 상대로 한 불매운동은 점차 분명해졌으며, 목양업자들의 조바심은 점점 커져갔다. 양모 농장주들은 비축해둔 양모 값을 미리 치러 달라고 끊임없이 요구했다. 그들이 조용히 기다려준다면, 아직 기회는 있었다. 퍼킨스와 브라운이 미국 시장에서 최상품의 양모를 취급하며, 영국 상품보다 더 나은 상품을 취급한다는 사실은 의심할 여지가 없었기 때문이다. 그러나 양모 생산업자들은 침착성이 없었으며, 어떤 경우에는 가난했다. 그 결과는

1849년의 대차대조표에 드러났다. 브라운은 양모 13만 파운드를 구입하여 운송료와 수수료를 비롯해 5만 7,884.81달러를 지불했다. 판매액은 4만 9,902.67달러였으며 7,982.14달러가 부족분으로 남았고, 20만 파운드의 양모가 창고에 그대로 남았다.[47]

그후로 퍼킨스는 브라운이 완고한 사람이라고 생각했다. 그들이 양모 생산업자들을 배반하고 더 낮은 가격을 받아들이기란 쉬운 일이었을 것이다. 그들의 수수료는 더 커졌을 것이며, 제조업체들은 반가워했을 것이고, 목양업자들은 너무 가난하고 뿔뿔이 흩어져서 저항하지 못했을 것이다. 사실 낮은 가격과 현금은 기다림보다 차라리 더 큰 만족을 주었다. 하지만 존 브라운은 원칙이 위태로운 지경에 이르렀다고 생각했다.

그는 자신의 양모가 자신이 요청하는 값보다도 더 큰 가치가 있다는 사실을 알았다. 같은 등급의 영국산 양모가 만족스러운 가격에 팔리고 있다는 것을 알았다. 양모를 영국으로 가져가서 팔면 어떨까? 그래서 훌륭한 미국 제품을 팔기 위한 새로운 시장을 개척하면 어떨까? 유럽을 눈여겨보고 싶은 또 다른, 그리고 그로서는 더 나은 이유들이 있었다. 그는 신속하게 결정을 내리고, 1849년 8월에 20만 파운드의 양모를 영국으로 가져갔다. 자신이 직접 모든 양모를 검사하고 등급을 매겨, 새 포대에 포장했다.

"화물은 견고하고, 둥그스름하고, 단단하고 조금도 틀림이 없었다. 마치 선반에서 막 꺼내온 것이나 다름없었다."[48]

이러한 영국 모험길에서 존 브라운은 그의 기질상 한 가지 약점을 드러냈다. 인간의 본성인 음흉한 억지를 알지 못하거나 인정하지 않았던 것이다. 그는 언제나 자신의 단순 명백한 견지에서 판단했기 때문에, 인간의 영혼이 지닌 더 광활하고 변하지 않는 측면들에 대한 선견지명 같은 것을 가지고 있었다. 그러나 인간의 영혼이 지닌 결함들과 편견들, 약간의 이기심과 질투와 불성실에 대해서는 전혀 알지 못했다. 그러한 것들은 그에게는 항상 일종의 놀라움으로 다가왔다. 그는 그것들을 예측하지 못했으나 부분적으로는 이해했다. 그는 악마와 싸울 수도 있고 그의 천사들과 싸울 수도 있었으며, 그렇게 했으나 천국과 지옥 사이를 떠도는 수백만의 유산(流産)된 존재들을 극복하지 못했다.

그리하여 그는 영국에서의 모든 계산 착오를 발견하고 놀라지 않을 수 없었다. 그의 양모는 우수했으며, 분류하고 등급을 매기는 그의 기술은 비길 데가 없었으나, 영국인들은 미국에서 질 좋은 양모를 생산하는 건 가능하지 않다고 믿었기 때문에, 그들 자신의 감각에 따라 선택하기를 집요하게 거부했다. 그들은 "매우 기쁜 것 같았다." 그들은 "그보다 더 우수한 양모는 한 번도 본 적이 없"으며 "나를 다시 만날 것이라고" 말했지만, 그에 맞는 가격을 제시하지는 않았다. 또한 미국의 모직물 제조업체들도 가만히 있지 않았다. 이들은 동정을 살피는 이 미국인을 바다 건너에서 바쁘게 미행했으며, 영국의 양모 생산업자들은 기꺼이 이에 반응했으므로, 존 브라운은 9월 말경에야 "이 나라와 미국의 이익에 어긋날 뿐더러, 싸워야 할 어리석고 집요한 편견을 한 짐이나 갖고 있"[49]음을 인식하고 한탄했다. 결국 양모는 미국에서 나가는 가치의 50퍼센트 이하 가격으로 투매되었으며, 그 가운데 일부는 실제로 미국에서 다시 팔렸다. 미국의 모직물 제조업체들은 싱글벙글 웃어댔다.

"1850년에 한 가지 사소한 사건이 일어났다. 퍼킨스와 브라운의 한 철 양털 분량이 시중에 나왔는데, 빼어나게 돋보이는 물건이었다. 짧고 치밀한 색스니 종 양털은 더할 수 없이 훌륭했다. 어깨걸이와 폭이 넓고 질이 좋은 나사를 만드는 노스앰턴 모직 공장의 머스그레이브 씨는 그 양털을 원했으며, 존 브라운에게 파운드당 60센트를 제시했었다. '안 됩니다. 이건 런던으로 보낼 겁니다.' 요크셔 사람인 머스그레이브는 미국산 양모는 런던에서 팔리지 않을 거라며 브라운에게 그렇게 하지 말라고 충고했다. 좋은 생각이 아닌 것 같다며. 그는 그 양털을 구입하려고 무척 애를 썼으나 아무 소용이 없었다……. 얼마 후, 그 양털이 런던에서 팔렸다는 소식이 들려왔다. 그러나 가격에 대한 이야기는 없었다.

머스그레이브가 어느 아침나절에 잔뜩 흥분해서 내 회계실로 들어와서는, 재미있는 구경을 하게 될 거라며 나더러 함께 가주었으면 좋겠다고 말했다. 그러더니 층계로 올라가 존 브라운을 불러 하트퍼드 저장소로 건너가서, 자신이 구입해둔 많은 양의 양모를 좀 봤으면 좋겠다고 했다. 우리가 도착하여 화물 창고로 막 들어서는데, 머스그레이브가 말했다.

'브라운 씨, 내가 이 많은 양모를 파운드당 겨우 52센트로 구매했다는 사실을 어떻게 생각하는지 말해줬으면 좋겠소.'

수많은 자루를 슬쩍 한 번 쳐다보는 것으로 충분했다. 존 브라운이 홱 돌아섰다. 나는 지금도 그가 갈색 외투 자락을 등뒤로 휘날리며, 신경질적으로 성큼성큼 걸어 바닥을 울리면서 돌아가던 모습이 눈에 선하다. 겨우 3개월 전에 머스그레이브는 창고에 놓여 있던 바로 그 양털을 파운드당 60센트에 사겠다고 제안했었다. 등급을 매겨, 새로운 포대에 담아, 증기선을 이용해 런던으로 실어가서, 팔고 남은 것을 다시 배에 실어, 머스그레이브가 제안했던 가격보다 파운드당 8센트가 싼 가격에 스프링필드로 되가져온 것이다.[50]

참으로 우스운 상황이 아닐 수 없었으며, 미국의 모직물 제조업체를 웃게 만드는 일이었다.

이러한 영국 모험길은 퍼킨스와 브라운의 양모사업에 치명타를 입혔다. 그러한 타격은 4년 뒤까지도 완전히 결말이 나지 않았으나, 1849년 브라운은 가족을 스프링필드에서 가장 먼 애디론댁의 조용한 산림지로 이주시켰다. 그곳에서 그의 삶의 거대한 꿈이 스스로 펼쳐졌다. 그러나 그로서는 자신의 주위를 친친 감고 있는 거미줄에서 벗어나기가 쉽지 않았다.

그가 완전히 파멸한 원인 두 가지는, 지나치게 많은 선불을 지급했으나 약속한 양모를 제대로 공급하지 않은 양모 생산업자, 그리고 퍼킨스와 브라운의 회사가 손에 넣을 수 없었던 이 양모를 공급하기로 계약했던 특정 제조업체들이었다. 제조업체들과의 계약 위반에 따른 배상 청구액과 피해액이 4만 달러에 이르렀으며, 소송을 당하기도 했다. 한편, 뿔뿔이 흩어져서 의무를 게을리 한 양모 생산업자들은 이 회사로부터 고소를 당할 만큼 규모가 큰 경우가 거의 없었다. 오랜 법적 투쟁이 이어졌고, 이러한 투쟁은 브라운의 솔직한 성격에 전혀 맞지 않았으며, 끝이 없어 보였다. 수금과 판매는 힘들고 느리게 이어졌으며, 퍼킨스는 불안해하기 시작했다. 존 브라운은 사랑과 꿈이 있던 젊은 시절의 더 유쾌하고 더 단순했던 삶을 그리워하며 한숨을 지었다.

"내게는 포리지*와 옥수수 빵으로 저녁을 때우던, 리치필드 중앙에 자리잡은 우리의 통나무 오두막집이 스프링필드의 매사소이트보다 훨씬 더 흥미로운 곳으로 여겨지는구료."[51]

그는 자녀들에게 오하이오의 목양 농장에 대한 이야기를 들려준다.

"너희 셋이 다시 한 번 함께 모여, 늙은 가장들이 따랐던 것과 똑같은 천직에 몸담고 있다는 생각을 하면 몹시 기쁘단다. 그 내막에 대해서는 한마디만 더 하마. '너희는 길 가운데에서 다투지 말아라. 모든 일은 결국 사필귀정이 될 것이다.' 우리의 배상 청구에 관한 한 일이 이 방향으로 조금 밝

---

* 포리지 오트밀에 우유 또는 물을 넣어 만든 죽.

아지고 있다고 생각할 수밖에 없지만, 아직은 전혀 얻은 게 없단다. 한편으로 이 아비는 질 좋은 양모사업의 전망은 꽤 좋아지고 있다고 생각한다. 무엇보다도 내게 부담을 안겨주는 것은 퍼킨스 씨가 내가 사태를 마무리짓기를 기대하며 염려한다는 점이다. 그런데 그건 살아 있는 사람이 짧은 시간 안에 할 수 있는 일이 아니며, 그는 점점 참을성과 믿음을 잃어가고 있다."[52]

한편, 브라운은 보스턴과 뉴욕, 트로이와 다른 곳의 법정을 오가며 사업상의 문제를 해결할 방법을 찾아다녔고, 자신의 재정 상태가 어떤지를 알았다. 무엇보다도 그는 동업자와 평화롭고 공정한 관계를 유지하려 애썼다. 소송이 마무리되었다가 다시 항소를 당하기도 했으며, 그 과정은 "비참할 정도로 느렸다. 이리저리 뛰어다니느라 올 겨울은 진저리가 날 지경이었다." 또한 그의 마음은 다른 곳에 있었다. 온 나라가 소란스러웠으며, 그도 마찬가지였다. 앤서니 번스(도망 노예)가 보스턴에서 체포되었는데, 당시 브라운은 트로이에서 변호인에게 조언하고 있었다. 레드패스에 따르면, 다음과 같이 전한다.

"번스 사건에 관한 소식이 이곳에 전해진 날 아침, 브라운은 아침을 먹은 뒤 곧바로 일터로 나갔다. 하지만 몇 분 지나지 않아 의자에서 벌떡 일어나 급하게 여러 번 방안을 서성이더니, 별안간 그의 변호인단에게 시선을 돌리고 말했다.

'보스턴으로 갈 생각입니다.'

놀란 변호인이 말했다.

'보스턴으로 가다니! 왜 보스턴으로 가려고 합니까?'

그러자 늙은 브라운은 계속 성큼성큼 걸어다니며 대꾸했다.

'앤서니 번스는 석방되어야 합니다. 석방되지 않는다면, 내가 죽는 한이 있어도 그러한 노력을 할 것입니다.'

변호인은 대경실색하며 들고 있던 펜을 떨어뜨렸다. 잠시 후 변호인은 간절히 충고하면서, 소송이 오랫동안 진행중이며 이제 막 판결이 났다고 말했다. 브라운은 항소를 당했으며, 그러한 항소는 여러 날 걸릴 것이 분명했다. 이 사건을 잘 마무리하지 못하면 모든 노력이 물거품이 되고 말 터였다. 브라운 외에 전체적인 소송 상황을 충분히 숙지하고 있는 사람은 아무도 없었다. 늙은 브라운을 설득해 떠나지 못하게 하기까지는 오랜 시간에 걸친 진지한 대화가 필요했다. 길고 지루한 그 소송에 대한 그의 기억력과 예리한 판단력은 변호인을 깜짝 놀라게 하는 경우가 많았다. 이곳에 있는 동안 그는 황갈색 양복을 입고, 목 깃과 아랫단을 퀘이커교도처럼 단호하게 자른 외투를 입었다. 수염은 기르지 않아 깔끔하게 면도를 하고, 철저할 정도로 말끔하며, 옷을 잘 차려 입은 조용하고 늙은 신사였다. 그러나 그는 자신이 하는 모든 행동에서 눈에 띌 정도로 단호했다."[53]

그는 소송에 빼앗기지 않는 시간을 애크런에서 보냈으며, 늙은 가장으로서 일시적으로 가족을 오하이오로 다시 데려갔다.

"지난 주에 네게 편지를 보냈듯이, 식구들이 여행중이란다. 사내녀석들은 소 떼를 타고 가고, 네 어머니와 어린 여동생들은 오네이다 화물 저장소에서 내가 합류하기를 기다리고 있다."[54]

그는 다시 흥미를 갖고 농장을 경영하는 일로 돌아가, 주정부가 연 가축품평회에서 여러 번 상을 받고 많은 양을 길렀다. 1853년에는 550마리의 새끼 양을 소유했으며, 퍼킨스는 그에게 자신과 계속 일을 하자고 졸라댔지만, 상황은 변했다. 1854년 1월 25일에 그는 이렇게 적었다.

"이 세상은 실재하는 원한과 시기에서 아직 자유롭지 못하다. 이제 상황이 제대로 정리될 것 같아 봄이 오면 우리는 노스엘바로 돌아갈 생각이다. 떠나는 문제를 두고 퍼킨스 씨와 상냥한 대화를 나누었는데, 우리 두 가족 모두 이제는 그 계획을 실천에 옮길 준비를 하고 있단다."[55]

그의 출발은 1년 뒤로 미루어졌지만, 그는 마침내 약간의 잉여금을 손에 쥐고 떠날 수 있었다.

존 브라운은 쉰넷에 앨러게이니 산맥의 연봉들과 산림지로 돌아왔다.

"훤칠하고, 수척하고, 얼굴빛이 어두운 사람……, 엄숙하고 진지한 사람……, 두드러진 안색과 천성적으로 위엄 있는 태도, 그러한 위엄은 알지 못하는 사이에 뛰어난 정신에서 비롯되는 것이었다."[56]

―2부―

# 캡틴 브라운

—1—
# 아프리카의 마력

자신도 함께 갇힌 것같이 속박 속에 있는 자를 생각하라.

 

존 브라운이 태어난 시기, 기울어가는 18세기의 아이티[※]에는 지옥이 있었다. 프랑스 혁명의 검은 물결은 눈부시게 뛰어났지만, 한편 음흉한 나폴레옹을 그 정점으로 밀어올렸다. 나폴레옹은 이미 미시시피의 풍요로운 골짜기에 있는 미 제국을 향해 탐욕스러운 팔을 뻗었다. 그러자 아프리카 흑인의 타락이라는 느리고 무거운 검은 구름은, 눈 깜짝할 사이에 서인도제도의 진흙밭과 나태와 노예제도를 벗어나 별안간 생기를 찾아 꿈틀거렸으며, 투생[※]의 검은 형상을 밀어올렸다. 1만 명의 프랑스인이 열광의 도가니에 휩싸인 언덕에서 숨을 헐떡이며 죽어갔고, 반면에 격분에 휩싸인 흑인들은 자유를 위해

---

※ 아이티 Haiti. 서인도제도에 있는 섬나라로, 아메리카 대륙에서 유일한 프랑스어권 독립 공화국이다. 아이티인 대부분은 1804년 아이티의 독립과 함께 해방된 48만 명의 아프리카 노예 후손들이다.

악귀처럼 싸워 그 자유를 얻었다.

나폴레옹은 미시시피로 이어진 통로가 닫히는 것을 보았다. 무장한 유럽이 그의 배후에 버티고 있었다. 이 황량하고 실없는 아메리카가 그에게는 무엇이었을까? 그는 아주 헐값으로 루이지애나를 팔고" 트라팔가르"의 치욕과 오스터리츠"의 영광으로 눈길을 돌렸다.

존 브라운은 아이티의 전율이 모든 미국인들을 훑고 지나가던 바로 그 시기에 태어났으며, 아주 어린 시절부터 억압의 대가를 보고 느꼈다. 서구세계가 노예제도의 대가로 지불하는 무시무시한 고통을. 아주 어린 시절부터 그는 자유의 대가가 억압의 대가보다 적다는 것을 어렴풋이 이해했으며, 그러한 생각은 성장하면서 점차 자라났다. 아마도 그는 프랑스 혁명의 인도주의적 열의를 아주 가까이에서 접했기 때문에 자유의 대가를 과소평가했을 것이다. 그러나 그가 옳았다. 억압의 대가를 과대평가하기는 거의 불가능했기 때문이다.

사실 이 시기에는 남부의 남자들과 여자들, 그리고 공정한

---

■ 투생 Toussaint. 1793~1803. 프랑스 혁명 때 일어난 아이티 독립운동의 지도자. 노예를 해방시키고 잠시 동안 아이티를 흑인이 통치하는 프랑스 보호령으로 만들었다.
■ 루이지애나 미시시피 강 서부 유역의 광대한 영토를 에이커당 3센트도 안 되는 값으로 미국에 팔았다. 이 땅을 매입함으로써 미국의 크기는 두 배가 되었고, 물질적·전략적으로 강화되었으며, 서부를 확장하는 데 강력한 추진력이 생겼다.
■ 트라팔가르 에스파냐 남서부의 갑으로, 그 앞바다에서 에스파냐와 프랑스의 연합 함대가 1805년 넬슨에게 격파되었다.
■ 오스터리츠 나폴레옹이 대담한 전략으로 오스트리아와 러시아의 황제보다 전략 면에서 한 수 높다는 것을 증명하며 큰 승리를 거둔 전투.

사람들도 흑인 노예를 매혹적인 밝은 색채로 그리려고 열광했다. 그들은 순진한 헌신, 충실한 봉사와 마음 편한 무책임을 식민지의 곱고 오래된 귀족풍으로 떠들어댔다. 그들이 하는 말의 대부분은 사실이다. 그러나 모든 것이 이야기되고 승인될 때, 미국의 노예제도가 19세기 문명사에서 가장 추악하고 가장 더러운 오점이었다는 무서운 사실은 명백한 법적 기록 속에 응고되어 남아 있다. 야만과 인간의 고통, 여성의 매춘과 남성의 방탕이라는 풍토로, 가족의 붕괴와 결혼에 대한 조롱으로, 영성의 죽음과 도리의 혼란으로, 미국의 노예제도는 극심했을 때는 견줄 만한 상대가 없었다. 수백만의 인류를, 사랑스럽고 빛과 자유를 사랑하는 태양의 아이들을 더할 수 없이 야만적으로 하나의 딱딱한 틀에 쑤셔넣었다. 즉, 비천하고 비굴하고 개처럼 충실한 헌신, 몸과 마음과 영혼의 굴종, 아무런 야심이 없는 동물적인 만족……. 노예는 이러한 이상을 얻으려고 애써도 좋다는 것이었으며, 실제로 그러했다. 노예들은 경탄할 만한, 아름답기까지 한 비굴한 봉사의 모범을 보여 인간의 영원한 천성을 만들어냈다. 그러나 그 이상은 아무것도 없었다. 모두가 이러한 틀에 구겨넣어졌으며, 그 틀에 잘 맞지 않는 굼뜬 노예들은 위협을 당하고, 경솔하게 잔인해진 노예들과 반항적인 노예들은 죽임을 당했다.

대부분의 인간에게는 삶을 가치롭게 만드는 4가지가 있다. 몸을 움직이고, 경험해서 알고, 사랑하고, 포부를 갖는 것이다. 그러나 흑인 노예들에게는 이 4가지가 전혀 허용되지 않았다. 백인 아이가 길에서 흑인 어른을 멈춰 세우거나 개 집으로 슬금슬금 도망치게 만들 수도 있었다. 흑인 노예는 법적으로 읽기를 배우는 것이 금지되어 있었다. 그리고 사랑은? 흑인 노예가 아가씨를 사랑할 경우, 포토맥에서 리오그란데까지 거주하는 백인 남자라면 누구라도 자신의 욕정을 채우기 위해 노예가 사랑하는 그 아가씨의 몸을 취할 수 있었다. 버지니아와 캐롤라이나의 식견 있는 아들들은 그런 짐승 같은 횡포에 고개를 숙였을까? 오늘날 전국에 흩어져 있는 2백만 명의 물라토\*의 할머니들에게 물어보라. 노예 주인들의 고통스럽고 굴욕스러워하는 아내들에게 물어보라. 흑인이 결혼하여 아내를 얻을 경우, 그에게서 아내를 빼앗아갈 수 없는 주인은 이 땅에 아무도 없었다.

존 브라운의 아버지 오웬 브라운은 버지니아에서 코네티컷에 이르기까지 사방에 뻗친 그러한 권력을 보았다. 남부의 노예를 소유한 목사인 톰슨이라는 사람은 북부에서 노예들을 샀으며, 그 지방 교회에서 설교했다. 그런 다음 내켜 하지 않는 동산(動産: 노예)을 남부로 데려가려 했다. 그런 사정을 안 오웬 브라운은 말한다.

"사람들에게 동요가 일었다. 톰슨 씨에게 호의적인 사람도 있었고, 일부는 반대하기도 했다. 꽤 많은 논쟁이 벌어졌으며, 많은 사람들이 논쟁에 참여했다. 톰슨 씨는 남자를 데려

---

■ **물라토** 흑인과 백인 간의 제1대 혼혈아.

갈 수 있든 없든, 여자와 아이들은 데려가야 한다고 말했다. 한 나이 든 사람이 남편과 아내를 그들의 뜻에 반대하여 헤어지게 할 거냐고 물었다. 톰슨 씨가 말했다.

'그들을 결혼시킨 건 나요. 난 여자에게 순종을 명령하지 않았소이다. 내가 노예 폐지론자가 된 후로는.'"[1]

노예가 자식을 낳을 경우, 돈을 가졌다면 짐승 같은 사람에게라도 나중에 그 자식을 팔지 못하도록 막을 수 있는 법이 오하이오의 남부에는 없었다. 노예가 품은 열망은 혐의를 일으키고, 의심스럽고, 치명적이었다. 노예에게는 마음을 끄는 미래도, 숭고한 동기도, 그럴듯한 보상도 없었다. 흑인 여자가 품을 수 있는 가장 큰 소망이라는 것은 잠깐 동안이라도 백인 남자의 아내 자리를 빼앗아 첩이 되는 것이었다. 흑인 남자의 야망은 한 작은 나라의 왕이 아무렇게나 던져주는 소모품 정도로 끝났다.

노예를 이토록 천한 신분으로 만들기 위해 그 주인이 지불하는 값은 얼마였을까? 포학과 잔인과 무법적인 만행이 맹위를 떨쳤으며, 남부에서는 여전히 어느 정도까지 그러한 만행을 저지르고 있었다. 상냥하고 친절한 마음은 무뎌졌다. 형제들은 자매들을 농노에게 팔았으며, 아버지들은 제 딸을 더럽히기도 했다. 가치 있는 미술도, 문학도, 일상생활의 교제조차도 이런 분위기에서는 번창할 수가 없었다.

사회는 일정한 유형을 잡아갔다. 고상하고 넉넉하지만 걸핏하면 싸우려 들고, 유혹적이고 나른하며 어떤 면에서는 고

급스런 윤택과 권태가 기묘한 자원의 빈곤 위로 펼쳐졌으며, 지엽적인 부분에서의 섬세함과 우아함이 다른 면의 조잡이나 방종과 결합되었고, 성(性)이란 대체로 놀이에 불과해서 격리되어 무기력한 더 흰 여자들도 결국에는 그러한 경향을 드러냈다. 게다가 사회는 사실 견고했으나, 활기나 새로운 기운이 전혀 없었다.

 그렇다고 전적으로 예전처럼 어두운 것은 아니었다. 고맙게도 인간의 삶이란 극단적으로 나빠질 수는 없는 법이지만, 지독하게 나빠지는 경우가 너무나 많다. 그러나 인간은 주위의 삶이 얼마나 열악한지를 쉽게 깨닫지 못한다. 배가 부른 자는 배고픈 자에게 연민을 갖지 못하며, 부유한 자는 가난한 자의 모든 결점을 알고 있고, 주인은 보려고 하지 않는 눈으로 노예제도의 참상을 본다. 사실 여기저기에서 빛과 갈망이 반짝거렸다. 숭고한 희생, 간절한 도움, 단호한 노예 해방 같은 것들이.

 그러나 이 모든 것은 지엽적이고 산발적이고 예외적이었다. 플로리다에서 미주리까지, 그리고 미시시피에서 대서양에 이르기까지의 지배 원칙은, 보잘것없는 의지와 변덕을 지닌 1,000명의 폭군에게 인간을 속박시킨 가차없는 철저한 야만성이었다. 비참한 노예들은 그 아래에서 상처 입은 거대한 검은 짐승처럼 몸부림쳤다. 복수를 위한 미친 시도에 따른 타는 듯한 분노는 피에 휩쓸린 노예제도의 길 아래 메아리치고 있다. 그들은 자메이카에서 정부를 뒤엎었고, 영국이 살살 기며 평화를 간청할 때까지 그 땅을 유린했다. 덴마크에서는 학살의 소용돌이를 일으켰다. 아이티에서는 주인들을 바닷속으로 내몰았다. 사우스캐롤라이나에서는 공포에 사로잡힌 백인들에게 대항하여 험악한 파도처럼 두 번 봉기했지만, 배반당했다. 여기저기에서 벌어진 그러한 소요는 대등한 실행과 조직적인 진전 가능성을 예고했다. 물론, 성공한 소요는 거의 없었으며 산발적이었다. 그러나 아이티에서 타오른 화염은 밤을 밝히고, 세상이 이들도 또한 인간이라는 사실을 기억하게 만들었다.

이러한 흑인들에게 중요하고 중대하고 심상찮은 변화가 다가오고 있었다. 원래 아프리카에서 태어난 흑인들이 세상을 떠나갔으며, 그와 함께 그들의 토착어와 길들지 않은 풍습도 사라져갔다. 그들은 존 브라운의 아버지 세대의 노예들이었다. 오웬 브라운은 이렇게 적었다.

"내가 네댓 살이었을 무렵, 한 가까운 이웃에게 기니\*에서 사온 노예가 한 명 있었다. 1776년 나의 아버지는 뉴욕의 군대에 징집당했는데, 그에 응하지 않으셨다. 8월에 선량한 이웃인 웨스트심스버리의 캡틴 존 패스트가 나의 어머니에게 며칠 동안 자신의 노예가 쟁기질하는 일을 감독해 달라고 하셨다. 나는 (샘이라고 불린) 이 노예와 함께 들로 나가보곤 했는데, 그럴 때면 그가 나를 업어주었으며, 나는 그를 사랑하

---

\* 기니 아프리카 서부 해안 지방.

게 되었다. 그런데 그는 겨우 며칠 일하고 늑막염에 걸려 집으로 가서 급작스럽게 죽었다. 그는 죽을 거라는 이야기를 듣고 기니로 가겠다고 말했으며, 여행길에 필요한 양식을 꾸리고 싶어했다. 내가 기억하기로, 어린 시절에 장례식에 참여하기는 그때가 처음이었다."

그런 노예들과 다른 노예들은 미국의 독립전쟁을 위해 싸울 군대에 들어갔으며, 3,000명의 그러한 노예들이 주인들의 자유를 위해 싸웠다. 전쟁이 끝난 후, 아이티의 격변과 그들의 용맹, 인간의 권리에 대한 새로운 열망은 미국 독립전쟁 때 버몬트에서 시작되어 뉴잉글랜드와 펜실베이니아를 휩쓸며, 19세기 초에 마침내 뉴욕과 뉴저지에서 끝난 노예 해방의 물결로 이어졌다.

북부 노예의 이러한 해방은 새로운 분규를 낳았다. 남부는 잠시 망설인 끝에 그 반대의 길을 추구했기 때문이다. 흑인들이 일하는 농장을 고립시키고, 도로를 감시하고, 순종하지 않는 노예는 비명을 지르며 기어다닐 때까지 회초리로 때렸으며, 주모자에게는 사사로이 형벌을 가했다. 길고 무시무시한 선별 과정을 거쳐 무관심하고 오만하고 교활한 자들이 선발되었으며, 당당한 자들과 복수심에 불타는 자들, 앞뒤를 헤아리지 않고 용맹한 자들은 천국으로 보냈다. 아프리카의 늙은 전사다운 정신은 폭력과 낙담으로 점점 약해졌다.

그리하여 거대한 검은 덩어리 같은 남부의 노예들은 겁을 집어먹었으나 정복당하지는 않았다. 드넓은 땅 위에 흩어진 그들은 격리되었으며, 모임과 종교는 감시당했고, 그들의 천성처럼 평화롭고 근심 걱정이 없었으나, 그들 내부에서는 여전히 자유의 불꽃이 타올랐다. 그들은 루이지애나와 테네시에서, 그리고 버지니아에서 두 번 밤중에 반란을 외쳤으며, 50명의 버지니아 사람들을 살해하여 여러 주일 동안 버지니아를 장악했다. 존 브라운은 자신이 사랑하는 바로 그곳의 앨러게이니에서 그러한 소식에 귀를 기울였다. 그들은 바다의 선상에서 반란을 일으키고 참살했다. 그들은 플로리다까지 날아갔다. 추격자들이 짐승처럼 흥분해 그들을 뒤따랐으며, 결국 모든 군대를 동원해서 그들을 격퇴하여 죽음의 습지로 몰아넣었다. 주인들이 영구적으로 경계해야만 억누를 수 있는 거대한 사회적 불안이 쉼없이 그들을 덮쳐 흔들어놓았다. 그러나 짐승처럼 묶여 있다는 공포가 항상 자리잡고 있었다. 결코 남부를 떠나지 않았으며 결코 멈춘 적도 없으나, 주인의 팔이 휘두르는 가차없는 잔인성을 느낄 수밖에 없는, 잊혀지지 않는 익명의 공포 같은 것이었다.

하나의 사실이 남부를 아이티와 같은 피의 희생에서 구해냈다. 물론, 인종의 불균형이 그만큼 심하지 않았기 때문에 성공적인 폭동에서 구한 것이 아니라, 필사적이고 피비린내 나는 분투에서 구한 것이었다. 그것은 바로 도망자들의 탈출이었다.

'장엄한 검은 길'을 따라 앨러게이니의 숲과 연봉들, 습지와 강들이 뻗어 있었다. 넓게 펼쳐져서 급하게 흘리가는 개울처럼 불어난 도망자들의 물결은 불안한 자들, 죄를 범한 자들, 정복되지 않은 자들—더 겁 많은 대중들의 타고난 지도자들—을 데리고 피난처로 휘몰아쳐갔다. 이러한 사람들이 노예제도를 구하고, 또한 노예제도를 죽였다. 그들은 노예제도를 노동계급의 영원한 종속과 그릇된 평화에 대한 유혹적인 꿈으로 남겨두어 노예제도를 구했다. 또한 자신들을 북부와 세계의 눈앞에 노예제도의 진짜 의미인 살아 있는 표본으로 드러냄으로써 노예제도를 파괴했다. 프레더릭 더글러스를 노예로 만들 수 있었던 이 제도는 어떤 것이었을까? 그들은 또한 북부의 자유 흑인들에게 합류하고, 이 흑인들과 함께 거대한 흑인 동지 집단을 조직하여 노예제도를 구했다. 이 집단은 미국 흑인들의 자유를 위해 일하고 계획을 세우고 고통받고, 결국 싸움길에 올랐다.

이를 통해 존 브라운은, 어린아이이기는 했지만 주위에 있는 모든 인간의 권리와 자유의 당혹스러운 변칙과 모순을 보았다. 그는 다시 북부에서도 이러한 사정을 목격했다. 자유 흑인들의 일치된 행동이 뒤따랐다. 이들은 특히 계약에 의해 또 다른 주인에게 팔려간 도시들에서 그들의 아주 적은 자유를 주장할 기회를 얻었다. 18세기가 막 저물 무렵, 처음에는 필라델피아에서, 그 다음에는 뉴욕에서, 그들은 소규모로 무리를 지어 백인 교회에서 물러나와 수치스런 차별에서 도망쳐 그들 자신의 교회를 세웠으며, 그러한 교회는 아직도 수백만의 지지자들과 함께 살아 있다. 존 브라운이 태어난 해인 1800

년, 가브리엘은 버지니아에서 방대한 폭동을 계획했으며, 브라운이 결혼한 이듬해인 1821년, 사우스캐롤라이나의 덴마크 베시는 남부를 발작 상태에 이를 만큼 공포에 떨게 한 빈틈없는 흑인 반란을 일으킨 후 무서운 얼굴로 단두대로 향했다.

존 브라운은 어린 시절과 청소년 시절에는 이 모든 일에 대해 거의 알지 못했다. 여러 해가 지난 뒤에 가브리엘과 베시와 냇 터너\*에 대해 알았으며, 그들의 공적에 관한 이야기를 듣고 그들의 계획을 연구했다. 그러나 그 당시 그는 세상에서 멀리 떨어져, 무두질 공장의 일을 도왔으며 아내를 얻었다. 아마도 젊은이였던 그는 노예 매매를 그만두어야 한다는 1808년의 법률을 찬양하는 말들을, 노예제도의 종말이 시작된 것으로 들었을 것이다. 안 그랬을지도 모른다. 그 법률은 1820년에 보강되기 전까지는 별다른 장점을 발휘하지 못했기 때문이다. 그러나 존 브라운의 날카로운 눈은 항상 사람의 길을 찾았으며, 그의 섬세한 가슴은 모든 곳에서 일어나는 부정과 잘못에 민감했다. 사실 그의 도움과 연민을 얻고 그가 품은 생각들을 나중에 평생의 과업으로 연결하도록 방향을 정해준 최초의 흑인들이 남부를 빠져나온 도망 노예들이었을

---

\* 냇 터너 Nat Turner. 1800~1831. 미국의 흑인 노예 지도자. 1831년에 대규모의 노예 반란을 일으켜 남부의 백인 사회 전체를 공포에 몰아넣었으며, 또한 노예들이 자신의 운명에 만족하거나 비굴한 노예 근성에 젖어 있기 때문에 무장 봉기를 일으킬 수 없다는 남부 백인들의 신화를 깨뜨렸다. 흑인 노예들은 그를 '예언자'라고 불렀으며, 사우샘프턴 군의 흑인들은 '냇의 전쟁'을 연도를 세는 기준으로 삼기도 했다. 그는 윌리엄 스타이런의 소설《냇 터너의 고백》으로 널리 알려졌다.

가능성이 없는 것은 아니다.

노예들에게는 세 길이 열려 있었다. 복종하느냐, 싸우느냐, 도망치느냐. 곳곳에 있는 대다수의 사람들이 폭력과 운명에 굴복하듯이, 그들 대다수는 굴복했다. 단독으로 싸운다는 것은 죽음을 뜻했으며, 함께 싸운다는 것은 음모와 반란을 의미했다. 어려운 일이지만 하나밖에 없는 길이라서 이 길을 꾀하는 경우도 많았다. 가장 쉬운 길은 도망치는 것이었다. 미국이라는 땅은 넓고 꾸밈이 없었으며, 노예의 수는 많았기 때문이다. 처음에는 늪지와 산으로 도망쳐서, 굶주림을 이기지 못하고 죽어갔다. 그런 다음에는 인디언들에게 도망쳤으며, 플로리다에서 국가를 건설했다. 미국은 세미놀 '전쟁'으로 알려진 여러 차례의 노예 습격을 타도하기 위해 2천만 달러 이상을 들였다. 1812년의 전쟁으로 수많은 흑인 선원들이 자유 무역을 위한 싸움에 이용당한 후, 흑인들은 점차 피난의 도시가 될 만한 북부와 캐나다를 알게 되었으며, 북쪽으로 도망갔다. 존 브라운은 허드슨에서 무두장이였을 때, 밤중에 몰래 달아나 숨을 헐떡이며 찾아오는 이런 도망자들을 돕기 시작했다. 그의 큰아들은 이렇게 전한다.

"내가 네댓 살이었을 무렵, 아마 1825년 이후는 아니었을 텐데, 어느 날 밤 한 도망 노예와 그의 아내가 아버지의 집으로 찾아왔다. 아마 아버지가 그런 나그네들에게 연민을 갖고 있다는 사실을 아는 읍내의 어떤 사람이 보낸 흑인들이었을 것이다. 당시에는 그런 나그네들이 별로 없었다. 내가 흑인을 직접 보기는 그들이 처음이었다. 여자가 나를 무릎에 앉히고 뽀뽀를 해주자, 나는 가능한 한 얼른 달아나서 '검댕을 닦아내기 위해' 얼굴을 문질렀다. 나는 어머니가 쓰시던 주전자처럼, 그녀가 나를 '검댕으로 더럽혔다'고 생각했다. 어머니는 그 불쌍한 사람들에게 저녁을 주었다. 하지만 그들은 쫓기고 있다는 생각에 불안해했다. 얼마 안 있어 아버지는 반 마일쯤 떨어진 큰 도로 위에 있는 다리를 짓밟듯이 건너오는 말발굽 소리를 듣고, 손님들을 뒷문으로 데리고 나가서 개울가의 늪지에 숨게 하셨다. 그들에게 자신을 지킬 무기를 주고, 집으로 돌아와 일이 어떻게 될지 기다리셨다. 그런데 그것은 허위 위기 경고라는 사실이 밝혀졌다. 허드슨 마을로 말을 타고 가던 이웃 사람들이었던 것이다. 그러자 아버지는 밖으로 나가 어두운 숲으로 들어가셔서—밤이었으므로—도망자들을 찾는 데 많은 어려움을 겪으셨다. 이윽고 붙잡힐 것을 두려워한 남자의 심장이 고동치는 소리를 듣고 그들이 있는 곳으로 이끌려 가셨다. 아버지는 그들을 다시 집으로 데리고 들어와 잠시 몸을 숨게 하신 다음, 가던 길로 보내주셨다."[2]

이때의 분위기는 점점 노예제도 문제로 시끄러워지고 있었다. 투생이 아메리카에 주었던 그 루이지애나는 점점 개척자들로 넘쳐나서 루이지애나의 일부를 미국의 주(州)로 인정하느냐 하는 문제가 크게 부각되었으며, 결국 '미주리 협약'*(또는 미주리 타협)'으로 이어졌다. 존 브라운의 이웃들은 이러한 논란에 빠져들었으며, 이로 말미암아 브라운은 노예제도에 대한 혐오가 더 커져서 흑인들에게 점점 더 열렬한 마음을 내보였을 것이 분명하다.

죽음이 처음으로 그의 가족을 찾아와 네 살짜리 사내아이를 데려갔던 바로 그해, 그리고 그의 진지한 젊은 아내가 아이를 낳다가 죽어 아기와 함께 묻힌 그 침울한 날들이 다가오기 바로 전, 버지니아에서 냇 터너 폭동이 일어났다. 아이티 사건 이후로 노예들의 봉기 가운데 가장 성공적이고 살벌한 폭동이었다.

존 브라운이 살던 마을의 교부(敎父) 스콰이어 허드슨과 웨스턴 연방 대학교의 한 창립자는 그 소식을 듣고 몹시 기뻐했다. 한 이웃 사람이 "1831년 9월 어느 날, 우체국에서 오는 길에 방금 전에 받은 신문을 읽으며 몹시 들떠 보이는 그를 만났다. 라이트 씨가 들을 수 있을 만큼 가까워지자, 칼뱅파 노인 스콰이어 허드슨이 큰 소리로 외쳤다. '하나님에게 감사할 일입니다! 참으로 기쁩니다! 그들이 드디어 일어섰다뇨!'

▪ 미주리 협약 미주리 준주는 본래 제퍼슨 대통령이 재임할 때 프랑스에서 구입했던 광활한 루이지애나 영토의 일부였다. 그 미주리가 1818년 연방 가입을 신청했을 때 큰 문제가 발생했다. 당시 연방 안에는 22개의 주가 있었고, 그 중 11개 주가 각기 노예주와 자유주로 나뉘어 균형을 이루고 있던 차에 미주리가 연방 가입을 신청하자, 새로 생기는 주를 노예주로 할 것인가 자유주로 할 것인가 하는 문제가 발생한 것이다. 미주리의 연방 가입 문제는 의회의 뜨거운 쟁점으로 떠올랐다. 이때 메인 준주가 연방 가입을 신청하자 의회는 메인을 자유주로 성립시키는 대신, 미주리를 노예주로 가입시키기로 했다. 또한 이후 루이지애나를 매입해서 얻은 영토 안에서 주가 성립할 경우 북위 36도 30분을 경계로 그 이북에는 자유주가, 그 이남에는 노예주가 각각 성립하는 조건에 타협을 보았다. 이러한 일련의 타협 과정을 가리켜 1820년의 타협 또는 미주리 타협이라고 부른다.

그게 무슨 말이냐고 묻자, 스콰이어 허드슨이 대꾸했다. '아무렴, 노예들이 버지니아에서 들고 일어나서, 우리가 우리의 자유를 위해 싸웠듯이 그들도 자신들의 자유를 위해 싸우고 있다는군요. 그들이 그 자유를 얻을 수 있기를 하나님에게 기도하겠소.'"[3]

그들은 자유를 얻지 못하고 죽음을 맛보았다. 그러나 디스멀 습지\*의 끝자락에서 50명의 백인을 학살하여 한 달 이상 그 땅을 공포에 휩싸이게 했으며, 엄청난 반향의 물결을 일으켰다. 남부에서는 흑인 교회들과 자유 흑인 학교들이 엄격히 제한되었다. 대영제국이 서인도의 노예들을 해방하고 있던 바로 그 시점에, 북부에서는 두 가지 운동이 일어났다. 결연한 노예제 반대운동과, 노예의 권리를 박탈하고, 그들의 교회와 학교를 불태우고, 그들에게서 친구들을 빼앗아간 지지운동이 그것이었다.

흑인들은 상담과 신변을 보호하기 위해 함께 몰려들어 필라델피아에서 최초의 전국적인 집회를 열었으며, 이곳에서 캐나다로 이주하는 문제와 학교 문제에 대해 진지하게 토의했다. 그러나 흑인들을 위한 학교는 남부뿐 아니라 특히 북부에서 두려운 대상이었으며, 존 브라운의 고향이라고 할 코네티컷 주에서는 한 백인 여자가 흑인들을 가르치려 했다는 이유로 고약한 학대를 당했다. 이 모든 사건들은 노예제도에 대

\* 디스멀 습지 미국 남서부의 큰 습지대

한 존 브라운의 반감을 자극했으며, 그러한 반감을 더욱더 명확하고 철저하게 만들었다. 프루던스 크랜들의 학교를 불태우는 장면을 목격했던 해의 11월, 그리고 두번째 결혼을 한 후 1년이 지나서, 그는 동생에게 이렇게 적었다.

"네가 떠난 후, 나는 노예가 되어 있는 내 불쌍한 친구들에게 실질적으로 뭔가 해줄 수 있는 방법을 찾아보려 했다. 집사람과 세 아들녀석들의 감정을 충분히 들어보고 나서, 우리는 최소한 한 명의 흑인 소년이나 젊은이를 데려와 우리 자식처럼 키우자고 의견 일치를 보았단다. 그에게 훌륭한 영어 교육을 시켜주고, 우리가 세상의 역사에 대해, 일에 대해, 일반적인 문제들에 대해 배울 수 있는 것을 가르쳐주고, 무엇보다도 경건한 마음을 가르치려고 노력할 것이다. 우리는 그러한 목적을 이룰 수 있는 방법을 세 가지로 생각한다. 먼저, 기독교도인 노예 소유주를 설득하여 우리에게 한 노예를 석방시키도록 시도하는 방법. 둘째, 아무도 우리에게 노예인 흑인을 주려 하지 않을 경우, 자유 흑인을 데려오는 방법. 셋째, 그 방법도 성공하지 못하면, 직접 흑인을 사기 위해 상당한 궁핍을 감수하기로 우리 모두 의견 일치를 보았단다. 하나님께서 그들 모두를 예속의 집에서 벗어나게 해주실 거라는 확고한 희망으로 우리는 이 방법을 쓰고 있다.

제이슨이 잠자리로 간 후에 이 이야기를 처음 꺼냈는데, 제이슨은 넌지시 내비친 그 이야기를 듣자마자 따뜻한 마음이 뜨겁게 달아올라 지나치게 흥분을 자아내는 이 토론에 한몫

끼려고 나타났지 뭐니. 나는 이곳에 흑인 학교를 하나 마련할 방도를 찾아보기 위해 여러 해 전부터 애써왔다. 여러 이유로 이곳이 형편에 가장 알맞은 곳일 거라고 생각한다. 이곳 아이들은 제 자신과 같은 동족의 부도덕한 사람들이나, 어떤 종류든 터놓고 부도덕한 사람들과는 왕래하지 않을 것이다. 그런 일에 강력한 반대 영향을 끼칠 일은 없을 것이다. 혹 그런 일이 생긴다 해도, 장소와 관련된 전체적인 영향력이 그런 학교에 유리하게 작용하는 만큼 앞으로 개척지도 영향을 받을 수 있을 거라 믿는다. 너도 내 일에 참여하고 싶은지 알려주길 바란다. 그리고 허드슨과 근처의 노예제 폐지론을 주장하는 훌륭한 가족들을 네게 끌어들이도록 애써보거라. 우리가 합심해서 애쓰다 보면 머지않아 하나님의 도움으로 이루어낼 수 있으리라 진심으로 믿는다."[4]

이러한 계획은 아무런 성과도 낳지 못했다. 다만 존 브라운이 더 깊은 관심을 갖게 되었을 뿐이다. 그는 이제 2만 달러 상당의 재산가로서 영향력 있는 명망가였으며, 흑인들을 돕기 위한 확고한 행동을 취해야 할 때가 점점 더 가까워지고 있다는 것을 느꼈다. 흑인들은 끊임없이 집회를 열었으며, 도망자들의 물결은 점점 불어났다. 그러나 문제는 단순히 노예제도에만 있는 것이 아니었다. 자유 흑인의 참상은 이루 말할 수가 없었다. 실제로 노예든 아니든 자유 흑인은 자칫하면 체포되어 남부로 팔려가기가 쉬웠다. 그런 흑인은 어디를 가든 냉대를 받고 멸시를 당했다. 이런 사정은 나날의 삶에서도 나빴지만, 존 브라운처럼 정직하고 신앙심이 깊은 영혼이 하나님의 교회에서는 참기 어려웠다. 그의 맏딸은 다음과 같이 들려준다.

"어느 날 저녁 아버지는 내게 노래를 불러주신 후, (내게 노예의 의미를 설명해주시면서) 노예인 불쌍한 흑인 아이들을 데려와서 우리와 함께 살면 어떻겠느냐고 물으셨다. 그리고 내 음식과 옷을 그들과 기꺼이 나누어 갖겠느냐고 물으셨다. 아버지가 내게 심어준 연민은 매우 인상적이어서, 나는 처음 흑인을 보았을 때(펜실베이니아 미드빌의 거리에서 만났던 남자였는데) 깊은 동정을 느껴 그 사람에게 우리 집으로 와서 살고 싶지 않느냐고 물어보고 싶은 심정이었다. 내가 예닐곱 살쯤이었을 때, 오하이오 프랭클린에 있는 교회(우리 가족 중 어느 정도 나이가 든 모든 식구들이 다니던 교회)에서 한 작은 사건이 일어나, 꽤 흥분을 일으켰다."[5]

그의 아들은 이 사건을 상세하게 들려준다.

"1837년 무렵, 어머니와 제이슨과 오웬과 나는 프랭클린에 있던 그 조합 교회에 다녔는데, 목사님은 버릇 경이었다. 그 후 감리파와 감독교회파를 비롯한 다른 분파들이 우리와 합류하여 클리블랜드에서 온 애버리라는 한 순회 설교자의 특별 관리 아래 신앙 부흥 전도집회를 개최하는 일을 떠맡았다. 가장 큰 조합 교회 신자들의 집이 이번 집회 장소로 선택되었다. 인근 마을들에 사는 교인들에게 초청장을 보내 '와서 여호와를 도와 용사를 치'시라고 청했다. 머지않아 그 집은 사람들로 붐볐으며, 초청장을 받고 모여든 사람들은 교회의 신도 좌석을 메웠다. 설교자 애버리는 하나의 성경 원구를 통해 연달아 4번의 설교를 했다. '돋우고 돋우어 길을 수축하여 내 백성의 길에서 거치는 것을 제해버리라!' 미온적이던 교인들은 머지않아 뜨겁게 달아올랐으며, 은총이 쏟아지리라는 전망이 밝았다.

그 당시 프랭클린에는 많은 수의 자유 흑인과 도망 노예들이 있었다. 이들은 관심을 갖게 되어 집회에 참석했으나, 좌석이 난로가 놓여 있던 문 가까운 곳이었다. 목사님이나 성가대원을 보기에 좋은 자리가 아니었다. 아버지는 이런 사정을 눈치채시고, 그 다음 집회(저녁 무렵에 열린 집회였는데)가 무르익었을 때 자리에서 일어나 청중들 중에 흑인들이 앉아 있는 곳을 가리키며 차별을 받았다는 사실을 지적하시고, 하나님은 '사람의 외모를 취하지 아니하'심을 믿는다고 말씀하셨다. 그런 다음 그 흑인들에게 당신의 자리에 앉으라고 권하셨다. 흑인들은 받아들였으며, 우리 가족 모두는 그들의 빈자리를 차지했다. 사람들의 이목을 끄는 돌발 사건이었으며, 버릿 목사님과 비치 집사님은 당장에 또 다른 소작인에게 자리를 내주셨다. 다음날 아버지는 집사님들의 부름을 받았는데, 그들은 아버지에게 주의를 주고 아버지의 행동을 '장황하게 논했다'. 그러나 그들은 기독교인의 임무에 대한 새로운 시각을 갖고 돌아갔다.

흑인들은 남은 신앙 부흥 전도집회가 이루어지는 동안 계속 우리 가족의 자리를 차지했으며, 우리 가족은 난로 옆에 있는 좌석에 앉았다. 그후 머지않아 우리는 허드슨으로 이사했으며, 3마일 떨어진 곳에서 살기는 했으나 마을 중앙에 있는 그 조합 교회에 정기적으로 참석했다. 1년쯤 지나 우리는 선량한 윌리엄스 집사님에게서 편지 한 통을 받았다. 프랭클린에 있는 그 교회와 우리의 관계는 우리가 떠난 뒤 교회가 만든 규칙에 따라 끝났으며, '보고하지 않고 1년 동안 참석하지 않는 신도는 누구를 막론하고 의절당한다'고 알리는 편지였다. 이것은 우리가 규칙이라는 존재에 대해 받은 최초의 통고였다. 편지를 읽던 아버지는 격앙되어 하얗게 질리셨다. 이렇게 해서 나는 교회의 울타리 안에서 자기 몸을 지킨 노예제도 지지라는 악마주의를 처음으로 맛보았으며, 이 일을 두고 초대하지 않은 몇 방울의 눈물을 흘렸다. 그날부터 나의 신학적인 족쇄가 상당히 끊어졌으며, 그후로는 (이렇다 할) 족쇄를 차지 않았다. 하다못해 장신구로도."[6]

1837년과 1838년은 노예제 폐지운동을 박해한 해였다. 일로노이에서 러브조이[■]가 살해되었으며, 매사추세츠와 펜실베이니아에서는 군중들이 분노했다. 필라델피아의 펜실베이니아 홀이 불태워졌으며, 보스턴의 말보로 교회당이 약탈당했다. 존 브라운은 여기에 참여하여 사람들 뒤에서 싸웠던 것

■ 러브조이 Lovejoy. 1802~1837. 미국의 신문 편집자이자 노예제도 폐지론자. 남북전쟁으로 치닫던 시기에 노예주에서 노예제도를 반대하는 기사를 실으며 언론의 자유를 옹호하다 살해되었다.

같다. 나중에 그가 하는 말에 따르면, "앞장선 노예제 폐지 군중들"의 일부를 보았다.

존 브라운이 이 당시에 뭘 하고자 했든 경제 공황으로 좌절되었으며, 경제 공황은 그의 재산을 휩쓸어가버려, 그를 파산하게 만들었다. 그러나 그는 뭔가 해야 했다. 적어도 그와 그의 가족은 언제까지나 노예제도를 반대하겠다고 하나님에게 맹세해야 했다. 어떻게 반대할 것인지는 그도 알지 못했지만—확신하지 못했지만—하여간 결심이 굳었으며, 젊은이를 교육시키겠다는 오래된 생각은 아직도 맨 먼저 마음에 떠올랐다.

이 위대한 약속이 이루어진 것은 1839년, 파예트라는 한 흑인 설교자가 브라운을 초청하여 자신이 박해당하고 불공정한 대우를 받아온 이야기를 들려주었을 때였다. 존 브라운은 진지한 얼굴로 자리에서 일어났다. 당시 그는 훤칠하고 거무스름하고 말끔하게 면도를 한 사십에 가까운 남자였다. 그의 옆에는 스물두 살의 젊은 아내와 열여덟, 열여섯, 열다섯 살의 큰 아들들 셋이 앉아 있었다. 다른 여섯 아이들은 검은 설교자 뒤쪽에 있는 방에서 자고 있었다. 존 브라운은 아들들에게 노예제도와 적극적인 전쟁을 벌이기 위한 목적을 설명해주고, 진지하고 비밀스럽게 노예 해방을 위해 애쓸 식구들을 모았다. 그런 다음 일어서서 기도를 하는 대신, 늘 하던 것처럼 무릎을 꿇고 앉아 큰 위험이 따르는 계획을 내린 그에게 은총을 내려 달라고 하나님에게 간청했다.

이 일은 존 브라운의 삶에 전환기를 마련해준다. 어린 시절에는 노예제도를 혐오했으며, 노예제도에 대한 반감은 나이를 먹으면서 자라났다. 그러나 밥벌이로 바쁜 삶의 많은 부분을 차지할 수는 없었다. 하지만 점차 그는 주위에서 엄청난 투쟁이 벌어지는 것을 보았다. 19세기에 일어난 가장 큰 윤리 전쟁의 사소한 싸움들에 관한 소식은 그를 자극하여 활기를 불어넣었으며, 아는 사람들의 애정 어린 심금을 울리고 연민을 불러일으킬 때는 더욱더 그러했다. 그는 친구들이 다치는 것을 보았으며, 마침내 그들에게 편승했다. 차츰차츰, 그러다가 갑자기.

이때는 물리적인 전쟁을 계획하지는 않았다. 아직까지는 전쟁을 혐오하는 무저항주의자였으며, 하퍼스 페리에 관한 꿈을 꾸지 않았다. 그러나 목표를 향해 눈길을 고정하고, 하나님이 인도하는 곳이면 어디로든 따라갈 준비가 되어 있었다. 여전히 먹을 것을 벌기도 해야 했다. 그에게는 돌봐야 할 가족이 있었다. 노예제도는 아직 삶의 유일한 목표가 아니었으며, 일상의 임무들을 수행해 나가면서 일격을 가할 기회가 오면 무엇이든 붙들기로 결심했다.

이는, 적어도 내가 보기에는 존 브라운의 사상과 행동을 잘 설명해주는 요소인 듯하다. 존 브라운이 1839년에 하퍼스 페리나 그와 비슷한 어떤 계획을 세웠다고 믿는 사람들도 있으며, 또 다른 이들은 1850년 전에 노예제도에 반대하는 계획을 갖고 있었다는 데 의심을 품었다. 진실은 이러한 극단적인 두 견해의 중간쯤에 놓여 있을 것이다. 인간의 결심은 서서히, 그리고 묘한 방식으로 굳어지는 법이다. 그러한 결심은 사고가 사고를 낳아 점차 굳건해져서 마침내 완전하게 성숙한 원기를 찾아 명확한 윤곽을 그리기까지, 그 자신도 결심이 굳어지는 정확한 과정을 설명하거나 여기가 시작이었는지 저기가 끝이었는지 알 수 없다. 이렇게 발전 과정이 느리다고 해서 최종 목표가 덜 훌륭하거나, 동기가 그만큼 덜 가치로운 것은 아니다.

1839년에 아메리카가 안고 있는 크고 중심적인 문제가 노예제도라는 것을 인식한 미국인은 별로 없었으며, 그렇게 얼마 되지 않은 사람들 가운데 그 싸움에 기꺼이 몸을 맡긴 사람은 더 적었다. 기꺼이 싸움에 뛰어든 소수의 사람들 중에 언제든 자신들의 신조를 행동으로 뒷받침할 준비가 된 이는 겨우 두 사람에 불과했다. 윌리엄 로이드 게리슨*과 존 브라운이었다.

이 두 사람은 그때 서로를 알지 못했다. 이 시기에는 서로의 이름조차도 거의 들어보지 못했다. 그들은 결코 친구가 되거나 동조자가 되지 않았다. 존 브라운은 보스턴에 머물 때 〈해방자〉 사무실에 가본 적이 없었으며, 여러 해가 지나서 이

---

* 윌리엄 로이드 게리슨 William Lloyd Garrison. 1805~1879. 미국의 언론가이며 개혁운동가. 노예제 폐지운동을 이끌었다. 미국의 간행물 가운데 노예제를 가장 철저히 반대하는 신문으로 알려진 〈해방자〉를 만들었으나, 온건한 투쟁방식을 좋아하여 브라운을 실망시켰다.

따금 '무저항주의자들'에 대해 경멸하는 말들을 무심코 입 밖에 내곤 했다. 한편, 게리슨은 하퍼스 페리 습격을 지시한 지도자를 혹평했다. 두 사람은 노예제도를 강하게 증오한다는 면에서만 비슷했으며, 영적으로는 기이한 방식으로 서로의 길을 가로지를 만큼 달랐다. 게리슨은 모든 면에서 또는 어떤 면에서든 노예제도를 없애기 위해 자진해서 싸우겠다는 생각을 품었다가 무저항주의로 변했으며, 노예 소유주의 오점을 모른 체할 만큼 정처없이 표류했다. 존 브라운은 무저항주의에서 적극적인 전쟁을 하는 붉은 길로 방향을 바꾸었다.

엄청난 투쟁의 절박한 상황은 흑인 당사자들에게 가장 선명하게 모습을 드러냈다. 남부에서는 조직적인 폭동이 그쳤다. 노예제가 점점 가혹해졌기 때문이 아니라, 북쪽으로 도망갈 수 있는 거대한 안전판이 점점 넓게 열렸으며, 그 방식 또한 점차 '지하철도'라고 알려진 그 불가사의한 체제로 녹아들었기 때문이다. 노예들과 노예 신분에서 해방된 자유민들은 일에 착수하여 결국에는 위험과 고난에 정면으로 맞섰다. 그러나 점점 더 많은 이들이 존 브라운 같은 사람들과, 덜 과

---

■ **지하철도** 남북전쟁이 일어나기 전 흑인에게 동정적인 북부의 백인들이 '도망노예송환법'을 피해 도망친 노예들을 비밀리에 북부나 캐나다의 안전지대로 피신시킬 목적으로 북부의 여러 주에서 만든 비밀조직이다. 실제로 지하철도가 있지는 않았지만 변장한 채 어둠 속에서 비밀리에 일을 수행해야 했으며, 조직 활동을 이야기할 때 철도 용어들을 사용했기 때문에 그런 이름이 붙었다. 각종 탈출로는 '노선', 중간 대기 장소는 '역'으로 불렸으며, 탈출을 돕는 사람은 '차장'으로, 그들이 맡은 사람들은 '소포'나 '화물'로 불렸다. 탈출로는 북부 14개 주와 도망 노예 추적자들의 손이 미치지 않는 약속의 땅 캐나다 전체에 걸쳐 사방으로 뻗어 있었다.

격하지만 공감하는 면에서는 결코 뒤지지 않는 다른 사람들의 도움을 받았다. 북부의 자유 흑인들은 여러 도시에서 종업원으로 경제적인 발판을 마련하기 시작했으며, 오하이오에서는 농부로, 그리고 필라델피아와 뉴욕에서는 대규모 연회업을 하는 '사업가'로 변신하기도 했다.

학교는 대부분의 경우 여전히 그들에게는 폐쇄되었다. 그들은 이를 극복하기 위해 갖가지 노력을 기울였으며, 전국에 그들 자신의 학교를 10개 이상 세웠다. 이윽고 1839년 오벌린이 창설되었으며, 레인 대학의 흑백 차별 장벽에 혐오를 느낀 신시내티의 일부 진지한 학생들은 오벌린으로 전학하여 차별 문제를 드러냈다. 그 문제는 상당한 수준까지 해결되었으며, 흑인들의 입학이 허용되었다.

오벌린 대학은 1839년에 설립되었다. 아버지가 이 대학의 관재인으로 임명되어 존 브라운은 삶에 대한 새로운 꿈을 얻었다. 크나큰 도덕적 이상 추구와 가족의 풍족한 생활을 위한 정직한 돈벌이를 당장 결합시킬 삶에 대한 꿈을.

브라운은 앞에서 살펴보았듯이 오벌린의 버지니아 땅을 측량하여, 자기 힘으로 대규모 농장을 마련해 가족과 함께 그곳에서 정착하고 싶다는 제안을 했다. 이곳에서 그는 동생 프레더릭 앞에 놓여 있던 계획을 수행할 수 있을 거라고 기대했던 것이 분명하다. 그는 '종교적 특권과 학교의 특권 규정'에 대해 오벌린 당국과 의논했으며, 그들은 이러한 규정을 정하는 일이 가능할 거라고 생각했다. 흑인들에 대해 특별히 이야기한 것은 전혀 없었지만.

 그곳의 위치는 전략상 매우 중요했으며, 존 브라운은 그러한 사정을 잘 알았다. 노예주의 노예 소유가 없는 지역 안에 있으며, 강과 가까우면서도 산기슭의 구릉지대에서 멀지 않았고, 그 너머에는 '장엄한 검은 길'이 펼쳐져서 '지하철도'를 향한 교통로와 흑인들을 북돋우는 실험을 해볼 수 있는 장소를 제공했다. 존 브라운은 반대에, 강한 반대에 부딪치리라는 것을 분명 알았을 테지만, 이 당시에는 기드온*의 검(劍)이 아니라, 법과 정의의 지배와 자신이 믿는 종교의 엄격한 원칙들에 의지했던 것 같다. 나중에는 기드온의 검에 의지한다. 그러나 앞에서 살펴보았듯이, 브라운이 그때 버지니아에 정착해야 한다는 것은 '하나님의 섭리'가 아니었다. 점점 고조되는 재정 궁핍과 궁극적인 파산은 이미 매매 계약을 치른 1,000에이커를 매입하겠다는 모든 계획을 뒤엎고 말았기 때문이다.

 그후 몇 년 동안, 1842년에서 1846년까지 자신이 지나간 절망의 심연을, 엄격하고 자기를 억제하는 이 청교도는 결코 완전히 드러내지 않았다. 그러나 재산의 손실과 깨진 꿈, 파산과 투옥, 다섯 아이의 죽음, 노예제도와 싸우는 교회들과 노예제 폐지를 주장하는 주변의 열기……. 이 모든 것들은 그의 영혼 위에 냉혹한 운명의 침울한 장막을 드리웠다. 결코 걷히

---

* 기드온 Gideon. 이스라엘 민족을 미디안 사람의 압박에서 해방시켜 40년 동안 사사(士師)가 된 에스라엘의 용사

지 않는 장막을. 삶의 어둡고 불가사의한 비극은 끔찍하도록 강하게 그를 속박했다. 족쇄가 그의 영혼을 속박한 것이다. 그는 더욱더 엄격해지고 더욱더 조용해졌다. 골똘히 생각에 빠져 보복하는 하나님의 목소리에 귀를 기울이고, 마음을 긴장시켜 언제든 나설 준비를 갖추었다.

"남편은 항상 믿었습니다."

세월이 흐른 후 그의 아내는 말했다.

"자신은 하나님의 손에 든 도구가 되어야 한다고요. 저도 그렇게 믿었습니다……. 수많은 밤에 그는 자지 않고 그런 기도를 드렸습니다."[7]

그는 보잘것없는 목적을 이기적으로 추구하여 죄를 지었다는 생각을 하기 시작했다. '모든 악행의 총합-노예제도'에 치명적인 타격을 가할 하나님 아버지의 과업에 착수해야 했다. 지금까지는 자신이 해야 할 위대한 일을 추가적인 목적, 즉 이차적인 것으로 만드는 죄를 범해왔다. 그러니 이제라도 그 목적을 일차적이고 유일한 사명으로 만들어야 하며, 가족 부양은 하나님에게 맡겨야 했다. 그리하여 노예제도와 자신의 관계에 대한 개념은 넓어지고 깊어졌으며, 노예제도를 공격하겠다는 그의 계획은 점점 더 명확하고 분명해졌으므로, 그는 그 일을 논의하며 많은 시간을 보냈다. 스프링필드에서 "그 주제에 대해 많은 이야기를 하곤 했으며, 매우 극단적이라는 평을 얻었다. 그의 장부계원이 내게 들려주는 말에 따르면, 그와 그의 큰아들은 틈만 나면 회계실에서 노예제도에 대해 논의했다. 그는 노예가 주인을 죽이고 도망치는 것은 옳은 일이며, 노예 소유주는 참으로 악한 죄인이라고 생각한다고 말하곤 했다."[8]

그는 흑인들의 분포와 인구 통계표를 연구했고, 도로와 대규모 농장과 병참기지 등을 표시하며 도망 노예의 경로를 지도로 만들었다. 아이작과 덴마크 베시와 냇 터너에 대해 알았으며, 사우스캐롤라이나와 버지니아, 테네시 등의 컴벌랜드 지역에서 발생한 반란에 대해서도 알게 되었다. 또한 아이티와 자메이카의 역사, 펜실베이니아의 노예잡이들을 상대로 한 조직적인 저항에 대해서도 알게 되었다.

머지않아 그가 목격하듯이, 학교나 양심에 호소하는 권고보다 더 근본적이고도 급진적인 조치가 필요했다. 뿌리 깊고 근본적인 질병은 "연기 시작! 연기 시작!"을 촉구했다. 그는 오래 전부터 애정을 가져온 양치기라는 새로운 직업을 기꺼이 받아들였다. 그의 엄청난 도덕 문제를 끝까지 파고들 수 있는 여가를 마련해주는 직업이었기 때문이다. 그는 가넷과 로구엥, 글루스터와 맥큔 스미스 같은 흑인 지도자들과 사귀려고 노력했으며, 그들과 접촉했다. 목양업의 규모가 커지면서 이곳저곳을 돌아다녔으며, 아마 이때 처음으로 하퍼스 페리를 보았을 것이다. 포토맥 강과 쉐난도 강이 연봉의 옆구리를 휘돌아 하나로 모여들면서 세차게 흘러가 대단한 형세를 자랑하는 길목이었다.

스프링필드 양모업은 멀리해야 하는 유혹을 가장하여 존

브라운에게 다가왔다. 1845년 무렵 그는 잠시 동안 다시 '부'라는 유혹물을 관찰하며, 이제 삶의 크나큰 목적이 된 것에 참으로 쓸모가 있으리라는 꿈을 꾸었다. 그러나 그러한 꿈은 잠시 동안 꾸었을 뿐이다. 치러야 할 대가—시간과 속임수와 사소한 일들—를 깨닫고는 미련없이 거기에서 눈길을 돌렸다. 이 시기에 반란의 역사를 공부하고, 노예제 폐지운동에 익숙해졌다. 하퍼스 페리 계획은 1846년에 이미 그의 마음속에서 더욱 선명하게 틀을 잡아가기 시작했다.

스프링필드에 체류하는 것을 만족시켜준 한 가지는 그곳에서 만난 흑인들이었다. 일생에 걸쳐 여기저기에서 흑인들을 한 사람씩 만나봤지만, 이제는 한 무리를 만났다. 이들이 그 시대의 앞서가는 흑인 집단은 아니었다. 당시의 지도자 격인 흑인들은 필라델피아와 뉴욕, 신시내티와 보스턴, 그리고 캐나다에서 오로지 불완전한 상호 교통에 의지하며 주로 홀로 애썼지만, 노예제 폐지와 안전한 자유를 위해 용감하고도 효과적으로 싸워 나갔다.

스프링필드의 흑인 집단은 뚜렷한 지도자가 없는 소규모 단체였으며, 그런 점에서 노예가 되어 있는 수많은 동료들과 더욱더 가까웠다. 그는 집과 교회에서, 그리고 거리에서 그들을 탐색했으며, 그들을 그의 사업장에 고용했다. 완전히 동등한 입장에서 그들에게 다가갔다. 그들은 그의 식탁에서 함께 식사했으며, 그는 그들의 식탁에서 함께 식사했다. 그들을 위에서 내려다보지도 않았으며, 가장 비천한 그들과 함께 뒹굴

지도 않았다. 그 결과 레드패스의 주장처럼, "캡틴 브라운은 흑인이라는 인종의 입장을 대부분의 백인들보다 더 잘 이해했다. 나는 이따금 그가 이러한 주제에 대해 역설하며, 그들이 자신을 돌보는 합당성 사례들에 대해 이야기하는 모습을 보았다. 그는 자신만의 특별한 방식으로 말하곤 했다. '그들은 정말이지 '가족'처럼 행동하며, 나는 그들을 보면 정말 가족 같다는 생각이 듭니다.' 그는 흑인들에게 자치를 가르쳐주기 위해서는 주인과 노예 사이의 끈을 강제로 끊어야 할 거라고 생각했다. 하지만 이러한 생각을 하나의 제안으로 내비쳤을 뿐이다."[9]

흑인들의 훌륭한 자질과 역량을 이렇게 이해했다고 해서 판단력을 잃어 그들의 결함을 보지 못한 건 아니었다. 그는 그들이 '열정적인 인간'이지만, 노예제도와 인종 차별로 말미암아 약해진 인간적인 맹점을 지닌 사람들이라는 사실을 발견했다. 또한 결점을 극복할 수 있는 그들의 능력을 전적으로 믿은 그는, 그들을 비판하고 격려했다. 〈삼보의 잘못〉(부록 참조)이라는 예스러운 글에서, 자신이 삼보라는 흑인의 입장이 되어 그의 잘못들을 낱낱이 열거한다. 자신의 시간을 활용하여 읽기를 잘 배우지 못했고, 적합하지 않은 쾌락과 교제에 돈을 낭비하여 결과적으로 자산이 부족하며, 직업에서 노예 근성을 버리지 못하고, 조직화하는 데 부적당하고 수다스러우며, 파벌적인 편견에 사로잡혀 있다는 것이었다. 그의 비난 중 일부는 오늘날의 백인뿐 아니라 흑인들도 사려 깊게 읽을 것이다. 그의 글에 등장하는 삼보는 이렇게 말한다.

"내 삶의 또 다른 사소한 잘못은, 항상 냉대하고 모욕하고 그릇된 모든 부류에게 얌전히 순종함으로써 백인들의 총애를 받을 거라고 기대했다는 것입니다. 그들의 야만적인 억압에 당당히 맞서 한 인간으로서 내 위치를 찾고, 한 시민으로, 한 남자로, 한 아버지로, 한 형제로, 한 이웃으로, 한 친구로서의 책임—하나님이 모든 사람에게 요구하듯이—을 떠맡지 않고서 말입니다. 나는 남부의 노예제 옹호자들이 북부의 줏대 없는 정치가들에게 주는 것과 똑같은 응보를 찾아다니는 모양입니다. 공화당원들과 민주당원들은 뇌물을 받고 위협당하고 우롱당하고 속임수에 빠지기를 즐겨 하여, 남부 사람이 뱉은 침을 핥을 수만 있다면 크나큰 영광일 거라고 생각하기 때문입니다. 나도 그와 똑같은 응보를 받고 있습니다. 그러나 나는 범상치 않게 눈치가 빠른 사람입니다. 이제는 그것을 어디에서 놓쳤는지 단박에 알 수 있습니다."[10]

노예제도가 이러한 결점에 얼마나 크게 이바지했는지를 존 브라운보다 더 잘 아는 사람은 없었다. 그는 이렇게 한탄했다. 많은 노예들이 어떻게 뭘 읽을 수 있었겠으며, 그들이 언제 돈의 사용법이나 조직화의 기초를 배웠겠는가? 자기 자신의 결점들을 알고 다른 사람의 결점들을 되풀이하지 않을 사람으로 정교하게 묘사한 이 훌륭한 글은, 비난하고자 하는 마음이 아니라 믿음에서 쓴 것이었다.

그래서 존 브라운은 이러한 흑인 민족을 비판하고, 또한 지도했다. 이미 1846년에 자신이 고용한 흑인 짐꾼이자 친구인 토머스 토머스(Thomas Thomas)에게 최종 계획의 일부를 털어놓았다. 그는 토머스와 서로 다정하게 껴안은 자세로, 자유로 가는 흑인들의 '지하 통로(Subterranean Pass Way)'를 의미하는 'S. P. W.'라는 팻말을 들고 사진을 찍은 적도 있었다.

어느 날 아침 토머스가 물었다.

"내일은 언제 오면 될까요?"

"우리는 7시에 일을 시작하네. 하지만 나와 얘기를 나눌 수 있도록 좀더 빨리 와줬으면 좋겠네."

존 브라운은 이렇게 대답하고 나서 더 큰 노예 단체들을 도망시켜 '지하철도' 작업을 늘리고 체계화하려는 계획을 밝혔다. 이것은 하퍼스 페리 계획의 초기 형태였으며, 세부적으로 급속하게 진전이 이루어져, 1847년에 더글러스에게 이 계획을 털어놓았다는 사실은 그만한 진척이 있었음을 말해준다.

최초의 전국적인 흑인 지도자 프레더릭 더글러스는 1844년에 뉴베드퍼드에서 경탄할 만한 연설을 했다. 자서전을 펴낸 뒤 신변의 안전을 위협당하자 영국으로 건너갔지만, 1847년에 돌아와 몸값을 치르고 노예 신분에서 벗어나 〈노스 스타〉라는 신문을 만들 준비를 갖추었다. 그가 이 땅에 돌아오자마자 '뉴욕의 지혜로운 사람들'로 통하는 흑인들이 그에게 새로운 '동방의 별'에 대해 들려주고, 소리 없이 이곳저곳의 흑인 단체들에게로 쉭쉭 날아다니며 노예제도와 벌인 영구적인 전쟁에 삶을 바친 스프링필드의 기묘하고 단호한 사내에 대해 수군거렸다.

두 사람 모두 서로를 만나고 싶은 마음이 간절했다. 존 브라운은 자신이 자유롭게 해줄 목적을 갖고 있는 민족의 가장 위대한 지도자를 알고 싶었으며, 프레더릭 더글러스는 노예제도를 격렬하게 증오하는 한 사람을 알고 싶었다. 두 사람의 역사적인 만남은 스프링필드에서 이루어졌으며, 더글러스 자신의 말로 가장 잘 표현되어 있다.

"로체스터에서 내 사업(즉, 그의 신문사)을 시작했을 무렵, 한 남자의 지붕 아래서 하룻밤과 하루 낮을 보냈는데, 그의 인격과 대화와 삶의 목적들과 목표들이 내 머리와 가슴에 크나큰 감동을 심어주었다. 여러 명의 뛰어난 흑인들에게서 그의 이름을 들은 적이 있었다. 그들 가운데 헨리 하이랜드 가넷 경과 로구엥이 있었다. 그에 대해 말하는 그들의 목소리는 소곤거리는 소리로 낮아지곤 했으며, 그들이 그에 대해 하는 말을 듣고 있으면 그를 만나고 싶고 알고 싶은 강한 열망이 생겼다. 운 좋게도 나는 바로 그의 집에서 그를 만나 달라는 초청을 받았다.

내가 지금 이 사람이라고 말하는 그는 당시 인구가 많고 한참 번창하던 한 도시의 존경할 만한 상인이었으며, 우리의 첫 만남 장소는 그의 점포였다. 눈에 띄고 번잡한 거리에 있던, 유복해보이는 벽돌 건물이었다. 안을 슬쩍 바라보니, 주인이 제법 부유한 사람임에 틀림없다는 인상을 주었다. 나는 더할 수 없이 환영을 받았다. 그 가족의 모든 식구들이, 노소를 막론하고 나를 만나 기쁜 것 같았으며, 나는 금세 내 집처럼 편안해졌다. 그러나 그 집의 겉모습과 그 위치에 조금 실망했다. 훌륭한 점포를 보았던 터라 그에 알맞는 곳에 세운 멋진 주택을 볼 거라는 기대에 부풀었으나, 이러한 생각은 그 집을 눈으로 직접 보고 완전히 달아나버렸다. 사실 그 집은 널찍하지도 않았고 화사하지도 않았으며, 그 위치도 타당하지 않았다. 뒷골목에 세운 조그만 목조 건물이었는데, 이웃에는 주로 노동자와 기계공들이 살고 있었다. 분명 존경할 만했으나, 내 생각에는 번성하는 성공적인 상인의 주거지를 찾는 사람에게는 그다지 적합한 장소가 아니었다.

이 남자의 집 외부는 검소했으며, 내부는 더욱더 검박했다. 가구는 엄격하고 간소한 사람이나 만족시킬 수준이었다. 이 집에 있는 것보다 없는 것을 설명하는 시간이 더 오래 걸릴 것이다. 이 집에는 궁핍에 가까운 삶을 암시하는 검소한 분위기가 배어 있었다. 나의 첫 식사는 차(茶)라고 할 수도 없는 것과 함께 제공되었다. 쇠고기 수프와 양배추와 감자 같은 것이었다. 온종일 쟁기질을 하거나, 싸늘한 날씨에 거친 길을 10여 마일 강제 행군한 뒤에나 맛있게 먹을 만한 그런 식사였다. 식탁보도 없고, 니스 칠을 하지도 않았으며, 화장판을 붙이지도 않았고, 그림을 그려넣지도 않은 식탁은 소나무 목재와 식탁을 만든 너무나 검박한 솜씨를 그대로 드러냈다.

집안에 고용한 일꾼이 있는 것 같지도 않았다. 어머니와 딸들과 아들들이 이러한 식사를 대접했으며, 그런 일을 훌륭히 치러냈다. 그들은 그런 일에 익숙해보였으며, 스스로 그런 일을 하는 것을 점잖치 못하거나 상스럽다고는 전혀 생각하지 않았다. 집은 그 집에 사는 사람들의 인품을 반영한다고 하는데, 이 집이 꼭 그랬다.

이 집에는 가장이나 환상이나 겉치레가 전혀 없었다. 모든 것이 단호한 진실과 탄탄한 결심과 엄격한 절약을 암시했다. 나는 이 집의 주인과 자리를 함께한 후 얼마 지나지 않아서, 그가 실제로 이 집의 주인이며, 그와 함께 충분한 시간 동안 머물면 나 자신도 그 사람처럼 되리라는 것을 알았다. 그의 아내는 그를 믿었으며, 그의 자녀들은 공손한 태도로 그를 바라보았다. 그가 말을 입 밖에 낼 때마다 진지한 관심을 끌어들였다. 가끔씩 내가 용기를 내어 반대 의사를 내비치곤 했던 그의 주장은, 모두를 이해시키는 것 같았다. 그의 간청은 모두를 감동시켰으며, 그의 의지는 모두에게 깊은 인상을 심어주었다. 믿음이 아무리 깊은 종교적 감화자가 내 앞에 있을 때보다도, 이 사람의 집에 있는 동안에 나는 내 자신을 더 깊이 깨달았다.

풍채로 볼 때 그는 야위었으나 강하고 야무진 최고의 뉴잉글랜드 사람의 모습을 지니고 있었으며, 고난스러운 시기에 딱 맞게 만들어져서 아무리 냉혹한 어려움이 닥쳐도 맞붙어 싸우기에 적합해보였다. 아무런 장식이 없는 미국산 모직 옷을 걸치고 쇠가죽 부츠를 신었으며, 그와 똑같은 재료로 만든 넥타이를 맸고, 180센티가 넘는 키에 65킬로그램이 넘을까말까 한, 쉰 정도 먹은 그는 산에서 자라는 소나무처럼 곧바르고 균형 잡힌 모습을 보여주었다.

그의 태도는 특히나 인상적이었다. 머리는 크지 않았으나 치밀하고 꼿꼿했다. 머리카락은 결이 거칠고 질겼으며, 약간 회색을 띠고 엄밀하게 정돈되었으며, 이마까지 내려왔다. 얼굴은 매끄럽게 면도를 했고, 강하고 각진 입술을 드러냈으며, 넓고 두드러진 턱이 받치고 있었다. 두 눈은 푸른 빛이 도는 회색이었으며, 대화를 나눌 때는 빛과 열기로 충만했다. 거리에 나서면 경주마가 도약하듯이 큰 보폭으로, 자신만의 생각에 빠져서 사람의 눈길을 구하지도 않고 피하지도 않으면서 움직였다. 내가 귀엣말로 이름을 들었던 바로 그 사람이었다. 그의 가정과 가족의 영혼도 그러했으며, 그가 살고 있는 집도 그러했고, 이제는 그 이름이 역사 속으로 사라진 캡틴 존 브라운은 그러했다. 미국에서 명성을 날린 가장 저명한 품성과 가장 훌륭한 영웅들 가운데 한 사람의 이름으로 역사 속에 사라진 캡틴 존 브라운은 그런 사람이었다.

앞에서 설명했듯이 소화하기 어려운 식사를 마친 뒤, 캡틴 브라운은 내 주의를 환기시키고 싶어하는 화제에 조심스럽게 접근했다. 자신의 견해에 반대할 것을 우려한 듯했다. 사납고 통렬한 표정과 말로 노예제도를 비난했다. 노예 소유주가 노예에게서 살아갈 권리를 박탈했다고 생각했으며, 노예에게는 어떤 식으로든 자신의 자유를 찾을 권리가 있다고 여겼고, 양심에 호소하는 권고가 노예를 해방시키거나 정치 활동이 노예제를 폐지하리라고 믿지 않았다. 오래 전부터 이러한 목적을 성취할 수 있는 계획을 품었으며, 그 계획을 내 앞에 펼쳐 보이기 위해 자신의 집으로 나를 초대했다고 말했다.

그는 또 말했다. 오랜 기간 자신의 비밀을 안전하게 밝힐 수 있는 흑인을 찾던 중이었으며, 이따금 그런 사람을 찾는 일을 포기하고 싶기도 했으나, 이제 사방에서 봉기하는 그런 사람들을 보니 용기가 솟는다고. 그는 고국에서, 그리고 외국에서 내가 걸어간 길을 관찰했으며, 내가 협력하기를 원했다. 그의 마음속에 깃들여 있던 계획은 이제 실행에 옮길 기회를 찾고 있었다.

그의 계획은, 어떤 사람들이 추측하듯이 노예들의 총체적인 봉기와 노예 주인들의 총체적인 학살을 기도하지 않았다. 반란은 그러한 목적을 이루지 못하게 할 뿐이라고 그는 생각했다. 그의 계획은 남부의 심장부에서 활동할 군대를 만드는 것이었다. 그는 피 흘리는 것을 싫어하지 않았으며, 무기를 든다는 것은 흑인이 채택할 수 있는 좋은 방법일 거라고 생각했다. 자신들의 자유를 위해 싸우지 않는 어떠한 민족도 자긍심을 가질 수 없으며, 존중받을 수 없다고 말했다. 그는 미국 지도로 나의 주의를 환기시키고는, 내게 원대한 앨러게이니 산맥을 가리켰다. 그 산맥은 뉴욕의 경계에서 남부의 여러 주들로 뻗어 있었다.

'이 산맥은 내 계획의 근거지입니다. 하나님은 이 작은 산들의 힘을 자유에 주셨소. 흑인 종족의 해방을 위해 이곳에

이 산들을 마련해주셨다는 말입니다. 천연 요새가 많아, 이곳에서는 방어하는 한 사람이 공격하는 백 사람을 당해낼 것입니다. 훌륭한 은신처도 많아, 많은 용감한 사람들이 숨어서 오랫동안 추적을 따돌 수 있을 것이오. 나는 이러한 연봉을 잘 압니다. 한 무리의 사람들을 이곳으로 데려가서 그들을 격퇴하려는 버지니아의 모든 시도에도 불구하고, 그곳에 숨겨둘 수 있었소. 추구해야 할 진짜 목적은 무엇보다도 노예라는 재산의 금전적인 값어치를 파괴하는 것입니다. 그리고 그 목적은 그러한 재산을 위태롭게 만들어야만 이룰 수 있을 것입니다. 그래서 내 계획은, 먼저 25명 정도의 선발대를 만들어 소규모로 시작하는 것입니다. 그들에게 무기와 탄약을 주고 25마일에 걸쳐 5개 분대를 주둔시키는 겁니다. 이들 중 설득력이 강하고 분별력이 있는 사람들을 이따금 기회가 닿는 대로 벌판으로 내려보내 노예들을 설득해 합류하도록 하고, 가장 대담하고 용맹한 사람들을 찾아 선발하도록 하는 겁니다.'

변절과 폭로를 피하기 위해서는 이 부분에서 아주 세심한 주의를 기울여야 한다고 그는 생각했다. 가장 양심적이고 능숙한 사람에게만 이 위험한 임무를 맡겨야 했다. 주의하고 모험심을 갖고 있다면 머지않아 100명의 강건한 사내들로 이루어진 부대를 꾸릴 수 있을 터였다. 그가 교육시키겠다고 제안한, 자유롭고 모험적인 삶을 이끄는 데 만족할 사람들로 구성된 부대를. 이들을 적절히 훈련시키고, 이들이 저마다 자신에게 가장 잘 어울리는 위치를 발견하면, 본격적으로 일을 시작할 것이다. 이들은 노예를 대규모로 도망시키고, 용감하고 강한 사람들은 앨러게이니 산에 유지시키며, 약하고 겁 많은 사람들은 '지하철도'를 통해 북부로 보낼 것이다. 수가 많아지면서 그의 작전은 확대될 것이며, 한 장소에 제한되지 않을 것이다.

내가 이 사람들을 어떻게 먹여살릴 거냐고 묻자, 그는 적을 통해 생존하도록 할 것이라고 단호히 말했다. 노예제도는 전쟁 상황이나 마찬가지이며, 노예에게는 자신의 자유에 필요한 어떤 것에 대해서도 권리가 있었다.

'그러나,' 내가 말했다. '당신이 몇 명의 노예를 도망시키는 데 성공한다면, 버지니아의 노예 소유주들은 다른 남부에서도 노예들이 불안정하다는 느낌을 갖게 될 것입니다.'

그러자 그가 대꾸했다.

'내가 가장 먼저 이루고자 하는 것이 바로 그것입니다. 그런 다음 여세를 몰아 더욱더 철저하게 밀고나갈 것입니다. 우리가 한 지역에서 노예제도를 추방할 수 있다면, 그건 크나큰 진보일 것입니다. 그렇게 되면 그 주 전체에서 노예제가 약해질 테니까요.'

'하지만 그들은 당신을 앨러게이니 산에서 몰아내기 위해 집요한 추적자들을 끌어들일 겁니다.'

'그런 시도를 할지도 모르지요. 그러나 기회는 있습니다. 우리가 그들을 가르쳐놓으면 됩니다. 우리가 한 무리를 엄하게 가르쳐놓으면, 그들은 추격할 때 조심할 겁니다.'

'하지만 당신은 포위되어 식량이나 생존 수단을 차단당할지도 모릅니다.'

그는 이런 일은 불가능할 거라고 생각했다. 하지만 최악의 상황이 닥쳐서 그가 죽음을 당할 수밖에 없다면, 목숨을 구걸하느니 노예의 대의를 위해 싸우다 목숨을 버리겠다고 말했다. 내가 우리들이 노예 소유주들의 마음을 바꾸게 할 수도 있지 않겠느냐는 뜻을 내비치자, 그는 더욱더 흥분하여 그건 결코 이루어질 수 없는 일이라고 말했다. 그는 노예 소유주들의 거만한 마음을 알았으며, 그들은 무슨 일이 있어도 절대로 노예를 포기하도록 설득당하지 않을 거라는 사실을 알고 있었다.

그는 내가 자신의 간소한 삶을 눈치챘으리라는 것을 꿰뚫고, 자신의 목적을 수행할 돈을 마련하기 위해 이런 삶의 방식을 택했노라고 덧붙였다. 자랑하고 싶어하는 투로 이런 말을 하지는 않았다. 이미 너무 오래 미루어왔으며, 자신의 열망이나 자제력을 자랑할 여지가 없다고 느꼈기 때문이다. 다른 사람들이 그런 엄격한 미덕을 내보였다면, 나는 가장하고 거짓 되고 위선적인 것으로 여겨 부인했을 테지만, 존 브라운에게서는 쇠나 금강석처럼 진실된 것이라는 느낌이 들었다. 이날 밤부터 1847년을 매사추세츠 스프링필드에서 존 브라운과 함께 보내면서 노예제도에 반대하는 글을 쓰고 연설을 하는 사이, 나는 평화적인 노예제 폐지방법에 대한 희망을 차츰 버리게 되었다. 나의 발언은 점점 이 사람의 강한 인상이 안겨주는 색채에 물들었다."[11]

더글러스는 머리와 가슴으로 존 브라운과 그의 계획에 엄청난 감동을 받았으나, 그의 이성은 마지막까지도 결코 설득당하지 않았다. 물론 근본적으로 기질이 다른 이 두 사람은 노예제도를 정반대의 입장에서 바라보았다. 두 사람 모두 더할 수 없이 노예제도를 증오했으나, 한 사람은 그러한 노예제도의 물질적 타락과 엄청난 힘, 세상이 지지하는 강력한 공감과 이해관계를 알았으며, 다른 한 사람은 그것의 도덕적 죄악을 느끼고 그것이 나쁘다는 정도만 안 채 존 브라운과 하나님이 그것을 뒤엎을 수 있으리라는 결론을 내렸다. 그것이 전부였다. 분명하고 명백한 길.

그러나 구별하기 어려울 정도로 아주 약간 더 검은 사람(더글러스)에게는, 처세에 더 능하고 덜 종교적인 사람에게는 하나님의 팔은 드러나지 않았다. 그는 경건하게는 아니었더라도 정중하게 선지자 앞에서 모자를 벗었다. 그 선지자에게 많은 도움과 정보를 주었으며, 노예제도에 저항하는 피의 희생과 관련하여 더 어두운 브라운의 견해에 분명 눈길을 돌리기는 했으나, 존 브라운의 엄청난 계획이 인력으로 가능하다고는 결코 믿을 수가 없었다.

더글러스의 이러한 태도는 여러 각도에서 당시의 선도적인 흑인들이 갖고 있던 태도였다. 그들은 존 브라운을 믿었지만, 그의 계획은 믿지 않았다. 그가 옳다는 것을 알았으나, 그의 계획이 조금이라도 실패한다면 흑인인 그들이 그 대가를 치르리라는 것을 알았다. 그러한 대가에 대한 공포를 그들만큼 잘 아는 사람은 없었다.

존 브라운은 그때 확고하게 품었던 대로 자신의 이상을 수행하려면, 자신을 도울 수 있는 사람들을 먼저 찾아보아야 했다. 이 시점에서 그는 특히 더글러스를 비롯한 흑인 지도자들과 논의하면서 계획을 심사숙고하고 발전시켰던 것 같다. 그 전의 계획은 아마도 자신의 가족 외에 오로지 흑인 맹우(盟友)만을 이용하는 방향으로 기울었을 것이다. 분명히 적절했으나 비현실적인 계획이었다. 더글러스와 그의 동료들도 틀림없이 그렇게 주장했을 것이다.

백인들은 미국 안에서 원하는 곳은 어디든 갈 수 있었으나, 무장한 흑인 집단만을 또는 주로 그들을 북부에서 남부로 이주시키는 것은 불가능하지는 않았으나 쉽지 않은 일이었다. 그렇지만 적절한 흑인들이 필요했으며, 존 브라운이 생각하기에 '지하철도'는 그가 필요로 하는 바로 그런 인물을 북부로 데려다줄 것 같았다. 하지만 경제적인 이유에서든 자기를 보호하기 위해서든, 그러한 흑인들을 도시에서 훈련시킬 수는 없었다. 그래서 브라운은 1846년 8월 1일 게릿 스미스의 제안을 흥미롭게 들었다.

'뉴욕 노예제 폐지 모임'의 이 부유한 지도자는 영국의 노예 해방 12주년 기념식에서 자유 흑인들에게 애디론댁에 있는 자신의 땅 10만 에이커를 좋은 조건으로 주기로 했다. 그것은 여러모로 깊이 생각하고 결정을 내린 계획이 아니었다.

그곳의 날씨는 흑인들에게는 추웠으며, 당시에 적합한 경작 방식들은 흑인들에게 알려지지 않았다. 한편, 이러한 농장을 설계한 측량사들은 박애정신은 이 계획과 아무런 관계가 없다는 듯이 능숙하게 그들을 속였다.

게릿 스미스의 제안은 완전한 실패작은 아니었다. 그것은 흑인 농부들에게는 어느 정도 괜찮은 것으로 밝혀졌으며, 북부 뉴욕에 오늘날 최고의 일부 흑인 시민들을 데려다주었고, '영국 아프리카 교회'의 한 주교를 훈련시켰다. 그러나 그 계획의 모든 성공이 존 브라운 때문만은 아니었겠지만, 더 치밀하게 계획되었더라면 훨씬 더 좋은 성과를 거두었을지도 모른다. 그는 당시 인생의 유일한 목적으로 삼은 과업에 확고히 착수하면 가족을 이곳에 머물게 하고, 그를 도울 사람들을 훈련시킬 수 있다는 가능성을 보았다. 그래서 그는 1848년 4월에 뉴욕 피터보로에 있는 게릿 스미스를 찾아가서 말했다.

"나는 어느 정도 개척자적인 사람입니다. 오하이오의 숲과 거친 인디언들 틈에서 자랐으며, 당신의 이민단이 그토록 견딜 수 없어 하는 삶의 방식과 기후에 익숙한 사람입니다. 내가 당신의 농장 하나를 떠맡아 정비해서 씨앗을 심고, 내 흑인 이웃들에게 그런 일은 어떻게 해야 하는지를 알려주겠소. 그리고 기회가 닿는 대로 그들에게 일을 주고, 꼭 필요한 모든 방법을 동원하여 그들을 돌보고 그들에게 아버지 같은 사람이 되겠소."[12]

그의 제안은 기쁘게 받아들여졌으며, 그는 그 다음해에 가족을 이주시켰다. 그곳은 거칠고 외로운 곳이었다. 토머스 웬트워스 히긴슨*은 언젠가 이렇게 적었다.

"노치는 이 세상 너머에 있는 듯하며, 노스엘바와 그곳의 대여섯 집은 노치 너머에 있고, 노스엘바 너머로는 더 거칠고 작은 산길이 하나 있다. 그러나 우리가 찾는 집은 그 길에도 없다. 그 길 뒤에, 그 너머에 있다. 1마일이나 2마일쯤 말을 타고 가다가, 2개의 방책을 지나간다. 그 방책 너머에서는 믿음이 그대를 데려간다. 반쯤 개간된 들판을 가로질러 빽빽한 숲길을 지나 반 마일 정도 삼림을 지나가면, 삼림 속의 개척지로 나서게 된다. 검은 그루터기 같은 테 모양의 좁은 땅에 판자를 대고 칠을 하지 않은 목조 가옥 한 채가 박혀 있으며, 주위는 온통 하늘뿐이다. 높은 산허리의 북쪽과 서쪽에는 숲이 발달하고, 동쪽에는 애디론댁이, 그리고 남쪽에는 웨스트포트로 이어진 가느다란 도로가 나 있어서 장려한 선을 그린다. 이 도로는 거의 직선으로 뻗어서 5마일 밖의 미 육군 원수가 보일 지경이다."[13]

존 브라운의 말은 가족에게 대체로 법이나 마찬가지였을 뿐만 아니라, 소망이기도 했다. 브라운의 가족은 기분 좋게, 그리고 그러한 변화의 의미를 충분히 알고 노스엘바로 갔다.

---

* **토머스 웬트워스 히긴슨** Thomas Wentworth Higginson, 1823~1911. 미국의 개혁가. 남북전쟁 전 노예제 폐지에 온 힘을 기울였다. 하버드 대학교 신학부를 졸업하고 목사로 재직하면서 '도망노예송환법'이 통과되자 노예들이 탈출하는 것을 도왔다. 도망 노예인 앤서니 번스를 해방하는 데 주도적인 역할을 했다.

아버지가 솔직했기 때문이다. 딸 루스는 이렇게 적었다.

"우리 가족이 스프링필드에 살았을 때, 우리 집은 검소하게 꾸며졌지만 응접실을 제외하고는 모두 다 별로 부족함이 없었다. 어머니와 나는 이따금 응접실에도 가구를 갖추었으면 좋겠다는 바람을 표현했다. 아버지는 우리에게 그렇게 될 거라고 기운을 북돋워주셨다. 그러나 아버지는 노스엘바로 가기로 마음을 정하신 후 여러 방식으로 절약하시기 시작했다. 어느 날 아버지가 우리 큰 아이들을 부르시더니 말씀하셨다. '잠시 너희들과 함께 계획을 세우고 싶구나. 너희들 모두 자신의 마음을 표현하길 바란다. 내게 돈의 여유가 조금 있단다. 이제 그걸로 응접실을 꾸밀까, 아니면 내년에 노스엘바에서 도움이 필요할지도 모를 흑인들을 위한 옷을 구입하는 데 쓸까?' 우리는 모두 대답했다. '그 돈을 아껴두기로 해요.'"[14]

그곳은 열성적인 사람에게도 낙원이 아니었다. 레드패스는 말한다.

"그곳은 너무 추워서 옥수수를 기를 수도 없었다. 아무리 순조로운 계절에도 구워 먹을 만큼 자란 옥수수는 몇 자루 열리지 않았다. 그곳에서는 해마다 거의 6개월 동안 가축의 겨울나기를 도와야 했다. 나는 11월 첫날 그곳에 이르렀는데, 땅에 눈이 쌓여 분명 겨울이 시작되었음을 말해주었다. 그런 계절이 5월 중순까지 이어질 판이었다. 그곳 사람들은 이따금씩 약간의 양털을 얻었을 뿐, 돈이 될 만한 것은 전혀 기르지 않았다. 입에 풀칠할 정도의 먹거리를 기르고, 자신의 몸에 걸칠 옷을 만들 만한 털실을 자을 수 있으면 괜찮다고 그들은 말했다."15)

그 사이 흩어지고 격리되어 노예제를 반대하며 싸운 투쟁의 회오리는 하나의 거대한 기류로 소용돌이치고 있었으며, 존 브라운은 점점 더 하나의 이상을 가진 확고한 사람이 되어 갔다. 그는 압박을 가해오는 양모업을 소홀히 했다. 중대한 런던 모험길에 시선을 주어 살피는 것이 아니라, 군의 동태를 파악하고 서둘러 유럽을 건넜다. 제때에 아메리카로 돌아와 도망노예송환법*에 관한 그 모든 열띤 논쟁을 듣고 그 최종 추이를 보았다. 1850년 11월, 그는 스프링필드에서 아내에게 이렇게 쓴다.

"지금 와서 보니 도망노예송환법은 우리가 지금까지 수년 동안 해왔던 모든 강연보다도 더 강력한 효과를 발휘하여, 노예제 폐지론자를 만들어내는 수단이 될 수 있었던 것 같소. 정말이지 마치 하나님께서 또다시 이 사악한 짓에 손길을 대신 것처럼 여겨지오. 물론 나는 여전히 내 흑인 친구들에게 '하나님을 믿으며 만일의 경우에 대비하라'고 북돋우고 있소. 오늘 추수감사절 모임에서 공개적으로 그렇게 했소이다."16)

스프링필드에서의 모임은 흑인들의 무장조직을 향해 그가 첫발을 내디뎠다고 할 수 있는 '길르앗 연맹'의 구성으로 이어졌다. 41명의 흑인들이 다음의 협정에 서명했다.

"미 합중국의 시민으로서 정의롭고 자비로우신 하나님을 믿으며, 그분의 성령과 모든 강력한 도움을 겸허히 간청하면서, 우리는 언제까지나 사랑하는 우리 나라의 국기에 진실할 것이고, 항상 그 국기를 생각하며 행동할 것이다. 여기에 이름을 적은 우리들은 '미국 길르앗 연맹'의 한 지부를 설립하는 바이다. 우리는 당장 우리 자신에게 적합한 도구를 제공할 것이며, 그러한 도구를 소유하지 못한 자들 가운데 우리에게 합류할 의사가 있다면 누구든 도울 것이다. 우리는 우리의 과업을 수행하는 데 참여하고자 하는 마음이 있는 흑인이라면 남녀노소를 불문하고 누구나 받아들이는 바이다. 이 연맹의 노약자들과 어린 성원들의 임무는 우리 중 누군가가 공격을 받을 경우 모든 성원들에게 곧바로 알리는 것이다. 우리는 당분간 강건한 성원들의 용기와 재능을 어느 정도 시험하여 가장 중요한 임무를 수행할 자들 중에서 간부를 선출할 수 있을

---

■ **도망노예송환법** Fugitive Slave Acts. 어떤 주에서 다른 주나 연방의 준주로 도망간 노예를 체포하여 원래의 주로 돌려주도록 규정한 법률로, 1793년과 1850년 연방 의회에서 통과되었으며 1864년에 폐지되었다. 1793년의 법은 판사나 주 행정관이 도망 노예라고 지목된 사람의 지위에 대해 배심원의 심리를 거치지 않고 최종 판결을 내릴 권한이 있었다. 이 법에 불만을 가진 사람들은 1810년부터 조직적으로 흑인 노예들이 남부 주에서 '지하철도'를 통해 뉴잉글랜드나 캐나다로 도망갈 수 있도록 도와주었다. 2차 도망노예송환법은 더욱 효과적인 법을 만들자는 남부의 요구로 1850년에 제정되었는데, 이 법에 의해 도망 노예들은 자신들을 위해 증언할 수도 없을 뿐만 아니라 배심원 재판도 받지 못하게 되었다. 법 집행을 거부하거나 노예를 놓친 연방 보안관들에게는 높은 벌금을 내렸으며, 노예가 달아나도록 도와준 사람들에게도 벌금을 매겼다. 이 법은 너무 가혹하게 시행되어 원래 목적에서 벗어났고, 법의 남용을 가져와 심한 반감을 일으켰으며, 여러 준주에서 노예제에 대한 논란을 불러 일으켰을 뿐 아니라, 지역의 적대감을 부채질하는 결과를 낳았다. 도망노예송환법은 남북전쟁이 시작되고 처음 얼마간 연방 정부에 충성한 경계주의 도망 노예들에게 적용되다가, 결국 1864년에 폐지되었다.

때까지 회계원과 간사를 두는 것 외에 어떠한 간부도 두지 않기로 합의한다. 지혜와 두려움 없는 용기, 능력, 보편적인 선행 외에 어느 것도 어떤 식으로든 우리가 간부를 선출하는 데 영향을 주지 않을 것이다."[17]

여기에 존 브라운의 강력한 권고와 충고가 덧붙여졌다.

"미국 사람들의 개인적인 용맹만큼 매력적인 것도 없다. 영원히 기억될 신케이의 '애미스태드' 사건\*을 보라. 대담하고 어느 정도까지는 성공한 한 남자가 진정으로 자신의 권리를 변호했다는 이유로 그의 목숨을 놓고 벌어진 그 재판은, 3백만 명이 넘는 순종적인 흑인 집단의 축적된 학대와 고통보다도 더욱더 심하게 전국에 걸쳐 연민을 자아낼 것이다. 가혹한 터키에 대항해서 싸운 그리스, 러시아에 대항한 폴란드를 굳이 이야기하거나, 오스트리아와 러시아에 대항한 헝가리인들을 굳이 들먹여서 이를 증명할 필요는 없을 것이다. 끝까지 자신의 권리를 위해 싸운 사람에게 유죄를 선고할 배심원은 북부에 있는 주에서는 발견할 수 없을 것이다. 배심원의 심리 권한을 도망 노예에게 허용해서는 안 된다고 주장하는 남부의 국회의원들은 이를 잘 이해한다. 흑인들은 날랜 백인 친구

---

\* '애미스태드' 사건 1839년 백인들에게 잡혀 화물로 실려가던 아프리카 흑인 52명 가운데 신케이라는 청년이 반란을 일으켜, 아프리카로 가기 위해 배를 움직일 선원 2명을 제외하고 모든 백인을 살해한다. 항해 기술이 전혀 없는 흑인들은 살려둔 2명의 선원에게 키를 맡기고 아프리카로 가는 중이라고 믿지만, 선원들의 간사한 꾀로 두 달 뒤 코네티컷 해안에서 미국 해군 함대에 붙잡혀 살인 혐의로 법정에 선다. 법정은 노예제 존폐를 둘러싼 토론장이 된다.

들을 그들이 생각하는 것보다 10배는 더 많이 갖고 있으며, 또한 앞으로 그런 친구들의 수는 10배 이상 늘어날 테지만, 백인 이웃들의 어리석은 행동과 방종을 흉내내고 나태와 안일과 향락에 빠지는 것만큼 그들의 소중한 권리를 열렬히 지킬 사람은 절반밖에 안 될 것이다. 지난 20년 동안 그대들을 대신하여 개개인이 소비한 돈을 생각해보라! 그대들을 위해 집회를 열었다가 감금된 사람들을 생각해보라! 그대들 중에 《낙인 찍힌 손》˙을 본 적이 있는가? 그대들은 러브조이와 토레이라는 이름을 기억하는가?"[18]

그런 다음 한 도망 노예의 체포와 국외 추방 소송 사건의 경과에 관해 명확한 조언을 해준다.

"그대들 중 어느 누가 체포된다면, 최대한 신속하게 동지들을 끌어모아야 한다. 그대들에게 대항하여 적극적인 역할을 맡을 적보다 수적으로 앞설 수 있도록. 최고의 강건한 대원이 장비를 갖추지 않거나, 무기를 다른 사람의 눈에 노출시킨 채로 지상에 나타나도록 해서는 안 된다. 이 점을 미리 이해해야 한다. 그대들의 계획은 그대들만 알아야 하며, 배신자는 누구를 막론하고 어디에서 붙잡혀 죄가 증명되든, 마땅히 죽어야 한다는 사실을 알아두어야 한다. '두려워서 마음에 겁내는 자가 있으면 길르앗 산에서 돌아갈지니' (사사기 7장 3절,

---

˙《낙인 찍힌 손》 7명의 노예가 탈출하는 것을 도왔다는 이유로 '노예 도둑'이라는 누명을 쓰고 기소되어, 오른손에 낙인이 찍히는 처벌을 받았던 노예제 폐지론자 조나단 워커의 삶을 그린 책.

신명기 20장 8절).

  모든 비겁자들에게 평화로운 조건에서 결정을 내릴 수 있는 기회를 주어라. 준비가 되었으면 한 순간도 지체하지 말아라. 지체하면 모든 결단을 잃을 것이다. 최초의 공격이 모두가 관여할 수 있는 도화선이 되도록 하라. 수가 불어났다고 해서 그대들의 일을 반만 하지 않도록 하며, 적에 대한 일을 분명히 처리하라. 다른 어느 누구에게도 간섭하지 말아라. 그대의 임무를 조용히 수행함으로써 소동이 몰고올 사람들이 모이기 전에 그 일의 결말을 짓게 될 것이다. 또한 그대에게 반대를 표하는 자들보다 유리한 위치에 서게 될 것이다. 그들은 장비도 심사숙고한 계획도 전혀 준비되지 않았을 것이기 때문이다. 그들에게는 모든 것이 혼란이고 공포일 것이다. 그대가 이 일을 훌륭하게 치러낸 뒤에는 적들이 쉽사리 그대를 공격하지 못할 것이다. 그들이 공격을 한다면, 그대뿐 아니라 그대의 백인 친구들과도 마주치지 않을 수 없을 것이다. 그대는 백인 전투부대에 안전하게 의지할 수 있을 것이며, 이를 통해 담판을 지을 수 있을 것이므로.

  확고하고, 단호하고, 냉정하라. 그러나 극단으로 내몰릴 때는 자신의 과업이 그대뿐 아니라 다른 사람들에게도 장엄할 만큼 소중한 과업이 되어야 한다는 사실을 기억하라. 그들에게 통나무 집에 사는 사람들은 일부러 불을 지르지 않으리라는 것을, 그대도 그대의 백인 이웃들만큼 고통을 당할 수 있다는 것을 분명히 알려주어라. 구출작전에 참여한 후 공격을 당한다면, 아내를 데리고 가장 탁월하고 유력한 백인 친구의 집으로 들어가라. 그러면 그들에게 효과적으로 그대와 연계되어 있다는 혐의를 씌울 것이며, 그들이 그대와 함께 시민단체를 결성할 수밖에 없게 만들 것이다. 그래서 그들은 선택의 여지가 없어질 것이다.

어떤 사람들은 틀림없이 그 자신의 선택이 옳다는 사실을 스스로 증명할 것이며, 다른 사람들은 겁을 내 피할 것이다. 심리가 진행될 때는, 순식간의 공포를 불러일으킬 더 나은 방법을 생각해낼 수 없다면, 법정에서 종이 뭉치에 화약을 넣고 거리낌없이 불태움으로써 소동을 일으킬 수도 있을 것이다. 또한 한 사람이나 그 이상의 적을 인질로 잡을 수도 있을 것이다. 그러나 그런 경우에 그 포로에게 그 자리에서 상황을 알려주고 분발하도록 해야 할 것이다.

노예 사냥꾼에게 한 번쯤은 효과적으로 올가미를 사용할 수도 있을 것이다. 그대의 무기를 지키고, 절대로 무기를 버리거나 무기를 내놓거나 무기를 그대의 몸에서 멀리 떼어놓도록 설득당하는 일은 없어야 한다. 한 방울의 피라도 남아 있는 한 서로의 곁에, 그리고 그대의 친구들 곁에 있어야 한다. 어쩔 수 없다면 목을 매달되, 필요 없는 말을 입 밖에 내서는 안 된다. 자백해서는 안 된다.

단결은 힘이다. 제대로 소화할 준비가 되어 있지 않다면 아무리 좋은 목적이라도 이루어질 수가 없으니, 필요한 것이 너무 많지 않도록 하라. 뉴욕의 햄릿과 롱의 경우를 보라. 여기에는 명확히 밝혀진 작전계획이나 적합한 사전 준비가 없었다. 원하는 결과는 제안된 방법에 의해 효과적으로 이룰 수 있을 것이다. 즉, 양도할 수 없는 우리의 권리를 향유하는 결과는."[19]

이 연맹은 보스턴과 필라델피아, 올버니, 뉴욕 및 다른 곳의 다른 흑인 집단과 마찬가지로 효과적인 구출작전을 치러냈다. 흑인들은 이 일에 단독으로 행동할 수는 없었으며, 순전히 인종 차별 면에서의 군중 폭동을 의미했을 것이다. 그러나 소수의 단호한 백인들이 합류한다면, 그들은 정면으로 맞설 수 있었으며, 그렇게 했다.

존 브라운 자신도 그런 구출작전에 적극적이었다. 그는 뉴욕 시러큐스에서 '제리'의 해방을 도왔고, 1851년에 스프링필드에서 이렇게 적었다.

"뉴욕의 롱 사건 이후로 나는 이곳의 흑인들에게 행동 요령을 조언해주고, 내게 있는 모든 용기를 전해주면서 내 여가 시간을 그들과 함께 보내곤 했다. 그들에게는 많은 용기와 조언이 필요했다. 그들 가운데 일부는 어찌나 겁을 먹었는지, 그들 자신이나 아내나 아이들이 걱정되어 잠을 이룰 수가 없다는 말을 내게 털어놓기도 한다. 나는 그들의 짓밟힌 영혼을 다시 살리기 위해 내가 할 수 있는 일을 해왔다고 생각한다는 말밖에 할 수가 없다. 내 모든 가족이 스스로 그와 똑같은 끔찍한 상황에 처해 있다고 상상했으면 좋겠다. 내 유일한 여유 시간이 이야기한 방식으로 쓰이는 바람에(이따금 밤늦도록)

전에는 그토록 나를 짓누르던 우울한 향수병을 피할 수 있었다. 내 가족을 잊어버렸다는 뜻은 절대로 아니다."[20]

그가 지긋지긋할 정도로 싫어한 소송 사건들은 존 브라운의 목에 추처럼 매달려 있었으며, 어떤 열띤 조바심이 그를 사로잡았다.

"아버지는 노스엘바로 가셨을 때 스프링필드의 양모업을 접지 않으셨으며, 1849년부터 1850년 사이에 여러 번 그곳을 왕래하셔야 했다. 도망노예송환법이 통과된 뒤 멀지 않은 시기인 1851년 1월 스프링필드에 머물며, 그곳에서 전에 도망 노예였던 당신의 흑인 친구들을 만나러 돌아다니시고, 어떠한 권력으로 그 법을 강요하든 그 법에 저항해야 한다고 설득하셨다. 남자든 여자든 스스로 권총으로 무장하라고 이르며, 살아서는 붙잡혀가선 안 된다고 말씀하셨다. 노스엘바에 이르자 우리에게 도망노예송환법을 설명해주시면서, 벌금형을 받든 투옥되든 우리 마을에서 도망 노예를 데려가려는 어떠한 시도에도 저항하라고 명하셨다. 우리의 충실한 소년 자이러스가 바로 그런 대상이었다. 우리는 몹시 분기하여 모두가 그를 지켜주려 했다. 이 당시에 아버지가 말씀하셨다. '그들의 죄의 잔은 거의 다 찼다.' 어느 날 저녁 나는 〈자식들을 슬퍼하는 노예 아버지〉라는 노래를 부르고 있었다. 다음과 같은 가사가 이어지는 노래였다.

　　너희들은 내게서 사라져버렸구나,

내 온순한 아이들아.

너희들이 내지르던 모든 기쁨의 함성도.

내 집에는 침묵뿐이로다.

내 가정에는 어둠뿐이로다.

그때 아버지가 자리에서 일어나 내게 다가오시더니, 내가 노래를 끝마치기도 전에 말씀하셨다. '오 루스! 그만하거라. 너무 슬픈 노래로구나!'"[21]

그와 동시에 세세한 것까지 신경 쓰는 그의 깊은 관심은 그에게서 떠나지 않았다. 그는 아내와 가족의 일부가 애크런으로 돌아간 뒤에도 노스엘바를 눈여겨보며 이렇게 적었다.

"흑인 가족들은 잘 해나가며 용기를 얻은 것 같소. 그들 모두가 당신에게 사랑한다는 말을 전하고 싶어하오. 그들은 안식일에 끊임없이 설교를 듣고 있으며, 이해력과 덕성과 신앙이 다 같이 진전되는 듯하오."[22]

그의 딸은 이렇게 전한다

"아버지는 노스엘바에 있는 흑인들에 대한 관심을 버리지 않으셨으며, 그들 가운데 하나로 1852년 겨울 숲에서 길을 잃고 추위로 얼어 죽은 헨더슨 씨의 슬픈 운명을 몹시 가슴 아파하셨다. 헨더슨 씨는 총명하고 착한 남자였으며, 매우 근면하여 아버지는 그를 존중하셨다."[23]

그는 이렇게 말한다.

"더글러스의 종이 값을 대기가 어려우면, 내게 알려주길 바란다. 나는 실례를 무릅쓰고 계속 그 종이를 주문한 일이 있으니 말이다. 너희들은 그동안 매우 친절하게 나를 도와주었다. 내가 짐이 되고 싶다는 뜻이 아니다."

그는 또 이렇게 쓴다.

"루스의 편지에 한 종교적인 인물에 관한 소식이 들어 있어서 몹시 기쁘다. 기독교인이라는 이름을 달고 있는 그 모든 분파들이 모든 추행의 어머니, 즉 사람 훔치기와 더 이상 관련이 없다는 것을 알면 더 기쁠 텐데."[24]

그리고 그러한 분파들은 궁리하고 있었다. 모든 사람들이 궁리하고 있었다. 이 땅 위에 엄청난 불안이 드리워졌다. 단순히 위에서 윤리를 가르치는 것이 아니었다. 아래에서부터 신체적이고 정신적인 고통을 주어 압박을 했다. 그것은 노예제 폐지론자의 외침만이 아니었으며, 노예의 힘찬 기지개였다. 저주받은 그 꿈은 서방세계를 휘저어놓았으며, 백인뿐 아니라 흑인들도 흔들어놓았다. 이 문제를 몰아대는 뭔가가 있었다. 사람들은 그것을 하나님의 영령 또는 아프리카의 마력이라고 부를 것이다. 그것은 거대한 땅덩이가 부풀어오르는 것처럼 다가왔다. 육체가 없는 어떤 무한한 목소리로 어둡고 낮게 소곤거리듯이, 광대하고 무한하고 헤아릴 수 없지만 엄청난 것—스핑크스의 수수께끼 같은 것—처럼. 그것은 인간의 영혼을 찢어놓고 인간의 믿음을 파괴했다. 여자들은 그 훤칠한 흑인 여자 선지자 소저너 트루스\*처럼 소리쳤다.

"프레더릭, 하나님은 죽었습니까?"

"아닙니다."

더글러스 같은 이들이 살렘(지금의 예루살렘)의 청중들 위로 우뚝 솟아서 고함쳤다.

"아닙니다. 하나님은 죽지 않았으므로, 노예제도는 피로써만 끝날 수 있습니다."

---

■ **소저너 트루스** Sojourner Truth. 본명은 이사벨라 웨이저너. '19세기 미국 흑인 여성으로 가장 주목할 만한 여성'이라 불리는 노예였으며, 노예제도 폐지와 흑인 여성들의 참정권 문제를 두고 평생을 싸웠다. 6피트의 큰 키와 굵직한 목소리를 지닌 그녀는 타고난 말솜씨로 미국 전체를 돌며 '노예제 폐지와 여성 참정권'을 위한 강연을 했다.

—2—
## 캔자스의 부름

크게 외치라, 아끼지 말라, 네 목소리를 나팔같이 날려
내 백성에게 그 허물을, 야곱 집에 그 죄를 고하라.

존 브라운이 가족들에게 노예제도와의 전쟁에 나설 것을 서약하게 하기 꼭 300년 전, 한 흑인이 캔자스가 바라다보이는 남서부의 평원에 서 있었다. 그는 니그로 스티븐으로, 한때는 도란테스의 노예였으나 이제는 프레이 마르코스 탐험대의 지도자이자 통역자이며, 캔자스 자체를 바라보는 것이 아니라면 거대한 남서부를 바라보는 최초의 구세계 인물이었다. 얼굴빛이 더 흰 사람들은 그의 일을 무시하고 조롱했으며, 호색가들은 그에게 관능성을 부여했고, 탐욕의 주인들은 그를 탐욕스러운 자라고 불렀다. 그런데도 명백한 사실은 그대로 남아 있다. 즉, 그가 코로나도보다 앞서 다녀간 탐험대를 이끌었으며, 돌아가서 자신이 본 것의 진실을 알린 후 다시 돌아와 야만인들 사이에서 자신의 삶을 버렸다[1]는 사실 말

이다.

16세기라는 그 젊은 시기에 그가 보았던 땅은 그의 동족들의 비극적인 운명으로 가득했다. 100년 뒤 동쪽으로 멀리 이주당한 검은 얼굴의 그들은 서쪽으로 빠르게 이동했으며, 결국에는 미시시피의 계곡과 더 낮은 지대의 남서부에 노예제도가 확고하게 자리잡았다. 그러자 노예 귀족들은 뒤를 돌아보고, 한 발짝도 더 물러날 곳이 없다는 것을 알고 당황했다. 19세기에 이 새로운 '면화 왕국'의 노예제도는 사라지든지 한 민족을 점령해야 했다. 머뭇거리거나 중단할 수 없었다.

노예제도는 무지와 폭력과 면화 농장 위에 설립된 산업체제였다. 노예들은 압제의 사슬에 묶어두어야 했다. 잠깐 동안의 휴식, 그러나 보라, 노예들은 복수심에서 또는 야망에서 봉기하게 되어 있었다. 그리고 노예제도는 이미 복수심과 야망을 하나로 만들어놓았다. 그런 체제는 사고력에 견줄 수 없었으며, 개인의 자유에도, 보살핌을 요하는 갖가지 농작물에도 견줄 수 없었다. 그것은 세력 범위를 이러한 것들로 나눌 수 없었다. 그렇게 한다는 것은 전체 사회체제의 급격한, 아마도 혁명적인 격변과 경제의 죽음을 의미했다.

남부는 1820년에서 1840년까지의 시기에 뒤돌아보고는 이런 사실을 깨달았다. 그러자 더 대담한 남부 사람들은 어두운 미래를 내다보고 현란한 제국을 꿈꾸었다. 남부는 노예제도가 거대한 남서부에서—멕시코와 중앙 아메리카와 여러 섬에서—승리하는 것을 보았다. 실패를 예견하고 두려움을 느끼면서도 마지못해 그 두려움을 감추었으나, 더 대담한 지도자들, 데이비스나 툼브스, 플로이드 같은 겁 많고 나약한 영혼들은 냉혹하게 또한 무자비하게 밀고 나갔다.

그들과 그들의 선배들은 그 위대한 서부의 황야에 세 발자국을 들여놓았으며, 다른 조처들을 계획했다. 세 발자국, 그것은 황금과 피라는 헤아릴 수 없는 보물의 대가를 요구했다. 1820년, 그들이 미시시피를 넘어 미주리로 발을 들여놓았을 때 첫발을 내디딘 것이었으며, 더 대담한 두번째 발자국은 그들이 강탈한 멕시코라는 약탈품에 날인을 하여 노예의 땅으로 만들 수 있게 했을 때 새겨졌다. 그리고 가장 대담한 세번째 발자국은 캔자스의 땅에서 그들이 합중국의 모든 영토를 노예화하기 위해 싸웠을 때 새겨졌다.

이 지도자들은 이러한 발자국이 많은 대가를 치르리라는 것은 알았지만, 그 대가가 정확히 어느 정도일지는 고심하지 않았다. 그들은 정당들의 격변, 분파들의 증오와 공상가들의 성난 선동을 각오했다. 최악의 상황으로 치달을 경우, 그들은 국가를 붕괴시키고 막강한 노예 귀족제도를 만들어 오하이오에서 베네수엘라까지, 그리고 쿠바에서 텍사스까지 확대시킬 최후 수단을 가지고 있었다. 그들이 염두에 두지 않았던 단 한 가지가 있었는데, 그것은 무장 군대였다.

이러한 세 발자국은 엄청난 반대를 불러일으켰다. 미주리 주의 노예화는 초기의 노예제 폐지론자들을 탄생시켰다. 나라 전체의 양심이 깨어나 노예제도가 죽었거나 죽어가는 것이 아니라, 점점 자라나서 힘을 얻고 있다는 것을 알게 되었다. 그리고 이 시기에 그러한 지독한 양심의 한 현상을 상징하는 존 브라운은, 이 '모든 악행의 총합'에 원수를 갚으리라 맹세했다. 그리하여 첫번째 발자국은 대가를 치러야 했다.

두번째 발자국은 캘리포니아를 노예제도에 잃은 뒤로 어떤 면에서는 실패했지만 도망 노예를 붙잡아올 수 있다는 새로운 법률을 탄생시켜 한층 배가된 대가를 치러야 했다. 노예제 폐지론자들뿐만 아니라 자유 토지주의자들(노예 사용을 허용하지 않는)—노예제도가 아니라 노예를 증오하는 사람들—에게도 전반적인 노예제도 반대 현상을 불러일으켰기 때문이다. 이것은 대가가 더 비싼 조치였다. 박애주의를 방해하는 냉소는 민주주의에 대항하기에는 무력했으며, 이러한 발자국의 메아리가 존 브라운의 귀에까지 울려 퍼졌을 때, 그는 모든 것을 제쳐두고 하나의 신념을 가진 사람이 되었으며, 그러한 신념은 미국에서 노예제도를 아주 없애자는 것이었다.

하지만 가장 큰 대가를 치러야 했던 것은 세번째 발자국이었다. 자유 노동의 땅에, 그 땅의 바람에도 불구하고 법률과 피로 노예제도를 강요하려 했던 발자국이었으니. 이 세번째 발자국은 가장 험악하고 가장 바보스러운 행위였다. 박애주의와 민주주의뿐 아니라, 명백한 정의를 지키려는 모든 구세계 세력도 노예제도를 반대하게 만들었기 때문이다. 세번째 발자국은 폭력과 불법으로 법과 무력에 대항할 권리를 사랑한 사람들을 가만 놔두지 않았으며, 캔자스의 평원에서 그러한 불법적인 싸움을 이끌어 최대의 유혈 충격을 안겨준 사람은 존 브라운이었다.

캔자스로 가겠다는 존 브라운의 결정은 갑작스러운 것이었다. 예기치 않게 노예제 폐지 싸움의 중심이 서쪽으로 훌쩍 옮겨졌다. 대통령 선거에 뛰어든 한 약삭빠른 후보자가 캔자스 준주의 투표권이라는 예기치 못한 뇌물을 남부에 주었으며, 그들은 그러한 뇌물에 달려들었다. 스티븐 더글러스가 이 법안을 의회로 가져갔고, 캔자스는 제 땅에 생길 노예 주민을 바라며 서 있었다. 하지만 노예만을 기다린 것이 아니었으며, 엘리 태이어(Eli Thayer)가 금세 알아차렸듯이 자유민도 기다렸고, 그와 그 동료들의 등장은 존 브라운의 아들들을 자극했다.

존 브라운 자신은 이러한 사정을 흥미롭게 관찰했으나, 그에게는 다른 계획들이 있었다. 그는 아들 존에게 이렇게 적었다.

"너나 우리 가족 중 누군가가 캔자스나 네브래스카로 가서 이 방향에 있는 사탄과 사탄의 군단을 패배시키는 데 도움을 주겠다는 생각을 품고 있다면, 나는 할 말이 전혀 없다. 그러나 나는 다른 부분의 활동에 헌신해야 할 것 같다. 지금까지 내가 그다지 헌신하지 않았다면, 올 가을에는 그 길로 나설 것이다."[2]

존 브라운의 계획들은 앨러게이니 산맥 안에 있었다. 그의 북부 근거지는 노스엘바에 있으며, 하퍼스 페리에는 '장엄한 검은 길'로 이어진 통로들이 놓여 있었다. 그는 이곳이 노예제도라는 아치 꼭대기의 종석이며, 이곳을 쳐야 한다고 확신했다. 그전에 가브리엘과 터너도 그렇게 믿었으며, 그후에 다른 이들도 그렇게 믿었다. 하지만 그랜트*가 마침내 노예제도가 쓰러진 피의 바다를 뚫고 이 길로 내려오기 전까지는 그렇지가 않았다.

그러나 존 브라운의 아들들은 이 새로운 서부의 땅에 대단한 매력을 느꼈다. 그의 장남은 이렇게 전한다.

"1853년과 1854년의 두 해 동안, 손꼽히는 북부의 신문들 대다수는 캔자스 준주의 보기 드문 비옥함과 건강함과 아름다움을 열렬히 찬사하는 글들로 넘쳐났다. 그러더니 새롭게 개척할 길이 열렸다는 기사들이 가득했고, 개척민으로 그곳에 가서 투표권을 행사하여 노예제도의 저주에서 캔자스를 구해내기 위해 이 새로운 지역에서 가정을 일구고자 하는 모든 자유 애호가들에게 성화 같은 매력을 품고 있는 곳이라는 글로 넘쳐났다.

1854년 10월, 이러한 사실들에 영향을 받은 존 브라운의 다섯 아들들—존 주니어, 제이슨, 오웬, 프레더릭, 재먼—은 당시 오하이오 주에 거주했으나 캔자스로 이주할 준비를 마쳤다. 그들이 합친 재산은 대략 11마리의 어린 축우와 3마리

---

* 그랜트 U. Grant. 남북전쟁 말기 북군 총사령관을 지낸 장군이며, 미국의 18대 대통령이다.

의 말이었다. 이 가운데 10마리는 새끼를 낳을 수 있다는 점에서 값어치가 있었다. 이러한 가축이 특히 새로운 땅에 바람직할 거라고 생각한 오웬과 프레더릭, 제먼은 가축들을 여러 호수를 지나 시카고로 끌고가서, 일리노이 주의 메리도시아로 데려가 그곳에서 겨울을 났으며, 이듬해 봄에 캔자스로 데려가 우리 형제들이 개척지로 선택한 곳으로 끌고갔다. 오사와토미 읍에서 서쪽으로 8마일쯤 떨어진 곳이었다.

내 동생 제이슨과 그의 가족, 역시 가족을 이끈 나는 1855년 봄에 오하이오와 미시시피 강을 지나 세인트루이스에 이르렀다. 그곳에서 두 채의 작은 천막과 쟁기 하나, 더 작은 농기구들, 옥수수를 갈 수 있는 맷돌 하나를 구입했다. 이 시기에 세인트루이스의 서쪽에는 철도가 없었으므로, 우리는 물이 극도로 적은 때 미주리를 배로 건너거나 비싼 값을 치르고 역마차로 건너야 했다. 우리는 물길을 골랐다. '뉴 루시'라는 이름을 가진 증기선을 이용하기로 했는데 이미 승객이 넘쳐났으며, 승객들 대부분은 캔자스로 향하는 남부 사람들이었다. 그들이 남부에서 왔다는 사실은 그들의 말투와 옷차림으로 분명히 알 수 있었다. 그들의 음주와 불경스런 행위, 연발권총과 칼집 달린 사냥칼—겉치레의 필수품으로 공개적으로 차고 있던—자랑은 그들이 속한 계급을 분명하게 보여주었으며, 그들의 임무가 캔자스의 노예제도를 확립하는 데 도움을 주는 것임을 알려주었다.

내 동생 제이슨이 오하이오에서 가져온 포도나무와 유실수한 상자, 구입한 쟁기, 우리가 그 증기선의 갑판에 실어둔 몇 가지 농기구들은 쓸쓸해보이기까지 했다. 이러한 것들은 우리 눈에 보이는 것들 가운데 유일하게 평화로운 일에 적합하다고 여겨졌기 때문이다. 우리 마음속에서 처음으로 의문이 떠올랐다.

캔자스의 비옥한 대초원은 무장 투쟁을 통해 먼저 자유가 보장되어야 자유민들이 씨를 뿌리고 거둘 수 있지 않을까? 그렇다면 우리는 그런 일에 얼마나 초라하게 채비를 갖추고 있는가. 우리 다섯 형제에게는 무기라야 고작 두 자루의 조그만 22구경 소총과 한 자루의 연발 권총뿐이니. 하지만 우리가 목적지에 이르기 전에, 다른 문제들이 우리의 관심을 끌었다. 함께 타고 있던 승객들이 그 당시 세인트루이스에 꽤 많이 퍼져 있던 콜레라에 감염되었으며, 그 중 많은 사람이 목숨을 잃었다. 제이슨의 두 아이들 중 당시 네 살이었던 큰애 오스틴도 이 재앙의 희생자로 쓰러졌다. 우리가 탄 배의 키가 부러져 수리하기 위해 미주리의 웨이벌리에 정박해 있던 동안, 우리는 밤중에 공황에 휩쓸린 이 도시 근처에 아이를 묻었다. 강풍이 따르는 맹렬한 뇌우의 번갯불만이 우리의 외로운 길을 비춰주었다.

선장은 북부 사람들에 대한 증오가 심해, 강기슭에 있는 우리에게 아무런 통고도 하지 않은 채 묶어두었던 밧줄을 풀어 우리를 남겨두고 떠나버렸다. 우리는 이미 캔자스 시티까지 갈 뱃삯을 지불한 상태였으나, 역마차로 갈 수밖에 없었다.

우리는 그곳에 도착하기 전에 무척 굶주렸으며, 도중에 여러 농가에서 음식을 사려고 시도해보았으나, 그러한 농가에 사는 사람들은 우리의 말투로 보아 우리가 남부에서 온 사람들이 아니라고 판단하여 너나 할 것 없이 우리의 요청을 거부하며 말했다. '당신들에게 팔 건 하나도 없소.' 딱 한 번, 미주리의 인디펜던스에 있던 역마차 집에서는 예외였다.

캔자스에 이르니, 그 땅의 아름다운 평원과 수목이 우거진 개울들이 우리에게는 정말 안식처와도 같아 보였다. 이곳에서 우리의 축우가 수백 마리로, 심지어는 수천 마리로 불어나리라는 기대를 품었으며, 드넓은 옥수수밭과 과수원과 포도밭을 그려보았다. 우리는 당장 그 일을 시작했다. 앞으로 번영하리라는 우리의 꿈을 실현할 수 있는 유일한 작업에 착수했다. 우리의 텐트는 우리가 쟁기질을 하고, 옥수수와 다른 곡물들과 유실수와 포도나무를 심고, 다가올 겨울에 대비해 가축을 먹이기 위해 물결치는 풀밭에서 충분한 건초를 베어 말릴 때까지 몸을 가려주기에 족할 터였다.

기운을 북돋우는 이러한 기대는 늦봄에서 한여름까지 우리의 노동을 즐겁게 했으나, 한여름이 되자 우리 식구들은 거의 모두가 열병과 오한으로 쇠약해졌다. 건초를 만들기 위해 베어놓은 풀은 우리가 제대로 보살피지 못해 젖은 채로 곰팡이가 피었으며, 우리의 옥수수 수확물은 가축 떼가 소비해버렸다. 이처럼 사소한 질병들과 운 나쁜 일들이 전부였다면 그래도 쉽게 견딜 수 있었을 테지만, 이제 전쟁의 검은 구름들이 모이기 시작했다.

　최초의 주의회 선거가 이해 3월 30일에 실시되었다. 그날 접경지대에 살던 미주리 주민들이 수천 명씩 캔자스로 들어와서, 강력한 투표권을 행사했다. 호레이스 그리리의 표현에 따르면, '합법성 흉내나 위장, 체면 지키기 같은 건 없었다. 선거 전날 저녁과 선거 당일에 1,000명에 가까운 미주리 주민들이 마차를 타거나 말을 타고, 소총과 권총과 칼집 달린 사냥칼과 머스킷 총알을 장전한 두 문의 기관포까지 갖추고 로렌스에 도착했다. 이 지역의 합법적인 선거인은 831명밖에 투표하지 않았지만, 6,320명이나 투표한 것으로 집계되었다. 그들은 주의회의 모든 의원들을 선출했다. 그런데 상원과 하원 모두 한 가지 예외가 있었다. 미주리 주민들이 그냥 지나쳤거나 마음을 쓰지 않았던 한 면 구역에서 2명의 자유 토지주의자가 선출되었다.'

　그해 초봄과 여름의 전당대회에 참여한 실제 개척자들은 부정하게 선택된 이러한 주의회를 부인했으며, 의회의 법률에 순종하기를 거부했다. 미주리 접경지대의 신문들은 현란한 호소문을 통해, 전에 캔자스를 침입한 무법자 무리들에게 무장하든지 부름을 받으면 다시 이 지역으로 행군해 들어가서, '법률을 강화하는 데 도움을 줄' 준비를 할 것을 촉구했다. 이제 적어도 우리 형제들에게는 꽤 큰 규모의 전쟁을 피할 수 없을 것으로 여겨졌다. 그래서 나는 뉴욕의 노스엘바에 계시던 아버지에게 편지를 써보내면서, 가능하다면 무기와 탄약을 마련해 우리에게 보내주시라고 부탁드렸다. 그러면 우리는 우리 자신과 우리 이웃들을 지킬 수 있는 준비를 더 잘 갖출 터였다."[3)]

 존 브라운은 망설였다. 피가 끓었지만 아직 실현되지 않은, 여러 해에 걸친 계획이 있었다. 그러던 중 새로운 꿈이 그의 머릿속에 그려졌다. 아마도 이것은 주님의 부름이었을 것이며, 버지니아로 가는 길은 캔자스를 관통해서 놓여 있을지도 모를 일이었다. 그는 서둘러 친구들—더글러스, 뉴욕의 교화된 흑인 의사 맥큔 스미스, 게릿 스미스—과 상의했으며, 1854년 11월에 집으로 편지를 보냈다.

 "나는 여전히 노스엘바로 돌아갈 굳은 마음을 갖고 있단다. 하지만 오웬과 프레더릭이 다음 주 월요일에 존과 제이슨과 그들의 가축을 끌고, 일리노이의 어디쯤에서 겨울을 나기 위해 캔자스로 출발할 것으로 기대한다……. 게릿 스미스는 내가 노스엘바로 돌아가기를 바라고 있다. 더글러스와 맥큔 스미스 박사에게서는 아직 소식을 듣지 못했다."[4)]

 그는 사업 때문에 오하이오에서 지체할 수밖에 없었으며, 여전히 노스엘바로 가겠다고 적었다. 얼마 후 뉴욕 주의 시러큐스에서 노예제 폐지론자 집회가 열렸으며, 존 브라운에게는 뜻밖의 새로운 사실이었다. 그는 처음으로 위대한 노예제 폐지운동과 접촉했다. 그는 자금이 준비되고 있다는 것을 알았다. 이곳 사람들은 다른 사람이 일한다면 기꺼이 돈을 내놓았다. 그것은 하나님의 부름이었으며, 그는 그 부름에 대답했다.

"저는 준비가 되었습니다."

레드패스는 이렇게 전한다.

"존 브라운이 그 집회의 회의중에 나타나 열렬한 연설을 하며, 자신에게는 이미 캔자스에 가 있는 네 아들이 있고, 그곳으로 가서 자유를 위한 싸움을 돕고 싶어하는 아들이 셋 더 있다고 말했다. 그는 무장을 하고 갈 수 없다면 가는 것만으로는 만족할 수 없었으며, 모든 아들들을 무장시키고자 했다. 하지만 그의 가난이 방해가 되었다. 즉석에서 기부금이 모였다. 게릿 스미스가 꽤 많은 액수를 내놓았다."[5]

그는 기뻐하며 집으로 편지를 적어보낸다.

"사랑하는 당신과 아이들에게. ……집회 첫날 이곳에 도착했소. 하나님에게 감사드려야겠소. 내가 아는 한, 모든 사람들에게서 너무나 따뜻한 환영을 받았소. 진실하고 정직하고 평화를 존중하는 몇몇 친구들을 제외하고, 대부분이 내 아들들과 캔자스의 다른 친구들을 무장시키고자 하는 나의 의도에 진심으로 찬동했다오. 오늘 60달러를 약간 웃도는 기부금을 받았소. 게릿 스미스가 20달러, 한 늙은 영국인 장교가 5달러를 냈고, 다른 이들이 열렬하고도 애정 어린 희망을 담아 더 적은 액수들을 기부해주셨다오. 존의 편지 두 통이 소개되었소. 게릿 스미스가 그 편지를 어찌나 감명 깊게 읽었는지, 모인 사람들의 수많은 눈에서 눈물이 흘렀다오. 이번 집회는 내 평생 참석해본 모임 가운데 가장 흥미로운 모임이었소. 따뜻한 마음을 지닌 솔직한 친구들이 엄청나게 늘어난 듯하오."[6]

주사위는 던져졌으며, 존 브라운은 캔자스를 향해 떠났다. 그의 아들 존에 따르면, 돈과 무기를 보내는 대신 "아버지가 직접 외삼촌 헨리 톰슨과 내 동생 올리버를 동행하여 돈과 무기를 갖고 오셨다. 아버지는 아이오와에서 말 한 필과 뚜껑 달린 마차를 구입하셨다. 이 안에 무기를 숨기고 측량 도구들은 눈에 잘 띄는 곳에 싣고 웨이벌리 근처의 미주리로 들어오셨다. 그곳에서 당신 손자의 시신을 파내어, 그것을 우리의 개척지로 줄곧 안전하게 운반하여 1855년 10월 6일쯤에 도착하셨다."[7]

그의 딸은 전한다.

"그해 여름 우리를 떠나 이윽고 캔자스로 가시면서 아버지가 말씀하셨다. '우리가 다시 만나리라는 희망을 갖고 헤어지는 것이 그토록 고통스럽다면, 평생 동안 헤어져 지내야 하는 수백 명의 불쌍한 노예들의 심정은 얼마나 참담하겠느냐.'"[8]

그리하여 존 브라운은 자유를 위해 온 힘을 다하려고 캔자스에 도착했다. 그는 무심히 보는 사람의 눈에는 캔자스 준주 역사의 중심 인물이 아니었으며, 정평이 난 지도자도 아니었다. 그보다는 차라리 이곳에 나타났다 저곳에서 사라지곤 하는 겸허한 협력자에 불과한 것으로 여겨졌으며, 실제로 그러했다. 어느 때는 자신의 행동을 냉혹하게 결정하는 놀라운 사람으로 비쳤으며, 또 어느 때는 공공의 눈을 피해 몸을 숨긴 사람으로 여겨졌다. 그러나 세상의 중대한 일을 행한 사람이 항상 겉으로 드러나는 지도자들인 건 아니다. 높은 자리에 앉은 사람들, 다른 사람이 보고 귀기울이는 이들은 공공의 의견과 그 사회의 양심을 대표하거나 가장할 뿐인 경우가 많으며, 반면에 찬란한 결과를 보여주는 사람들—인간의 사상을 만들어내는 사람들—은 피와 먼지가 뒤엉킨 싸움터에 있다.

로빈슨과 레인, 아치슨과 기어리는 캔자스에서 눈에 띄는 저명한 지도자들이었다. 빈틈없는 북부 사람인 로빈슨은 그 시대의 징후를 정확히 읽어냈으며, 그러한 기민함은 결국 현명하고 정확하다고 증명되었지만, 그를 기회주의자이며 정치가로 남겨놓았다. 레인의 열렬하고도 대담하며 격렬한 헌신은 수천 명의 이주민을 북부에서 끌어냈으며, 수백 명의 노예 소유주들을 미주리로 돌아가게 만들었다. 아치슨은 남부의 단호함과 흉악함을 이끌었다. 기어리는 더 온건한 국가를 표명했다.

그러나 캔자스의 역사를 제대로 읽으려면, 이 모든 당혹스러운 소용돌이에서 상황의 꼭두각시 노릇을 전혀 하지 않은 사람—이러한 모순의 진짜 요점을 가장 분명하게 보았고, 자신의 신념을 가장 명확히 알았으며, 위기의 순간에 단호한 행동을 가장 먼저 취할 수 있었던 사람—은 지도력을 자신의 사무실에, 부와 영향력에 가두어놓지 않았으며, 이상에 대한 철저한 헌신의 흰 불꽃 속에 묻어둔 사람이라는 사실을 느끼지 않을 수 없을 것이다.

이 점을 이해하기 위해서는 캔자스 역사의 뒤얽힌 혼란에서 해결의 주요 실마리를 풀어내어, 존 브라운의 생애가 그것과 짝을 이루고 있음을 보여주어야 할 것이다. 이것은 쉽지 않은 일이다. 1850년 전후에 남부의 지도자들은 1820년의 절충선('미주리 타협'에서 합의한)을 서쪽으로 확장하여 미주리의 북부 경계선에 암묵적으로 못박아두었다. 그후 이 서부 지역을 조직화하기 위한 법률안이 순진한 모습으로 국회에 나타나자 위원회로 다시 떠밀려갔으며, 이윽고 두 지역, 캔자스와 네브래스카를 잇는 그 유명한 캔자스-네브래스카 법안으로 모습을 드러냈다.

이 법안 지지자들은 캔자스가 노예 소유주가 되고 네브래스카가 자유주가 될 것임을 은밀히 알고 있었으며, 이러한 암묵적인 계약은 각 주 사람들이 "각자의 방식대로 자체의 법령을 만들어 규제하고, 오로지 미국 헌법에만 지배를 받을 수 있는" 권리를 갖게 된다고 표현되어 있었다. 하지만 이 게임은 참으로 쉬웠으며 그 대가는 참으로 저렴해서 남부 지도자들과 공직에 혈안이 된 그들의 북부 앞잡이들은 땅을 얻는 것에도 만족하지 못하고, 심지어 그 지역 주민들의 뜻을 거스르면서까지 모든 땅에서 노예제도가 가능하게 하자는 정도로 법안을 조작하여, 결국에는 대법원의 결정으로 자신들의 대담성을 확고히 다졌다.

반면에 노예제도를 논할 필요성에 대해서조차 성을 낸 북부는 상당한 믿음을 갖고 자유민 개척자들을 쏟아부어 캔자스에서 노예제도를 없앨 투표를 치를 준비에 들어갔다.

그 즉시 현대 역사상 가장 야릇한 투쟁이 이어졌다. 두 경제체제 사이의 정치적 싸움이었다. 한편에는 게임의 규칙을 지킬 것 같지 않은 뿌리 깊은 사회적 이상과 모든 정치기구가 있었다. 다른 한편에는 강한 윤리적 신념이 있어서, 경제적 필연성과 조직화 역량을 압박했다. 이 싸움은 4년이 걸렸다. 1854년 중반, 캔자스-네브래스카 법안이 통과되어 인디언들이 자신들의 권리를 강제로 빼앗겼을 때부터 1858년 노예제 지지 법안이 자유주 투표용지 속에 명백히 묻혔을 때까지.

초기인 1854년 가을에는 두 분파의 결정적인 오해가 분명해보였다. '뉴잉글랜드 이주민 보호협회'는 이러한 다툼을 단순한 투표권 문제로 보았으며, 개척자들을 북부에서 캔자스로 급히 보내면 자유를 갈망하는 대다수가 합리적으로 그에 따를 것이라고 여겼다. 한편, 미주리와 남부는 캔자스가 이미 노예주라고 여기고, 어떠한 수단에 의해서든 캔자스를 자유주로 만들려는 시도를 무례한 행위로 여기고 분개했다. 그래서 8월 1일 로렌스에서는 침략군처럼 접경을 넘어온 성난 미주리 주민들이, 무장하지 않은 당황한 북부 개척자들과 존 브라운의 아들들 같은 그들의 바로 다음 세대에게 그야말로 벼락같이 들이닥쳤다.

"주의 법률이든 국가의 법률이든 위반하는 일에 대해 양심의 가책이 있는 사람들은, 자신들의 권리와 재산이 위험에 빠졌으므로, 그러한 부담을 무시해야 할 때가 되었다"고 미주리의 스트링펠로는 소리쳤다. 그 결과 5,000명의 미주리 주민들은 노예제 지지 주의회 및 국회 대표단을 선출했다. 섬너(Sumner)가 "불안한 문명이 술취해서 토해낸 것에서 고른 고용인들"이라고 불렀던 자들이 이러한 분위기를 이끌었으며, 권총과 칼집 달린 사냥칼을 휘둘러 자유주 이주민 중 일부를 집으로 쫓아버리고, 나머지는 총명하게도 게으름과 침묵 속으로 잠겨들게 만들었다.

그리하여 노예제 지지 통치자와 재판관들, 연방 보안관들과 주의회가 채찍을 쥐는 오른손을 번쩍 치켜들어, 1855년에 자유주의 대의에 연달아 일격을 가함으로써 마침내는 캔자스가 불가피하게 노예주가 될 수밖에 없을 것 같았다. 중죄를 저지르면 감금하는 벌을 주는 노예 소유 권한에 단호히 반대하는 법률 조항까지 끌어들여서.

자유주 개척자들은 머뭇거리며 진지한 조언을 하기 시작했다. 그들은 어느새 세 분파로 갈렸다. 노예제도를 증오하는 소수, 흑인을 증오하는 약간 더 많은 사람들, 노예를 증오하는 다수로. 이제 그러한 정치적 책략은 이 세 분파가 손쉽게 화해할 수 없는 심각한 의견 차이로 서로 경쟁하도록 싸움을 붙였다. 그러나 뻔뻔스런 폭력과 기만은 그들을 하나로 묶어 1855년 가을에 '빅 스프링스'에서—존 브라운의 아들들은 이곳에서 활동했다—정의에 호소하고, '사이비' 주의회에 대한 적극적인 저항을 위협하며 소극적인 저항을 선언하도록 만들었다. 한 평화 프로그램이 펼쳐지면, 그들은 명백한 기만을 무시하고 주를 조직하여 국회와 국가에 호소하는 식이었다. 그들은 1855년 10월과 11월에 이런 식으로 움직여, 토페카를 명목상의 주청 소재지로 만들고 로렌스를 실제 주청 소재지로 만들었다.

그러나 노예제 지지파는 이 프로그램의 취약성을 눈치 빠르게 알아채고, 자유주 주민들이 당국과 충돌하도록 몰아세울 최초의 기회를 붙들었다. 머지않아 한 가지 특징적인 사건이 발생했다. 한 평화적인 자유주 개척자가 잔인하게 살해되었는데, 노예제 지지 보안관이 살인자를 체포하는 대신 주요 목격자를 체포했다. 더 대담한 자유주의 이웃 사람 몇이 죄수를 풀어 로렌스로 데려갔다. 보안관은 그 즉시 미주리에서 1,500명의 대리 군대를 모집해, 로렌스에서 500명의 자유주 주민을 포위했다. 존 브라운이 캔자스에 도착한 직후의 일이었다.

술 취한 주지사에게도 사태가 심각해보였으며, 상당한 술책과 독주와 폭풍우가 내리는 날씨의 도움으로 위협적인 충돌을 일시적으로 피할 수 있었다. 캔자스를 덮친 거칠고 얼음에 뒤덮인 겨울은 일시적인 소강 상태를 가져왔지만, 봄이 시작되면서 노예제 지지 부대가 최후의 타격을 가해서 박살내기 위해 모였다. 무장 집단들이 펄럭이는 기치를 내걸고 남부에서 나왔으며, 미주리 강은 북부 이주민들에게 봉쇄되었고, 접경 지역의 무법자들은 아무런 방해도 받지 않고 미주리 경계선을 넘어갔다. 자유주 주민들은 겁을 먹고 동부에 호소했으며, 이주민들이 급히 파견되었다.

그러나 "익숙한 영혼처럼 시중을 드는 길들여지고 교화된 재판장의 도움으로" 노예제도는 수동적인 저항운동을 "적극적인 반역"으로 선언했으며, 노예제 지지 연방 보안관은 자유주 지도자들을 체포하여 감옥에 넣었다. 그러자 2,000명의 미주리 주민들이 로렌스를 포위했으며, 주저하던 자유주 주민들이 평화를 지키려고 분투하는 가운데 브룩스(Brooks)가 캔자스에 대해 진실을 말한다는 이유로 상원 의회에서 섬너의 머리를 내리치기 전날, 로렌스를 손아귀에 넣고 반쯤 불태웠다.

이렇게 해서 캔자스는 노예의 땅이 되었다. 자유주 프로그램은 미국 정부에 의해 거부당했으며, 노예제 지지파의 습격이 이루어지기 전에 이미 갈대처럼 부러졌다. 동부에서는 불평들이 많았지만, 자유의 대의는 최악의 상태로 쇠퇴해 있었다. 그런데 별안간 무시무시한 공격의 불꽃이 모습을 드러냈다. 캔자스와 미주리 전 지역을 공포에 떨게 하여 국가 전체를 자극할 정도로 피비린내 나는 무자비하고 잔인한, 자유주 편에서의 보복 행위가.

어느 어두운 밤, 존 브라운과 4명의 아들, 사위와 가장 대담한 자유주 지도자들이 선택한 집행자들인 다른 2명이 자유주 개척자들을 유린하던 접경지대의 무법자들 가운데 가장 질이 나쁜 5명을 붙잡아 죽이고, '백조의 늪'에서 노예제 지지 개척지인 '더치 헨리'라는 마을의 존재 자체를 쓸어냈다.

자유주의 고관들은 처음에 대경실색하여 뒷걸음을 쳤으며 소리 높여, 그러더니 힘없이 그러한 행위를 부인했다. 그러나 그들은 문득 사태를 파악한 뒤, 그 거짓말을 제쳐두고 샤프 소총을 움켜쥐었다. 캔자스에 전쟁이 벌어졌다. 응답 없는 법과 정의에 수동적으로 호소하던 태도는 무력과 유혈에 호소하는 태도로 급격히 바뀌었다. 어느 누구도, 존 브라운조차도 그렇게 되리라고는 꿈도 꾸지 못했다.

그러나 이러한 분위기는 자유를 위해 싸우기로 결심한 사람들을 자유주 지방 의회의 전면으로 불러왔으며, 그것은 수동적인 저항의 종말을 의미했다. 그에 뒤따른 범죄와 약탈의 광란은 문명국의 치욕이었으나 그것은 자유의 대가였으며, 억압의 대가보다 적었다. 특정 장소들에서 전투가 벌어지고, 보루가 있는 변경지대 교역시장을 포위하고, 가정집을 불태우고, 재물을 훔치고, 아녀자를 강간하고, 남자들을 살해하고, 급기야 겁먹은 주지사가 휴전협정을 맺어 죄수들을 교환하고 자신의 목숨을 지키기 위해 도망쳤다.

이제 모든 속박에서 풀려난 가장 거친 노예제 지지 집단들은 최후의 필사적인 일격을 계획했다. 미주리에서 3,000명에 육박하는 남자들을 소집했다. 새로운 주지사는 어디에서나 "황폐와 폐허"를 발견했다. 그의 수행원은 노상 강도에게서 간신히 도망쳤다. "단란한 가정집들은 버려졌으며, 주거지를 불태우는 연기가 대기를 시커멓게 물들였다. 집에서 쫓겨난 아녀자들과 아이들은 평원을 방랑하며 삼림지대를 떠돌거나, 심지어 인디언 부족들에게서 피신처를 찾았다. 큰길에서는 약탈을 일삼는 무수한 무리들이 극성을 부렸으며, 도심 지구에는 서로 싸우는 파당들의 유격대가 수비대를 주둔시켰다. 유격대는 너나 할 것 없이 거의 광란 상태에 이르도록 흥분했으며, 상대를 아주 없애기로 결심했다." 그뿐만 아니라 이 지역의 "금고는 파산에 이르렀으며, 당시의 급박한 사태에 대처할 수 있는 재정 자원이 자체 안에는 전혀 없었다. 1년 예산으로 의회의 승인을 받은 정부 지출금은 2주일간의 수요를 만족시키기에도 불충분했다. 법은 무용지물이었으며, 법정은 실제로 정지되었고, 정부의 내정 부문은 무력하다시피 했다."[9]

기어리 주지사는 아슬아슬한 때에 워싱턴의 겁먹은 정부가 보낸 강압적인 명령서를 가지고 왔다. 그는 그들이 일으킨 회오리바람을 막아내지 않으면 1856년의 대통령 선거에서 패배할 수밖에 없다는 것을 알았다. "캔자스에는 지옥"이 있을 뿐만 아니라, 북부는 불타오르고 있었기—존 브라운과 레인과 그들의 추종자들이 계획한 대로—때문이기도 했다.

버펄로에서 대규모 집회가 열렸으며, 어디에서나 대중 집회가 열렸다. 의복과 돈과 무기와 사람들이 북부에서 쏟아져 나오기 시작했다. 그것은 이제 평화로운 투표 프로그램이 아니었다. 그것은 싸움이었다. 남부의 무리는 노예제도와 관련한 신념은 거의 없으나, 노예들 사이에 정착할 생각이 없는 많은 사람들로 말미암아 궁지에 빠질 거라고 확신했다. 더 거친 노예제 지지자들은 마음에 두지 않았다. 섀넌 주지사가 도망치고 기어리가 오기 전, 그들은 자유주의 세력에 일격을 가할 계획을 세웠다. 거의 3,000명이 모였다. 한 부대는 오사와토미를 격파하고, 본대는 로렌스를 손에 넣어 파괴할 계획이었다. 이 일이 이루어지자마자 미국의 군 병력을 불러들여 정복한 곳을 진압하기로 했다. 이 중대한 시점에서 이러한 계획이 성공했다면, 1861년이 아니라 1856년에 남북전쟁의 발발을 촉진했을지도 모른다. 기어리는 이 미친 폭풍을 진압하기 위해 숨가쁘게 서둘렀다. 그는 성공했으며, 불굴의 노력으로 선거 시기 전에 꽤나 사실적으로 워싱턴에서 보고할 수 있었다.

"이제 캔자스에는 평화가 널리 퍼져 있습니다."

이 소식은 뷰캐넌 대통령을 선출하는 데 도움을 주기는 했지만, 워싱턴에서 냉담하게 받아들여졌다. 남부 출신 관리들은 기어리가 치른 대가가 얼마나 큰지 알고 있었기 때문이다. 이 주지사가 눈 밖에 난 건 분명했다. 1857년 봄이 되기 전에 세번째 주지사가 그 자신을 지지하던 자들의 대립으로 말미암아 주둔지에서 다급하게 도망쳤던 것이다. 워싱턴의 관리들은 기어리가 대규모 이주와 더불어 자유주의 대의를 인식하여 이미 캔자스를 노예주로 만들 가능성을 파괴했다고 믿었다. 그러나 아직은 술책과 정치적 책략 가능성들이 분명히 있었다.

캔자스에는 이미 노예들이 있었으며, 1857년 3월 6일의 '드레드 스콧 판결'\*은 캔자스의 노예들을 적법화시켰다. 게다가 캔자스의 동남부에서는 1856년 가을, 역사상 가장 잔인한 습격이 있었기 때문에 여전히 노예제 지지가 강한 힘을 발휘했다. 입법 회의도 그러한 무리의 손아귀에 들어 있었다. 그리하여 주의회를 합법적인 자유주 다수파에게 깨끗하게 넘겨줌으로써, 정치적 속임수에 따라 이미 캔사스 주에서 노예들을 합법화할 수 있을 것처럼 보였다. 한번 양보했으나 캔자스를 노예주로 만들 기회는 아직 있었다.

그러나 1856년의 격변을 통해 훈련된 노예제 지지자들은 기민한 워커 주지사를 따르고 지지하기 위한 가련한 도구였다. 그들은 채찍의 법칙을 갈망했으며, 리콤프턴헌법■의 작용을 망칠 뿐이었다. 얼마 후 이 캔사스 준주의 더 단호한 사람들은 천성적으로 무지막지한 많은 무리와 함께, 캔자스 동남부가 노예제 지지 위험에 빠진 것을 목격하고, 자유주

---

■ 드레드 스콧 판결 1857년 3월 6일 미국 연방 최고재판소가 흑인 노예였던 드레드 스콧의 자유를 인정할 수 없다고 한 판결. 드레드 스콧은 주인이었던 육군 군의관과 함께 자유주인 일리노이 주와 미네소타 주에 살았다는 사실을 근거로 자신과 그 가족들이 자유 신분임을 인정해줄 것을 연방 재판소에 제소했으나, 수석 판사 토니는 북위 36도 30분 이북의 준주에서 노예제도를 인정할 수 없다는 미주리 협정은 위헌이라고 판결하고, 합중국 헌법은 흑인을 시민으로 인정하지 않으므로 노예는 시민권을 가질 수 없으며, 비록 자유주에 거주했더라도 흑인은 자유를 인정받을 수 없기 때문에 노예는 재판소에 소송을 제기할 권리가 없다고 판결했다. 이 판결로 노예제도를 포함한 인종 문제에 대한 논쟁이 격화되었다. 이 판결은 1867년 수정헌법 제14조로 사실상 무효가 되었다.

■ 리콤프턴헌법 자유파가 회의에 참가하기를 거부했기 때문에 노예제 지지파만이 참석하여 회의를 진행하고 노예제 옹호 규정을 채택했다. 이 초안은 뷰캐넌 대통령(15대)의 지지도 얻었으나 캔자스 준주 주민 투표에서 부결되어, 결국 캔자스에서는 1861년 1월 29일 노예제를 금지하는 와이안도트 헌법이 최종적으로 채택되었다.

지지파가 추방되었기 때문이라고 주장하는 무단 입주자들을 상대로 유격전을 벌였다. 그것은 양측 모두에게 살인과 약탈이 따른 잔인하고 무자비한 전쟁이었다. 1858년 봄에 노예들에게 땅이라는 뇌물을 주자는 리콤프턴헌법이 부결된 뒤, 꺼져가던 4년 전쟁의 마지막 불꽃이 그해 가을 느리게 죽어갔다.

그래서 캔자스는 자유를 찾았다. 언짢아진 워싱턴의 상원은 헛되이 약이 올라 이 젊은 주를 위협했다. 게임이 진행되어 게임에 졌으며, 캔자스는 자유를 찾았다. 노예 귀족들이 현대의 인간성과 경제 개발에 도전하여 도도한 명분을 내세웠기 때문에 자유를 찾았다. 강한 사람들이 노예제도에 반대해서 고생하고 싸운 것이 아니라, 캔자스의 노예에 반대하여 싸웠기 때문에 자유를 찾았다. 무엇보다도 한 사람이 노예제도를 증오하고, 어느 끔찍한 밤에 '백조의 늪'의 그림자 사이로 아들들과 내려갔기 때문에 자유를 찾았다. 피비린내 나는 기억을 안고, 사방 언저리가 숲으로 수놓아진 그 길고 구불구불하고 거무스름한 개울로 내려갔기 때문에.

그들은 그곳에서 48시간 동안 머물렀으며, 그런 다음 희미한 어느 5월 아침 다시 세상으로 올라갔다. 그들 뒤에는 난도질당해 일그러져서 붉은 빛이 도는 다섯 구의 시체가 놓여 있었다. 그들 뒤에서는 미망인들과 어린아이들의 숨죽인 울부짖음이 솟아올랐다. 그들 뒤에서는 두려움에 찬 마부가 응시하며 몸서리를 쳤다. 그러나 그들 앞에서 훤칠하고 거무스름하며 엄한 표정을 지은, 무서워보이는 한 남자가 말을 몰았다. 그의 두 손은 피에 물들었으며, 그의 이름은 존 브라운이었다. 자유의 대가는 그러했다.

―3―
## 작은 전투를 계속하다

그 동무가 대답하여 가로되, 이는 다른 것이 아니라
이스라엘 사람 요아스의 아들 기드온의 칼날이라.
하나님이 미디안과 그 모든 군대를 그의 손에 붙이셨느니라 하더라.


"이주민 보호협회의 후원을 받고 떠났는가?"
여러 해가 지난 뒤 존 브라운의 배심원이 물었다.
그는 얼굴을 일그러뜨리며 대답했다.
"아닙니다. 저는 존 브라운의 후원을 받고 떠났습니다."
그가 캔자스로 온 이야기는 마지막 장에 대강 그려져 있지만, 지금은 그 개인의 숙명에 관한 세부 사항과 그의 생애 가운데 중요한 시기에 개인적인 특성이 어떻게 발전하고 변화해갔는지에 대한 더 조심스러운 연구로 그 이야기의 그림을 채워넣어야 할 것이다.

그가 활동한 곳은 유명하고 낭만적인 데가 있었다. 프랑스인 아버지를 둔 인디언들은 신속한 카누를 타고 나아가다 동부 캔자스의 갈대가 무성한 저지대에서 장엄한 새 떼를 보고 그 습지를 '백조의 늪'이라고 불렀다. 느리게 흘러가는 거무스름한 강물 옆으로는 완만하게 기복을 이룬 기름진 땅이 솟아 있었다. 존 브라운의 동생 에드워드는 1849년 그 땅을 지나 캘리포니아로 건너갔으며, 그의 처남은 1854년에 그곳에 정착했다. 1855년 4월에는 5명의 선구적인 아들들도 당연히 뒤따라 이곳으로 왔다.

그들은 노예제도를 증오하며 왔다. 아직은 평화적으로, 무장을 하지 않은 채, 굳은 신념을 갖고, 축우와 말과 나무와 포도나무를 갖고 자유의 땅에 정착하기 위해 왔다. 그들은 미주리에서 증오와 냉대를 만났으며, 캔자스에서는 질병과 몹시 추운 기후를 만났다. 그렇지만 그들은 용감했고 희망에 부풀어 있었으며, 정치적 폭풍이 불어오기 전까지 용감하게 일하러 갔다. 정치적 폭풍이 불어오자 그들은 자신들을 보호할 무기를 구하기 위해 다급하게 집으로 편지를 보냈다. 존 브라운은, 앞에서 살펴보았듯이 자신이 직접 그러한 무기를 가져왔으며, 아들 올리버와 사위 헨리를 함께 데려왔다. 1855년 10월 13일, 그는 이렇게 적었다.

"우리는 녀석들이 일주일 전에 거처를 정한 곳에 밤늦게 도착했다. 우리가 도착했을 때, 모두가 가진 현금은 60센트였다. 우리는 우리 가족이 그 어느 때보다 곤란한 상황에 처해 있다는 사실을 알았다. 우리 가운데 한 사람에게도 몸을 가릴 집이 없고 안전한 건초나 옥수수 사료도 없었으며, 아침이나 저녁 또는 모진 비바람이 치는 날이면 희미한 모닥불을 피워 두고 추위 때문에 떨면서, 모두가 살을 에듯 무시무시한 바람에 그대로 몸을 맡겨야 했다."

모두 다 오두막집을 짓고 안전한 가축 먹이를 마련하기 위해 나섰으며, 그와 동시에 정치적 변화를 예의 주시했다. 캔자스를 자유주로 할 것인지 노예주로 할 것인지를 결정하는 투표일인 10월 9일, "어려움이 예상된다는 소식을 듣고, 우리는 모두 철저하게 무장을 하고 출동했"지만 "적은 하나도 나타나지 않았"으며, 브라운은 캔자스가 자유주가 될 가망이 "매일같이 커지고 있다"고 생각하기에 이르렀다.

그가 쓴 편지에 따르면, 11월이 되자 개척자들은 "별 진전을 보지 못했지만, 우리에게는 약간의 진척이 있었다. 우리는 얼기설기 흙을 발라, 가져간 텐트로 지붕을 이고 높은 굴뚝을 낸 세 채의 오두막집을 갖게 되었다. 존은 자신의 오두막집을 처음보다 좀더 낫게 고쳤지만, 지금도 초라하기는 매한가지이다. 약간의 농작물 콩을 확보했으며, 그와 함께 걸쭉한 옥수수 죽과 우유, 호박과 과즙 음료는 우리 운명의 한 구성요소이다."

그는 또 이렇게 덧붙인다.

"결국 하나님의 애정 어린 자비는 우리에게서 떠나지 않은 셈이다……. 나는 노예제도가 머지않아 이곳에서 사라지리라는 확신을 점점 강하게 느낀다. 고마우신 하나님!"

11월 23일에는 이렇게 적었다.

"우리 두 가족은 좋은 집을 얻었으니, 앞으로는 고통을 당할 필요가 없을 것이다. (더미를 이루고 있던) 건초의 일부를 확보했으며, 존과 오웬을 위해 집 한 채를 지을 준비가 꽤 진척되었고, 재먼은 쇠덫에 걸린 코요테를 한 마리 잡았다. 모진 폭풍우가 몰아치는 날씨는 여전하다. 거센 바람을 동반한 비는 떨어지면서 얼음으로 변하고, 추운 밤이라도 찾아오면 땅바닥을 적잖이 얼려버린다. 아직은 하나님이 우리를 저버리지 않으셨다!"[1]

이리하여 존 브라운은 캔자스로 와서 자유를 위해 언제든 싸울 태세로 기다렸다. 그러나 캔자스 땅에 발을 들여놓자마자 그와 다른 이들의 눈에는 그가 싸우는 대의는 대부분의 개척자들이 기꺼이 목숨과 가진 재산을 건 대의와는 매우 다르다는 것이 분명했다. 그 차이는 조그만 오사와토미 지구에서 열린 최초의 개척자 집회에서 드러났다. 레드패스는 이렇게 전한다.

"인근의 정치인들은 수없이 다양한 노예제 반대 확장주의자들을 만족시키기 위해 결의안의 불필요한 부분을 신중하게 없앴다. 더구나 노예제를 반대하는 사람들의 계급은 편의주의에, 인종과 사회적 지위와 이해관계의 이기주의에 근거를 두었다. 캔자스를 모두를 위한 자유에 바치는 것이 아니라, 자유 백인 노동자에게만 바치기를 바라는 사람들. 결의안은 캔자스가 자유 백인 주가 되어야 하며, 그 때문에 노예든 자유민이든, 흑인과 물라토를 제외해야 한다고 분명히 말해 존 브라운이라는 노인의 분노를 자아냈다. 그는 발언하기 위해 자리에서 일어나, 이내 흑인 인종의 인격을 역설하고, 노예제를 반대하는 진심 어린 신념을 격렬하게 표현하여 정치인들을 놀라고 넌더리나게 했다."[2]

이곳에서 브라운은 자신의 급진적인 신념에 대한 냉담한 반응에 조금도 굽히지 않고, 로렌스가 최초로 포위 공격을 당했을 때 더 큰 기회가 찾아오자 그러한 신념을 확장하기 위해 애썼다. 1855년 12월이었다. 주지사와 그의 노예제 추종자들이 로렌스를 포위한다는 소문이 브라운 가족에게 날아들었다. 노인은 집으로 편지를 적어보냈다.

"이러한 보고는 진짜라는 사실이 증명될 것 같지만, 우리는 더 이상의 사실 여부를 파악할 수가 없었다. 이 일은 우리 아이들이 터를 잡은 곳에 남겨두고, 저녁에 로렌스로 가서 다음날 사정을 알아볼 생각이었다. 존은 말을 타고 출발했다. 하지만 존이 얼마 가지 못했을 때, 우리의 도움이 당장 필요하다는 전갈이 왔다. 이 소식을 접한 즉시, 당장에 존의 주둔지를 해체하고 웰시와 쟈니를 제이슨의 주둔지(2마일쯤 떨어진)로 데려가자는 데 의견을 모았고, 헨리와 제이슨과 올리버 외에 모든 사람들이 당장 무장을 하고 로렌스로 출발하기로 했다. 그 세 사람은 그 일에 전혀 적합하지 않았기 때문이다. 그런 다음 우리는 약간의 옥수수 빵과 고기, 담요, 취사도구를 준비하고, 탄알을 만들어 우리가 가진 모든 총에 탄알을 장전하는 일을 시작했다. 다섯 사람은 오후에 출발했으며, 밤중에

(상당히 어두웠을 때) 잠시 휴식을 취한 후 새벽이 밝아온 뒤에까지 행군을 계속했다. 다음날 아침을 먹고 다시 출발해서 오전에 로렌스에 도착했다. 우리 모두 긴 도보 여행으로 조금씩 절뚝거렸다."[3]

이들은 석양 무렵에 도심지에 가까워져서, 지평선에 어렴풋이 모습을 드러냈다. 늙은 말 한 필, 소박한 마차 한 대, 창과 검과 권총과 총으로 무장한 7명의 건장한 남자들이었다. 존 브라운에게 즉석에서 일행의 지휘관 자리를 주었다. 그는 이미 "섀넌 주지사(1,500~1,600명의 병력을 갖고 있는)와 자유주 지지파의 주요 지도자들(그 당시 500여 명의 병력을 갖고 있는) 사이에 협상이 시작되었다"는 사실을 알았다.

"이들은 밤낮으로 바빴소. 끊임없이 공격 기회를 엿보았기 때문에, 도심지를 제방과 원형 토루(土壘)로 요새화하여 주지사와 담판을 짓기로 했으며, 그런데도 협상은 결정되지 않은 상태로 남았소. 이러한 사정은 금요일부터 일요일 저녁까지 이어졌소."[4]

일요일 저녁에 섀넌 주지사를 도심지로 들어오도록 유인했으며, 상당한 교섭이 이루어진 뒤에 담판 내용이 발표되었다. 브라운은 그 즉시 여러 가지 의심이 일었다. 그는 주지사 패거리가 노예제도를 위한 싸움을 경솔하게 포기하지 않았다고 짐작하고, 앞서 나가는 자유주 지지파 정치인들이 일시적인 휴전을 하기 위해 그가 싸우는 원칙들을 이미 희생한 것이 아닌가 하는 생각을 했다. 술 취한 주지사는 벌써 자유주 호텔 앞에 모여든 군중들에게 회유적인 말을 했으며, 자유주의 로빈슨 주지사가 회답하고 있었다. 그때 존 브라운은 호텔 구석에 있던 한 목재 위로 올라가서, 격렬하게 연설하기 시작했다.

"브라운은 미주리 사람들이 로렌스를 파괴하기 위해 캔자스로 왔다고 말했다. 그 사람들은 2주일 동안 도심지를 포위해서 파괴하겠다고 위협했으며, 피를 보고자 왔다고. 자신은 '피를 흘리지 않으면 사태가 진정되지 않을 것'이라고 믿는다고. 그리고는 지원병들에게 자기 밑으로 와서, 로렌스에서 4마일 가량 떨어진 프랭클린 근처에 주둔한 노예제 지지자들의 주둔지를 공격해 달라고 간청했다……. 그는 협상 조건이 무엇인지 알고자 했다. 섀넌 주지사의 말을 듣고 뭔가 이미 내주었다고 이해했는지, 캔자스의 법률을 지켜야 한다는 생각을 전달했다. 그는 그러한 법률을 비난하고 침을 뱉었으며, 결코 지키지 않을 거라고 했다. 절대로! 군중은 그의 열렬한 태도에 흥분했고, 엄청난 함성이 메아리처럼 울려 퍼졌다.

'절대 안돼! 절대 안돼! 사이비 법률은 가라. 우리를 이끌고 나가 맨 앞에 서서 싸우라!'

잠시 지나칠 정도로 재치가 있어서 협상을 솜씨 있게 처리한 자유주 지지파 지도자들은 사태가 심각해보였던지 서둘러 브라운이 오해한 거라고 안심시켰다. 원칙을 내준 일은 없었노라고."[5]

협의문의 실제 조건은 비밀에 부쳤지만, 여느 때와 같은 성실성을 지닌 브라운은 그들의 말을 사실로 받아들이고 크게 기뻐하며 집으로 편지를 적어보냈다.

"그렇게 해서 이번의 캔자스 침입은 끝이 났다. 미주리 사람들은 많은 비용 손실을 입고, 커다란 위험에 노출되어 곤란과 궁핍을 겪었으며, 어떤 싸움에도 나서보지 못하고, 어떤 신생 도시나 노예제 폐지 압력을 파괴하거나 불태워보지도 못했지만, 깃발을 휘날리며 돌아갔다. 다만 조직화되어 무장하고 이 지역을 완전히 손에 넣은 자유주 지지자들을 남겨놓고. 무장하지 않은 한 남자를 죽이고, 무방비 상태의, 운 나쁘게 그들의 손에 들어간 가족들을 약탈한 것 외에, 그들의 모든 무서운 협박 사항을 하나도 이루지 못하고 말이다. 그들의 문서를 보면, 그들이 노예제 폐지론자들을 상대로 크나큰 승리를 거두었다고 떠들어댄다는 것을 알 수 있다. 그랬을지도 모른다. 자유주 지지자들은 이뒤로는 그들이 얻어낸 근거지를 보유하기만 하면 된다. 캔자스는 자유다."[6]

그러나 와카루사 '조약'은 한겨울철의 휴전에 불과했다. 존 브라운은 머지않아 그런 사정을 알게 되었다. 협상자들과 정치인들에 대한 그의 불신은 점점 커졌으며, 그는 워싱턴의 정부에서 소식을 알려줄 자신만의 소식통을 확보하려고 애썼다.

"우리는 지금 국회가 무슨 짓을 하는지 몹시 알고 싶다. 프랭크 피어스가 캔자스의 주민들을 박살낼 거라는 소문이 들려. 그자가 얼마나 성공할 수 있을지는 모르겠지만, 모든 일을 끝내려면 아주 바삐 움직여야 할 게야."[7]

조슈아 기딩스는 대통령이 "캔자스 시민에게 발포하기 위해 미국의 군대를 끌어들이는 일은 절대로 감히 하지 못할 것"[8]이라고 그에게 확신한다. 그러나 대통령은 감히 그런 짓을 했다. 캔자스 노예 세력의 손에 상비군이 주어졌을 뿐만 아니라, 남부 출신의 무장한 집단도 모습을 드러냈다. 특히 조지아에서 온 한 집단은 브라운의 거류지와 가까운 '백조의 늪'에 주둔했다.

존 브라운의 진행방식은 특이했다. 그는 어느 5월 아침에 직접 방법을 조사하기 위해 산보를 하듯이 그들의 주둔지로 슬그머니 들어갔다. 그는 곧바로 정부의 측량기사로 오해받았으며, 그 결과 "이곳으로 보낸 모든 주지사, 모든 사무관, 모든 판사, 모든 인디언 담당 주재관, 모든 토지 측량사, 모든 사무실의 모든 서기관을 위해 캔자스를 노예주로 만들겠다고 믿는 충직한 사람으로 잘못 알았다. 정부가 이곳으로 보낸 모든 돈은 노예제 지지 관공리들에 의해 노예제 지지 하인들에게 지불되었다."[9]

그가 데려갔던 한 아들의 말에 따르면, "우리 네 형제―오웬, 프레더릭, 재먼, 올리버―를 측쇄 운반인 2명, 도끼질하는 사람, 표를 하는 사람으로 데려가서, 이들의 주둔지로 이어진 구획선을 발견했다. 조지아에서 온 자들은 마음놓고 떠들어댔다. 그들의 지도자로 보이는 한 사람이 말했다. '우리는 체류하기 위해 이곳에 왔소. 그들과 전쟁을 하지 않을 것이오. 하지만 모든 노예제 폐지론자들은, 저쪽에 있는 괘씸한 브라운 일당 같은 자들은 따끔한 맛을 보여주거나 추방하거나 죽일 것이오. 어떻게든 그자들을 없앨 것이오. 하나님이!'"[10]

이들이 처치하기로 계획한 희생자들 대다수가 공개적으로 이야기되었으며, 입 밖에 낸 모든 말을 존 브라운은 조용히 측량사 명부에 받아 적었다. 이러한 정보는 머지않아 브라운의 거류지로 더 가까이 이동중인 남부의 주둔지에 의해 확증되었다. 비밀스런 약탈과 습격이 시작되었다.

브라운은 계획된 희생자들에게 경고했다. 어느 야간 모임에서, "접경지대 무법자들" 편에서 최초의 움직임 신호가 보이는 즉시 주모자들을 체포하여 린치를 가하기로 결정한 듯했다. 오사와토미의 여론이 이러했을 뿐만 아니라, 캔자스 주 전 지역의 비밀회의는 회유와 협상에 대한 믿음을 잃어버리고 더욱더 급진적인 조언에 귀를 기울이기 시작했다.

한편, 존 브라운에게도 로렌스에서 격려 소식이 날아왔다. 더 급진적인 이 운동을 이끌어 달라는 것이었다. 공개 회담이나 명백한 포고는 없었지만, 다음 번에 '백조의 늪'에서 공격적인 움직임을 보인다면 그것은 보복을 의미하며, 존 브라운이 공격을 취해야 한다는 뜻으로 이해되었다.

그러나 자유주 지도자들은 기꺼이 과격한 이 노예제 증오자가 맨 앞에 서서 그들의 대의를 옹호하도록 해주면서도, 그들 자신은 여전히 수동적인 저항정책을 굳게 지키는 것이 현명하다고 생각했다. 이러한 생각은 그들에게 큰 대가를 요구했다. 5월 21일 노예제 지지 병력이 로렌스를 덮쳐 불태우고 약탈했으며, 한편 로렌스의 시민들은 벌벌 떨며 서서 자신들의 도시를 방어하러 나서지 않았다.

존 브라운은 도움을 주기에는 너무 늦은 시기까지 이런 사정에 대해 아무것도 알지 못했다. 그런데도 그는 급히 그곳으로 가서, 연기를 피워 올리는 잿더미 옆에 앉아 분노한 얼굴로 바라보았다. 그는 "아무런 저항이 없었음을, 로렌스를 방어하지 않았음을 분개"했으며, "위원회 회원들과 선도적인 자유주 지도자들을 겁쟁이로, 또는 더 심하게 비난했다." 브라운에게는 사람이 가만히 누워서 무법자들의 발길에 차이는 것은 죄악에 다름 아니었다. "조심하시오, 조심하시오!"라고 경고하는 한 신중한 노신사에게 소리쳤다. "난 그런 주의하라는 말을 듣는 데 신물이 난 사람입니다. 그것은 비겁한 말에 지나지 않소."[11]

그러나 그때 할 수 있는 건 아무것도 없어 보였다. 그가 막 야영지를 철수하려는데 한 소년이 다급하게 말을 타고 올라왔다. 그 소년은 더치 헨리 마을의 교차점에 있던 무법자들이 브라운 정착지에 있는 무방비 상태의 아녀자들에게, 자유주 지지파 가족들은 토요일이나 일요일까지 떠나야 하며, 안 그러면 추방시키겠다고 경고했다고 말했다. 그 아녀자들은 급하게 아이들과 귀중품을 모아 달구지를 이용해서 더 멀리 떨어진 한 친척의 집으로 달아났다. 그 독일인 정착지에 있던 집 두 채와 상점 하나가 불태워졌다.

존 브라운은 자리에서 일어섰다.

"내가 그놈들에게 본때를 보여줄 것이다."

그는 험상궂게 말했다.

"이 야만인들에게 우리에게도 권리가 있다는 것을 보여주기 위해 뭔가 조처를 취해야겠군!"[12]

그는 네 아들인 제이슨과 프레더릭, 오웬, 올리버와 사위 헨리 톰슨, 그리고 집이 잿더미로 변한 그 독일인을 불렀다. 마차와 말이 있는 한 이웃이 이들을 태워주겠노라고 제안했다. 여러 자루의 단검을 정성 들여 갈았다. 옆에서 지켜보던 사람들은 불안감을 떨치지 못했다. 그들은 존 브라운이 캔자스의 자유를 위해 공격을 시작하리라는 것은 알았지만, 그러한 공격이 어떤 것일지는 정확히 이해하지 못했다. 망설임과 속삭임이 이어졌으며, 적어도 한 사람은 용기를 내어 가볍게 충고했지만, 브라운은 얼굴을 일그러뜨리며 그의 말을 뿌리쳤다. 마차가 움직여 길을 떠나자 뒤에 남은 사람들이 환호를 질렀다.

이들이 '백조의 늪'을 향해 출발한 것은 금요일 오후 2시 정각이었다. 그 근처에 이르자 그들은 조용하고 비밀스럽게 상황을 파악하고 "접경지대 무법자들"이 어떤 목적을 갖고 있는지를 파악하며 토요일을 보냈다. 정확한 사실들을 모두 다 말한 적은 결코 없지만, 계획된 희생자들이 회의를 열었고, 존 브라운이 직접 그 회의를 주관한 것은 분명해보인다.

아마도 그때 극악무도한 짓을 계획한 주동자 7명을 반드시 살해하기로 결정하고, 존 브라운은 그 일이 이루어지는지를 확인하는 임무를 맡는 사람으로 지명되었을 것이다.

구제할 길 없는 그 7명은 비슷한 자들 중에서도 최악의 인물들이었다. 한 사람은 알코올 판매업자로, 그의 싸구려 술집에서 미국의 재판이 열렸다. 키가 6피트 4인치에 이르는 거구인 그의 형은 도둑이며 깡패로, 그가 심심풀이로 하는 일은 자유주 아녀자들을 겁탈하는 것이었다. 세번째 인물은 우체국장이었다. 그자는 이 범죄와 직접 연루되었다는 혐의를 가까스로 벗었지만, 약탈품을 나누어 가졌다. 그 다음은 유언장 검인 판사였다. 그자는 그럴듯한 온갖 이유를 대며 자유주 사람들을 유린했다. 끝으로 3명의 가련한 술주정꾼 끄나풀은 전에 집요한 추적자들을 데리고 캔자스로 온 도망 노예를 뒤쫓은 추격자들로, 언제든 무슨 악행이든 저지를 자들이었다.

이들은 캔자스의 노예제 지지파 지도자들이 아니라, 자유주 주민들을 죽을 때까지 물고늘어질 개 떼였다. 이들 주동자들은 미국의 총검무장병과 미주리 민병대의 확고한 지원을 받았지만, 그들의 끄나풀들은 자신들의 안전을 위해 자신들이 살고 있는 바로 그 소재지들을 공포의 도가니로 몰아넣는 방법에 의존했다. 존 브라운은 말했다. 치고자 하는 장소는 바로 이곳이라고. 브라운 일행은 그들을 죽이겠다고 정식으로 선고한 뒤 일을 서둘렀다.

그 술집은 샛강 옆에 있었으며, 캔자스 주 동북부의 레번워스에서 이어진 큰 도로가 이곳을 가로질러 스콧 요새로 향해 있었다. 걸어서 한 시간 거리의 주변에는 다른 술집들이 여럿 있었다. 모든 경우에 처치방식은 비슷했다. 밤중에 조용히 접근해서 신속하고 날카롭게 단도를 꽂아 쓰러뜨리는 식이었다. 그자들은 소스라치게 놀라 침대에서 벌떡 일어났다. 그곳에서는 한밤중의 약탈이 심심찮게 일어났기 때문이다. 그들은 문을 열어주기를 주저했지만, 문을 열라는 요구는 엄연했고 문은 허술했다. 잠시 후 어두운 방은 어슴푸레한 형상들로 가득 찼으며, 사내는 재빨리 옷을 입었고, 여자는 훌쩍거리며 귀를 기울였지만, 발자국 소리는 사라지고 사방이 고요했다. 세 집이 이와 같은 방문을 받았다. 그 중 두 집에서는 아무도 찾을 수 없었지만, 5명이 체포자들과 함께 어둠 속으로 나가서 다시는 돌아가지 못했다. 그들은 신속하게 숲으로 끌려가서 포위당했다. 존 브라운이 한 손을 치켜들면 그 신호에 따라 희생자들은 날이 넓은 단도로 난도질을 당해 죽었다.

이 일은 캔자스를 지나치게 자극했다. 겁 많은 자들은 경솔하게 이 행위를 부인하려 들었다. 자유주 지지파는 침묵했으며, 노예제 지지파는 분기탱천했다. 포타와토미의 말없는 공모자들조차도 "개인적으로 그리고 집단적으로, 비슷한 비극의 재발을 막고, 가해자들을 찾아내어 범죄 처벌 당국에 넘겨주겠다"고 스스로 맹세했다. 하지만 그들은 존 브라운이 있는 곳을 찾아내기 위해 아무런 조처도 취하지 않았으며, 그가 말한 대로, 그들의 비겁은 그들을 보호하지 못했다. 4년 동안 4

번이나 복수자들의 분노가 '백조의 늪'에서 타올랐으며, 불꽃과 피로 그 땅을 휩쓸었고, 캔자스에서 꺼져가던 전쟁의 마지막 붉은 숨결이 이 어두운 골짜기들에서 빨갛게 달아올랐다.

오늘날까지도 존 브라운의 일격 효과에 대해 의견이 분분하다. 어떤 사람들은 그것이 캔자스를 자유케 했다고 말하며, 다른 사람들은 이 땅을 내란으로 끌어들였다고 말한다. 진실은 양쪽 모두의 말 속에 있다. 그 사건은 캔자스를 내란으로 몰아넣었고, 헛되이 정치적 절충을 통해 얻고자 했던 자유를 위해 싸울 수밖에 없도록 만들어 캔자스를 자유케 했다. 처음에는 이렇게 여기기가 어려웠다. 존 브라운이 데려가지 않았던 아들들조차도 그 소식을 듣고 움찔했다. 한 아들은 말한다.

"5월 26일 월요일 오후에 한 남자가 '자유의 언덕'에 있던 우리에게 왔다. ……그가 타고온 말은 땀투성이가 되어 거칠게 콧김을 내뿜었다. 그가 말했다. '포타와토미에서 다섯 사람이 살해되었소. 끔찍할 정도로 난도질을 당해 토막토막 잘려서. 늙은 존 브라운이 그랬다는 소문입니다.' 이 이야기를 듣고 나는 그것이 사실이 아닐까 걱정스러웠다. 내 평생 가장 끔찍한 충격이었지만, 형 존은 다른 견해를 취했다. 다음날 미들 크리크의 동편으로 나갔을 때, 아버지에게 여쭤보았다. '이번 살해 사건과 어떤 연관이 있습니까?' 아버지가 대꾸하셨다. '내가 저지른 일은 아니지만, 옆에 서서 지켜보았다.' 나는 듣고 싶지 않은 무슨 소리를 들을지도 모른다는 두려움에 더 이상 질문을 하지 않았다. 프레더릭이 말했다. '그 일이 옳다고는 생각할 수 없습니다.' 하지만 다른 누군가가 그건 자기 방어와 다른 사람들의 방어 수단으로 정당하다고 인정할 수 있다고 말했다. 내가 반대하는 말을 해서 아버지의 마음에 큰 상처를 준 것 같았다. 하지만 아버지는 이 말만 하셨다. '하나님이 나의 판관이시니라……. 이러한 사정에서 우리는 의롭다 하심을 얻었다.'"[13]

존 브라운은 이 일에 대해 대체로 이런 식으로 말했다. 여러 해가 흐른 뒤 한 친구가 이렇게 말하기는 한다.

"이윽고 내가 말했다. '캡틴 브라운, 한 가지 물어보고 싶은 게 있습니다. 답을 해주셔도 되고, 내키지 않으면 안 해주셔도 제 마음이 상하지는 않을 것입니다.' 브라운은 보측(步測: 걸음짐작)을 멈추고, 단호한 얼굴로 나를 바라보며 말했다. '그게 뭔가?' 내가 물었다. '캡틴 브라운, 당신이 포타와토미에서 그 다섯 남자를 죽였습니까, 죽이지 않았습니까?' 그가 대답했다. '죽이지 않았네. 하지만 그들이 내 명령에 의해 죽지 않았노라고 말하려는 것은 아니네. 그렇게 함으로써 하나님의 뜻을 옮겼던 거라고 믿네.' 내 아내가 끼여들었다. '그렇다면 대장님, 하나님이 사람을 죽일 그분의 도구로 당신을 사용하셨다고 생각하세요?' 브라운이 대답했다. '그분이 사람을 죽일 도구로 나를 사용하셨다고 생각합니다. 내가 살아 있다면, 그분은 더 많은 사람을 죽일 도구로 나를 사용하실 것입니다!'"[14]

이 사건이 알려지자마자 존 브라운은 추격을 당하는 무법자가 되었다. 살인 현장에 데려가지 않았던 그의 두 아들이 자유주 운동과 특별한 관계를 맺어왔다는 이유로, 리콤프턴의 '추정 반역죄'에 근거하여 체포되었다. 아버지의 행위와 아버지를 체포한 자들의 잔인성에 대한 공포로 말미암아 그의 장남은 일시적으로 광기를 보였으며, 다른 아들의 목숨은 한 조각의 종이로 가까스로 구할 수 있었다. 그 종이에는 이렇게 적혀 있었다.

"너희들이 내 두 아들, 존과 제이슨을 포로로 억류하고 있음을 안다 —존 브라운."[15]

노인은 결코 흔들리지 않았다. 그는 집으로 편지를 적어보냈다.

"제이슨은 제 발로 정부군의 보호를 찾아갔다. 그러나 그 과정에서 그 가짜놈들에게 포로로 잡혀갔고, 아직도 붙들려 있는 모양이다. 존은 여러 날 숨으려고 했다. 하지만 그 아이는 자신을 지켜주어야 했던 사람들의 배은망덕한 행위를 보고 불안과 지나친 피로와 계속된 수면 부족으로 말미암아 온전한 정신을 놓아버렸다. 그 상황에서 포기했거나, 듣자 하니 오사와토미에서 배반당해 그 가짜놈들의 손에 넘겨진 모양이다. 우리는 이 사건에 대해 모든 진실을 알고 있지는 않다. 소문에 따르면, 존은 그후로 줄곧 족쇄가 채워진 채 가짜놈들의 법정에서 심문을 받도록 끌려간 모양이다. 심문 결과에 대해서는 우리도 아직 모른다. 존과 제이슨, 적의 손에 들어간 무수한 다른 포로들이 참으로 걱정이다. 하나님에게나 그들의 안부를 물어볼밖에."[16)]

숲으로 퇴각한 존 브라운은 추종자들을 조직하기 시작했다. 1856년 여름 추종자 35명이 다음과 같은 서약을 했다.

"여기에 이름을 적은 우리들은 이로써 저마다의 목숨이 붙어 있는 한 존 브라운의 지휘 아래 자유주 운동에 헌신할 것을 맹세하며 저마다 명예를 걸고 지휘관에게, 그리고 서로에게 서약하노니, 지금까지와 마찬가지로 이 순간 이후로도 우리는 (우리와 연관 있는 사람들이나, 경우에 따라 우리와 같은 부류에 속할 동료들의 모든 의결 사항에 의해 우리에게 주어질 자격이나 지위에 따라) 캔자스 자유주 시민들의 권리와 자유를 보호하기 위한 정규 지원군으로 우리의 임무를 충실하고도 성실하게 수행할 것이다. 나아가 우리는 다음의 사항에도 동의하는 바이다. 우리들 각자는 이 조직의 세칙을 준수할 것이며, 그러한 세칙을 처음이자 마지막 임무인 것처럼 규칙적이고 세심하게 시행할 것이다. 간단히 말해, 우리는 우리의 임무 기간이 만료될 때까지 언제나 엄격하고 철저한 군대 질서를 지키고 유지할 것이다."[17)]

간부 선출, 심사위원의 심리, 사로잡은 재산의 처분 등에 관한 10여 가지의 세칙들이 덧붙여졌다. 그리고 나서 다음의 조항들이 이어진다.

"14항: 무례하고, 야비하고, 상스럽고, 저속한 모든 잡담이나 대화를 하지 않는다.

15항: 대원들이나 시민들의 재산을 쓸데없이 낭비하는 행위나, 아무리 사소하더라도 모든 절도 행위는 풍기문란죄 선고를 받는다. 시민들이나 포로들을 무례하거나 몰인정하게 다루는 모든 행위도 마찬가지이다.

20항: 처음으로 항복하여 포로가 된 사람은 먼저 공평한 심리를 거치지 않고 죽음을 당하거나 신체상의 처벌을 받는 일이 없어야 한다.

21항: 보통 때 정신을 취하게 하는 술을 음료로 거류지에 들여오거나 사용하는 행위는 풍기문란죄 선고를 받는다."

이러한 규율의 이상은 단순히 문서로 기록된 것만이 아니었다. 당국이 감히 찾지 못한 이 거류지를 우연히 발견한 〈뉴욕 트리뷴〉의 기자는 이렇게 적었다.

"이곳에서 내 눈 앞에 펼쳐진 장면을 오래 잊지 못할 것 같다. 샛강 끝자락에 10마리쯤의 말을 매어놓았는데, 전부가 목숨을 건지기 위해 또는 남부 침입자들을 뒤쫓기 위해 언제든 나설 수 있도록 안장을 걸쳤다. 중앙에 우뚝 솟아 그늘을 드리운 몇 그루의 나무가 있는 공터에는 커다란 모닥불이 활활 타오르고, 그 위에 주전자가 하나 놓였다. 모자를 쓰지 않은, 햇빛에 탄 믿음직한 얼굴의 한 여자가 덤불에서 검은 딸기를 줍고 있었다. 서너 명의 무장한 남자들이 풀밭 위에 펼쳐진 붉은 색과 푸른 색의 담요 위에 누웠고, 2명의 잘생긴 젊은이가 근처에서 무기에 몸을 기대고 보초를 섰다. 그 중 한 젊은이는 늙은 브라운의 막내아들이었으며, 다른 젊은이는 용감한 헝가리인 '찰리'였는데, 그는 나중에 오사와토미에서 죽음을 당했다.

늙은 브라운 자신은 옷소매를 걷어올린 채, 한 손에 큼지막한 돼지고기 한 조각을 들고 불가에 섰는데, 자세히 보니 돼지고기를 요리하는 중이었다. 그의 옷차림은 초라했으며, 발가락이 신발 밖으로 튀어나와 있었다. 이 노인은 진심으로 나를 받아들였으며, 몇 명의 대원들이 내 주위로 모여들었다. 하지만 그것은 잠시 동안일 뿐이었다. 대장이 대원들에게 하던 일을 계속하라고 명령했기 때문이다. 그는 정중하면서도 단호하게 포타와토미 사건에 대한 이야기를 금지시켰다. 그리고는 내가 그들의 행위나 의도와 관련하여 대원들에게서 어떤 정보를 듣기를 원한다면, 대장으로서 자신이 전하기에 적절한 내용은 무엇이든 대원들을 대신하여 대답해 주겠노라고 말했다.

이 거류지에서는 상스러운 말이나 태도는 허용되지 않았다. 전쟁 포로를 제외하고, 품행이 나쁜 사람은 이곳에 머물 수 없었다. 그는 아침과 저녁마다 기도를 드렸다. 그 기도를 통해 모든 대원들이 결속했다. 그리하여 식전 기도를 드리기 전에는 어떠한 대원도 음식을 맛보지 않았다. 식사를 마치면, 음식을 주신 자비로운 분에게 감사를 돌렸다.

나는 이 노인이 혼자만의 기도를 통해 자신의 하나님과 씨름하기 위해 지독한 고독을 찾아 홀로 물러나 있곤 한다는 소리를 여러 번 들었다. 그의 대원들 가운데 한 사람이 나중에 내게 알려준 바에 따르면, 그는 이렇게 홀로 물러나 있다가 돌아오면, 주님께서 계시를 통해 그에게 어떻게 해야 할지를 일러주셨노라고 말하곤 했다고 한다. 그 스스로 전쟁을 좋아하지 않으며 평화를 사랑한다고. 주님의 뜻에 순종해서 행동하고, 그분의 자녀들을 위한 하나님의 투쟁을 대신해서 싸울 뿐이라고.

노인이 내게 다음과 같은 말을 한 것은 이때였다.

'의리를 잃는 사람이 되느니, 차라리 내 거류지에서 천연두와 황열과 콜레라에 한꺼번에 걸리는 편이 낫소. 약한 자를 괴롭히는 깡패들이 최고의 투사라고 생각하거나, 그런 자들이 그 남부 사람들에게 대항하기에 적합한 사람들이라고 생각한다면, 그건 실수요, 기자 양반. 내게 도의를 지닌 사람들을 보내주시오. 하나님을 두려워하는 사람들을. 자기 자신을 존중하는 사람들을. 그런 사람이 10명 정도만 있으면, 뷰포드 무법자들 따위는 100명이라도 상대할 수 있을 것이오.'

나는 한 시간 가량 그 거류지에 머물렀다. 그런 사람들로 이루어진 집단은 일찍이 만나본 적이 없었다. 그들은 진지한 사람들이 아니라, 진지함의 화신이었다."[18]

한 대원은 말한다.

"우리는 6월 1일 일요일 아침까지 이곳에 머물렀으며, 이 며칠 동안 나는 내 늙은 친구의 숭고한 인격을 완전하게 이해했다. 그는 언제나 우리들 각자에게 최고의 애정 어린 보살핌을 보여주었다. 또한 정성 들여 요리를 하기도 했다. 우리는 하루에 두 끼를 먹었다. 프라이팬에 구운 밀가루 빵으로 끼니를 때웠다. 여기에다 1파인트들이 그릇에 샛강의 물을 떠와 약간의 생강 뿌리와 한 숟가락의 당밀을 넣어 꿀꺽꿀꺽 마셨다. 그런데도 우리는 항상 활기가 넘쳤다.

우리는 우리 자신을 한 가족으로 여겼다. 그 선한 운동에 뒤따르는 이 모든 궁핍을 견디는 것이 우리의 임무라는 의식으로 서로에게 결합된 가족. 어떠한 위험도 서로 나누기로 결심한 가족. 승리든 죽음이든 우리를 함께 찾아올 가족. 우리는 부드러운 말과 지혜로운 조언으로, 깊고깊은 오타와 샛강에서 자유 사회 건설의 초석을 놓는 일에 한 줌의 젊은이들을 준비시키는 그 남자에 대한 사랑과 애정에 의해 한 형제로 한 몸이 되었다. 그의 말은 언제나 내 가슴속에 확고하게 새겨져 있다.

그가 이 거류지에서 한가한 때 내린 지시는 많고도 다양했다. 그는 우리의 양심과 분별력이 법과 제도를 비난할 때, 그것들을 당연하게 존재하는 것으로 받아들이고 싶은 유혹에 결코 빠지지 말아야 한다는 생각을 우리에게 말했다. 그는 아무리 많은 사람들이 우리의 원칙과 견해에 반대하더라도 신경 쓰지 말라고 권고했다. 아무리 많은 다수라도 때로는 조직된 폭도에 지나지 않으며, 그들의 울부짖음은 결코 검은 것을 흰 것으로 바꾸거나 밤을 낮으로 바꿀 수 없었다. 도덕 원칙에 기초를 두고 권리를 의식한 소수는 공화 정부 아래에서 조만간 다수가 될 것이었다.

노예제도의 저주와 죄악에 관해, 그는 캔자스에서 행해진 유린 행위들은 노예제도를 19세기 문명의 길에 장애물로 여기고 폐지해야 할 필요성을 느낄 만큼, 미국과 세계 모든 지성인들의 관심을 끌어들였다고 단언했다. 지금은 노예제 지지파와 그들을 돕는 자들과 그들의 교사자들이 우세한 입장에 있고, 자유주 운동조직은 몸을 숨기고 있는 한 줌밖에 안 되는 사람들로 줄어든 것이 사실이지만, 그럼에도 불구하고 우리는 용기를 갖고 그 시작이 우리를 박살내어 죽음으로 몰아넣는다 하더라도, 기회가 오기만 하면 행동에 나서야 한다고. 우리는 지혜로우신 하나님의 보호 아래 있었다. 우리의 미약한 수고를 이용하실지도 모를 하나님의 보호 아래.

이따금 캡틴 브라운은 우리에게 싸움중의 행동에 대한, 공격과 후퇴에 대한 방침을 알려주기도 했다. 시간이 날 때마다 그는 우리에게 접경지대 무법자들, 파괴를 통해 즐거움을 얻는 그 무법자들의 전례를 절대 따르지 말 것을 간청했다. 적이 그토록 자주 저지르는 방화를 저지르지 말 것을, 절대로 집이나 울타리를 불태우지 말 것을 경고했다. 그는 우리에게 반드시 필요할 때를 제외하고는 인간의 목숨을 취하지 말 것을 거듭 경고했다. 적에게서 취한 약탈품은 공동의 재산이 되어야 하며, 싸움을 지속하기 위해 써야 했다. 말은 새로운 대원을 모집하러 갈 때, 축우와 식량은 가난한 자유주 사람들을 위해 쓰는 식으로."[19]

노예제 지지파들의 최초의 보복 행위를 이미 감지하고 있는 인근 지역은 이 대원들이 보기에 지금 도움을 찾고 있으며, 브라운은 항상 준비를 갖추고 있었다. 그러나 그의 대원들은 오로지 힘찬 방어의 토대를 구축할 수밖에 없었으며, 개척자들은 한동안 이들과 합류하기를 망설였다. 급기야 브라운은 철수하도록 위협했다.

"당신은 왜 우리를 뒤쫓아 카펜터를 보내셨소? 나는 뭔가를 이룰 희망도 없이 대원들을 희생시킬 뜻이 없습니다."[20]

그는 주저하는 한 밀사에게 따지듯이 물으며, 대원들에게 고개를 돌리고 말했다.

"자유주 지지파의 비겁과 무관심으로 말미암아 우리가 캔자스를 떠날 수밖에 없다면, 어떻게 할 것인가 대원들? 우리가 남부로, 이를테면 루이지애나로 출발해서 흑인 반란을 일으키고, 그로 말미암아 그들이 캔자스에 대한 지배력을 포기할 수밖에 없도록 만든다면, 그래서 이곳에 있는 우리의 친구들을 안심시킨다면, 어떻게 할 것인가?"

프레더릭 브라운이 벌떡 일어나 말했다.

"저는 준비가 되어 있습니다."[21]

조지아 비정규병들이 저지른 여러 번의 사소한 유린 행위는 이제 대담성에서나 빈도에서도 심상찮은 조짐을 보여 결국에는 서둘러 한 중대가 꾸려졌으므로, 브라운의 대원들은 한 인근 마을을 방어하러 나설 수밖에 없었다.

"우리가 그대들과 함께할 것이오."

브라운은 이렇게 소리치고 나서, 집에 있는 식구들에게 전해진 이야기를 들려주었다.

"오사와토미와 그 근방에서 벌어진 비겁하고 비열한 행위는 그들을 구하지 못했다. 그 무법자들이 그들에게 몰려와서 무수한 사람을 포로로 만들고, 그들의 건물들에 불을 질렀으며, 그들을 약탈했단다. 그후 그 가짜놈들의 선발대가 '브라운의 근거지'로 가서, 존의 집과 제이슨의 집을 불태우고 그 안에 있는 모든 것을 잿더미로 만들어버렸다는구나. 그러한 방화로 우리 모두 어느 정도 고통을 당했다. 왓슨과 그의 아들은 포로로 잡혀 있지만, 머지않아 우리가 그들을 자유케 해주리라. 이들은 잘 있다. 심각한 해를 당하지는 않은 듯하다. 오웬과 나는 이곳으로 오자마자 처음으로 파괴된 현장을 보았단다. 모든 것이 황폐하고 버려진 듯하다. 풀과 잡초가 빠르게 자라 이곳이 얼마 전에 조용한 가족들의 주거지였다는 흔적을 덮어버렸다. 앞에서 말한 선발대는 그 수가 40명쯤 되는데, 그 집들을 불태운 후 계획대로 출발해서 나의 소규모 대원들의 흔적을 좇아, 불경스럽게 우리의 머리 가죽을 취할 거라고 떠들어댔지. 그러나 그들은 우리가 숨은 곳을 지나쳐서, 숲 속의 우리 거류지 너머로 4~5마일 떨어진 한 작은 읍을 약탈했다. 빠뜨린 얘기가 있다. 일부 살인자들은 로렌스가 약탈당했을 때 감금되었다.

이 일당이 우리를 뒤쫓고 있다는 사실을 알자마자 우리의 소규모 부대는, 지금 다 합쳐 10명으로 늘어났는데, 18명의 대원을 거느린 쇼 대장의 부대와 함께 그들을 뒤따라 출발했다(6월 1일에). 우리는 모두 말을 타고 갔다. 그날 그들을 만나지는 못했지만 5명의 포로를 붙잡았으며, 그 가운데 4명은 그들의 정찰대였고 중무장을 하고 있었단다. 우리는 밤새 수색작업을 벌였지만 그들에 관한 것은 아무것도 발견할 수가 없었다. 그러다가 다음날 아침 6시가 다 되어서, 프레더릭과 쇼 대장의 대원들 중 한 명을 남겨 말 떼를 지키도록 하고, 걸어서 당장에 그들을 공격할 준비를 했다. 쇼 대장보다 내 나이가 훨씬 많았기 때문에, 싸움의 지휘권은 내가 맡았다.

우리는 정찰대의 눈에 띄지 않게 그들이 주둔하는 곳의 1마일 이내까지 들어갈 수 있었다. 그런 다음 활발한 걸음으로 이동했다. 쇼 대장과 대원들이 우리의 왼쪽에, 내 대원들이 오른쪽에 정렬했다. 60여 미터 안까지 적지에 다가갔을 때, 쇼 대장의 대원들이 위험하게 노출된 위치에서 실수로 걸음을 멈췄고, 그의 대원들과 샤프 총으로 무장한 적들이 사격을 계속했다. 내 대원들에게는 연발 장총이 없었다. 우리는 (나의 대원들은) 총알 한 발 쏘지 않고 제방의 후미를 손에 넣었다.

적의 오른편으로 80~100미터쯤 떨어진 곳이었다. 우리는 그곳에서 사격을 시작했고, 머지않아 그들은 좁은 골짜기에 숨을 수밖에 없었다. 한 대원이 부상을 당하고 탄약이 바닥난 뒤, 쇼 대장은 일부 대원을 이끌고 매우 낙담하여 내가 있는 곳의 오른쪽으로 왔다. 부상당한 대원을 비롯해 그의 나머지 대원들은 싸우던 곳을 떠났다. 쇼 대장의 대원들 가운데 5명이 대담하게 내려와서 내 대원들에게 합류했으며, 부상자 한 명을 제외하고는 모두가 싸움이 끝날 때까지 도왔다.

그의 모든 대원들이 다 떠나고 8명밖에 남지 않자, 증원군을 요청하기 위해 가야 한다는 그의 요구를 승낙할 수밖에 없었다. 8명 중 4명에게 안전한 위치에 머물며, 그곳에서 적의 말과 노새를 공격하도록 설득했다. 그건 싸움의 양상에 도움이 되었다. 두세 시간 동안 사격이 이어진 후 23명의 대원을 거느리고, 심한 부상자가 2명 발생한 페이트 대장이 9명의 대원—나를 포함하여 쇼 대장의 대원 4명과 나의 대원 4명—에게 그들이 가진 무기를 주었다. 나의 대원 한 명(헨리 톰슨)은 심한 부상을 입고도 한 시간 동안 사격을 더 계속한 후, 싸움터를 떠날 수밖에 없었다. 다른 3명(하지만 나의 가족은 아니었다)은 도망을 쳤다. 재먼은 사고로 끔찍한 부상을 당했다. 싸움이 끝난 직후였다. 하지만 재먼과 헨리는 빠르게 회복되는 중이다.

싸움이 끝나고 하루이틀 지나서, 미군의 섬너 대령이 갑자기 우리를 덮쳤다. 한편으로는 우리의 거류지를 요새화하고 우리의 포로들을 감시하는 바람에(그건, 존과 제이슨을 비롯해 여러 명의 자유주 지지파와 교환하기로 쌍방간에 합의한 일이었는데) 우리는 교환하지도 못한 채 우리의 포로를 풀어주고, 그들의 말과 무기를 포기할 수밖에 없었다. 그들은 2~3마일을 못 가서 자유주 사람들을 약탈하고 다치게 했다. 당국과 당국의 앞잡이들이 즐기는 잔인하고 부당한 방침과 잘 어울리는 짓이 아니겠니. 섬너 대령은 또한 우리에게 해산하도록 강요했다. 한 줌밖에 안 되는 우리는 따를 수밖에 없었다.

그후로 그 옛날의 다윗처럼, 우리의 거주지에는 암벽의 악마들과 황야의 들짐승들이 들끓어, 우리는 적에게서 달아나 숨어야 했다. 그러나 낙담하지는 않는다. 비록 먹을 것과 입을 것과 돈은 거의 없지만, 하나님은 적의 뜻에 우리를 내주지 않으셨으며, 도리어 그들을 우리의 손에 갖다주셨으니, 믿건데 여전히 우리를 지켜주고 구원해주실 것이다. 우리는 확신한다. 사람이 보는 것처럼 보지 않으시는 그분은 순결한 피의 죄를 우리 책임으로 돌리지 않으심을."[22]

큰 싸움에서 크게 성공하여 얻은 용기가 모든 자유주 지지파에게 저항 정신을 퍼뜨려주는 것이 존 브라운의 희망이었다. 당시 활동의 중심지였던 로렌스는 여전히 노예제 지지 약탈자들이 차지한 일련의 요새들로 포위되어 있었다. 이 도시의 정동쪽에 위치한 프랭클린에 하나가 있고, 정남쪽에 위치하여 '손더스 요새'로 알려진 또 다른 요새가 있었다. 로렌스와 노예제 지지파의 중심지인 리콤프턴 사이에 세번째 요새가 있었는데, '디도 요새'로 알려졌다.

미군이 토페카에서 열릴 예정이던 자유주 의회를 해산시킬 거라는 소문이 나돌자, 존 브라운은 이곳에서 저항운동이 시작되어 이 지역을 휩쓸 거라는 희망을 품고 서둘러 그쪽으로 갔다. 자유주 지도자들 가운데 한 사람이 로렌스에서 그를 만나 그와 함께 토페카로 갔다. 브라운과 그는 간선도로를 따라

빅 스프링스까지 갔다.

"그곳에서 우리는 도로를 버리고, 1마일을 남서쪽으로 갔다. 그러다가 한 언덕에서 길을 멈추고, 말에서 안장을 벗긴 다음 말뚝에 말을 매어 풀을 뜯게 했다. 풀은 이슬에 젖어 있었다. 브라운의 대원들은 가져온 식량을 먹었으며, 나는 대장에게서 약간의 식량을 받았다. 말린 쇠고기와(그다지 나쁘지 않았다), 돌로 찧은 옥수수를 공 모양으로 만들어 모닥불에 구운 빵이었다. 캡틴 브라운은 내가 매우 신중하게 한 입 베어무는 것을 보고 이렇게 말했다.

'군인의 형편없는 음식을 먹기가 쉽지는 않을 텐데요.'

우리는 식사를 끝내고 각자의 안장을 한 곳에 놓아두었다. 그래서 우리의 머리는 겨우 몇 발자국 떨어져 있었다. 브라운이 자신의 담요를 젖은 풀밭에 펼쳤다. 우리는 그 위에 함께 누워서, 내 담요를 같이 덮었다. 11시가 막 넘은 시각이었다. 새벽 2시까지 그렇게 누워 있었지만, 둘 다 잠을 자지 않았다. 그는 나처럼 자고 싶은 마음이 별로 없는 듯했다. 우리는 이야기를 나누었다. 아니 그가 이야기를 했다고 하는 편이 옳을 것이다. 나는 거의 말을 하지 않았기 때문이다.

나는 그가 철저한 천문학자라는 것을 알았다. 그는 여러 개의 별자리를 가리키며 그러한 별자리의 움직임을 이야기했다. '이제, 자정이오.' 그가 손가락으로 하늘에 커다란 시계 모양을 만들며 말했다. 평원에 부는 바람의 속삭임은 그에게 많은 이야기를 전해주는 듯싶었다. 하나님의 창공에서 빛나는 별들은 그에게 영감을 주는 모양이었다. '하늘의 조화는 기가 막힙니다. 참으로 장대하고 아름다워요! 모든 것이 하나님의 영토 안에서 장엄한 조화를 이루어 운행됩니다. 우리 같은 가련한 인간은 그렇지가 않아요. 다른 별들보다 더 찬란한 별은 조금 엉뚱한 방식으로 끊임없이 우주에 빛을 뿜어냅니다.'

그는 캔사스의 양쪽 진영을 모두 비난했다. 노예제 지지자들에 대해서는 노예제가 모든 것을 취하게 만들며, 인간을 더욱 야만적이고 야비하게 만든다고 말했다. 자유주 지지파도 그의 날카로운 비난을 피해가지 못했다. 우리에게는 고매하고 진실한 사람들이 많지만, 더 오래된 주들의 수많은 나약한 정치인들은 행동하기보다 의결안이나 통과시키고, 실제로 행동에 옮기는 모든 사람을 비난한다고 말했다. 그가 계속하기를, 직업 정치인은 결코 믿을 수 없다고 했다. 그런 정치인은 신념을 갖고 있더라도, 언제든 자신의 이익을 위해 원칙을 희생할 준비가 되어 있기 때문이라고.

그날 밤 그와의 대화 중 가장 흥미로운 한 가지는, 그를 이론가로 자리매김해준 한 가지는, 사회적·정치적 삶의 형태에 대한 논의였다. 그는 사회가 덜 이기적으로 조직화되어야 한다고 생각했다. 물질적인 이익은 이기주의를 신성시함으로써 어느 정도 얻을 수 있지만, 사람은 그로 말미암아 많은 것을 잃기 때문이었다. 기독교와 마찬가지로 모든 위대한 개혁은 광범위하고, 관대하고, 자기를 희생하는 원칙들에 기초를 두고 있다고 말했다. 땅을 가재(家財)로 판매하는 행위를 비난했으며, 사회가 올바른 모습을 갖추려면 먼저 수많은 잘못을 고쳐야 하겠지만, 이 나라에서는 노예제도가 '모든 악행의 총합'이며, 무엇보다 먼저 해야 할 일은 노예제도의 폐지라고 생각했다. 미국 사람들이 용기를 내어 노예제도를 신속히 끝장내지 않는다면, 인간의 자유와 사회의 자유는 머지않아 이러한 미국에서 허울뿐인 이름이 될 것이었다."

이튿날 이른 아침 이들은 길을 재촉하여 이윽고 도심지가 바라보이는 곳에 이르렀다. 브라운은 들어가지 않고 심부름꾼을 미리 보냈다. 이 이야기를 들려주는 사람의 이야기는 계속된다.

"그는 헤어지면서 내 손을 꽉 쥐고, 우리는 주의회가 노예제 폐지를 방해하는 모든 사람을 만나 항변하고, 필요하다면 미국 군대하고도 싸우게 만들어야 한다고 역설했다. 전날 밤 내게 유럽의 많은 요새들을 방문한 이야기를 들려주며, 현대의 전쟁은 그러한 요새들을 없앴으며, 중무장한 용감한 군인 한 명이 최고의 요새에 버금간다는 입장을 취했다. 그는 당시 사용중인 모든 무기를 비난했다. 내게 뛰어난 연발 소총을 하나 보여주며 800야드까지 총알이 나갈 거라고 말했다. 하지만 그는 덧붙였다.

'싸우는 방법은 근접한 거리까지 압박해 들어가는 것입니다.'"[23]

토페카행은 헛수고로 돌아갔다. 주의회는 섬너 대령의 명령에 따라 조용히 해산했으며, 존 브라운은 효과적인 저항을 불러일으킬 수 있는 유일한 희망이 레인의 이주민 '군대'에 있다고 보고, 사위의 동생과 함께 캔자스의 북부 접경 지역으로 다가갔다. 그래서 부상당한 사위를 데리고 대원들을 떠나, 홀로 150마일에 이르는 위험하고 지루한 적지를 뚫고 나아갔다. 힌튼은 말을 타고 한 정착지로 들어가는 그를 보았다.

"'당신의 정착지에 윌리엄 톰슨이라는 사람이 있소? 당신은 매사추세츠 출신인가 보군요, 젊은이. 톰슨 씨는 버펄로에서 당신에게 합류했을 거요.' 나이 지긋한 남자, 지쳐 보이고 말라 빠진 회색 말을 탄 남자가 내게 이런 말을 했다. 7월 말경의 어느 날이었으며, 하루 중 가장 더운 시간이었다. 나는 멍하니 마차 한 대와 말 한 필을 지켜보고 있던 참이었다. 마차는 평원을 가로질러, '샘' 워커와 당시 '위플 대령'으로 알려진 아론 스티븐스(Aaron D. Stevens)의 지휘 아래 자유주 지지자들이 내놓은 이주의 길을 따라, 북쪽으로 느리게 애써 나아갔다.

존 브라운에 대해서는 자세하게 들은 적이 있었다. 그래서 그 질문을 들으면서, 나는 고개를 들고 호기심 어린 표정으로 뚫어지게 응시하는 반짝이는 두 눈과 마주쳤다. 웬일인지 나는 직감적으로 이 사람이 존 브라운이라는 것을 알았으며, 톰슨이 우리 대원들과 함께 있다고 대답했다. 거칠고 억세 보이는 길쭉한 얼굴을 바라보았다. 훤칠하고 근골이 건장한 체격, (그가 말에서 내린 후에 보니) 내 짐작으로는 6피트가 조금 안 되는 키에 떡 벌어진 어깨, 가는 옆구리, 강건하고 두툼한 가슴. 굳센 힘이 넘치는 체격이었으나, 특별히 근육질의 박력 있는 인상을 주는 체격은 아니었다. 태도와 풍모가 남긴 인상은 신중, 인내, 그리고 은근한 정신적 힘을 느끼게 했다. 호기심 어린 음색은 부드럽고 아름다웠으며, 매력적이었고, 근엄했다. 세월에 씻긴 얼굴에는 짧고 빳빳한 회색 턱수염이 나 있었다. 근래에 기른 것이 분명해 보였다…….

내가 처음 만난 존 브라운의 복장과 겉모습은 이러했다. 무장을 하지 않은 초라한 입성, 거친 마직 바지를 길고 무거운 쇠가죽 부츠에 집어넣었고, 부츠 뒤꿈치에 무거운 박차가 달렸으며, 면직 셔츠는 목부분을 풀어놓았고, 길고 찢어진 마직 먼지막이 덧옷을 걸쳤으며, 한 손에는 찢어진 밀짚모자를 든 채 톰슨이 우리에게 다가오기를 기다리던 모습이었다. 10여 분이 지나서 말에 올라탄 그의 모습이 북쪽 지평선 너머로 사라졌다."[24]

북쪽으로 나아가면서 브라운은 아이오와의 타보에서 부상당한 수행원을 위한 피신처를 찾아냈다. 그는 돌아가면서 네브래스카 시티에서 레인 부대의 본대에 합류했다. 이곳에서 다시 의견이 갈라졌다. 레인과 브라운 같은 급진적인 지도자들은 배척당했으며, 미군이 무장한 본대의 입성을 막기 위해 아이오와의 접경지대에 버티고 있었다. 그래서 레인은 이주자들과 함께 입성할 수 없다는 결정이 났으며, 자유주 지도자인 새뮤얼 워커가 그에게 이러한 결과에 관한 서신을 한 통

전달했다. 워커는 이렇게 전한다.

"그는 그 서신을 읽은 뒤 한참 동안 고개를 숙이고 앉아서 두 볼에 눈물을 흘렸다. 이윽고 그가 고개를 들고 말했다. '워커, 자네가 캔자스 사람들이 나를 원치 않는다고 말한다면, 좋아, 내 머리를 쏘고 말겠네. 난 결코 돌아가서 그 사람들의 얼굴을 쳐다보며, 이러한 캔자스 친구들을 위험 속으로 몰아넣는 즉시 그들을 버려야 했다고 말할 수는 없을 걸세. 난 그렇게 할 수가 없어. 내가 뭐라고 내 자신을 변호하든, 어느 누구도 그 말을 믿지 않을 걸세. 바로 여기에서 내 머리를 쏘아 끝장내고 말겠네.' 내가 말했다. '대장, 캔자스 사람들은 네브래스카 시티의 모든 파당을 선택하느니 차라리 자네를 선택할 걸세. 내게는 15명의 훌륭한 청년들이 있네. 자네가 내 밑으로 들어온다면, 자네를 데려가겠네.'"[25]

그래서 워커와 레인, 존 브라운은 30명의 대원들을 이끌고 캔자스로 몰래 스며들어 다시 한 번 내전의 불꽃을 피워올렸다.

1858년 초에 조직된 브라운의 옛 부대가 말을 타고 전방에 섰으며, 레인은 둘러싼 요새들에서 로렌스를 구해내기 위한 체계적인 노력을 기울였다. 8월 12일 밤에 프랭클린을 목표로 한 최초의 공격 계획을 세웠으며, 상원의원을 지낸 적이 있는 미주리의 아치슨이 분연히 보고한 대로, "300명의 노예제 폐지론자들이 이와 같은 브라운의 지휘 아래 프랭클린의 도심지를 공격하여 약탈하고, 강탈하고, 불태우고, 도심의 모든 무기를 탈취했으며, 우체국을 파괴하고, 우리의 용감무쌍한 미주리 주민들이 멕시코에서 탈취한 그 오래된 대포 '세크라멘토'를 가져갔으며, 이제는 우리 친구들을 물어뜯기 위해 그 주둥이를 들이대고 있다."[26] 이틀 뒤 그 소규모 부대는 남쪽의 샌더스 요새로 방향을 틀었다.

레인은 존 브라운의 기병대와 함께 그의 오른쪽 날개에서 요새 앞에 자신의 병력을 배치했다. 공격 명령이 떨어졌으며, 요새 수비대는 입에 대보지 못한 식사와 많은 물품을 남겨두고 숲으로 달아났다. 8월 16일, 리콤프턴 도로상의 디도 요새는 대포의 공세를 받았으며, 이윽고 건초 더미에 의해 불에 탔다. 조지아 출신의 디도 대령이 붙잡혔으며, 존 브라운과 다른 지도자들은 그를 교수형에 처하기를 원했다. 그는 접경지대 무법자 지휘관들 가운데 가장 잔인한 자였기 때문이다. 그러나 샘 워커가 그의 목숨을 구해주었다.

이 짧은 전쟁에 사납게 노한 노예제 지지파는 휴전을 청했다. 워커는 "다음날 섀넌 주지사와 세드위크 시장이 포로 교환 문제를 협상하기 위해 로렌스로 온" 경위를 설명해준다. "그들은 약 30명의 우리 대원들을 억류하고 있었으며, 우리는 40여 명의 적을 억류하고 있었다. '맞교환'하기로 합의가 이루어졌다. 우리는 디도를 비롯하여 모든 포로를 넘겨주고, 그들은 모든 우리 대원들과 그들이 로렌스를 장악했을 때 탈취한 대포를 넘겨주기로 했다. 나는 이 마지막 조건을 매우 강경하게 주장했다. 그 대포를 빼앗긴다면 6개월은 지나야 다시 손에 넣을 것이 분명했기 때문이다. 나는 우리 포로들을 세드위크의 거류지로 호위해 데려갔으며, 대포를 받아왔고, 적이 그곳에 억류하고 있던 포로들을 교환하는 기쁨을 맛보았다."[27]

유격전의 회오리는 이제 '백조의 늪'의 어두운 골짜기들로 다시 휘몰아쳤다. 5월의 살인자들이 6월 초에 최초의 역공격을 시도하여, 블랙 잭 전투에서 극에 달했다. 이러한 견제는 노예제 지지파를 잠시 진압했으며, 그들은 로렌스 근방의 요새들에 병력을 배치하기 시작했다. 8월 5일 자유주 지지파들은 존 브라운이 네브래스카에 없는 동안 한 차례의 보복 공격을 감행했다. 그러나 미주리 신문들은 그가 그곳에 있었다고 주장했다. 이와 비슷한 사소한 접전이 여러 차례 뒤따랐으며, 이제 자유주의 병력이 전적으로 우세했기 때문에 미주리의 노예제 지지파는 최후의 궤멸적인 공격을 계획했다. 여러 성명서가 이 주를 휩쓸었으며, "한 치의 양보도 없다"가 표어가 되었다. 미주리 사람들은 민첩하게 응수했으며, 다수가 두 날개로 나뉘어 주 경계선을 넘었다. 더 적은 수가 오사와토미를 공격했으며, 미주리의 한 신문은 이렇게 적었다.

"오사와토미 공격은 1,150명으로 이루어진 한 부대의 일부 부대원에 의해 이루어졌는데, 그들 가운데 아치슨이 소장이었다. 250명의 부대원과 1문의 대포를 이끈 레이드 대령이 오사와토미를 공격하러 갔다. 그는 그곳 근처에 이르러 악명 높은 존 브라운이 지휘하는 200명의 노예제 폐지론자들에게 공격을 당했는데, 존 브라운은 400야드 떨어진 빽빽한 수풀에서 레이드에게 사격을 시작했다. 레이드 대령은 돌격에 성공하여, 31명을 죽이고 7명의 포로를 붙잡았다. 살해된 자들 가운데 프레더릭 브라운이 있었다. 악명 높은 존 브라운도 마레데 신느('백조의 늪')를 건너려다 화이트라는 한 노예제 지지자에 의해 살해되었다. 노예제 지지파는 5명이 부상을 입었다. 같은 날 헤이스 지휘관이 40명의 부대원을 이끌고 악명 높은 오타와 존스의 집을 공격하여 불태웠으며, 2명의 노예제 폐지론자를 살해했다. 존스는 옥수수밭으로 도망쳤다가 헤이스가 쏜 총탄을 맞고 죽은 것으로 믿어진다."[28]

하지만 존 브라운은 죽지 않았으며, 그후로 '오사와토미' 브라운으로 알려졌다. 그는 9월 7일 집으로 이렇게 편지를 적어보냈다.

"잠시 짬이 나서 너희들에게 편지를 쓴다. 나는 아직 살아있다고, 제이슨과 식구들은 어제 무사했다고. 존과 식구들은, 내가 듣기로 무사하다(존은 아직도 포로로 잡혀 있다). 8월 30일 아침 무법자들이 오사와토미를 한 차례 공격했다. 그 수가 족히 400명은 되었다. 그들의 정찰병들에 의해 우리가 사랑하는 프레더릭이 사전 경고도 없이 총에 맞아 죽음을 당했단다. 그 아이는 그들이 자유주 지지자들이라고 여겼던 모양이다. 또 한 사람, 아대이어 씨의 사촌이 프레더릭이 죽음을 당한 것과 거의 같은 시간에 살해되었으며, 같은 시간에 또 한 사람이 심한 부상을 입었다.

이때 나는 3마일쯤 떨어져 있었다. 그곳에서 나는 상비군으로 내 밑에서 복무하도록 얼마 전에 입대시킨 14명인가 15명 정도의 대원들을 아침까지 데리고 있었다. 이들과 함께 12명인가 15명의 대원을 더 모집할 수 있었다. 45분쯤 지나서 빽빽한 덤불이 있는 숲에서 그들을 공격했다. 이만한 병력으로 우리는 15분 내지 20분 동안 그들을 당황하게 만들었다. 그 시간 동안 우리는 70명에서 80명 정도의 적을 죽이거나 부상을 입혔다. 그런 다음 그곳을 벗어났다. 도중에 한 대원이 죽었고, 2~3명이 부상을 당했으며, 또한 그와 같은 수의 대원이 실종되었다. 또 4, 5명의 자유주 지지자들이 그날 학살되었다. 제이슨은 그 싸움이 일어나는 동안 내 편에서 용감하게 싸웠으며, 나와 함께 도망쳤다. 그 아이는 다치지 않았다. 나는 포도탄인가 산탄, 아니면 소총의 총알에 맞았으며, 꽤 큰상처를 입었지만 심각한 정도는 아니다. 지금까지는 주님이 나를 도우셨다."[29]

이 격렬한 방어 소식을 듣고 캔자스의 모든 자유주 지지파들이 환성을 올렸으며, 이번만은 자유주 지지파의 지도자들도 만장일치를 보였다. 그들 가운데 가장 신중한 로빈슨은 이렇게 적었다.

"당신이 우리의 권리를 침해하고 우리 시민들을 살해한 자들과 싸운 기민하고 효과적이며 시의적절한 행위에 대해 진심으로 기뻐하며 감사를 표합니다. 역사는 당신의 이름을 자랑스레 기록해줄 것이며, 자손들은 하나님과 인류의 뜻에 따른 당신의 영웅적인 행위에 경의를 표할 것입니다."[30]

한편, 미주리 사람들은 어렵게 승리를 얻은 뒤에 서둘러 더 큰 침입자 무리로 돌아갔으며, 그러한 소식을 듣고 당황한 레인이 그들을 견제하는 행동을 하자 그들은 물러나기 시작했다. 그러나 우드슨 주지사가 '지방 민병대'를 모집하여 그들을 격려했으며, 그들에게 합법적인 발판을 마련해주었다. 9월 15일 3,000명에 육박하는 민병대가 다시 캔자스를 위협했다. 하지만 이제 전국이 분기했으며, 새로운 주지사 기어리는 무슨 수를 써서라도 화친을 이끌어내라는 명령을 받고 서둘러 진격했다.

그가 가장 먼저 비밀협상 상대로 삼은 사람은 존 브라운이었다. 브라운은 로렌스로 가서, 기어리의 약속에 만족하고 떠나려고 했다. 그때 미주리의 침입 군대가 별안간 로렌스에 나타났다. 그는 곧바로 도심지로 돌아갔다. 그곳에는 겨우 200명의 투사들이 있었다. 그는 방위대를 지휘해 달라는 요청을 받았으나 이를 거절하고, 평소의 독립적인 태도로 행동하기를 원했다. 15일인 월요일 5시쯤, 우체국 건너편의 큰 거리에 있던 한 곡물 상자 위로 올라가서 사람들에게 연설했다.

"여러분, 저 아래 프랭클린에는 2,500명의 미주리 사람들이 있다는 이야기가 들립니다. 그들은 2시간 후면 이곳에 도착할 거라고 합니다. 여러분 눈으로 직접 그들이 그 도시에 있는 집들에 불을 질러 피어오르는 연기를 볼 수 있을 것입니다. 지금은 여러분이 싸움을 구경할 마지막 기회입니다. 그러니 최선을 다해 싸우는 것이 좋을 듯합니다. 그들이 올라와 우리를 공격한다면, 큰 소리를 지르며 시끄럽게 굴지 마십시오. 그냥 아무 소리도 내지 말고 그 자리에 그대로 있으십시오. 그들이 20여 미터 가까이 접근할 때까지 기다리십시오. 목표물이 사정거리 안에 들어올 때까지 기다리세요. 여러분이 들고 있는 총의 후미를 보고, 사격을 해야 합니다. 총을 너무 높이 들고 발사하면, 많은 탄약과 총알과 매우 귀중한 시간을 낭비하게 됩니다. 그들의 머리가 아니라, 그들의 다리를 겨냥하는 게 좋습니다. 어떤 경우든, 여러분이 들고 있는 총의 후미를 염두에 두어야 합니다. 나 자신이 그동안 그토록 여러 번 적에게서 도망칠 수 있었던 것은 이런 이유 때문입니다. 그간 내게 겨눈 모든 총탄이 나를 맞췄더라면, 내 몸은 구멍투성이가 되었을 것입니다."[31]

절망적인 상황이었다. 자유주 지지 병력은 한 부대와 대적할 몇 사람만을 남긴 채 흩어졌다. 하지만 그 한 줌의 무리 속에 존 브라운이 있었으며, 침입자들은 그러한 사정을 알고 조심스레 전진했다. 브라운과 함께 있었던 레드패스는 이와 같이 말한다.

"그날 오후 5시쯤, 400명의 기병대로 구성된 그들의 전위 부대가 와카루사를 건너 2마일쯤 떨어져 도심지가 보이는 곳까지 접근한 다음, 잠시 멈추어서 전투 대열을 정렬시켰다. 아마도 샤프 소총 탄환의 사정거리와 너무 가까운 곳까지 들어서는 것이 두려웠기 때문이었을 듯하다. 이제 브라운의 움직임은 공격 명령이나 마찬가지였다. 그는 모든 샤프 소총병에게 도심지의 사방에서 공격하라는—모두 합쳐 40~50명이 채 안 됐으나—명령을 내리고, 반 마일 정도 평원으로 행군해 들어가게 한 다음, 적과 나란히 횡대를 이루어 세 걸음씩 떨어져서 배치시켰다. 그런 뒤 소총병들은 풀밭에 엎드려 발사 명령을 기다렸다."[32]

침입자들은 주저하며 멈춰서더니 후퇴했다. 존 브라운은 말한다.

"나는 그들이 왜 그곳을 공격하여 불태우지 않는지, 그럴듯한 이유를 알 수가 없었다. 다만 100여 명의 자유주 지지파들이 자진해서 시가지 앞의 공터로 나가 그들에게 싸움거리를 제공했으나, 그들은 우리 대원들이 산발적으로 쏜 몇 번의 총성에 그 싸움을 거부하고 프랭클린으로 후퇴했다. 나는 그 모든 일을 지켜보았다. 이 시기에 정부군은 기어리 주지사와 함께 리콤프턴에 있었다. 로렌스에서 겨우 12마일 떨어진 곳이었다. 여러 명의 보발이 적절한 접근 시기나 적의 출발에 대해 주지사에게 알려주었는데도 말이다. 적은 로렌스에 도착하기 위해 40마일이나 행군해야 했다. 그는 그 기억할 만한 상황에 적이 프랭클린으로 후퇴하여 5시간 가량 사라지고 없었을 때까지, 단 한 명의 군인도 잃지 않았다. 그의 부대는 자정 무렵에 그곳에 이르렀다. 그렇게 해서 그는 로렌스를 구한 셈이다. 가짜 주의회에게 보낸 그의 서신을 보면, 큰소리를 치고 있다!

이건 처음부터 당국과 당국의 앞잡이들이 캔자스의 자유주 개척자들을 보호한 행위나 다름없었다. 캔자스의 불쌍한 자유주 개척자들을 괴롭히고, 도덕적·제도적인 모든 법을 위반하며, 오로지 그 지역에 노예제도를 강요하기 위해, 지난 1년 동안 미국은 50만 달러 이상의 대가를 치렀다. 나는 이 온 나라가 하나님이나 인류 앞에 정반대를 증명하기를 요구하는 바이다. 캔자스의 개척자들을 노예화하고 그들을 속태우기 위해 이만한 돈을 누가 지불했는가? 이 끔찍하고 도리에 벗어나고 저주받을 사건을 처리하는 데 국회가 낭비한 이러한 추정액에 대해서는 말할 나위가 없다."[33]

그러나 철병은 일시적이었고, 로렌스는 2차 점령을 피했을 가능성이 거의 없어 보이며, 이 위급한 때 기어리가 진심으로 로렌스를 구했을 가능성도 없어 보인다. 기어리는 이렇게 보고했다.

"임박한 이 끔찍한 재난을 충분히 이해한 나는 가능한 모든 급송 공문서를 보내고 서둘러 진지로 가서, 민병대 장교들을 불러모아 미국 대통령의 이름으로 교전을 중지할 것을 요구했다. 내 선언서의 내용을 수행하라는 명령과 함께, 이 지역의 고급 부관이자 비서관을 미리 보내놓았다. 하지만 내가 도착했을 때까지 이러한 명령은 무시되었으며, 나는 그러한 명령에 복종하려는 생각들이 거의 없다는 사실을 알았을 뿐이다. 나는 지휘를 맡은 장교들에게 장황하게 설교를 늘어놓고, 계획된 양동작전의 비참한 결과와 이 지역에 평화와 평온과 번영을 다시 가져올 더 합법적이고 회유적인 조처가 절대적으로 필요하다는 사실을 밝혔다. 나는 대통령에게서 받은 나의 명령서를 읽어주었으며, 그들에게 내가 취한 모든 절차는 대통령의 명령과 일치한다는 점을 이해시키고, 나를 도와 이러한 명령을 수행할 뿐만 아니라 미국의 법과 헌법을 증명하고 집행해줄 것을 요청했다."[34]

의심할 나위 없이 기어리는, 또 한 번의 로렌스 약탈은 뷰캐넌에게 패배를 안겨주고 프레몽을 선출하게 만들 거라는 사실을 강조했다. 당시 노예제 지지파에게는 어떤 가능성이 있었을까?

이리하여 미주리 주민은 부분적으로는 기어리의 논리에, 아마도 부분적으로는 분명히 부적절하지만 효과적인 병력을 단호하게 관리하는 존 브라운의 능력에 설득당하여 후퇴했다. 그들은 화염과 잿더미의 흔적을 남기고 집으로 돌아갔다. 미주리의 최후 최대 캔자스 침입, 노예제 지지자들의 무력 정책 실패를 뒤에 남긴 채.

기어리는 이제 캔자스의 상황에 성공적으로 대처하기 시작했다. 그에게 가장 당혹스런 문제는 존 브라운과 브라운의 대원들이었다. 그는 경험을 통해 곧바로 자유주 운동의 공정성을 알아차렸으나 '가짜' 법률 아래에서도 법과 명령을 굳게 지켜야 했으며, 앞으로의 공평한 처우를 약속해야 했다. 그 즉시 자유주 지지파는 옛날처럼 분열되었다. 캔자스와 곳곳에서 노예제도에 대항해 싸우는 존 브라운 같은 소규모의 비타협적인 집단과, 캔자스를 자유주로 만드는 것이 유일한 목적이며 그 외의 모든 것에 대해서는 기꺼이 받아들이는 로빈슨 같은 훨씬 더 큰 협상과 집단으로.

그런 상황에서 최선의 조처는 존 브라운을 없애는 것이었다. 그를 체포하려다가는 다시 내란을 부추길 터였다. 면책을 약속하며 그를 구슬려 조용히 떠나게 할 수 있을까? 그래서 기어리는 브라운에게 영장을 발부했지만, 전에 이 노인에게 경고해줄 것을 요청한 바 있는 호의적인 새뮤얼 워커의 손에 영장을 쥐어주었다. 브라운은 질색을 하지는 않았다. 그때 그가 아는 한, 캔자스에서 그가 할 일은 다 했다. 캔자스는 자유주가 될 수밖에 없었다. 소수의 캔자스 사람들이 원하는 것보다 더욱더 큰 자유를 누리는 주가 될 것이었다. 그들은 자신들을 개혁운동에 불러들인 노예제도에 대해서는 악의가 없었다. 그러나 흑인을 형제로 여기기는커녕 흑인을 싫어했으며, 기꺼이 흑인의 공민권을 박탈하고 캔자스에서 흑인을 밀어내고 싶었다.

그런 사람들에게는 존 브라운에게 내줄 자리가 없었다. 더 큰 사명이 그를 불렀다. 캔자스는 막간극에 불과했다. 그는 잠시 캔자스를 주요 싸움터로 만들 수 있을 거라는 희망을 품기는 했지만 말이다. 이제 그는 상황을 더 잘 파악했으며, 다시 앨러게이니 산맥이 그를 손짓해 불렀다. 분명히 그는 캔자스에 많은 빚을 졌다. 이곳에서 첫 출전의 시련을 통과했으며, 그의 하나님에게 피의 제물을 바쳤다. 이제는 더욱더 엄격해져서, 주 예수 그리스도가 어디로 부르든 그곳으로 갈 준비가 되어 있었다. 또한 그분이 하시는 말씀을 들었다. 캔자스에서 전쟁을 치르는 조직적인 방법을 배웠을 뿐만 아니라, 검소하고 정직하며 피가 뜨거운 한 무리의 젊은이들을, 대의를 위해서라면 과감히 나설 준비가 되어 있는 영웅 숭배자들을 알게 되었다. 그리하여 과거의 모진 어려움은 사라졌으며, 갈 길은 눈앞에 분명하게 놓여 있었다. 단 한 가지만이 그에게 중압감을 주었다. 그는 늙고 병든, 지치고 온갖 고초에 찢긴 사내였다. 그가 살아서 주님의 뜻을 실천할 수 있을까?

그의 상비군은 형식적으로는 해체되었지만 정신적으로는 온전하게 남아 있었으며, 그는 1856년 9월 말경에 북쪽으로 출발했다. 4명의 아들, 마침내 풀려난 존 주니어와 제이슨과 올리버, 또한 그의 대의를 진심으로 받아들인, 그가 우연히 발견한 한 도망 노예를 이끌고. 그가 북쪽으로 움직이자, 기어리의 수완을 알지 못한 미군은 그림자처럼 따라다니며 그를 붙잡는 데 혈안이 되었다. 그러나 그는 낡은 마차와 소 떼와 숨긴 노예를 데리고, 그의 측량도구들을 자랑하며 적지 한가운데를 안전하게 통과했다. 그리하여 존 브라운은 조용히 캔자스에서 사라졌으며, 1년 동안 그가 드나들던 곳에서는 그에 관한 아무런 소식도 듣지 못했다. 가까운 친구들만이 그가 동쪽으로 갔다는 것을 알았으며, 그 가운데 몇 명이 그의 크나큰 사명을 언뜻 내비치곤 했다.

캔자스의 사정은 급박하게 돌아갔다. 자유주 지지파가 과

반수를 넘으리라는 사실이 점점 분명해졌다. 그러나 노예제 지지 당국이 그렇게 되도록 놔둘까? 새로 온 주지사는 상관들을 위해 뭔가 구해보려고 애썼지만, 레인과 존 브라운 같은 비타협적인 인물들은 의혹을 품었다.

브라운은 4월에 이렇게 적었다.

"하나님이 캔자스의 자유주 지지파들이 추악하고 기분 나쁜 용인으로 자신들을 더럽히도록 놔두지 않으셨으니, 그분께 감사드립니다……. 나는 그들이 탈취한 높고 신성한 땅에서 '다시 내려가'지는 않을까 언제나 전전긍긍했답니다. 인류의 대의를 위해 싸우는 내 친구들과 고생하는 동료들의 지혜와 굳은 결의와 인내를 보니, 주님의 이름을 영원히 칭송하리라!"[35]

자유주 지지파 대다수는 이러한 태도에도 불구하고, 1857년 10월의 주 선거 투표에 참여하도록 설득당했다. 그러나 레인이 투표함 감시자로 임명되는 특권을 얻어냈으며, 존 브라운이 아이오와로 다시 돌아왔다는 소식을 듣고, 레인은 그에게 득달같이 사람을 보냈다. 그가 보낸 사자들은 노인이 아픈 몸으로 낙담한 채 타보의 믿음직한 퀘이커교도 친구들과 함께 있다는 사실을 알아냈다. 브라운은 "훌륭한 말이 끄는, 제대로 포장을 친 마차 3대와 실로 재치 있고 근면한 (허풍을 떨지 않는) 10명의 대원들과 150달러 가량의 현금"[36]을 준다면 가겠다고 제안했다. 이러한 요구는 너무 늦어버린 시기까지 받아들여지지 않았기 때문에, 브라운은 선거가 끝날 때까지 캔자스에 나타나지 않았으며, 자유주 지지 세력은 선거에서 승리했다.

이것은 이제 그에게는 일시적인 관심사에 불과했다. 그는 캔자스에서 다른 목적이 있었으며, 도움을 약속한 선발된 사람들 사이를 조용히 오갔다. 그런 다음 다시 사라졌다. 8개월이 지나서, 별안간 또 한 차례의 캔자스 유린이 전국을 깜짝 놀라게 했다. '백조의 늪'에서 이루어진 살인 사건에 대해 복수하고자 하는 마지막 메아리였다.

1856년 최초의 브라운 거류지 아래쪽으로 수마일 떨어진 린과 버번 군에서 자유주 개척자들이 제거되었다. 1857년 이러한 개척자들은 위험을 무릅쓰고 돌아가서 스콧 요새에 중심을 둔 노예제 지지 세력을 발견했다. 이 세력은 국회가 리콤프턴헌법을 통과시키기를 기다리고 있었다. 그리하여 1857년과 1858년에 사라져가던 캔자스 유격전의 공포는 캔자스 남동쪽에 집중되었다.

노예제 지지 세력은 캔자스 주가 자신들의 손에서 슬슬 빠져나가는 것을 보았지만, 다음에는 어떠한 자유주 지지파들도 뿌리뽑지 못하도록 미주리에 노예제도를 깊이 심어주기 위해 필사적인 공격을 감행하기로 결정했다. 이를 위해서는 다시 자유주 개척자들을 몰아내야 할 필요가 있었다. 제임스 몽고메리가 이끄는 이 개척자들에게 일련의 피의 보복이 뒤따랐으며, 최초의 5월 학살이 일어난 후 2년이 지난 1858년 5월에 절정에 달했다. 뷰포드 일당의 잔존자와 함께 한 조지

아 사람이 다시 고요하고 아름다운 '백조의 늪'의 한가운데로 말을 달려 내려왔다. 그들은 들판과 농가에서 무장하지 않은 11명의 농부들을 모아 스나이더 대장간 근방의 음산한 골짜기로 데려갔다. 그곳에서 4명을 죽이고 다른 일곱 사람에게 심한 부상을 입혀 모두 죽게 내버려두었다.

이 지독한 최근의 공격 메아리는 존 브라운이 그 현장에 나타나 살인을 저지른 바로 그 대장간을 매입해서 요새화하려는 시도를 하기 전까지 사라지지 않았다. 그는 동부의 친구들에게 이렇게 적었다.

"10명 정도의 대원들을 이끌고 이곳에 와서, 해밀턴 살인 사건 또는 교역소 살인 사건으로 불리는 5월 19일의 그 끔찍한 살인을 저지른 바로 그곳 근방에 주둔하고 있습니다. 버려진 농장들과 거주지들이 수마일에 걸쳐 사방에 널렸고, 남은 주민들은 불안한 눈으로 빈틈없이 경계하며 주위를 돌아다니는 모든 사람들의 외관을 살피고 있습니다. 그 사건으로 부상을 입거나 공격당한 사람들 중 네 사람이 나와 함께 머물고 있습니다. 살인자들과 싸웠던 대장장이 스나이더, 그의 형과 아들이 그 가운데 끼어 있습니다. 그때 끔찍한 부상을 입은 늙은 헤어그로브 씨도 마찬가지입니다. 대장장이 스나이더는 나와 함께 이곳으로 돌아왔는데, 2~3일 안으로 가족을 데려올 계획이랍니다.

새로운 문제에 대한 끊임없는 두려움이 양쪽 모두에게 만연해 있는 듯하고, 양쪽 모두에게 무장한 대원들이 있습니다.

아무리 사소한 사건이라도 다시 싸움을 일으킬 것입니다. 두 번의 살인과 약탈 사건이 최근에 보고되었습니다. 내게도 미주리의 가족과 농장에서 도망쳐온 사람이 한 명 있는데, 하루가 이틀이 지나자 그가 살인자들 가운데 한 사람의 행방을 캔자스 사람들에게 알려주었고, 최근에는 이쪽으로 붙들려왔다는 이유로 그의 목숨이 위협받고 있습니다. 나는 그간 내 존재를 숨겨왔습니다. 혹시라도 흥분을 자아내지 않도록 말입니다. 그러나 소문이 흘러나가고 있고, 머지않아 모두에게 알려질 것입니다. 나는 복수할 대상을 찾거나 내 손으로 복수를 하기 위해 이곳에 있는 것이 아니므로, 내가 가장 먼저 싸움을 다시 시작하는 사람이 될 뜻이 없습니다. 언제쯤 나를 상대로 한 싸움이 벌어질지, 나도 모르겠습니다. 내가 지나치게 근심을 하는 것도 아니구요."[37]

그는 신속하게 이전의 대원들 중 15명을 예전의 규정에 따라 "슈블 모건의 동지들"로 조직하여 무장시키고, 열심히 몽고메리 대장을 찾아 그와 힘을 합쳤다. 감시는 길고도 지루했다.

"나는 밤마다 비를 피할 곳도 없이 누워 자며, 낮 동안의 폭염과 더불어 밤에는 찬비와 흠뻑 내린 이슬로 고통을 당했습니다."[38]

힌튼은 이 시기에 브라운을 만나 그의 몸이 편치 않을 뿐만 아니라, "그의 태도가 전에 관찰했던 것보다 약간 조바심을 내고 소심"해졌음을 발견했다. "내가 도착한 뒤 머지않아 그는 다시 이 지역의 다양한 대중들에 대해 이야기했다. 몽고메리 대장의 이름을 거론했으며, 나는 브라운 씨가 어떻게 그를 좋아할 수 있는지 물어보았다. 브라운 씨는 열렬하게 그를 칭찬하며, 그의 성실과 결의를 온전히 믿는다고 맹세했다. 그가 말했다.

'몽고메리 대장은 유명한 캔자스 사람들 가운데 내가 만난 유일한 군인이오. 그는 나의 전쟁방식을 정확하게 이해하고 있소. 그는 타고난 대장감이며, 어떻게 지도해야 하는지를 아는 사람이오.'

내가 냉혹한 태도로 암시한, 야심찬 '지도자들'에게 그 자신이 초기에 받았던 대접에 관한 이야기를 꺼내며 그가 말했다.

'그들은 본능대로 행동했소. 정치인들처럼. 그들은 모든 사람이 앞장서기를 원한다고 생각하여, 내가 그들의 책략에 방해가 될 거라고 여겼죠. 그들은 이런 생각을 하면서, 당연히 나를 막았소. 많은 사람들이 내가 전쟁에서 보여주는 태도를 좋아하지 않았으며, 이들 또한 나를 방해했소. 온갖 위원회와 협의회들도 나의 거동을 통제할 수 없었소. 그래서 그들은 나를 좋아하지 않았던 거요. 하지만 정치인들과 지도자들은 곧바로 내가 여러 가지 목적을 갖고 있음을 발견하고 경계심을 잃어버렸소. 그후로 그들은 모두 내게 친절해졌소.'

자유주 투쟁에 관한 대화가 더 이어졌다. 나는 노예제를 반대하는 입장에서 그 투쟁의 간부급을 비난하며, 그건 '실패(abortion)'라고 단언했다. 캡틴 브라운이 특유의 눈빛으로 나를 쳐다보았다. 마치 그 단어에 한 방 얻어맞은 것처럼. 그러더니 생각에 잠긴 태도로 말했다.

'Abortion! 그래, 바로 그 말이야!'

그리고는 말을 이었다.

'20년 동안 나는 언제든 주님의 부름에 응답하지 못하도록 방해할 일은 절대 만들지 않았소. 항상 그런 조건에 따라 내 일을 조정했소. 언제든 2주일 안에 내 일을 결말 짓고, 그 부름에 복종할 준비를 갖출 수 있도록 말이오. 어느 것도 내 임무에 방해가 되도록 하지 않았소. 내 아내나 아이들도, 세속의 소유물들도. 기회가 주어질 때면 언제든 난 준비가 되어 있었소. 이제 시간이 매우 임박했소. 기꺼이 행동으로 옮기고자 하는 사람은 누구나 준비를 해야 할 거요.'"[39]

가을 한철 존 브라운은 유격전에서 몽고메리와 협력했으며, 그의 대원들과 함께 축소형 요새들을 설계했다. 그 자신은 몽고메리의 전투에 직접 나서지 않았으며, 대개는 그러한 전투 계획에 도움을 주고 자신의 대원들을 보내주었다. 그 사이 겨울이 시작되었으며, 존 브라운은 적대적인 행위들이 멈출 것임을 알았다. 그는 다시 한 번 분통이 터질 만큼 자꾸 중단되었던, 오래 전부터 생각해온 평생의 과업에 눈을 돌렸다. 유명한 스콧 요새를 습격한 직후, 더 큰 과업을 시작할 수 있을 뿐만 아니라, 바로 캔자스의 노예제도에 일격을 가할 기회가 찾아왔다. 힌튼은 말한다.

"스콧 요새 원정에 뒤이은 일요일, 방어선을 따라 내려가며 정찰 활동을 하다가 우연히 한 흑인을 만났다. 그의 표면상의 목적은 빗자루 판매였다. 그는 곧바로 나와 친구가 되었으며, 나는 그의 이름이 짐 다니엘스임을 알았다. 그의 아내와 그 자신과 아기들은 하나의 재산에 속했으며, 머지않은 장래에 노예시장에서 팔릴 예정이었다. 그가 현재 하는 일은 특별히 빗자루 판매가 아니라, 그 자신과 가족, 가까운 이웃에 사는 몇 명의 친구들이 이러한 위협적인 상황을 벗어나도록 해줄 도움을 찾는 것이었다. 다니엘스는 잘생긴 물라토였다. 그 이야기를 듣고 나는 바로 브라운을 찾아갔으며, 다음날 밤에 우리가 줄 수 있는 도움을 주기로 금세 상황을 정리했다. 나는 브라운이 내심 뭔가 나타나주기를 기다리고 있었다고 확신한다. 또는 하나님이 그에게 활동의 근거를 마련해주시기를 기대하거나 바랐던 거라고. 바로 그것이 다가오자, 그는 그것을 하늘이 주신 것이라며 기쁘게 맞이했다."[40]

존 브라운은 〈뉴욕 트리뷴〉에서 그 이야기를 직접 들려주었다.

"1년쯤 전에 해밀턴이 지휘하는 한 무장 병력이 11명의 조용한 이웃 시민들—윌리엄 로버슨, 윌리엄 콜페처, 아모스 홀, 오스틴 홀, 존 캠벨, 아사 스나이더, 토머스 스틸웰, 윌리엄 헤어그로브, 아사 헤어그로브, 패트릭 로스, B. L. 리드—을 그들의 일터와 가정에서 끌어내어, 자신들을 방어할 말을 할 기회도 주지 않고 횡대로 세웠다. 그들 모두에게 단 한 방을 겨냥했다. 이로 말미암아 5명이 죽고 5명이 부상을 입었다. 한 명은 해를 입지 않고 쓰러져, 죽은 체했다. 모두 남겨져 죽음을 당했다. 그들에게 씌워진 유일한 죄목은 자유주 지지파였다는 것이다. 이제 나는 묻는다. 그동안, 지난 5월에 벌어진 사건 이후로 미국 대통령이나 미주리의 주지사, 캔자스의 주지사, 또는 그들의 앞잡이들 가운데 누구라도, 노예제 지지자들 중에 누구라도, 이번 범죄의 가해자들을 샅샅이 찾아내어 처벌하기 위해 무슨 행동을 취한 적이 있느냐고.

비슷한 사건이 하나 더 있다. 12월 19일 일요일, 짐이라는 한 흑인이 미주리에서 오사지 개척지로 찾아가, 자신은 아내와 두 아이들과 다른 한 흑인과 함께 하루이틀 지나면 팔릴 것이라고 설명하며, 도망칠 수 있도록 도와 달라고 간청했다. 월요일(다음날) 밤, 미주리로 가서 다른 2명의 노예와 더불어 그 5명의 노예를 강제로 해방시키기 위한 소규모의 두 부대가 꾸려졌다. 이 가운데 한 부대는 내가 지휘했다.

우리는 그곳으로 나아가서 건물들을 포위하고, 노예들을 해방시키고, 자산에 속하는 것으로 여겨지는 특정 재산도 빼앗았다. 그러나 떠나기 전에 우리가 빼앗은 재산의 일부가, 대규모 농장에서 소작농으로 살아가며, 그 재산에는 아무런 관심이 없는 한 남자의 것이라는 사실을 알았다. 우리는 그 자리에서 우리가 빼앗아온 모든 것을 그에게 돌려주었다. 그런 다음 다른 농장으로 갔다. 그곳에서 또 다른 5명의 노예를 발견했으며, 꽤 많은 재산을 빼앗고 2명의 백인을 붙잡았다. 우리 모두는 꽤 먼 거리를 천천히 빠져나가 캔자스로 들어가서 그 두 백인을 돌려보내면서, 마음이 바뀌는 대로 바로 우리를 뒤따라오라고 일렀다. 다른 부대는 한 명의 여자 노예를 해방시켰으며, 꽤 많은 재산을 빼앗았고, 내가 들은 바로는 여자 노예를 해방시키지 못하도록 싸운 한 백인(주인)을 죽였다.

이제 비교를 해보자. 11명에게 양도할 수 없는 타고난 권리를 되돌려주었다. 단지 한 남자가 죽은 대가로. 그리고 '아래의 음부(陰部)가 소동(騷動)하였다.' 미주리의 주지사가 '끔찍한 유린'이라고 이름 붙은 최근 사건을 크게 염려하여 캔자스의 주지사에게 모두 다 인도해줄 것을 요청했다고 현재 보고되었다. 캔자스의 연방 보안관은 약 10마일 가량 떨어진 작은 읍인 미주리의 웨스트포인트에서 미주리(캔자스가 아닌) 보안대를 모은다는 소문이다. '법을 강화하기 위해.' 모든 노예제 지지자들, 보수주의자들, 자유주 지지자들, 줏대 없는 사람들과 당국의 끄나풀들은 지독한 공포에 떨고 있다."[41]

그 노예들 가운데 하나인 새뮤얼 하퍼는 나중에 법률을 무시하고 1,000마일을 퇴각한 이 놀라운 경위에 대해 말했다.

"대단히 느린 이동길이었다. 우리 중에는 여러 색깔의 무리가 있었으며, 우리 주인들에게는 우리를 일일이 훑어보는 사람들이 있었다. 우리는 밤새 말을 달려, 붙잡히지 않도록 한 집에 여러 날을 머물러야 했다. 한 달이 지나서야 겨우 토페카 근방의 어떤 곳에 이르렀다. 우리가 출발한 곳에서 약 40마일 떨어진 곳이었다. 도일리라는 한 남자의 집에 우리 12명이 머물렀으며, 거기에다 대장과 그의 대원들까지 있었다. 그때 한 무리의 노예 사냥꾼들이 따라왔다. 캡틴 브라운의 대원 가운데 한 명인 스티븐스가 노예 사냥꾼들에게 내려가서 말했다.

'여러분, 찾는 사람이 있소? 뭘 찾고 계신 모양이군요.'

지도자가 말한다.

'아무렴, 그렇소! 저 위쪽, 저기 저 집에 우리 노예들 가운데 일부가 있는 것 같소.'

'그래요? 하여간 나와 함께 당장 가봅시다. 그들을 샅샅이 살펴보시오.'

우리는 이 모든 대화 장면을 지켜보고 있었으며, 스티븐스가 그 남자와 함께 집으로 올라오는 것을 보고 어떻게 할 생각인지 알 수가 없었다. 우리는 스티븐스가 우리를 그 노예 사냥꾼들에게 내주지는 않을까 겁을 먹기 시작했다. 하지만 스티븐스가 집으로 올라오자 사태의 양상이 바뀌었다. 그는 2연발총을 움켜쥘 수 있을 동안만 문을 열고 있었다. 그는 노예 사냥꾼에게 총을 가리키며 말했다.

'당신 노예들을 보고 싶은 거요? 그럼, 그들의 몸통만 보고도 찾을 수 있는지 알아보시오.'

그 남자는 당장에 굴복했다. 들고 있던 총을 떨어뜨리고, 다리를 달달 떨며 눈물을 쏟기 시작했다. 스티븐스가 남자를 집안으로 데려가 가두었다. 남자가 체포되는 것을 본 나머지 사냥꾼들은 최대한 신속하게 줄달음을 쳤다.

캡틴 브라운이 포로를 보러 갔다. 내가 그에게 말했다.

'노예를 뒤쫓는다는 것이 무엇인지를 당신에게 보여주겠습니다. 대장.'

그 말에 포로는 잔뜩 겁을 먹었다. 포로는 노인이었으며, 대장이 하는 말을 듣고 죽음을 면치 못할 거라고 생각했던 모양이다. 울면서 풀어 달라고 애원하기 시작했다. 대장은 희미하게 웃음을 지어보기만 하더니 포로에게 몇 마디를 더 했고, 포로는 다음날 풀려났다.

며칠이 지난 뒤, 미국 연방 보안관이 또 다른 패거리를 이끌고 우리를 붙잡기 위해 올라왔다. 75명 가량 되는 그들이 집을 에워쌌다. 우리는 붙잡혀갈 것이 분명해 두려움에 떨었다. 그러나 대장은 이렇게 말할 뿐이었다.

'준비들을 하시게, 친구들. 그들을 모두 혼내주세나.'

우리는 다 합쳐서 겨우 14명이었지만 대장은 그들에게 공포의 대상이었으며, 그가 집 밖으로 나가서 그들에게 다가가자 그들 75명 모두가 달아나기 시작했다. 캡틴 브라운과 카기와 다른 몇 명이 그들을 추격하여 5명의 포로를 붙잡았다. 그들 가운데 의사이자 변호사가 한 명 있었다. 그들은 모두 좋은 말을 가지고 있었다. 대장은 그들에게 말에서 내리라고 했다. 그런 다음 우리 노예 5명에게 말에 올라타라고 말했으며, 우리는 말을 타고 백인들은 걸어야 했다. 초봄이었으며, 도로의 진흙이 그들의 발목 위로 튀어올랐다. 걷기에는 지독히도 거칠고 힘든 길이었다. 다음날 대장은 그들 모두를 보내주었다.

우리의 주인님들은 우리가 경계선을 넘어갈 때까지 정찰대를 보냈다. 우리가 아이오와의 스프링데일에 도착했을 때, 한 남자가 캡틴 브라운을 보러 와서 캔자스의 한 마을에 그를 만나고 싶어하는 많은 친구들이 있다고 말했다. 대장은 내려가고 싶지 않다고 말했지만, 사내가 돌아서서 길을 떠나자마자 사내의 뒤를 따라갔다. 대장은 돌아와서 수많은 패거리가 우리를 붙잡기 위해 올라오고 있다고 말했다. 우리는 모두 교사(校舍)로 올라가서 싸울 준비를 했다.

패거리가 와서 며칠 동안 교사 주위를 어슬렁거렸지만, 우리를 체포하려 하지는 않았다. 캔자스의 주지사는 스프링데일에 있는 미국 연방 보안관에게 전보를 보냈다.

'존 브라운을 사로잡으라. 죽여서든 생포하든.'

연방 보안관이 대답을 보냈다.

'제가 존 브라운을 사로잡으려고 하면 누군가가 죽을 것이며, 죽을 사람은 저일 것입니다.'

이윽고 그 캔자스 사람들이 집으로 돌아갔으며, 나중에 그때와 똑같은 연방 보안관이 우리를 짐 마차에 태워 시카고로 보냈다. 우리가 캐나다에 도착하기까지는 석 달이 넘게 걸렸다……. 

캡틴 브라운은 어떤 사람이었을까? 그는 몸집이 대단히 큰 남자였다. 6피트가 넘는 키에 떡 벌어진 어깨, 눈처럼 흰 긴 머리칼. 매우 조용한, 지독히도 조용한 사람이었다. 소리내어 웃는 법도 없었다. 우리는 자유로워진 후 당연히 지나칠 만큼 용감해졌으며, 온갖 종류의 어리석음을 뿌리뽑곤 했다. 하지만 대장은 언제든 무덤처럼 진지해보일 수 있었다. 이따금은 아주 희미한 웃음을 지으며 말하곤 했다.

'장난은 그만하고 책을 집어드는 게 좋겠소.'"[42]

1859년 3월 12일, 출발한 후 거의 석 달이 지나서 존 브라운은 도망 노예들을 안전하게 캐나다에 착륙시켰다. 노인은 두 손을 들어올리고 말했다.

"주님, 당신의 종이 평화로이 죽게 해주소서. 제 눈으로 당신의 구원을 보았나이다! 여호와의 팔이 우리를 보호했나이다."[43]

—3부—
# 3일간의 자유

# —1—
# 원대한 계획

> 나의 기뻐하는 금식은 흉악의 결박을 풀어주며
> 멍에의 줄을 끌러주며 압제당하는 자를 자유케 하며
> 모든 멍에를 꺾는 것이 아니겠느냐?

"주님의 천사가 내 곁에 주둔할 것이오."

비겁자들이 그의 운명을 예견하자 존 브라운은 엄한 눈길로 말했다.[1] 자신의 신성한 사명에 대해 미신적일 만큼 확고한 믿음을 가진 노인은, 1856년 가을 다치지 않고 캔자스를 빠져나갔다. 앞 장에서 이야기한 미주리 노예 습격 사건이 일어나기 2년 반 전의 일이었다.

그의 머릿속에는 미국의 근본을 흔들 만큼 노예제도를 공격할 원숙한 계획이 세워져 있었다. 그 계획은 오래 전부터 구상되어, 1828년 그가 허드슨에 흑인 학교를 세우자고 제안했을 때부터 모양새가 변하기 시작했으며, 1859년 하퍼스 페리로 결정되었다. 처음에는 북부의 흑인들을 교육시켜 다수의 노예들에게 영향을 미치도록 하자는 생각이었다. 그러다가 한 발짝 앞으로 나아가면서, 접경 지역에 있는 한 주에 정착하여 공개적으로 또는 비밀리에 노예들을 교육해서 밀사로 내보내기로 결심했다. 점차 중대 과업과 '지하철도'의 광범위한 지류를 알게 되면서, 남부의 이르기 어려운 지역에 있는 노예들을 도망시킬 중앙역들에 관한 생각을 품었으며, 이러한 계획에 따라 남부의 지리를 공부하기 시작했다. 그는 강과 늪과 산을 표시하고, 특히 앨러게이니의 힘찬 고지들을 표시했다. 앨러게이니는 그의 펜실베이니아 고향 집에서 버지니아와 캐롤라이나, 조지아의 늪지대로 휩쓸려 내려갔다. 캔자스에서의 경험을 통해 잠시 아칸소 강과 레드 강의 늪을 따라 루이지애나로 갈 남서쪽 통로를 떠올렸으나, 이것은 잠깐 동안의 생각에 지나지 않았다. 그는 이내 앨러게이니의 거대한 지맥을 회상했다.

토머스 웬트워스 히긴슨은 "나는 결코 잊지 못할 것"이라고 적었다. "그가 한번은 내게 조용히 말한 적이 있었다. '하나님께서 언젠가 도망 노예들에게 피신처가 될 수 있도록 앨러게이니 산맥을 세상에 정해놓으셨소.' 나는 그때 그의 고향 집이 애디론댁에 있다는 사실을 알지 못했다."[2]

점차 생각하고 행동에 옮기면서 그의 원대한 계획은 그에게 선명하고 분명하게 모습을 드러냈으며, 1858년 마침내 본격적인 단계에 돌입했다. 카기가 힌튼에게 말했듯이.

"버지니아의 산들을 피신 장소로, 유격전을 수행하는 데 감탄할 만큼 적합한 지역으로 거론했다. 대화 과정에서, 하퍼스페리를 습격하되 점유하지는 않을 거점으로 지명했다. 병기고라는 이유 때문이었다. 백인 대원들은 각 유격대의 대장으로 활동하기로 했다. 이러한 유격대는 존 브라운이 지휘하고, 캐나다로 갈 도망 노예들과 이들에게 합류할 버지니아 노예들로 구성하기로 했다. 최근에 치른 것과 같은 전쟁을 그해 다른 시기에 재개하는 문제도 이야기했다.

노예 주인들은 그 최초의 운동을 기껏해야 노예들의 충동적인 집단 행동이나 지역적인 봉기로밖에 여기지 않을 터였다. 남부지방의 대농장주들은 자신들의 재산인 노예들을 추격했다가 실패할 것이다. 그러면 민병대가 소집될 것이며, 이 또한 실패할 것이다. 이 운동이 매우 중요한 것으로 보여서는 안 되며, 점점 규모가 커져서 조직의 규모와 이 조직이 얻는 힘에 의해 노예주들의 심장부에 공포를 불어넣는 식이어야 했다. 그들은 앞으로 합류할 자유 흑인과 캐나다 흑인들의 도움으로, 노예들에게 자신감을 불어넣어 다시 집결하도록 유도할 수 있을 것으로 예상했다. 대규모의 노예를 끌어들여, 그들을 캐나다로 이주시키겠다는 의도는 표현되지 않았다.

반면, 카기는 내 질문에 답하면서 분명히 말했다. 버지니아의 여러 산에서 싸움을 일으켜 노스캐롤라이나와 테니스로 싸움을 확대하고, 가능하다면 사우스캐롤라이나의 늪지대까지도 확대한다는 계획이었다고. 그들의 목적은 한 명이나 1,000명의 노예를 외국으로 인도하는 것이 아니라, 이들이 태어나 현재 노예 신세로 붙잡혀 있는 주에서 해방시키는 것이었다. '남부의 산과 늪은 전능하신 하나님께서 어떤 목적을 위해 만들어놓으셨'다고 존 브라운이 나중에 내게 말했다. '노예의 피난처로, 그리고 압제자에 대항할 방어 시설로.' 카기는 사우스캐롤라이나와 조지아, 앨라배마와 미시시피까지 이어지는 일련의 주들을 표시한 문제를 꺼냈다. 그는 앞에서 이야기한 지역을 광범위하게 돌아다닌 적이 있었다. 그 자신의 개인적인 지식과 그러한 주에서 도망친 캐나다 흑인들의 도움을 받아, 그들은 광범위한 공격 계획을 세웠다.

그가 이야기한 주들은 가장 많은 노예가 있는 주들이며, 그렇기 때문에 최고의 공격 대상이 될 것이었다. 하퍼스 페리의 공격은 봄에, 대농장주들이 바쁘고 노예들이 가장 필요한 시기인 봄에 이루어질 예정이었다. 이 병기고의 무기들을 앨러게이니 산으로 가져가고, 합류한 노예들도 산으로 데려가기로 했다. 사방에서 전신선을 자르고 철로를 끊어놓아야 했다. 원래의 부대만이 아니라 다른 부대들을 가능하면 빠르게 구성해야 하며, 앨러게이니 산에 끊임없이 일련의 주둔지를 만들어야 했다. 압제자들의 농장에서 식량을 빼앗아 연명하기로 했다. 신속하고도 지속적으로 지원군이 증원될 거라고 예상했다.

먼저, 캐나다에서 기도하는 마음으로 구출 시기를 기다리는 사람들이 도착할 것이고, 그러고 나면 노예 자신들이 지원군으로 나설 것이라고 생각했다. 자유주로 빠져나가는 출구를 가능하면 오랫동안 점유하는 것이 목적이었다. 어쩔 수 없을 때는 퇴각할 수 있도록. 그러나 카기는 북쪽이 아니라 남쪽으로 퇴각할 생각이었다. 노예들을 창과 큰 낫과 머스켓 총과 산탄총과 다른 간단한 방어 도구들로 무장시켜야 했다. 백인이든 흑인이든 간부들과 숙련되고 믿을 만한 사람들이 샤프 소총과 연발 권총을 사용하기로 했다. 그들은 말과 탄약을 이용한 약탈품으로 생계에 필요한 식량을 마련하리라 기대했다.

카기는 자신이 이러한 계획에 참여할 마음이 생긴 한 가지 이유는, 머지않은 장래에 자유를 위한 강압적인 노력들이 노예들 사이에서 일어날 것이며, 다른 어떤 수단보다도 그러한 노력들에 의해 더 신속하게 노예제도가 폐지될 것이라고 온전히 확신하기 때문이라고 말했다. 그는 남부를 눈으로 직접 관찰했으므로, 남부가 노예의 반란을 두려워하는 것만큼 노예제도가 취약하지는 않다고 생각했다. 머지않아 그러한 공격이 이루어질 것으로 믿은 그는, 그 공격을 더 효과적으로 만들고, 흑인들을 지도하고 관리하여 남부 노예들 같은 대규모 노예들의 뜻하지 않은 봉기로 말미암아 어쩔 수 없이 발생할 잔학한 행위들을 방지하기 위해 공격을 조직화하기를 원했다."[3]

그 지역에 대한 지식은 개인적인 시찰을 통해 얻었다. 카기와 브라운의 다른 부관들은 출장중이었다. 노인 자신은 서부와 북부, 남부 버지니아를 오갔다. 그의 흑인 친구들은 특히 이러한 장소와 경로를 잘 알았다. 브라운의 대원들 가운데 한 사람은 이렇게 적었다.

"(몸집이 매우 작은) 흑인이었던 레널스 씨를 만나려는 나의 목적은, 흑인들 사이에 존재한다고 알았던 한 군대조직과 관련이 있었다. 그는 내게 사실이 그러하며, 이 조직의 분파들이 대부분의 또는 거의 모든 노예주에 걸쳐 있다고 확신했다. 그 자신이 여러 노예주를 방문해서 그러한 조직을 만들었던 것 같다. 그는 내게 남부의 서류들에 적힌 여러 조회 내용을 이야기하며, 살해되거나 죽은 채로 발견된 이런저런 총애하는 노예들을 입에 올렸다. 그는 이들을 소중히 여겨야 한다고 역설했다. 또한 이들은 브라운이나, 자신들의 힘을 행동에 옮길 때 앞장설 다른 누군가를 기다릴 뿐이라고 단언했다. 흑인들 외에 어느 누구도 이 조직의 회원이 될 수 없었다. 어떤 면에서는 자신의 소신을 확실하게 하기 위해, 그는 나를 그들이 회합을 갖고 그들의 병기고로 사용하는 방으로 데리고 갔다. 내게 수집해놓은 성능 좋은 무기를 보여주었다. '채텀 집회'에서 서로에게 한 비밀을 반드시 지킨다는 약속 아래 이러한 무기를 내게 주었다.

클리블랜드로 돌아가는 길에 내게 그 조직을 소개시켜주었다. 먼저 밀란에서 흑인인 피어스(J.J. Pierce)를 소개시켰는데, 그는 이글 호텔에서 밤을 지낸 내 비용을 대고, 내게 얼마간의 돈을 주었으며, 노르워크의 무어(E. Moore)에게 전할 서신을 주었다. 무어도 나의 호텔 비용을 댔으며, 클리블랜드로

갈 기차표를 사주기도 했다."⁴⁾

 이러한 연맹을 설명하면서, 힌튼은 또한 다음과 같이 들려준다.

 "누구나 당연히 이해할 수 있듯이, 당시의 상황을 보면 도망 노예들을 돕고 주인들에게 저항할 수 있는 어떤 조직이 있었다. 이 조직은 뉴욕 주의 시러큐스에서 미시간의 디트로이트에 이르는 접경지대 곳곳에서 발견되었다. 이러한 '자유 연맹'에 직접 참여하여 활동할 수 있는 회원은 흑인뿐이었기 때문에, 이 조직의 활동 내용을 밝혀내거나 그 지파들이 어디까지 뻗어나갔는지를 알기란 매우 어렵다. 노예의 삶에서 가장 흥미로운 국면은, 백인들이 알 수 있는 한 그들 사이의 교신이 얼마나 광범위하고 신속했는가 하는 것이었다.

 지리적으로 4개의 노선을 주로 따랐던 것으로 보인다. 하나는 포토맥의 남부 연안 노선이었다. 버지니아의 노르포크 근방에서 플로리다의 북쪽 접경지대까지 거의 끊임없이 이어지는 이 늪지대 노선은, 도망칠 수 없어서 깊은 늪에 '고립'된 많은 노예들에게 피난처를 제공했으며, 또 한편으로는 노스 스타 랜드까지 가고자 애쓰는 더 많은 노예들에게 편의를 제공했다. 거대한 애팔래치아 산맥과 인접한 연봉들은 오랫동안 자유로 통하는 길목이었으며, 험악하고 고립되었지만 비교적 안전한 노선이었다. 이 산맥은 여러 해 동안 사용되었다. 존 브라운은 항상 적극적인 '지하철도' 운동원이었기 때문에 그 사실을 알고, 그곳을 바로 전략적으로 사용하기로 생각한 것은 물론, 거기에서 군사 행동을 시작하기로 결정했던 것이 분명하다. 존 브라운이 1858년 3월이나 4월에 세인트 캐서린스에서 만난 해리엇 터브먼(Harriet Tubman)은 애팔래치아 노선을 지속적으로 이용했다."[5]

존 브라운은 캔자스에서의 경험과 백인들과의 광범위한 친분관계를 통해 단련된 지도력을 갖추었다. 흑인 조직은 캐나다의 채덤에서 열린 한 집회에서 절정에 달했다. 시간이 흐르면서 이러한 과업을 수행하기 위한 자금 모금은, 점차 그가 여러 직업을 전전하고 상업 활동을 하는 목적이 되었다. 개인의 재산을 큰일에 쓰겠다는 이 같은 목적은 실패했다. 이상이 현실을 따라가지 못했기 때문이다.

언젠가 시러큐스에서 실행에 옮길 사람들의 비용을 기꺼이 대겠다는 이들을 발견했을 때, 그는 물리적인 필수품에 대한 더 이상의 생각을 모두 버리고, 대의에 몰두하여 그들에게 자금을 부탁했다. 이전의 여러 차례 부탁을 통해 알 수 있듯이, 그는 이러한 부탁을 자선이 아니라 죗값으로 여겼다. 그는 언젠가 이렇게 말한 적이 있었다.

"작년 5월 20일 무렵부터 우리 자신과 같은 수백 명의 사람들이 시간을 몽땅 빼앗기고도, 어떠한 곡물도 전혀 확보하지 못했다. 500명의 자유주 지지자들이 하루에 1달러 50센트씩 각자 125일을 잃어버렸는데, 부수적인 손실은 놔두고라도 이를 합치면 9만 달러가 될 것이다. 이 주의 여러 곳에서 많은 자유주 주민들의 집이 파괴된 폐허를 보았다. 불에 탄 곡물

더미까지 합치면 줄잡아 5만 달러에 이르렀다. 잃어버린 시간과 재산 파괴를 합치면 15만 달러가 넘을 것이다."[6]

또한 "존 브라운은 그 자신과 두 어린 아들을 1년 이상 자유주 운동에 바쳤으며, 화재와 약탈을 당했고, 그 기간 동안 자신이 비용을 댔다. 그와 그의 대원들은 현금 40달러와 두 자루의 밀가루, 35파운드의 베이컨, 120그램의 설탕과 20파운드의 쌀을 받았을 뿐이다."

"이후로는 자유주 운동에 봉사할 작정이다(필요한 비용을 댈 수만 있다면). 그리고 소규모의 상비군을 조직하여 같은 운동에 봉사할 계획이다. 내 비용을 부담할 수단이 마련되지 않는다면, 지금은 더 이상 이 일을 계속할 수 없을 정도로 내가 가진 재산은 거의 말라버렸다."[7]

그러나 이윽고 그는 박애주의에 더 직접적으로 호소해야 했다. 특히 캔자스위원회들에서 용기를 얻었다. 이러한 위원회들은 1854년에 다양한 방식으로 다양한 곳에서 생겨났지만, 1855년에 '태이어의 뉴잉글랜드 이주민 보호대'로 거의 모두 통합되었다. 이 보호대는 일종의 투자로 자유주 이민을 도울 작정이었으나, 이 점에서는 실패했다. 여러 정치적인 문제들과 1857년의 대공황 때문이었다.

그러나 이 보호대는 전국에 지대한 관심을 불러일으켰다. 로렌스 습격 이후에 결성된 '미국 캔자스위원회'는 사업상 박애주의에 호소하기보다는 더욱 호전적이었으며, 한편 '보스턴 구제위원회'는 명백하게 급진적이었다. 존 브라운은 태이어의 보호대와 많은 연결이 닿아 있었지만, 그의 바람은 특히 '미국 캔자스위원회'에 바탕을 두고 있었다. 레인이 이 위원회를 만드는 데 큰 역할을 했으며, 게릿 스미스는 수천 달러를 기부했다.

1856년 10월 캔자스를 비밀리에 떠난 존 브라운은 서둘러 이 미국 캔자스위원회의 시카고 본부로 갔다. 그에게 한 무리의 대원들을 내주겠다는 제안을 받았던 것이다. 시카고의 본부는 1월에 뉴욕에서 열릴 전체 회원이 모이는 집회에서 이러한 제안에 대해 이야기하기로 했다. 존 브라운은 곧바로 동부로 출발했다. 이 위원회가 마련해준 새 옷을 차려 입고 캔자스와 오하이오의 주지사들이 보낸 서신들을 품고서. 게릿 스미스는 그를 환영하며 말했다.

"캡틴 존 브라운, 당신이 누구이며 어떤 사람인지를 내게 알려주기 위해 체이스 주지사와 로빈슨 주지사의 편지들을 보여주실 필요는 없었습니다. 나는 오래 전부터 당신을 알았고, 당신을 알았던 순간부터 여지껏 당신을 깊이 존경했습니다. 당신의 굽힐 줄 모르는 용기와 자기를 희생하는 자비심, 자유운동에 대한 헌신을 오래 전부터 알았습니다. 하나님께서 당신의 목숨과 건강을 지켜주실 것이며, 당신의 고매한 목적이 성공하게 해주실 것입니다!"[8]

하지만 오하이오에 있던 그의 이복 동생은 이렇게 적었다.

"문제가 캔자스 지역의 개척지를 벗어나 점점 커진 뒤로, 나는 존 형에게서 눈에 띄는 변화를 발견했다. 전에 형은 사업에 헌신했다. 하지만 이러한 문제가 생긴 뒤로는 모든 사업을 내팽개치고, 전적으로 노예제도 문제에만 골몰했다. 형에게는 아버지가 남긴 재산이 있었으며, 그 중에 내 몫도 있었다. 형은 자신의 가족을 위해서는 그 재산 가운데 1달러도 가져다 쓰지 않았지만, 그 재산의 일부를 형이 '사명'이라고 부른 일에 썼다.

형이 캔사스로 돌아온 후 나를 찾아왔을 때, 나는 형에게 집에 있는 가족에게로 가서 사적인 일들을 돌보라고 채근했다. 형의 행동 방침이 형과 그 아들들의 파멸을 증명할까 두렵다고……. 형은 내가 자신의 일에 공감하지 않아서 유감이라고 대답하며, 자신은 직무중이고, 그 직무가 자신과 자신의 가족을 파멸시키더라도 그 일을 추구할 수밖에 없다고 했다. 또한 자신이 하나님에 의해 노예제도와 전쟁을 하는 데 쓸 도구로 선택된 사람이라는 사실에 만족한다고 말했다. 형의 태도와 이때의 대화를 통해, 나는 형이 이미 노예제도 문제에 미쳐 있는 사람이라는 데 의심을 품지 않았으며, 이건 형에 대한 나의 견해라는 것을 알아 달라고 말했다!"[9]

매사추세츠 노예제 반대 지도자의 아내인 조지 스턴스 부인은 이렇게 적었다.

"남편은 존 브라운에게 편지를 보내, 보스턴으로 와서 자유의 친구들과 상의를 한다면 자신이 비용을 대겠다고 했다. 그들은 한 번도 만난 적이 없었지만, '오사와토미의 브라운'은 1856년의 불안한 여름 동안 마음속 깊이 신봉한 동지의 이름이 되어 있었다. 그가 보스턴에 도착하자 스쿨 스트리트 닐리스에 있던 위원회 셋방으로 가던 중인 남편과 우연히 동행했던 한 캔자스 남자가 거리에서 두 사람을 서로에게 소개했다. 캡틴 브라운은 그의 도덕적 매력에 감화된 모든 사람들에게 깊은 인상을 심어주었다. 에머슨은 '자신의 모든 사고를 행동에 옮기고 싶어하는 그는 가장 이상적인 인물'이라고 평했다. 모든 이기적인 목표와 협소한 오만을 뛰어넘는 그의 절대적인 탁월함은 자기 희생이라는 부분에서 남편의 심금을 울렸다.

한 작은 일화는 그가 진행중이던 과업을 얼마나 신중하게 평가하고 있는지를 보여준다. 남편은 특정 친구들을 한데 모아 메드퍼드의 집에서 캡틴 브라운을 만나게 하려고 여러 번 시도했으나 실패한 뒤, 일요일이 그들의 여러 사정을 만족시킬 수 있는 유일한 날이라는 것을 알고, 그것이 종교적 예의에 대한 그의 생각들과 얼마나 크게 맞부딪칠지 잘 알지 못했던지라, 일종의 사죄장 같은 초청장을 적어보냈다. 바로 특유의 답장이 왔다.

'스턴스 씨, 제게는 궁지에서 꺼내고 싶은 작은 암양이 한 마리 있습니다. 그리고 안식일은 그 일을 할 수 있는 어떤 날보다 좋은 날일 것입니다.'

그가 이 최초의 방문에 대해 초청장을 쓴 사람에게 준 인상을 설명하기에는 적당한 자리가 아닐지도 모르겠다. 내가 응접실로 들어갔을 때, 그는 벽난로 가까이에 앉아 있었다. 난로에서는 불이 활활 타올랐다. 그가 자리에서 일어나 내게 인사를 건넸다. 똑바로 서서, 군인처럼, 매우 정중한 태도로 엄숙하고도 진지하게 앞으로 걸어나왔다. 나는 그를 보자마자 그가 별안간 내 앞에 떨어진 한 늙은 크롬웰의 영웅인 것만 같았다. 얼마 안 있어 그러한 인상은 그의 말투로 더욱 굳어졌다. (내가 들어가는 바람에 중단되었던 대화를 계속하면서) 그가 말했다.

'여러분, 나는 황금률(남에게 대접받고자 하는대로 너희도 남을 대접하라는 성서의 교훈)과 독립 선언을 분리할 수 없는 하나로 여깁니다. 그리고 이 노예제도의 반도덕적인 행위가 하루라도 더 지속되느니 차라리 모든 세대의 남자들과 여자들, 아이들을 쓸어버리는 게 낫습니다.'

그는 이러한 말을 총알처럼 쏟아냈다. 그의 단호한 어조와 태도 때문에 세 살도 채 안 되었던 우리 아이 칼은 어른이 되어서 가장 어린 시절의 회상 가운데 하나로 이때를 기억했다. 이 아이는 꼼짝도 하지 않고 방 한가운데에 서서, 예쁜 눈으로 이 새로운 유형의 남자를 뚫어지게 바라보았다. 이윽고 아이의 골똘한 눈동자가 캡틴 브라운의 주의를 붙들었다. 머지않아 아이는 자기도 모르게 무릎을 꿇었다. 아이다운 표정과 놀라움은 그대로 남아 있었다. 그의 옷은 짙은 갈색으로 매우 거칠었지만, 엄격함과 깔끔함은 남다른 세련미를 풍겼다. 저녁 식사 시간에 그는 진수성찬을 거부하며, 자신은 호사에 익숙하지 못해 버터를 먹는 것조차도 어색하다고 말했다.

남편이 존 브라운을 초청해서 함께 상의하고자 했던 '자유의 친구들'은 그의 현명함과 고결성, 헌신에 깊은 감명을 받았다. 그 중에서도 에머슨(R.W. Emerson)과 테오도르 파커(Theodore Parker), 소로(Henry David Thoreau), 브론슨 앨콧(A. Bronson Alcott), 샌번, 하우, 히긴슨, 앤드류 주지사와 다른 이들이 특히 깊은 감명을 받았다."[10]

샌번은 이렇게 전한다.

"그는 스프링필드의 조지 워커가 보낸 소개장을 갖고 내게 왔다. 우리 둘 다 캔자스위원회 회원들이었으며, 그 지역의 자유를 지지하기 위해 애썼다. 브라운은 바로 얼마 전인 1856년 여름에 그곳의 투사 가운데 한 사람이었다. 그의 이론은 캔자스에서의 싸움을 요구했다. 그 주를 노예제도의 저주에서 자유롭게 지켜주기 위해서는 그것만이 확실한 방법이라고 그는 생각했다. 그의 사명은 이제 전쟁을 시작하는 것이었으며, 이를 위해 캔자스의 침략에 저항하거나, 이따금 미주리에 전쟁을 불러올 100명의 잘 무장된 대원들을 준비시키는 것이었다. 그러한 목적 뒤에는, 아직 밝혀지지는 않았으나 이 대원들을 이용해 버지니아나 다른 노예주들을 습격하기 위해 현장에 투입하겠다는 의도가 숨어 있었다.

내가 간사를 맡은 '우리의 주 캔자스위원회'는 브라운이 이 대원들을 위해 사용하기를 바랐던 무기를 갖고 있었으며, 우리는 투표로 이러한 무기를 그에게 일임했다. 그러한 무기는 '미국 시카고위원회'가 그동안 관리해왔으며, 이 위원회에서 비슷한 절차를 밟아 우리의 투표 결과에 대한 적절한 조처를 취해주어야 했다. 이러한 목적을 위해 내가 하우 박사와 새뮤얼 캐봇 박사—두 사람 모두 미국 위원회의 회원이었다—의 대리인 자격으로 뉴욕의 애스토 하우스에서 열린 그 위원회의 한 집회에 파견되었다. 나는 그곳에서 브라운을 만났으며, 그가 이 집회를 통해 캔자스에서 펼칠 그의 활동을 위한 5,000달러의 할당금을 얻어내도록 도왔다. 그러나 그는 겨우 500달러의 할당금밖에 얻지 못했다. 위원회는 200정의 소총 관리를, 이 소총을 구입한 매사추세츠위원회에 다시 넘겨주기로 가결했다. 우리가 그 소총을 존 브라운에게 넘겨주어야 한다는 건 잘 알려져 있었다. 그는 그 소총을 다음 달 9월에 아이오와의 타보에서 발견하여 손에 넣었다. 그리고는 2년 뒤에 이러한 소총의 일부를 버지니아로 가지고 들어갔다.

이 애스토 하우스 집회에서 브라운은 '미국 위원회'의 일부 회원들에게 엄밀한 질문 세례를 받았다. 특히 시카고의 허드 씨는 그가 자금과 무기로 무엇을 할 것인지에 대해 엄중히 물었다. 브라운은 그것들을 캔자스에서만 사용하겠다고 맹세하기를 거부했으며, 그의 과거 기록은 그것들을 현명하게 사용할 것이라는 충분한 보증이 될 것이라고 단언했다. 우리가 그를 믿기로 했다면 좋았을 테지만, 그는 서약하려 하지도 않았으며 자신의 계획을 밝히려고 하지도 않았다. 허드 씨는 브라운이 자신의 전쟁을 캔자스에 한정하지 않을 것이라는 사실을 어렴풋이 눈치챘지만, 나머지 우리들은 기꺼이 브라운을 믿었으며, 자금 할당은 표결되었다."[11]

존 브라운은 즉시 필요한 장비의 비용을 조심스레 추산했다. "대원들과 말들의 2주일분 식량"을 합쳐 총 1,774달러였다. 그러나 위원회의 자금은 모자랐으며, 간부들은 의심이 많았다. 4월에 그들은 브라운에게 알렸다.

"위원회는 현재 자금이 부족하며, 당신이 말하는 500달러를 보내지 못할 수밖에 없었소. 그들은 일이 이렇게 된 것을 유감스럽게 생각하지만, 어쩔 수 없는 일이었습니다. 그럴 수밖에 없는 모든 이유를 내가 당신에게 설명할 필요는 없을 것이오. 주민들이 우리에게 기부금 보내기를 중단했소. 우리는 자금을 보충할 수단이 없소. 우리는 현재의 채무 상태를 벗어날 수 있도록 특정 지구에서 도움을 받아야 할 형편이오."[12]

브라운은 즉각 필요한 자금을 모금하는 운동을 시작했으며, 석 달 동안 열심히 뛰어다녔다. '드레드 스콧 판결'이 이루어지기 바로 전에 매사추세츠 주의회에 연설했으며, 이를 통해 그의 친구들은 캔자스의 할당금을 확보하기를 희망했다. 그러나 이것은 실패했다. 브라운은 뉴잉글랜드 순회길에 올랐다. 옛 고향에서 연설했으며, 그 근방에서 1,000개의 창을 확보하기 위한 계약을 맺었다. 그는 칼집 달린 사냥칼을 보여주며 말했다.

"튼튼한 자루나 손잡이에 달린 이런 칼날은 값싸고 효과적인 무기가 될 것이오. 캔자스의 우리 친구들은 무기가 없거나 무기를 구할 돈이 없습니다. 이런 무기를 그들의 손에 쥐어줄 수 있다면, 그들은 매우 유용하게 쓸 수 있을 것이오. 의연한 여자가 그런 사냥칼을 갖고 있다면 사내나 짐승에게서 자신의 오두막집을 지킬 수 있을 것이오."[13]

하트퍼드에서 그는 이렇게 연설했다.

"나는 자유라는 대의를 위한 나의 노력을 지속할 수 있도록 자유주들에서 2만 내지 2만 5천 달러를 모금하려 합니다. 내 고향 코네티컷 주의 사람들은 이 일에 많은 도움을 줄까요? 하트퍼드의 신사 숙녀들은 진지한 노력을 하는 모범을 보여줄까요? 일부 신사나 숙녀는 주나 도시, 읍, 협회나 교회의 소규모 기부, 또는 다른 방식으로 이룰 수 있는 일을 시도할까요? 거리의 어린 거지 아이들도 이 목적을 이루기 위해 필요하다면, 기부를 장담할 정도로 충분한 관심을 갖고 있다고 생각합니다.

어떤 도시의 신문에는 내가 캔자스에서 죽음을 당해 머리의 가죽이 벗겨졌다는 소식을 듣고 슬퍼하는 기사가 실렸다는 이야기를 들었으나, 나는 캔자스에 도착하기 전까지 그 사실을 알지 못했습니다. 다행스런 일이었지요. 바로 그곳에서 나는 그동안 내가 들렀던 다른 어느 곳에서보다 더 냉담한 대접을 받았습니다. 내 친구들이 내가 살아 있는 동안 나를 지지한다면, 나는 내가 죽었을 때 그들이 내게 쏟을 모든 지출을 막을 것입니다. 나는 보상을 요청하는 것이 아닙니다. 내가 얻을 수 있는 모든 도움에 깊이 감사할 것입니다."[14]

뷰캐넌이 대통령에 취임한 날과 '드레드 스콧 판결'이 이루어지기 이틀 전, 그는 〈뉴욕 트리뷴〉에 "개인적인 감정을 거의 드러내지 않고" 이와 비슷한 호소문을 게재했다. 그는 이렇게 적었다.

"'샘 아저씨'의 사냥개 무리 가운데 하나가 나를 추적하고 있다는 이야기를 들었습니다. 나는 나의 흔적을 없애기 위해 며칠 동안 몸을 숨겼습니다. 내가 붙잡힐지는 모르겠습니다. 차라리 내 손에 족쇄를 차고 돌아가럽니다(하나님이 그렇게 하신다면)."[15]

웨이랜드 박사(Dr. Wayland)는 워세스터에서 그를 만났는데, 그곳에서 태니의 판결이 이루어진 직후에 프레더릭 더글러스 집회가 열릴 예정이었다. 웨이랜드는 이렇게 말한다.

"엘리 태이어의 집에 들렀는데, 나중에 그 지구 출신의 국회의원이 되는 태이어는 그에게 단상에 앉아 달라고 했다. 이곳에서 나는 한 이방인을, 훤칠하고 수척한 체구에 턱수염을 말끔하게 면도한 한 남자를, 나중에 역사의 일부가 된 남자를 발견했다. 아이들이 그의 무릎 위로 기어올라갔다. 그가 말했다. '아이들은 항상 내게 옵니다.' 잠시 후 나는 오사와토미의 존 브라운에게 소개되었다. 3년이 채 지나지 않아 이 평범하고 소박한 남자의 이름이 아메리카와 유럽을 가득 채우게 될 줄을 그때 어찌 상상이나 했겠는가! 브라운 씨는 단상의 한 자리를 차지하기로 승낙했으며, 청중들의 성화에 못 이겨 간략하게 연설을 했다. 그 일을 '하는' 많은 사람들이 전적으로 그 일에 대해 '말할' 수 없다는 건 여러 기이한 사실들 중 하나이다. 존 브라운은 행동에 불을 지피는 사람이었으나 연설에는 더뎠다."[16]

그후 같은 달의 어느 날엔가 브라운은 샌번, 콘웨이와 동행하여 전 주지사 리더가 캔자스로 돌아오도록 설득하기 위해 펜실베이니아에 있는 리더의 집으로 찾아갔지만, 리더는 거절했다. 4월 1일 브라운은 매사추세츠로 돌아가서, 일주일 이상 다시 미국 관리들에게서 몸을 숨기고 지냈다. 스프링필드의 흑인 친구들에게 몸을 피했던 것 같다.

그가 자신의 계획에 또 한 발짝 들어선 것도 4월이었다. 즉, 자신의 대원들에게 군사 훈련을 실시하기 위한 한 걸음을. 릴프(Realf)에 따르면, 그는 "20년 아니면 30년 동안 노예에게 자유를 주어야 한다는 생각이 정욕처럼 나를 사로잡았다"고 말했다. "그는 한 차례 영국을 여행했는데, 그 여행중에 유럽 대륙을 시찰하며 모든 요새를, 특히 그가 발견할 수 있는 모든 토루 요새들을 그 자신의 수정과 창안에 기대어, 그때까지 얻은 지식을 미국에서의 산악 전투에 적용해가면서 면밀히 살폈다고 했다. 그는 반란전쟁에 관한 책을 읽었다고 말했다. 에스파냐가 로마의 영토였던 시절에 에스파냐 족장들의 성공적인 저항운동이었던 로마전쟁, 1만 명의 군사가 소규모 부대로 나뉘고 또 나뉘어 동시에, 그러면서도 개별적으로 행동하며 수년 동안 로마제국의 모든 합병 세력에 저항했던 방법에 관한 책을. 이와 더불어 체르케스의 추장 차밀이 러시아에 저항한 성공적인 전쟁에 대해서도 매우 잘 알게 되었다. 투생 루베르튀르의 여러 전쟁에 자신이 직접 참여하듯이 공부했다. 또한 아이티와 그 근처의 여러 섬들에서 벌어진 전쟁들을 속속들이 익혔다."[17]

그러나 그 자신의 지식에도 불구하고 전문가의 조언이 필요하다고 느꼈으며, 가리발디의 부관을 지냈던 휴 포브스(Hugh Forbes)를 만나 그에게 매혹되었고, 그 즉시 자신의 대원들을 훈련시키기 위해 그를 고용했다. 포브스는 쉽게 흥분하며 그다지 안정적이지 못한 영국인이었는데, 이탈리아에서 싸운 적이 있었고, 마침내는 무일푼으로 뉴욕에 도착한 인물이었다. 포브스는 브라운을 겨우 부와 많은 이득을 알선하는 사람 정도로 생각했으며, 북부 전체가 언제든 노예제도를 공격할 준비가 되어 있다고 여겼다. 유격전 교범을 번역하여 출간하기를 제안했으며, 존 브라운은 이 일의 대가로 그에게 600달러를 주었다. 얼마 후 그는 지도자에게 합류하기로 했으며, 그들은 함께 서부로 가서 한 무리의 대원들을 모아 훈련시킬 생각이었다. 이러한 대규모 지출로 말미암아 존 브라운의 주머니는 거의 비다시피 했다. 결국 그의 노력들은 실망을 안겨주었다. 그는 비꼬는 투로 "플리머스와 벙커 힐 기념탑(독립전쟁 기념탑)과 톰 아저씨의 오두막이여 안녕"을 고하며 뉴잉글랜드를 떠났다.

"그는 캔자스로 떠났다. 준비비를, 달리 말해 캔자스 사람들과 뒤섞인 그의 정규 민병대를 철저하게 무장시킬 자금을 확보하기 위해 여러 가지 시도를 하고 있다. 자신의 소규모 재산을 다 써버리고, 그의 가족들과 그의 용감한 대원들이 굶주림과 추위와 헐벗음으로 고통을 당하고, 그 중 일부는 질병과 부상으로 괴로워하고, 너무도 잔혹한 취급을 당하며 감옥에 투옥되거나 죽음을 당한 후, 깊고 깊은 슬픔을 안고 여러 주를 전전하고 있다. 여러 달 동안 병들고 아픈 몸으로 편치 못한 곳에서 바닥에 누워 밤을 보내거나, 얼마 동안은 병자들과 부상자들과 함께 피신처도 없이 늑대처럼 쫓기며, 때로는 인디언들의 도움으로 목숨을 이어갔다. 이 모든 일을 겪은 후, 이 '영광스런 공화국'의 모든 시민들이 동등한 양심의 의무를 느끼는 대의, 하나님이나 그를 설득하여 무시하게 만들 대의, 모든 인간 가족의 모든 남녀와 아이들이 지독한 관심을 갖고 있는 대의를 지지하기 위해 노임을 요구하거나 바라지 않는데도, 그는 이 '기뻐 날뛰는' 사람들의 모든 부와 호사와 방종의 한복판에서 하위직 군인의 필수품마저도 손에 넣을 수가 없다. '오호라, 두 용사가 엎드러졌도다!'

내게는 말과 화물 운송 마차와 막사와 마구와 안장과 말굴레와 권총집과 박차와 혁대가 부족하다. 야영 장비와 취사도구, 담요, 배낭, 참호를 팔 도구, 도끼, 삽, 가래, 곡괭이, 쇠지레도 부족하다. 비축해둔 탄약도 없다. 화물 운송료와 여행 경비를 지불할 만큼의 돈도 없으며, 내 가족은 흔한 필수품마저 부족하다."[18]

포브스는 지체하여 브라운을 실망시키기도 했다. 뉴욕에 남아 꾸물거리며 8월이 다가오도록 아이오와에 나타나지 않왔던 것이다. 다시 몸이 편치 않았던 브라운은 그런데도 캔자스 친구들을 재촉했다. 6월에 이렇게 적었다.

"아이오와 타보에서 대여섯 명쯤 와줬으면 좋겠습니다. 아주 조용히 일을 처리할 수 있도록……. 그대들과 의논할 중대한 일이 있답니다. 이 자리에서 그 일에 대해 말할 수는 없습니다."[19]

8월 초 타보에 도착한 브라운이 가장 먼저 서두른 일은 그에게 표결한 무기를 확보하는 것이었다. 동부의 여러 곳에서 이주민들에게 필요한 장비를 갖추어주지 못한 일이 있었기 때문에, '매사추세츠 캔자스 주위원회'는 아이오와 타보에 200정의 샤프 소총을 보내놓았다. 무기는 이곳에 있는 한 목사의 헛간에 보관되었다. 존 브라운은 그 무기를 가져갔다. 휴 포브스는 이윽고 8월 9일에 도착했다. "애국적인 지원병을 위한 교범"을 여러 권 가져왔다. 브라운은 자신과 아들 오웬이 "배움을 시작했으며, 유능한 교사가 있는 것 같다"고 집으로 적어보냈다.

그러나 머지않아 불화가 생겼다. 포브스는 이전에 지급받은 600달러 외에도 달마다 100달러를 원했으며, 브라운은 이미 반년치 봉급을 지불했다고 생각했다. 이내 포브스가 꿈꾸었던 것보다 사정이 훨씬 더 나빠졌다. 돈이 없었다. 눈에 보이는 대원들은 몇 안 되었으며, 영예 같은 것도 없었다. 그는 속았다는 기분이 들었다. 그는 브라운의 능력을 멸시했으며, 자신이 모든 지휘권을 갖겠다고 제안했다. 미주리와 다른 주들의 노예 습격을 계획하겠다며. 브라운은 완고했으며, 11월 초 이 외국인 전술가는 갑자기 동부로 떠나버렸다.

이 일은 브라운의 계획들을 어지럽혔다. 브라운은 두세 개의 군사학교를 세울 계획이었다. 아이오와에 하나, 북부 오하이오에 하나, 그리고 캐나다에 하나. 포브스의 직무 유기로 말미암아 브라운은 아이오와에 세울 생각이었던 군사학교를 포기하고, 서둘러 오하이오로 갈 결심을 했다. 그래서 재빨리 캔자스로 출발하여, 1857년 11월 5일 로렌스 근방에 도착했다.

쿡(Cook)은 이렇게 전한다.

"휘트먼(E. B. Whitman)의 집에서 그를 만났다. 캔자스 타보의 로렌스에서 4마일 가량 떨어진 곳이었다. 아마 11월 1일쯤이었던 것 같다. 나는 그가 노예제 지지자들의 침략을 중단시킬 목적으로 한 부대를 조직하고자 한다는 이야기를 들었다. 그에게 합류하겠다고 승낙했다. 여기에 합류할 것으로 생각되는 전적으로 믿을 만한 다른 젊은이들을 아느냐는 질문을 받았다. 리처드 릴프와 파슨스, 힌튼을 추천했다.

다음날인 일요일 아침에 짧은 서신을 한 통 받았다. 휘트니 하우스에서 아침을 먹던 중이었다. 캡틴 브라운이 보낸 편지로, 내게 그날 릴프와 파슨스, 힌튼을 데리고 올라와줄 것을 요청하는 내용이었다. 릴프와 힌튼은 시내에 없었기 때문에 그들에게 초대장을 보낼 수가 없었다. 파슨스와 나는 캡틴 브라운에게 가서 오랫동안 이야기를 나누었다. 며칠이 지난 후에 캡틴 브라운에게서 또 한 통의 편지를 받았다. 내가 기억할 수 있는 한 이런 내용이었던 것 같다.

'캡틴 쿡, 존경하는 대장님. 다음 주 월요일 밤까지 토페카에서 저와 만날 모든 준비를 해주시겠습니까? 토페카에서 남쪽으로 2마일 떨어진 곳에 계시는 세리던 부인에게 오십시오. 당신의 무기와 탄약, 의복과 필요하신 다른 물품들을 가져오십시오. 파슨스가 제때 준비를 마칠 수 있으면 함께 데려오십시오. 이 일에 대해서는 비밀에 부쳐주시길 바랍니다……. 존 브라운.'

나는 약속 시간에 출발할 수 있도록 모든 준비를 갖추었다. 파슨스와 릴프, 힌튼은 준비가 안 되었다. 나는 그들을 로렌스에 남겨두고, 마차를 타고 토페카를 향해 출발했다. 한 호텔에서 길을 멈추고 밤을 보낸 후, 캡틴 브라운을 만나기 위해 이튿날 아침 일찍 세리던 부인의 집을 향해 떠났다. 시어스 부인의 집에서 하루 반나절을 머물렀다. 그런 다음 토페카로 향했으며, 그곳에서 휘플과 모펫, 카기를 만났다. 토페카를 떠나 네브래스카 시티로 향했으며, 토페카의 동북쪽에 있는 평원에서 밤을 보냈다. 이곳에서 처음으로 나는 우리가 겨울 동안 한 군사학교에 들어가기 위해 캔자스를 떠날 거라는 사실을 알았다. 오하이오의 애쉬타뷸라 카운티로 가는 것이 파견대의 목적이었다."[20]

이런 식으로 브라운은 존 쿡을 입대시켰다. 브라운은 그를 블랙 잭 전투의 전환기에 만났다. 루크 파슨스는 그의 옛 캔자스 부대 대원이었다. 리처드 릴프는 신문기자였다. 토페카의 노련한 자유주 투사였던 아론 스티븐스가 아이오와 사람인 찰스 모펫, 그의 오른팔이 된 존 헨리 카기(John Henry Kagi)와 함께 합류했다. 이 6명을 데리고 그는 타보로 돌아갔으며, 그곳에서 윌리엄 리먼(William H. Leeman)과 찰스 플러머 티드(Charles Plummer Tidd)를 발견했는데, 이 두 사람은 전에 그를 따르던 대원들이었다. 총명한 흑인 도망자인 리처드 리처드슨(Richard Richardson)과 그의 아들 오웬도 합류했다. 이렇게 해서 11명으로 이루어진 일행은 11월 말에 급하게 오하이오의 애쉬타뷸라로 출발했다. 존 브라운이 말했다. "안녕히 가십시오. 제가 연락드리겠습니다. 우리는 '피 흘리는 캔자스'에 대해 그간 충분한 이야기를 나누었소. 앞으로 이야기할 또 다른 곳에 피 얼룩을 묻힐 것이오."[21]

그래서 일행은 출발했으며, 250마일 넘게 외로운 길을 재촉하여 아이오와의 황무지를 건너서 이윽고 미주리에서 50마일쯤 떨어진 스프링데일 마을에 도착했다. 이곳은 노예제 반대 정서가 매우 강한 조그만 정착촌이었다. 이곳에서 브라운은 마차를 끄는 말을 팔고 나서 철도를 이용해 동부로 출발할 수 있을 때까지 머물 계획을 세워두었다. 8월 말에 시작된 이 해의 공황은 12월에 최고조에 달했으며, 그는 손에 쥔 자금이 거의 없었고, 동부에서 보내오는 지원금도 없었다. 그래서 대원들은 스프링데일에서 겨울을 나게 하고, 자신은 혼자서 동부로 가기로 결심했다. 대원들은 이러한 제안을 기쁘게 받아들였으며, 그들은 스프링데일 마을에서 3마일쯤 떨어진 한 농가에 머물렀고, 숙박료로 일주일에 겨우 1달러를 지급했다. 그해 겨울은 유쾌하면서도 바쁘게 지나갔다.

스티븐스는 군사훈련 교관이 되었다. 모두 새벽 5시에 일어나 아침을 먹고 10시까지 공부했으며, 10시부터 12시까지 훈련에 임했다. 오후에는 다시 단련 활동과 목표물 사격 연습을 실시했다. 일주일에 5일 밤은 근처의 가정이나 교사(校舍)에서 모의 의회를 열었다. 이따금 릴프와 다른 대원들은 마을 사람들의 말에 귀를 기울였으며, 많은 방문이 이루어졌다. 존 브라운은 동부로 떠나기 전, 스프링데일의 집주인과 다른 두 주민들에게 자신의 계획을 일부 밝혔다. 집주인은 그때의 사정을 들려준다.

"봄이 다가올 무렵의 어느 일요일 오후, 존 브라운이 내 집으로 왔소. 나와 내밀한 이야기를 좀 나누었으면 좋겠다고 했소. 그래서 우리는 응접실로 들어갔죠. 그러자 그가 내게 앞으로의 계획을 말했소. 그 당시 그는 하퍼스 페리의 병기고를 공격할 결심을 하지 않았소. 50명 내지 100명의 대원을 페리 근처의 낮은 산악지대로 데려가서 상당수의 노예들을 모을 수 있을 때까지 그곳에 머물게 한 다음, 흑인들과 그들의 가족들을 캐나다로 수송하기 위해 필요한 운송기관을 확보할 생각이었소. 흥분이 가라앉은 후 머지않아서 남부의 다른 주를 공격하고, 기회가 닿는 대로 습격을 계속하기로 했소. 노예제도가 그만 사라질 때까지.

나는 모두가 죽음을 당할 가능성이 크다고 그를 이해시키기 위해 최선을 다했소. 그가 말했소. 그 자신에 대해 말하자면, 노예들에게 기꺼이 목숨을 내줄 것이라고. 그는 이야기를 나누면서 내게 거듭 말했소. 자신은 노예제도를 폐지시키기 위해 하나님이 선택한 도구라고 믿는다고. 내가 그에게 말했소. '당신과 몇 안 되는 대원들이 남부 전체와 대적할 수는 없어요.' 그의 대답은 이러했소. '내 말 잘 들으시오, 선생. 그것은 노예제도가 종말을 고하는 시작이 될 것이오.' 그는 또 카기와 스티븐스라는 2명의 대원만이 그의 계획을 알고 있다고 말했소."[22]

집주인은 여러 번 밤이 이슥해지도록 브라운과 함께 그의 계획에 대해 논의했다. 일부 이웃 주민들이 설득당해 부대에 합류했다. 그들 중에 코폭(Coppoc) 가족 2명과 캐나다 사람이었던 조지 길(George B. Gill)이 있었다. 스튜어트 테일러(Stewart Taylor)도 입대했다. 그러나 힌튼은 여전히 싸움터는 캔자스가 될 것이라고 추측했다. 그는 이렇게 말한다.

"그들의 훈련을 비밀에 부치려는 시도는 없었으며, 조지 길이 보여주고 쿡이 그의 '고백'에서 이야기했듯이, 이웃 주민들은 모두 다 열정적인 젊은이들로 이루어진 이 일행이 보통과 꽤 다른 뭔가를 준비하고 있다는 것을 알았다. 물론 캔자스가 목표 지점으로 추정되었다. 그러나 이 부대가 다시 움직이자, 대체로 노예주 방향의 어느 곳이 될 거라는 인상이 퍼져 있었다.

그 당시의 분위기는 불안스러웠다. 어느 정도의 대원들이 실제로 존 브라운이 버지니아를 습격할 계획이라는 사실을 알고 있었는지를 단정하기란 어려운 일이다. 1859년 메릴랜드 농장에서 집회를 가진 후까지도 하퍼스 페리가 목표 지점이 될 거라는 명확한 발표는 없었을 가능성이 매우 크다는 증거가 지배적이다. 기회가 있기만 하다면 어디든 노예제도에 보복을 가하겠다는 그의 의도를 청소년기에 이 일에 뛰어들기로 맹세한 오웬과 카기 외에 어느 누구에게도 충분히 설명하지 않았던 것은 분명하다. 카기는 브라운이 1857년에 토페카에서 가진 2차 면담에서 충분한 자신감을 심어주었다고 1858년 7월에 오사와토미에서 내게 말한 적이 있었으며, 그 운동의 세부 사항을 대원들에게 알려주는 일은 자신감을 가진 뒤의 문제였다고 믿을 만한 충분한 이유가 있다. 내 자신의 경험은 이를 잘 말해준다.

나는 존 브라운이 소규모 부대를 모집했을 때 로렌스를 떠나 있었다. 그는 내가 돌아오기 전에 이미 아이오와로 떠나고 없었다. 나는 막 떠나려던 릴프를 만났으며, 우리는 기탄없이 이야기를 나누었다. 릴프는 내게 리콤프턴헌법 시행에 저항하기 위한 투쟁의 기점을 마련하는 것이 목적이라고 단언했다. 당시 의회가 우리에게 이 헌법을 강요할지도 모른다고 예상했다. 이를 통해 미주리, 아칸소, 인디언령, 아마 루이지애나의 노예제도에 반대하는 운동을 준비하기 위한 여론을 조성하는 데 힘썼다. 카기의 요청에 따라(나는 거의 2년 동안 그와 불규칙적이기는 하지만 중요한 서신을 주고받았다), 나는 남서부의 상황과 도로, 지세를 체계적으로 연구하기 시작했으며, 철도 조사원 등의 여러 행세를 하면서 남서쪽의 미주리와 서쪽의 아칸소, 북쪽의 텍사스 일부를 비롯하여 인디언령의 대부분을 방문했다."[23]

그 사이 포브스는 서둘러 동부로 떠나 분노를 키웠다. 그는 중대한 시기에 다른 나라의 얽힌 정치 상황을 이해하는 데 외국인으로서 온갖 어려움을 갖고 있었다. 시워드, 윌슨, 섬너, 필립스와 존 브라운을, 무력을 이용하여 언제든 제도권을 공격할 노예제 반대자들로 분류했다. 그가 지도적 역할을 담당하겠다고 제안한 이 운동은 그 전부터 시작되었으며, 그가 추측하기로 후원자들은 존 브라운의 애정 어린 인정을 그에게 억지로 떠넘겨놓고, 부끄럽게도 이 운동을 무시했다. 그는 분노했으며, 무일푼이었고 배상을 받을 생각이었다. 먼저 프레더릭 더글러스를 찾아보았으나, 냉담한 대접을 받았다. 맥퀸 스미스와 뉴욕의 흑인 지도자들과 더 성공적인 접촉을 가졌던 것으로 보인다. 한편으로는 즉각 저명한 공화당원들에게 편지를 보내기 시작했다.

존 브라운은 포브스의 행동이 불쾌했으나 처음에는 그다지 진지하게 생각하지 않았던 것 같다. 스프링데일에 대원들을 남겨두고, 1월에 동부로 출발하여 2월에 더글러스의 로체스터 집에 도착했다. 더글러스는 이렇게 전한다.

"그는 여러 주일 나와 함께 머물고 싶어했지만, 이렇게 덧붙였다. '당신이 내게서 숙박료를 받지 않을 거라면 머물지 않겠소.' 그가 농담을 잘하는 사람이 아니라는 것을 알고, 내 지붕 밑에 그를 보호하고 싶었던 나는 일주일에 3달러를 청구했다. 이곳에 머무는 동안 그는 대부분의 시간을 서신을 주고받는 데 할애했다. 보스턴의 조지 스턴스, 피터보로의 게릿 스미스, 그외 다른 많은 이들에게 자주 편지를 보냈으며, 많은 답장을 받았다. 편지를 작성하지 않을 때는 헌법을 만들어 개정했다. 이 헌법을 앨러게이니 산 속에서 그와 운명을 같이 할 대원들을 통해 실시할 생각이었다. 그곳에서 무질서와 혼란을 피하려면 철저하게 설립된 정부가 있어야 하며, 그와 함께할 각각의 대원들은 이 정부를 존중하고 지지하기로 맹세해야 했다······.

그의 모든 시간과 사고는 이러한 일에 바쳐졌다. 아침에 일어나서 가장 먼저 하는 일이 그것이었고, 밤이면 가장 늦게까지 하는 일이 그것이었으므로, 나로서는 좀 지겨워지기 시작했다는 사실을 고백하지 않을 수가 없다. 이따금 그는 불굴의 의지를 지닌 몇 사람만 있으면 하퍼스 페리를 점령하여 그곳의 정부 무기를 자신이 차지할 수 있을 거라고 말하곤 했지만, 그렇게 하겠다는 의도를 드러낸 적은 한 번도 없었다.

그러나 그의 마음속에서 하나의 가능성으로 자라나고 있었던 것은 분명했다. 나는 그런 말에 별로 주의를 기울이지 않았다. 그가 자신의 입으로 말한 바로 그 일을 염두에 두고 있었다는 것을 결코 의심하지는 않았지만. 그는 내게 온 후 머지않아서 매끄러운 판지 2장을 얻어 달라고 부탁했다. 그 위에 분할 컴퍼스로, 앨러게이니 산에 만들 요새의 계획안을 그림으로 그리고자 했던 것이다. 이러한 요새는 비밀 통로를 통해 다른 요새와 연결되도록 만들 예정이었다. 그래서 한 요새가 함락되면 다른 요새로 쉽게 거점을 옮길 수 있고, 그가 스스로 승리했다는 생각이 드는 바로 그 순간에 적에게 죽음을 안겨줄 수단이 될 수 있도록. 나는 내 아이들만큼 이러한 도면에 관심이 크지는 않았다. 하지만 그 도면은 노인이 목적뿐 아니라 수단에 유의하며, 곧 착수할 일에 온 마음을 쏟고 있다는 것을 보여주었다."[24]

로체스터에서 그의 친구들이 보낸 듯한 편지들이 왔다. 그는 여러 유형을 가진 노예제 폐지론자들의 강한 애착을 확신하지 못했다. 테오도르 파커에게 이렇게 적었다.

"다시 캔자스를 떠나 있습니다. 이번에는 내 소재를 감추었소. 그러나 지난 봄 보스턴에서 그렇게 했던 것과는 매우 다른 여러 이유가 있어서입니다. 캔자스뿐만 아니라 세상이 깊은 관심을 갖고 있는 중대한 대책을 실행하기 위한 준비를 거의 마쳤소. 다만, 이 일을 마치기 위해 필요한 500~800달러가 부족할 뿐입니다. 지난 가을에 비밀 활동 자금을 요청했던 것과 똑같은 목적에서지요. 그것이 이곳에서 내가 유일하게 해야 할 일입니다.

이 일에 관해 우리의 몇몇 친구들에게 편지를 적어보냈으나, 그들은 어느 누구도 당신만큼 내 계획을 이해하지 못했습니다. 그들의 솔선수범이 없다면 내가 그들의 행동을 어찌 알겠습니까. 파커 필스버리(Parker Phillsbury)와 당신의 숙사에 있는 일부 다른 사람들이 내 생각과 비슷한 계획을 약속하고 있다는 이야기를 들었습니다. 그러나 나는 개인적으로 그들과 친분이 없으며, 그들의 권세나 재력에 대해 아무것도 알지 못합니다. 당신이 직접 행동이나 간접 행동으로 내게 뭔가 조처를 취해주실 수는 없겠습니까? 당신은 그들의 노예제 폐지 이론이 철저할 만큼 실질적인 모양새를 갖출 수 있도록 해준 모임들을 알고 있습니까? 친구를 이런 식으로 귀찮게 할 수밖에 없는 상황으로는 이번이 마지막이 되길 바랍니다. 보스턴이나 워세스터, 또는 다른 어느 곳에서든 나의 자비로운 친구들 중에 권유를 받아 '아주 조금'이라도 자금을 댈 사람이 있을까요? 내가 온 힘을 다해 수고한다면 말입니다. 메드퍼드의 조지 스턴스와 콩코드의 샌번 씨에게 편지를 보냈으나, 그 친구들이 얼마나 깊이 물든 노예제 폐지론자들인지에 대해서는 아무런 이야기를 듣지 못했으니, 당신이 이 서신을 극비로 여겨주시길 간청해야 할 것 같군요. 앞으로 60일 동안 그렇게 했으면 좋겠습니다."[25]

히긴슨에게는 이렇게 적었다.

"조금 확장된 규모의 철도사업은 내가 현재 방법을 찾아보려 애쓰는 것과 똑같은 목적을 갖고 있습니다. 나는 어린 시절부터 그 사업과 연결되어 있었으며, 어떤 기회도 놓치지 않았습니다. 지난 계절에는 많은 효과를 보았습니다. 내 친구들인 스턴스와 샌번에게 바로 얼마 전에 편지를 보내, 뉴욕의 피터보로에서 만나 상의하자고 했습니다. 당신도 와주시기를 간절히 바랍니다. 당신이 협의회의 한 사람이었다는 사실을 결코 후회하지 않을 거라고 나는 확신하기 때문입니다."[26]

보스턴 사람 히긴슨은 주저하며 브라운에게 보스턴으로 오라는 뜻을 내비쳤다. 자신의 존재가 너무 잘 알려져 있기 때문이라며. 마침내 샌번 혼자서 브라운을 만나러 갔으며, 자신의 경험을 이렇게 말한다.

"저녁 식사를 마치고 응접실에서 손님들과 몇 분 동안 이야기를 나눈 뒤, 나는 스미스 씨와 존 브라운, 내 학교 친구인 모턴과 함께 3층에 있던 모턴의 방으로 갔다. 이곳에서 긴 겨울 저녁이 지나도록, 버지니아 출정에 관한 브라운의 전체적인 계획 요강이 우리의 소규모 협의회 앞에 펼쳐졌다. 그 자리에 있던 사람들은 깜짝 놀랐으며, 당황하기까지 했다.

브라운은 자신의 대원들과 그들이 점유할 지역의 정부를 위해 그린 헌법을 내보였다. 식량 문제를 설명하고, 대원들의 계획된 움직임을 손으로 가리켜가면서 알려주었으며, 5월 중순을 공격 시기로 거론했다. 위험한 모험을 시작하기 위해 겨우 800달러를 요청했으며, 1,000달러만 있으면 자신을 부자라고 생각할 터였다. 친구들에게 질문을 받고 반대 의견을 들은 그는 조직화와 요새화의 방법을 자세하게 그들 앞에 펼쳐 보였다. 가능하다면 남부에 거류지를 만들고, 필요하다면 북부를 통해 퇴각하는 상세한 방법들에 대해 설명했다.

그는 친구들에게서 자신의 설명을 들어줄 끈기와 그의 계획에 관한 솔직한 의견, 그리고 우리가 그에게 줄 수 있는 자금과 지원군의 원조를 원했다. 우리는 자정이 지나도록 귀를 기울이며 반대 의견을 내거나 어려움을 제기했으나, 그 어떤 것도 이 엄격한 노인의 결심을 흔들지 못했다. 노인은 모든 어려움을 이미 예상했으며, 어떤 방식으로든가 극복방법을 마련해두었다. 무엇보다도 큰 어려움—그토록 빈약한 물자로 그토록 크나큰 일을 수행할 가망성은 분명 없다는—은 성서에 잘 드러나 있었다.

'만일 하나님이 우리를 위하신다면 누가 우리를 대적하리오?'

그는 거의 모든 준비를 갖추어놓았다. 많은 대원들을 입대시켰으며, 수백 정의 무기를 마련해두었다. 이제 그가 원하는 것은 약간의 자금뿐이었다. 그 자금이 마련되면 봄에 전쟁을 시작할 것이며, 그 계획은 그의 말대로 '대가를 치를 것'임을 의심치 않았다.

2월 23일에 다시 토의가 시작되었으며, 충분한 시간이 있을 때면 보통 그렇듯이, 캡틴 브라운은 친구들의 반대를 압도하기 시작했다. 우리들은 어떤 희생을 치르더라도 그의 옆에서 돕던가, 그가 급습하기로 결심한 요새에 그가 한 몸을 내던지도록 그를 떠나야 하리라는 것을 알았다. 도움을 보류한다고 해도 그를 막는 것이 아니라 지연시킬 뿐이리라. 그를 적에게 아주 팔아넘긴다고 하더라도 마찬가지일 것이다.

우리가 만난 지역의 눈 쌓인 구릉지대 너머로 뉘엿뉘엿 해가 질 무렵, 나는 게릿 스미스와 함께 한 시간 동안 숲과 들판(당시 그의 드넓은 영지에 속해 있던)을 거닐었다. 그의 아버지가 인디언들에게서 구입해 그에게 물려준 땅이었다. 브라운은 집의 불가에 남겨져 웰링턴 밑에서 지휘관을 지낸 적이 있으며, 우연히 그 집에 들렀던 늙은 찰스 스튜워터와 함께 논점들을 상의했다. 스미스 씨는 예의 그 능변으로 브라운의 대담한 계획을 다시 언급했다. 그는 브라운의 취지를 충분히 이해했다. 그러더니 실제로 이런 말을 했다.

'당신도 어떤지 아실 겁니다. 우리의 존경스런 노년의 친구는 이 방향으로 이미 마음을 정했으며, 방향을 바꿀 수는 없을 것입니다. 우리는 홀로 죽어가도록 그를 포기할 수는 없습니다. 그를 지원해야 합니다. 내가 그를 위해 그 정도의 자금을 모금하겠습니다. 당신은 매사추세츠에 있는 당신 친구들에게 실정을 얘기해야 합니다. 어쩌면 그 친구들도 같은 행동을 할 것입니다. 내가 보기에는 다른 방법이 없습니다.'

나도 이미 같은 결론에 이르렀으며, 브라운이 편지를 보냈던 3명의 매사추세츠 친구들과 브라운이 제안한 이 계획만큼이나 극단적인 행동을 이따금 장려했던 하우 박사에게도 그 계획을 당장 알렸다. 나는 2월 25일에 보스턴으로 돌아갔으며, 같은 날 테오도르 파커와 웬트워스 히긴슨에게 편지로 이 계획을 알렸다.

파커의 제안에 따라 뉴욕 블루클린에 가 있던 브라운은 비밀리에 보스턴을 방문해 달라는 초청을 받았으며, 3월 4일에 하노버 가에 있던 아메리칸 하우스의 한 방에서 파커를 만나, 그곳에 머물던 나흘 동안 대부분의 시간을 파커의 방에서 보냈다. 파커 씨는 이번 계획에 깊은 관심을 갖고 있었으나, 성공을 그다지 낙관하지는 않았다. 그는 그 계획이 시도되는 것을 보고 싶어했다. 실패한다 하더라도 좋은 결과를 가져올 것이 분명하다고 믿었다. 브라운은 3월 8일 월요일까지 아메리칸 하우스에 머물다가 필라델피아로 떠났다."

3월 6일에 그는 보스턴에서 아들 존에게 편지를 적어보냈다.

"이곳에서 애정 어린 대접을 받아, 적어도 웬만큼은 성공하리라 확신한다. 감사한 일이 아닐 수 없다. 몇 명의 좋은 친구들과 조용한 모임을 가져서 모든 일이 이루어졌다. 내가 이 도시에 와 있다는 사실은 거의 알려지지 않았다."[27]

모금운동은 샌번과 스미스에게 맡기고, 브라운은 그의 흑인 친구들에게 주의를 돌렸다. 그 사이 장남에게 이렇게 적었다.

"네가 펜실베이니아의 유니언타운과 베드퍼드, 챔버스버그, 게티스버그를 찾아가 천천히 돌아보면서, 도중에 만나는 모든 사람들이나 괜찮은 모든 가족들에게 이런저런 사정을 물어보고, 네가 할 수 있는 만큼 상황을 파악하게 하고 싶다는 생각을 해왔다. 그러한 곳들의 위치를 보면, 그 지역의 지인들을 알아두는 것이 좋으리라는 사실을 금세 알게 되리라."[28]

얼마 후 2통의 감동적인 편지를 썼다. 한 통은 큰딸에게,

그리고 다른 한 통은 든든한 친구 샌번에게.

루스 브라운에게는 이렇게 적었다.

"네 어머니와 자식들을 보고 싶다는 열망을 굳이 다시 적을 필요가 있을까. 내 큰 아기 루스의 아기가 너무나 보고 싶구나. 그 어린 양이 지금쯤 얼마나 자랐는지도 보고 싶다. 내 가엾고 슬픔에 잠긴, 절망적인 아이들의 울음소리 때문에 나는 그토록 갈망하는 행복을 누리지 못할지도 모른다. '그들의 볼에 흐르는 눈물'은 내 눈에서도 흐르며, 그들의 웃음은 언제나 내 귀에도 들린다. 그러나 용기를 내라. 용기를, 용기를 내라! (나는 주님을 알지 못했으나, '나를 인도하고, 참으로 내 오른손을 붙드시더니, 아직도 내 손을 붙들어주실' 보이지 않는 손이 있어) 내 평생의 과업을 이룰 수 있을 것이며(하나님이 도와주시니), 돌아가 '저녁에 쉴 수 있으리라'.

오, 내 딸 루스! 네가 어떻게든 헨리를 '학교'에 보낼 방법을 강구할 수만 있다면(네가 캔자스에 있는 헨리에게 보낸 편지에 적었듯이), 이 아비는 수백 명의 보통 학자보다는 차라리 그에게 '한 학기의 공부를' 더 시키고 싶구나. 그가 '학교'를 대신하여 채울 자리, 각별하고 매우 중요하지만 위험하지 않은 자리를 마련해놓았다. 이 아비는 살아 있는 사람 가운데 그 자리를 채우는 데 그토록 잘 어울리는 이를 알지 못한단다. 너와 네 아이들이 그와 함께하며, 행복하고 안전하게 살 수 있는 방법을 찾을 수 있을 거라 확신한다. 고통에 처한 너에게 괜한 말을 하는 것은 절대 아니란다!"[29]

친구 샌번에게는 이렇게 적었다.

"내가 힘쓰고 있는 넓은 들판과 이 나라뿐만 아니라 온 세상이 현재와 미래 세대에 성공적으로 경작해서 거두어들일 풍성한 수확을 보러 오시면, 당신이 그 안에 있음을, 완전한 일체임을 느끼실 거라고 믿습니다. 당신의 조언과 당신이 보여주는 본보기, 당신의 격려, 전시에 보여주는 당신의 타고난 능력과 습득한 능력이 끼친 영향은 상상하기 어려울 정도입니다! 그러면 우리가 잃을 것은 참으로 적을 것입니다! 이 대의는 인생의 목적이 되기에 충분합니다. 분명히. 내 평생 60여 년 세월 동안, 이런 기회는 단 한 번밖에 없었습니다. 그리고 앞으로 그보다 10배를 더 오래 살 수 있다 하더라도, 다시는 이와 동등한 기회를 가질 수 없을 것입니다. 하나님은 참으로 엄청나고 자기 만족을 주는 보상을 얻을 모든 가능한 기회를 아주 적은 수의 인류에게 주셨습니다. 그러나 내 사랑하는 친구여, 당신이 그렇게 하기로 마음을 정하신다면, 그 대가를 철저하게 따진 뒤에 오로지 당신 자신의 용기에서 그렇게 하실 거라고 믿습니다. 나는 어느 누구도 아첨으로 이런 일에 끌어들이지는 않을 것입니다. 그것이 쉬운 길이라 할지라도.

나는 오로지 가혹한 어려움을 견딜 작정을 하고 있습니다. 그러나 삼손*의 마지막 승리와 비슷하더라도, 엄청난 결과를

---

* **삼손** 구약성서에 나오는 힘이 센 사사(士師)였으나, 애인 들릴라에게 속아 장님이 된 뒤 적에게 인도되었다.

얻어낼 것이라 예상합니다. 나는 젊은 시절에 여러 해 동안 끊임없이 죽고 싶다는 강한 열망을 느꼈습니다. 그러나 많은 수확을 '거두어들이는 사람'이 될 가망을 본 뒤로, 자진해서 살고 싶다는 욕망을 느꼈을 뿐만 아니라, 삶을 한껏 누렸습니다. 지금은 도리어 몇 년 더 살고 싶은 마음만 가득합니다."[30]

―2―
# 흑인 동지들과의 만남

시온이여, 깰지어다, 깰지어다, 네 힘을 입을지어다.

 1830년에서 1840년까지의 10년은 미국 흑인들이 겪은 가장 험난한 고난의 시기였다. 노예제도를 면화 왕국의 초석으로 만든 거대한 경제적 변화는 명백히 끝났으며, 그에 뒤따른 모든 미묘한 정신적 변화는 최고조에 달했다. 새로운 이민자들은 흑인에게는 노예제도가 적합하다는 것을 발견하고 흑인을 노예제도 안에 가두기로 한, 점차 커지는 편견을 악용했다. 그들은 격렬한 경제전쟁에 북부 자유 흑인을 몰아넣기 시작했다. 북부 자유 흑인들은 사회적 발판이 부실하고, 경제조직이 약하며, 여론의 지지를 받지 못하여 복종할 수밖에 없었다. 필라델피아에서는 1829년에서 1849년까지 폭력배들과 국외자 폭도들이 여섯 차례나 이 흑인들을 위협하고 살해했다. 중서부와 특히 오하이오에서는 1804년부터 1807년에 가혹한 '흑인법'이 제정되어, 다음과 같은 조항이 들어갔다.

(a) 흑인이 오하이오에 정착하려면 다른 두 명의 남자 노예가 그의 올바른 행위와 부양을 보장하고 500달러를 제공하겠다고 서명한 계약서를 20일 이내에 제출해야 한다.

(b) 도망 노예에게 은신처를 제공하거나 숨겨준 사람에게는 처음에는 50달러, 그 다음 번에는 100달러를 부과하며, 고발인에게 이 벌금의 절반을 주고, 교구 민생 위원에게 나머지 절반을 준다.

(c) 흑인은 백인이 관련된 어떠한 소송 사건에서도 증거를 제시할 수 없다.[1]

그러나 이러한 법률은 1829년까지 공문(空文)화한 법률이었다. 1829년에 흑인 이민 수가 점차 늘어나면서 흑인 이민 관리가 신시내티 당국을 설득하여 이러한 법률을 실시하도록 했다. 흑인들은 30일간의 유예 기간을 얻어 캐나다에 대표단을 보냈다. 대표단은 60일이 지나도 돌아오지 못했으며, 백인들은 이 법률을 시행하기 위한 더 이상의 노력을 목격하지 못하자 폭동을 조직했다. 사흘 동안 흑인들은 거리에서 죽음을 당했으며, 결국 자신들의 집에 바리케이드를 치고 상대의 사격에 맞서 총을 쏘았다. 그 사이 캐나다의 주지사가 "충심으로 그들을 환영하겠다"는 전갈을 보내왔다. "당신들 편에 선 공화당원들에게 우리 왕당원들은 피부색으로 사람을 판단하지 않는다고 전하시오. 당신들이 우리에게 온다면, 당신들에게는 폐하의 나머지 신민들의 모든 특권이 부여될 것이오."[2]

이 소식을 접하자 2,000명의 흑인들은 캐나다로 가서 윌버포스를 건설했다. 그 사이 전국 흑인 대표자대회가 1830년 필라델피아에서 소집되었다. 이런 대회는 처음이었다. 이 대회는 1831년의 한 휴회 기간에 일반 대중에게 다음과 같이 발표했다.

"총체적인 노예 해방의 대의는 외국의 강력하고 유능한 친구들을 끌어들이고 있다. 영국과 덴마크는 오늘날 박애주의자들의 가슴에 그들의 인간애를 영원히 심어줄 임무를 다했다. 한편 그들의 미덕에 대한 틀림없는 찬사로, 후세가 그들을 기억하기 위해 불후의 기념비를 세울 것이다. (그러니 우리는 하나님에게 우리가 태어난 땅에 대해 주장할 수 있을 것이다.)

대표자대회가 부끄러워 고개를 떨구고 얼굴을 붉힐 이유를 가졌을 때에야 우리는 우리 자신의 고향, 우리 아버지들의 발상지, 번영을 위해 아버지들의 피와 우리의 땀을 흘리고 잔혹한 취급을 당한 땅에 시선을 돌린다. 위헌적이고 불법적일 만큼 스스로 잔혹한 법률이 의지할 곳 없고 죄 없는 우리 불쌍한 형제들의 뜻을 거슬러 여러 곳에서 제정되었다. 그러나 우리는 이 주제에 오래 매달리고 싶은 생각이 없다. 너무나 분명하게 느껴져서 굳이 설명이 필요하지 않기 때문이다…….

우리가 대표자대회를 개최한 원인은 이러한 박해 정신 때문이었다. 우리가 캐나다에서 피난처를 찾을 수밖에 없었던 것은 이 때문이었다. 우리는 형제들에게 알릴 수 있어 기쁘노

라. 그 지역에 정착지를 확립하려는 우리의 노력이 헛되지 않았노라고. 우리의 미래는 밝다. 우리의 친구들과 우리의 자금은 날로 늘어나고 있다. 아무리 낙관적인 기대조차도 훨씬 능가하는 기적이 이루어졌다. 이미 우리의 형제들은 800에이커의 땅을 구매했으며, 그들 2,000명은 그들이 태어난 땅을 떠나 국경을 넘어서, 이 미국의 유색 인종에게 피난처를 약속해 주는 기구를 만들 초석을 놓았다. 그들은 200채의 통나무집을 세웠으며, 500에이커의 땅을 경작하고 있다."

'근육 노동체제에 따른' 대학을 하나 만들자는 계획이 수립되었다.

"이 미국 땅에 존재하는 많은 우리 형제들의 무식하고 타락한 현 상태(그간 이 대회가 심히 염려해온)는 새삼 놀랄 일도 아니기 때문이다(비록 우리의 적들이 인류 가운데 우리가 열등한 등급에 속한다는 것을 보여주기 위해 악용하기는 했지만). 아니, 이들이 인격 수양이나 인격 향상을 하기 위한 기회를 가진 적이 있단 말인가? 그러나 한 민족의 단순한 무지는 책을 통해 지식을 쌓거나 세상과의 광범위한 접촉을 통해 없앨 수 있으며, 그들이 지적으로 무능하다고 판단할 만한 공정한 근거가 될 수는 없다. 지금의 우리처럼, 개화된 문명사회에 풍성하게 존재하는 많은 지식의 원천들에서 언제나 멀리 떨어져 있던 민족에게 너무나 쉽게 그 탓을 돌렸던 정신과 인격의 타락은, 다른 이유에서 비롯된 것이 아니라 바로 우리의 불행한 상황과 환경에서 비롯되었다는 것이 여러 두드러진 사례

에서 나타났지 않은가."³⁾

이 대회는 1833년에 다시 만나 캐나다에 정착하는 계획을 더욱 심도 있게 논의했다. 이들은 5년 동안 해마다 지속적으로 집회를 열었으며, '미국 도덕 개혁협회' 대회로 이어졌고, 이 협회 참가자들은 2년 동안 더 만났다. 그 사이 냇 터너가 버지니아와 남부를 공포의 도가니로 몰아넣었다. 이로 말미암아 북부는 진압의 물결로 출렁거렸고, 결국 1937년 펜실베이니아 흑인들의 공민권 박탈로 이어졌다.

이 모든 사건에도 불구하고 흑인들은 싸움을 계속해 나갔다. 게다가 대대적으로 연 집회들은 여러 피닉스협회를 발생시켰으며, 이러한 협회는 도덕과 문학, 기계적 기술의 향상을 촉진하려는 특별한 목적에 따라 자체적으로 세분화된 흑인 조직을 만들 계획을 세웠다. 루이스 태펀(Lewis Tappan)은 그의 자서전에서 이러한 내용을 언급하고 있다. 한 가지 사회 특색이었던 "지적 향연"은 펜실베이니아와 서부의 일부 내륙 도시에서 30년 동안 이어졌다.⁴⁾

최초의 흑인 신문인 〈자유의 신문〉이 1827년에 창간되었으며, '매사추세츠 전 흑인협회' 같은 조직들이 노예제 폐지론자들과 협력했다. 영국령 서인도제도에서의 노예 해방 소식은 흑인들에게 용기를 불어넣었으며, 사실 자유의 몸이 된 북부 흑인들의 효과적이고도 자기 희생적인 오랜 노력이 없었다면, 미국의 노예제 폐지운동은 그만큼 성공할 수 없었을 것이다. 게리슨의 '해방자'에 최초로 가입한 사람은 필라델피아의 한 흑인 남자였으며, 흑인들이 노예제 반대협회에 입회할 수 있기 전과 후에, 그들의 도움은 헤아릴 수 없을 만큼 컸다. 서부에서는 금지에도 불구하고 학교를 세우려는 싸움이 1830년에서 1840년까지 이어졌으며, 이윽고 부분적으로 공적 자금의 지원을 받은 광범위한 흑인 학교체제라는 결과를 가져왔다.

1840년이 가까워지면서 밝은 전망의 징후들이 점차 모습을 드러내기 시작했다. 서인도제도의 한 사람은 1837년 필라델피아의 흑인 학교에 기금을 기부했다. 흑인 인구는 그 10년 사이에 230만에서 290만으로 증가했으며, 자유 흑인들 사이에서 경제적 성공의 증표들이 보였다. 필라델피아에서는 1838년까지 100개의 소규모 이로운 협회들이 생겨났다. 오하이오의 흑인들은 1840년에 1만 에이커의 땅을 소유했으며, 한편 캐나다 망명자들은 번창하기 시작했다. '흑인 비밀 공제조합'을 설립한 크리올 흑인들의 폭동과 10년 만에 '흑인 감리 감독파 교회'의 수가 배로 증가한 사실은 오랜 고난의 시기를 보낸 후의 각성을 말해주었다.

1840년에서 1850년까지의 10년은 새로운 시대였다. 북부 자유 흑인들에게는 자기 주장과 신속한 진보의 시대였던 것이다. 처음으로 의심할 여지 없는 능력을 갖춘 의식 있는 지도자들이 나타났다.

보스턴에는 이 나라와 프랑스에서 교육받은 의사이자 '매사추세츠 의사협회' 회원이었던 드 그라스(De Grasse)가 있었다. 로버트 모리스(Robert Morris)는 법원 소속 변호사였으며, 데이비드 워커(David Walker)도 마찬가지였는데, 1829년에 그의 '심판에 대한 항의'는 온 나라를 떠들썩하게 했다. 윌리엄 웰스 브라운(William Wells Brown)과 윌리엄 넬(William Nell)은 저작 활동을 보여주었으며, 찰스 레녹스 레몬드(Charles Lenox Remond)는 최초의 노예제 폐지 연설가 가운데 한 사람이었다. 뉴욕에는 천부의 재능을 타고난 설교자 헨리 하이랜드 가넷(Henry Highland Garnet)이 있었고, 흑인 학교들을 효과적인 기관으로 만든 교사들인 리슨(Reason)과 피터슨(Peterson)이 있었다.

맥큔 스미스는 당대의 가장 뛰어난 의사 가운데 한 사람이었다. 필라델피아에는 노예제 폐지론자 로버트 퍼비스(Robert Purvis)가 있었고, '지하철도'의 윌리엄 스틸(William Still)이 있었으며, 연회 음식 조달사업을 일으킨 세 사람, 도르시(Dorsey)와 존스(Jones), 민튼(Minton)이 있었다. 부유한 흑인 제재 상인 스티븐 스미스(Stephen Smith)가 노령의 흑인들에게 수여한 기부금은 40만 달러에 이르렀으며, 오늘날 지라드와 벨몬트 가의 귀퉁이에 그 흔적이 서 있다.

서부 펜실베이니아에는 배숀(Vashon)과 우드슨(Woodson)이 있었으며, 서부에는 클리블랜드 도서관의 사서였던 데이(Day)가 있었다. 오벌론에는 랭스턴가의 세 아들들이 있었으며, 신시내티에는 보이드(Boyd)와 윌콕스(Wilcox)라는 상인들이 있었다. 글자는 모르지만 용감하고 영리한 도망 노예 지도자들은 그밖에도 사방에서 모습을 드러냈다.

이런 500명의 흑인 선구자들이 20년 동안 노예주와 자유주를 오갔으며, 그들 가운데 해리엇 터브먼과 조자이어 헨슨(Josiah Henson)은 두드러졌다고 한다. 이 두 사람은 수천 명의 흑인들을 북부와 캐나다로 데려갔다. 그 중에서도 으뜸가는 사람은 1817년에 태어나 1838년에 자유를 찾아 다시 태어난 프레더릭 더글러스였다. 그는 1841년에 최초의 연설을 했으며, 그후 10년 동안의 노예제 반대 투쟁에서 탁월한 역할을 해냈다. 1845~1846년에는 영국으로 망명했으며, 1847년에 미국으로 돌아와 신문사를 차리고 존 브라운을 만났다. 그뒤로 그는 존 브라운의 가장 절친한 흑인 친구가 되었다. 교회들도 존 브라운의 친구인 로구엥과 고매한 다니엘 페인(Daniel Payne) 같은 주교를 사회 지도자로 양성했다.

1847년 무렵 이러한 자유 흑인 집단에서 새로운 삶이 나타났다. 피터 오그덴(Peter Ogden)이 지도하던 비밀 공제조합은 백인들의 압제에 대항하여 그들의 독립을 지켰으며, 일련의 새로운 전국 흑인 대표자대회 중 최초의 대회가 뉴욕 트로이에서 열렸다.

"프레더릭 더글러스가 만든 〈노스스타〉 첫 호의 첫 기사가 1848년 1월에 출간되었는데, 이 기사는 1847년 뉴욕 트로이의 '자유의 거리 교회'에서 열린 이 대회를 널리 알렸다."

이듬해인 1848년, 클리블랜드는 비슷한 전국 대표자대회를 환영했다. 거의 70명에 이르는 대표단이 9월 6일에 그곳에 모여, "법원 청사와 예배당을 오가며 회의를 열었다. 프레더릭 더글러스가 의장으로 선출되었다. 이전에 열린 여러 대표자 대회에서 교육을 장려했듯이, 통계적인 정보의 중요성을 언급했으며, 금주(禁酒)협회를 역설했다."[5]

대표단의 전형적인 특징은 인쇄공, 대장장이, 제화업자, 기관사, 치과의사, 총포공, 농부, 내과의사, 미장이, 석공, 전문학교 학생, 성직자, 이발사, 노동자, 통장이, 마차 세놓는 집의 관리인, 목욕탕 관리인과 식료 잡화상 등이 회원으로 참석했다는 사실로 드러났다.[6]

같은 해 프레더릭 더글러스는 뉴욕 버펄로에서 열린 한 '자유 토지'(노예의 사용을 허용하지 않은 지대) 대표자대회에 참석했으며, 이렇게 적었다.

"이 대회에 참석한 사람 가운데 전국에 잘 알려진 흑인이 나만 있는 건 아니었다. 새뮤얼 링골드 워드(Samuel Ringgold Ward), 헨리 하이랜드 가넷, 찰스 레몬드, 헨리 빕(Henry Bibb)도 참석했으며, 그곳에 모인 수천 명의 참석자들은 이들의 연설을 듣고 놀라움과 희열에 찬 반응을 보여주었다. 한 사람의 흑인으로서 나는 유능한 백인들 앞에서 이들의 연설에 귀를 기울이며 나의 대의에 대한 지대한 용기를 느꼈고, 힘이 샘솟는 듯했다. 특히 워드 씨는 그 대회에서 주의를 끌었다. 웅변가이며 사상가인 그는 우리들 중 어느 누구보다 뛰어난 사람이었는데, 온전하게 흑인이었고 순수한 아프리카 혈통이었으며, 그의 탁월한 식견은 흑인 인종의 영광에 직접적으로 가 닿았다. 사고의 깊이, 거침 없는 능변, 임기응변, 논리적인 정확성, 총체적인 이해력을 갖춘 새뮤얼 워드는 우리 흑인들 중에 따라갈 자가 없었으며, 그가 한 외국의 땅에 묻혔을 때 우리의 대의에는 슬픈 날이었다."[7]

그 다음 10년은 350만이 넘는 미국의 흑인들—1840년 이후로 엄청난 증가를 보였다—이 열었다. 새로운 도망노예송환법에도 불구하고 현저한 생식력과 번식력을 암시했다. 캐나다 흑인들은 엘긴과 다른 여러 정착지에서 조직화되고 있었으며, 흑인 침례파의 수는 15만 명으로 알려졌고, 뉴욕의 흑인들은 116만 달러 상당의 저당 잡히지 않은 재산을 갖고 있는 것으로 판명되었다. 도망 노예들의 탈출은 이제 '자유연맹', '해방연맹' 또는 '아메리카의 수수께끼' 등으로 다양하게 외부인에게 알려진 비밀조직과 '지하철도'를 통해 체계화되었다. 여기에 14개의 캐나다 '참된 자들의 모임'이 추가되었으며, 각각의 모임에는 수백 명의 회원이 있었다.

여러 경우에 주 차원의 대표자대회가 소집되었으며, 가장 상징적이고 이성적인 전국 대표자대회가 1853년에 뉴욕 로체스터에 있는 더글러스의 집에서 열렸다. 이 대회에서 이주 계획을 통한 흑인 자유민의 영구적인 구제라는 희망에 분명히 반대하는 의견이 나왔다. 이와 반대로, 대회는 긍정적이고 건설적인 행동에 힘을 결집시켜 다음과 같은 세 방안을 마련했다.

(1) '근육 노동체제에 따른' 산업 대학 건립. 영국에 있는

친구들의 의뢰에 따라 영국을 방문할 예정인 해리엇 비처 스토위(Harriet Beecher Stowe)에게 그 나라의 흑인들을 대신하여 대학 설립 기금을 받아오는 권한이 주어졌다. "그런 배움 기관의 성공적인 설립과 운영은 젊은이들을 독립적이고 숙련된 노동자로 훈련시켜, 이곳에 만연한 조건에서 삶의 투쟁에 힘을 쏟는 데 적합하게 만들어줄 것이다."

(2) 합중국 곳곳에 흑인 기계공과 장인, 상인들을 위하고, 또한 "흑인을 기꺼이 사업장에 채용하여, 흑인 소년들에게 수공 기술과 자유롭고 과학적인 전문 지식과 농작법을 가르쳐줄 모든 사람들을 위한 직업소개소를 만들고, 일자리나 교육을 원하는 흑인 성인과 젊은이들을 위한 직업소개소도 만든다."

(3) '모든 사실과 통계와 대차표, 흑인의 모든 전기와 역사 기록과 법률, 흑인 작가가 쓴 모든 책자를 수집'하기 위한 출판위원회 건립. 나아가 이 위원회에게는 '흑인의 특색이나 처지와 관련하여 기록할 만한 가치가 있는 모든 습격의 응전 기록을 출판'할 수 있는 권한도 주어졌다.[8]

이주를 반대하는 이 대회의 급진적인 입장 때문에 1854년에 한 독특한 이주 흑인 대표자대회를 열 수밖에 없었다. 이 대회는 나중에 존 브라운의 채덤 비밀회의에서 의장을 맡은 사람과 같은 사람이 의장을 맡아 진행되었는데, 이 대회에 참석한 일부 흑인들이 채덤 비밀회의에도 참석하였다.

"이 이주 대표자대회에는 각자 이주하고자 하는 외국의 들판에 따라 세 집단이 있었다. 델러니 박사는 아프리카의 니게르 밸리로 가고자 하는 집단을 이끌었으며, 휘트필드는 중앙 아메리카로 가기를 좋아하는 집단, 홀리는 아이티로 가고 싶어하는 집단을 이끌었다.

이 대회는 이 모든 집단을 인정하고 끌어안았다. 델러니 박사에게는 아프리카 니게르 밸리로 갈 수 있다는 위임장이 주어졌으며, 휘트필드에게는 중앙 아메리카로, 홀리에게는 아이티로 갈 수 있다는 위임장이 주어졌다. 이들은 이 다양한 나라의 당국들과 흑인 이주자들에 관한 협상에 들어가서 앞으로 열릴 대회에 보고하도록 되어 있었다.

자신의 임무를 가장 먼저 수행한 사람은 홀리였다. 그는 1855년 아이티로 내려가서, 고 히포라이트 대통령의 아버지인 내무부장관을 교섭했으며, 내무부장관은 그가 파우스틴 1세 황제를 배알하도록 주선했다. 그 다음 번의 이주대회는 1856년에 캐나다 웨스트의 채덤에서 열렸으며, 이 대회에서 아이티에 관한 보고가 이루어졌다.

델러니 박사는 1858년에 영국을 경유하여 아프리카의 니게르 밸리로 떠났다. 그곳에서 그 자신과 8명의 국왕이 서명한 조약을 체결하였다. 그들의 영토로 이주하는 흑인 이주민들에게 자극이 될 만한 여러 제도를 만든다는 내용이었다. 휘트필드는 캘리포니아로 갔다. 나중에 그곳을 떠나 중앙 아메리카로 갈 생각이었으나, 행동으로 옮겨보기도 전에 샌프란시스코에서 세상을 떠났다.

한편, (제임스) 레드패스는 하퍼스 페리 습격 사건 후에 존 브라운의 한 대원으로서 아이티로 가서, 아이티 정부에 의해 '미국의 아이티 이민국장'으로 임명됨으로써 홀리가 뿌려놓은 씨앗의 첫 결실을 수확했으나, 그와 협력하도록 홀리 경을 보내야 한다는 속달 훈령이 떨어졌다. 레드패스는 미국에 도착하자마자, 연간 1,000달러와 이주자들의 아이티 여행 경비를 지급하는 아이티 정부의 한 위원회를 홀리 경에게 맡겼다. 1861년에 필라델피아에서 첫 이주자 집단이 왔다."[9]

'미국 노예제 반대협회'가 구성된 1833년, 흑인 대표자대회 운동을 통해 단련된 퍼비스와 바르바도스 같은 흑인들이 이 협회를 설립하는 데 참여했다. 1856년까지 '아프리카 감리교 교회'는 1만 명의 교인과 42만 5천 달러의 재산을 갖게 되었다.

이 모든 진전에 대해 존 브라운은 대부분의 백인들보다 훨씬 많은 것을 알았으며, 그의 굳건한 믿음은 이러한 지식에 기초를 두고 있었다. 대부분의 미국인에게 흑인들의 은밀한 분투는 장막에 가려 알려지지 않은 이야기였다. 그들은 더글러스에 관한 소문을 들었으며, 도망 노예들에 대해 알았지만, 이 두 현상들을 가능하게 만든, 살아 있는, 조직화된, 분투하는 집단에 대해서는 전혀 몰랐다.

어렸을 때부터 흑인들에게 관심이 많았던 존 브라운은 그들 중에 개인적으로 친밀하게 알고 지낼 사람을 찾아보았다. 그는 그들을 집으로 초대했으며, 그들의 집으로 가기도 했다.

그들과 이야기를 나누고, 그들의 고난의 역사에 귀기울였으며, 조언을 해주고 그들에게서 조언을 얻기도 했다. 그의 꿈은 자신의 중대한 계획을 펼칠 때 대담하고 용감한 영혼을 지닌 이 흑인들의 원조를 얻는 것이었다.

그래서 존 브라운은 1858년 1월 동부로 갔을 때, 기금 모금 활동을 전개하는 것만이 아니라, 나아가 자신의 과업을 위해 흑인들을 조직화하는 것이 목적이었다. 이미 스프링필드에서 토머스 토머스와 프레더릭 더글러스에게 자신의 계획을 밝힌 바 있었다. 이제는 더 많은 수의 협력을 얻기로 결심했다. 특히 뉴욕과 필라델피아의 흑인들, 캐나다의 흑인들을 마음에 품고 있었다. 그러나 존 브라운은 많은 흑인들과 함께 약탈을 시작하겠다는 계획은 결코 세우지 않았다. 먼저 성공적인 일격으로 흑인들의 신뢰를 얻어야 하며, 처음에 성공을 이루고 나면 많은 흑인들의 지지를 얻을 수 있으리라는 것을 알았다. 그래서 그의 목적은 더글러스 같은 몇몇 지도자들을 끌어들여 광범위한 분파들로 모임을 조직하고, 최초의 습격 후에 도움을 얻고 신병을 보충하기 위해 이러한 모임에 의존하는 것이었다.

1858년 2월 더글러스와 함께 머무는 동안, 그는 여러 명의 흑인 지도자들에게 편지를 보냈다. 뉴욕의 제임스 글로세스터(James N. Gloucester)와 헨리 하이랜드 가넷, 시카고의 존 존스(John Jones), 자이온 교회의 로구엥 등. 로드아일랜드 주의 다우닝(Downing)과 마틴 델러니에게도 편지를 보냈다.

보스턴과 피터보로에 다녀온 후의 2월 23일, 가장 절친한 흑인 친구들 중 하나인 로구엥과 관련하여 일기에 이렇게 적었다.

"3월 1일이나 그 무렵쯤에 그와 함께 (캐나다로) 갈 준비가 될 것 같다."[10]

3월 10일, 존 브라운과 그의 장남, 헨리 하이랜드 가넷, 윌리엄 스틸과 다른 동료들은 필라델피아 롬바드 가 921번지에 있는, 부유한 흑인 제재 상인 스티븐 스미스의 집에서 만났다. 브라운은 이 도시에서 일주일 가량 머물며 필라델피아의 모든 주요 흑인 지도자들과 여러 번 긴 회의를 열었던 것으로 보인다. 3월 18일, 뉴헤이번에 머물며 프레더릭 더글러스와 로구엥에게 편지를 보냈다.

"28일이나 30일쯤에 떠날 예정입니다."

비용을 절감하기 위해 먼 길을 걸었던지라 급하게 집에 한 번 들른 후, 다시 4월에 더글러스의 집에 나타났다. 글로세스터가 뉴욕에서 그를 위해 약간의 자금을 모았으며, 그는 아마 필라델피아에서 얼마간의 자금을 받았던 것 같다. 이윽고 그는 캐나다로 얼굴을 돌렸다.

그는 오래 전부터 캐나다를 보고 싶어했으며, 벌써 오래 전인 1846년에 방문 계획을 세워두었다. 예전에 노스엘바 도망자들 가운데 한 명을 이쪽으로 보낸 적이 있었다. '브리티시 아프리칸 교회'의 주교가 된 월터 호킨스(Walter Hawkins)였다. 4월 8일, 존 브라운은 아들에게 이렇게 적었다.

"네가 로체스터를 떠난 다음날 로구엥과 함께 곧바로 이곳으로 왔다. 이 아비는 어느 모로 보나 예상을 뛰어넘어 성공을 거두고 있다. 해리엇 터브먼은 즉시 자신의 모든 대원들을 끌어들였다. 해리엇은 그간 내가 만난 사람 중에 가장 대단한 사람이다. 당연하다. 이곳 숙사에는 모든 의심을 뛰어넘어, 물자가 매우 풍부하고 재능이 뛰어난 사람들이 많다. 당장 (로체스터 근방에 있는) 케이스 씨에게 잊지 말고 편지를 보내 펜실베이니아의 칼리스리, 게티스버그, 챔버스버그와 베드퍼드나 그 근처, 또한 메릴랜드의 해거스타운과 그 주변, 버지니아의 하퍼스 페리에 있는 믿을 만한 모든 사람들과 가족들을 찾아내는 문제에 대해 상의하거라."[11]

그는 14일이나 15일까지 세인트 캐더린스에 머물렀다. 주로 경탄할 만한 여인 해리엇 터브먼과 상의하며 그녀의 집에서 숨어 지냈다.

해리엇 터브먼은 순혈종의 아프리카인으로, 1820년에 메릴랜드의 동부 해안가에서 노예로 태어났다. 어렸을 때 한 감독관에게 망치로 머리를 얻어맞아 부상을 입었으며, 그로 말미암아 그녀는 꿈을 꾸는 듯하고, 랩소디를 읊는 듯하며, 무아지경에 빠진 듯하여, 열광적이고 어느 정도 신비적인 태도를 보였다. 아가씨가 되면서 가장 거칠고 가장 힘든 남자의 일을 했다. 마소를 몰고, 짐마차를 끌고, 쟁기질을 하는 등.

이윽고 이 노예 가족은 1849년에 끝장났다. 그녀가 도망을 친 것이다. 그때부터 도망 노예 구출자로서의 그녀의 화려한 이력이 시작되었다. 그녀는 검은 유령처럼 사방을 들락거리며 혼자서 300명이 넘는 흑인들을 자유로 인도했다. 그녀가 보호를 맡은 동안에는 그들 중 어느 누구도 붙잡힌 적이 없었다. 살았든 죽었든 그녀를 붙잡으면 1만 달러를 주겠다는 현상금이 나붙었지만, 그녀는 한 번도 붙들리지 않았다.

공상가였던 그녀는 "캐나다에서 캡틴 브라운을 만나기 바로 전에 꾸었던 어떤 꿈을 크게 강조했다. '사방에 바위와 덤불이 가득한 어느 황량한 곳에' 처한 꿈을 꾸었다. 그때 뱀 한 마리가 바위 사이에서 고개를 내미는 것을 보았다. 뱀은 흰 수염이 길게 난 어떤 노인의 머리가 되었으며, 노인은 '갈망하는 표정으로, 내게 말을 걸려는 듯이' 그녀를 빤히 쳐다보았다. 그러더니 그의 옆에서 다른 2개의 머리가 올라왔다. 그보다 더 젊은 사람들이었다. 그녀는 그들을 쳐다보며 서서, 그들이 그녀에게 뭘 원하는지 궁금한 생각이 들었다. 잠시 후에 수많은 사람들이 몰려들어 더 젊어 보이는 두 사람의 머리를, 그런 다음 노인의 머리를 내리쳤다. 노인은 여전히 뭔가를 '간절히 바라는' 눈길로 그녀를 쳐다보고 있었다. 그녀는 이런 꿈을 반복해서 여러 번 꾸었으며, 그 꿈을 해몽할 수가 없었다. 하지만 꿈을 꾸고 나서 얼마 지나지 않아 캡틴 브라운을 만나자, 그는 그녀가 꿈에서 보았던 바로 그 사람과 똑같은 모습이었다. 그래도 그녀는 그 꿈이 무슨 뜻인지 이해할 수가 없었다. 하퍼스 페리의 비극에 관한 소식이 들려오기 전까지는. 그때야 다른 두 사람의 머리가 그의 두 아들이었음을 알았다."[12]

존 브라운은 이 여인을 지극히 신뢰했다. 웬델 필립스는 이렇게 전한다.

"내가 존 브라운을 마지막으로 본 건 내 집에서였다. 그는 해리엇 터브먼을 내게 데리고 와서 말했다.

'필립스 씨, 이 대륙에서 가장 용감한 최고의 인물을 당신에게 데려왔소. 우리는 그녀를 터브먼 장군이라고 부른다오.' 그러더니 그녀의 종족을 대신하여 그녀가 치른 노고와 희생을 일일이 열거해 나갔다."[13]

해리엇 터브먼이 하퍼스 페리에 가지 못했던 이유는 오직 온갖 고초를 겪어 몸이 불편했기 때문이었다.

존 브라운은 세인트 캐더린스를 떠나 잉거솔과 해밀턴과 채덤을 방문했다. 또한 토론토를 방문하여 템퍼런스 홀의 흑인들과 만났으며, '퀸 스트리트 웨스트에 있던 흑인 고 홀랜드 씨'의 집에서도 모임을 가졌다.

"한번은 캡틴 브라운이 친구인 로스(A. M. Ross) 박사와 함께 손님으로 머물렀다. 로스 박사는 노예들을 캐나다로 도망시키기 위해 목숨을 걸고 여러 차례 남부를 습격했던 용맹한 노예제 폐지론자였을 뿐만 아니라, 자연주의자로서 눈에 띄었다."[14]

마침내 한 대표자대회를 소집하려는 계획이 마무리되자, 브라운은 서둘러 자신의 대원들이 있는 아이오와로 돌아갔다. 그가 떠나 있던 석 달 동안, 그의 대원들은 아이오와 스프링데일의 퀘이커 정착지에서 계획을 세우고 군사 훈련을 실시하고 있었다. 대부분의 사람들이 예상할 수 있듯이, '피 흘리는 캔자스'에서 겪을 앞으로의 고난을 위해서였다. 존 브라운이 도착하는 즉시 모두 서둘러 짐을 꾸렸다. 오웬 브라운과 릴프, 카기, 쿡, 스티븐스, 티드, 리먼, 모펫, 파슨스, 흑인인 리처드슨, 또한 새로 들어온 길과 테일러 등이었다. 코폭 가족은 나중에 오기로 되어 있었다.

"그들과 스프링데일 사람들의 헤어짐은 눈물의 작별이었다. 여러 주일 동안 그들을 굳게 결합시켜주던 끈이 끊어졌으며, 그뿐 아니라 브라운과 그의 추종자들에게는 미래가 위험으로 가득하다는 것을 모두 알고 있었기 때문에 작별의 슬픔은 더욱 컸다. 그 집과 그들이 오랜 시간을 보냈던 맥슨 씨의 집을 떠나기 전, 브라운의 대원들은 각자 응접실 벽에 연필로 자신의 이름을 적었다. 관심 있는 여행자라면 지금도 그곳에서 그 이름들을 찾을 수 있을 것이다."

그들은 모두 즉시 시카고와 디트로이트를 거쳐 캐나다로 출발했다. 시카고에서 12시간을 기다려야 했으며, 그들이 처음 들른 호텔에서는 흑인인 리처드슨에게 아침 식탁을 마련해줄 수 없다고 거절했다. 존 브라운은 즉시 다른 곳을 찾아보았다. 대원들은 이내 채텀에 도착하여 흑인인 바버 씨가 운영하는 한 호텔에 들렀다. 앤더슨에 따르면, 채텀에 머무는 동안 존 브라운은 "그를 보거나 그와 친분을 쌓은 사람들에게 깊은 인상을 심어주었다. 어떤 사람들은 그를 침착하면서도 현대화된 '퀘이커교도'로 여겼으며, 다른 사람들은 '어딘가'에서 온 견실한 사업가이며 의심할 여지 없는 자선가로 생각했다. 그의 긴 흰 수염, 사색적이고 경건한 이마와 관상, 기운차고 정확히 잰 듯한 발걸음, 허름한 갈색 트위드 옷의 늘어뜨린 외투 자락과 이에 어울리는 다른 옷을 입은 그의 모습은 최고의 석판화에 그려져 있다가, 그와 친분을 쌓고 가장 고귀한 청교도를 떠올리게 하는 그의 과거를 알게 된 사람들에게 부활한 듯한 인상을 주었다."[15]

존 브라운이 흑인 훈련의 중심지로 캐나다를 선택한 것은 현명한 판단이었다. 그곳에는 5만 명에 가까운 흑인들이 있었으며, 상당한 재력을 지닌 여러 명의 정력적이고 총명하고 용감한 사람들이 끼어 있었다. 정착지는 번성하여 농장을 사들이고 학교를 지어, 복잡한 사회조직이 출발했다. 헨슨 같은 흑인들은 킹 같은 백인들의 충성스런 원조를 받았으며, 도망자들은 환영받고 구제받았다. '엘긴협회'와 킹이 일하던 벅스톤 근처에 켄트 주의 주요 도심지인 채덤이 있었다. 그곳에는 농부와 상인과 기계공으로 이루어진 많은 흑인들이 있었다. 초등학교와 윌버포스 연구소와 여러 교회와 신문사와 소방차 회사, 사교와 정신 문화를 높이기 위한 여러 모임이 있었다. 그곳의 한 주민은 이렇게 말했다.

"브라운 씨는 흑인들의 교육 상태를 과대평가하지 않았다. 그는 그들에게 지도자가 필요하고, 교육이 필요하리라는 것을 알았다. 그의 큰 희망은 이 싸움이 캐나다의 지원자들, 자치를 잘 알고 교양이 있는 지원자들에게 지지받는 것이었다. 그는 충분한 이해력과 남부에 대한 증오를 갖추어, 그들의 인종을 자유케 할 모든 모험적인 과업을 기꺼이 부추길 선발대로 우리 도망자들을 관찰했다."

근방에는 백인 노예제 폐지론자들이 많지만, 그들은 브라운을 믿지 않았다. 그는 다른 방법을 썼더라면 흑인들 사이에서 더 많은 영향력을 얻었을 것이다. 열렬한 아프리카 이주 찬성주의자였던 마틴 델러니가 최근에 열린 흑인 대표자대회의 지령을 품고 아프리카로 막 떠나려던 시기에, 존 브라운이 나타났다.

"남편이 직업과 관련된 어떤 여행에서 집으로 돌아오자마자, 델러니 부인은 남편이 집을 떠나 있는 동안 한 노신사가 그를 만나러 왔었노라고 알려주었다. 그녀는 그를 길고 흰 수염이 났으며, 머리칼은 진회색이고, 쓸쓸하면서도 차분한 용모를 지닌 사람으로 설명했다. 특히 말을 할 때는 근엄했다고 얘기했다. 그녀는 이렇게 덧붙였다. '그분은 옛 선지자들 중 한 분처럼 보였어요. 집 안으로 들어오시려고도 하지 않았고 성함을 남기려 하시지도 않았지만, 2주일 후에 다시 오겠다고 약속하셨답니다.'"

이윽고 델러니는 존 브라운을 만났다. 브라운은 말했다.

"'당신을 만나려고 일부러 채덤에 왔습니다. 사명을 띠고 온 건 이번이 세번째랍니다. 당장 당신을 만나야겠습니다, 선생님.' 그는 역설했다. '그리고 또한 사적으로 해야 할 일이 많은데, 내 앞에는 시간이 별로 없답니다. 제가 이곳에서 거둘 것이 전혀 없다면, 당장 그 사실을 알고 싶습니다.'"

델러니의 말은 이어진다.

"그는 근처 한 호텔의 특별 휴게실로 곧장 가서, 캔자스 이주 계획에 관한 한 가지 큰 과제를 수행하고 싶다는 말을 선뜻 털어놓았다. 그 계획이 성공하려면, 전국 대표자대회나 협회의 원조와 찬성을 얻어야 한다고 했다. 미국에서는 그 과제를 이루지 못했으나 그의 뛰어난 친구들과 내 자신의 조언을 얻었으며, 그가 나를 만날 수만 있어도 그의 목적은 당장 이루어질 수 있다는 것이었다. 내 친구들과 그 자신이 이미 이른 결론에 대해 내가 크게 놀라움을 표시하자, 그는 조바심을 하며 큰소리로 말했다. '왜 놀라시는 겁니까? 선생님, 북부 주 사람들은 겁쟁이입니다. 노예제도는 그들 모두를 겁쟁이로 만들어버렸나 봅니다. 백인들은 서로를 두려워하며, 흑인들은 백인들을 두려워합니다. 당신은 그런 사람들에게서는 아무것도 이룰 수 없습니다.' 그는 단호한 목소리로 이렇게 덧붙였다. 내가 원하는 것이 위원회일 뿐이라면 쉽사리 그걸 얻을 수 있을 거라고 이해시키는 즉시, 그가 대답했다. '그게 전부요. 하지만 그건 내게 아주 큰 일이랍니다. 내가 원하는 것은 대원들이요, 자금이 아니란 말입니다. 자금은 충분히 모을 수 있는데, 대원은 모을 수가 없습니다. 자금은 눈에 띄지 않고 올 수 있지만, 사람들은 내 방식을 좋아하면서도 나와 동일하다는 것을 두려워합니다. 그들은 겁쟁이입니다, 선생님! 겁쟁이요!' 그러더니 자신의 계획을 모조리 밝혔다. 나는 이러한 계획에 아무런 결점이 없다는 것을 알았으며, 대표자대회를 여는 일을 전적으로 찬성하고 도움을 주었다."[16]

그 사이 존 브라운은 조심스럽게 여론을 형성해갔으며, 다른 사람들의 견해를 들었고, 자신의 계획은 거의 밝히지 않으면서, 그의 궁극적인 목적을 기꺼이 비준할 조직체를 단결시키는 일에 착수했다. 그는 지도적인 흑인들과 비밀리에 상의했으며, 일련의 소규모 회의를 소집하여 앞으로의 어려움들을 철저히 검토했다. 이러한 모임과 개인적인 접촉을 통해 많은 논점들이 떠올라 해결되었다. 대표자대회의 한 회원은 말한다.

"어느 날 저녁 어떤 깃발을 사용할 것인지에 관한 문제가 떠올랐다. 귀화한 우리의 영국 흑인 백성들은 증오하는 '성조기'를 들고 싸우고 싶은 생각은 추호도 없다고 말했다. 그들 중 너무 많은 이들이 자신들의 등에 상징적인 문장이 새겨져 있다고 생각했다. 그러나 브라운은 자신에게는 예전의 깃발로 충분하다고 말했다. 그 깃발 아래서 백인들은 구세계의 압제자들로부터 자유를 쟁취했으므로. 이제 그는 그 깃발이 흑인들을 위해 사명을 다하도록 하고 싶어했다. 그는 성조기를 포기하지 않을 거라고 단호히 말했다. 그렇게 그 문제는 해결되었다.

누군가가 여자들을 대원으로 허용하자고 제안했으나, 브라운은 격렬하게 반대하며, 대원들에게 경고했다. 아내에게도 임무에 관한 속내를 털어놓아서는 안 된다고.

어느 날 내 가게에서, 나는 그가 지휘하는 소규모 부대로 공격을 감행한다면 그의 계획은 너무나 가망이 없을 거라고, 흑인들을 구제하기 위해 목숨을 내놓을 각오가 된 백인들을 아껴두어서는 안 된다고 말했다. 내가 말을 하는 동안 브라운 씨는 자신의 마음에 드는 주제에 대해 생각할 때 늘 하는 버릇대로, 뒷짐을 지고 앞뒤로 왔다갔다했다. 그가 문득 걸음을 멈추더니, 힘있게 오른손을 내리고 큰 소리로 말했다.

'나의 주 예수 그리스도께서는 천국에서 내려와 자손을 구원하기 위해 제단 위에 자신을 희생하시지 않았나요? 그분의 발 밑을 기어다닐 가치도 없는 한 마리 벌레인 내가 내 목숨을 희생하길 마다해야겠소?'

그는 단호한 표정으로 다시 걸음을 옮겼다. 한 달 가까이 그가 채덤에 머무는 동안 그와 나누었던 모든 대화를 통해, 나는 한 번도 그의 얼굴에서 가벼운 미소조차 보지 못했다. 그는 늘 깊고 진지한 생각에 빠져 있는 듯했다."[17]

나중에 '킹 스트리트 고등학교'로 알려진 킹 스트리트 남쪽의 프린세스 스트리트에 있던 한 작은 주택에서 예비 회담이 열렸다. 킹 스트리트의 퍼스트 침례교 교회에서도 몇 차례의 회의가 열렸다. 사람들의 호기심 어린 질문을 속이기 위해, 모여드는 사람들은 흑인들의 '동 조합원 집회소'를 준비하고 있다고 가장했다. '3번지 차고'에서 중요한 절차들이 이루어졌다. 홀든 씨와 다른 흑인들이 세운, 맥그리거 크리크 근처에 있던 목조 건물이었다.

5일에 정식 초대장이 발행되었다.

내 사랑하는 친구

자유의 참된 친구들이 있는 이곳에서 조용히 대표자대회를 소집했습니다. 꼭 참석하시어…….

당신의 친구 존 브라운

대표자대회는 5월 8일 토요일 오전 10시 정각에 소집되어 소탈하게 시작되었다. 다음과 같은 흑인들이 참석했다.

침례교 성직자이며 전에는 이주 대표자대회의 의장을 지냈고 이 대회의 의장으로 선출된 윌리엄 찰스 몬로(William Charles Monroe), 나중에 남북전쟁에서 미 육군 소령을 지내는 마틴 델러니, 펜실베이니아의 알프레드 휘퍼, 미시건 디트로이트의 윌리엄 램버트(William Lambert)와 섀드(I.D. Shadd), 전쟁이 끝난 후 노스캐롤라이나의 재선 국회의원이 된 오하이오 클리블랜드의 제임스 해리스, 샌더스키 시티의 민첩한 '지하철도' 지도자 레널스(G.J. Reynolds), 1849년 오벌린 대학 졸업생인 제임스 존스(James M. Jones), 조판공인 스미스(A.J. Smith), 총포공인 그랜트(J.C. Grant), 배일리(M.F. Bailey), 헌튼(S. Hunton), 존 잭슨(John J. Jackson), 예레미야 앤더슨(Jeremiah Anderson), 제임스 벨(James M. Bell), 알프레드 엘리스워스(Alfred Ellisworth), 제임스 퍼넬

(James W. Purnell), 조지 애이켄(George Aiken), 스티븐 데틴(Stephen Dettin), 토머스 힉커슨(Thomas Hickerson), 존 캐널(John Cannel), 로빈슨 알렉산더(Robinson Alexander), 토머스 카리(Thomas F. Cary), 토머스 키너드(Thomas M. Kinnard), 로버트 밴 보켄(Robert Van Vauken), 토머스 스트링거(Thomas Stringer), 전에는 매사추세츠 스프링필드에서 존 브라운의 절친한 친구이자 종업원이었으며, 나중에는 아브라함 링컨이 자신의 일리노이 집과 또한 백악관에서 고용한 것으로 알려진 존 토머스(John A. Thomas), 로버트 뉴먼(Robert Newman), 찰스 스미스(Charles Smith), 시몬 피스린(Simon Fislin), 상인이자 측량기사이며 존 브라운의 집주인이었던 아이작 홀덴(Isaac Holden), 제임스 스미스(James Smith), 리처드 리처드슨(Richard Richardson) 등이었다.

힌튼은 말한다.

"더글러스와 로구엥, 가넷, 스티븐 스미스, 글로세스터, 랭스턴, 또는 존 브라운을 알고 있던 여러 주의 다른 탁월한 흑인들이 이 채덤 모임에 초대받았다는 증거는 없다. 그들의 출현이 현명한 판단이었을지는 의심스럽다. 입에 오르내리고 의심을 불러일으켰을 것이 확실하기 때문이다."[18]

참석한 백인들은 다음과 같다.

존 브라운과 오웬 브라운 부자(父子), 존 헨리 카기, 여전히 찰스 휘플로 알려진 아론 드워트 스티븐스(Aaron Dwight Stevens), 존 에드윈 쿡(John Edwin Cook), 리처드 릴프, 조지 길, 찰스 플러머 티드, 윌리엄 헨리 리먼, 찰스 모펫, 루크 파슨스 등은 모두 캔자스 출신이었으며, 캐나다의 스튜어트 테일러(Stewart Taylor)를 합쳐 전부 모두 12명이었다. 대체로 예레미아 앤더슨은 백인이었다고 여겨졌지만, 이를 보면 물라토였을 가능성이 있다. 존 잭슨이 훈령을 지시할 집회를 소집했으며, 몬로는 의장으로 선출되었다. 델러니가 존 브라운에게 연설을 부탁했고, 브라운은 긴 연설을 했으며, 뒤이어 델러니와 다른 사람들의 연설이 이어졌다.

헌법이 공표되었으며, 헌법을 지키겠다는 엄숙한 서약을 한 후에 읽었다. 이 헌법은 국가의 헌법에 기초를 두고 있음이 밝혀졌지만, 매우 간소화하여 움직이는 유격대에게 적합했다. 처음 45개 조항은 논쟁 없이 받아들여졌다. 그 다음 조항은 이러했다.

"앞서 말한 조항들은 어떠한 경우에도 주정부나 미국 정부의 전복을 꾀하지 아니할 것이며, 합중국의 해산을 목표로 삼지 아니하며, 법률의 수정과 폐지를 목표로 삼을 것이며, 우리의 기(旗)는 우리 아버지들이 혁명기에 들고 싸운 것과 같을 것이다."

이 조항에 대해, 대회 참가자들 가운데 가장 강력한 인물 중 한 사람이며 '구리 세공인'인 레널스가 반대 의견을 나타냈다. 그는 자신을 강탈하고 굴욕감을 안겨준 국가에 대해 충성심을 느끼지 못했다. 그러나 브라운과 델러니, 카기와 다른 참가자들은 이 조항을 열렬히 옹호했으며, 이 조항은 통과되었다. 토요일 오후 헌법이 최종적으로 채택되어 서명 날인되었다. 브라운은 개정 기간 내내 참석하지는 못했던 제임스 존스에게 서명하도록 설득했다. 그는 존스의 이름이 서약 명부에 올려지기를 원했다. 브라운은 서약 명부를 내밀며 말했다.

"자, 존스 친구여, 뚜렷하고 힘차게 여기에 서명을 해주시오."

이야기는 이어진다.

"한 개정 기간 동안 존스 씨가 발언권을 얻었으며, 제시된 계획을 지지하기 위한 노예 봉기의 성공이나 실패 확률을 토론했다. 브라운 씨의 계획은 앨러게이니 산의 특정 장소를 요새화하고, 노예들을 불러모아 그의 깃발 아래 집결시키는 것이었다. 존스는 실망하게 될지도 모른다는 우려를 표명했다. 노예들은 그의 지원군에 모여들 만큼 많은 것을 알지 못했기 때문이다. 미국의 노예들은 산 도밍고의 서인도제도 노예들과는 다르다고, 존스는 주장했다. 산 도밍고의 성공적인 봉기는 역사에 남을 사건이다. 그들은 자신들의 프랑스인 주인들의 충동적인 기질을 어느 정도 흡수했으며, 백인들에 의해 그다지 위압당하지 않았기 때문이다. 브라운 씨는 분명 내가 그는 아니라 하더라도 일부 참석자들의 마음을 어느 정도 움직이고 있다고 생각했다. 그가 자리에서 벌떡 일어나 말했다.

'존스 친구, 그 얘기는 이제 그만해주시오. 이 문제의 그러한 측면을 옹호할 사람은 많을 것이오.'

사람들 사이에 한바탕 웃음이 터졌다.

이 대회에서 공격 시기에 관한 문제가 떠올랐다. 일부는 미국이 뛰어난 일급 병력으로 전쟁에 관여할 때까지 기다려야 한다는 입장을 옹호했다. 정부가 다른 국가들과 평화 관계를 유지하고 있을 때 노예제도를 폐지하기 위해 싸움에 뛰어든다는 것은 미친 짓이나 다름없을 것이라며. 브라운 씨는 얼마 동안 이러한 논의에 귀를 기울이고 있다가, 천천히 자리에서 일어나 우뚝 서서 말했다.

'나는 외국의 적과 마주하고 있는 내 나라를 역이용하고 싶지는 않습니다.'

그는 그것을 크나큰 모욕으로 여기는 듯했다. 이 말을 듣고 나는 마음속으로 존 브라운이 미친 것이 아니라는 결론을 내렸다."[19]

오후 6시에 헌법에 따른 간부 선출이 시작되었으며, 10일인 월요일에 마무리되었다. 존 브라운이 최고 사령관으로 선출되었으며, 카기는 국방장관으로, 릴프는 국무장관으로, 오웬 브라운은 출납국장으로, 조지 길은 재무장관으로 선출되었다. 국회의원으로 선출된 사람은 알프레드 엘리스워스와 오스본 앤더슨으로, 흑인이었다.

다른 직무들을 이행할 위원회를 지정한 후, 대표자대회는 폐회했다. 규모가 더 큰 또 하나의 조직체가 구성되었다. 델러니는 이렇게 전한다.

"이 기구는 광범위한 조직체로, 주 또는 전국 집행위원회가 정당의 근본 방침을 지키듯이 그의 동정에 따라 움직이며, 그의 행동이 기본적인 방침에 따르도록 감독하기로 했다."[20]

이 위원회는 하퍼스 페리를 습격할 때도 존재했다. 그의 특징대로 과묵한 브라운은 자신의 모든 계획을 누구에게도 밝히지 않았으며, 그와 가까운 많은 사람들이 매우 다른 인상을 받거나, 브라운의 신중한 연설을 그 자신들이 가진 생각의 뜻으로 읽었다. 그의 캔자스 대원 중 한 명은 이렇게 말한다.

"나는 브라운이 대표자대회 참석자들에게 계획의 세부 사항을 막연하게 내비치는 정도 외에 자세히 알리지는 않았을 거라고 확신한다. 사실 나는 지금 그가 그들에게 조직체계를 통해 추측할 수 있는 막연한 느낌 외에 더 이상의 어떤 인상을 심어주었는지 기억나지 않는다. 그의 운동과 직접 연관이 있던 사람들을 통해, 그는 서면으로 작전의 (위치를 포함하여) 계획과 방법을 권유했다. 물론 우리는 방법을 거의 정확히 알고 있었지만, 우리 모두 그가 선택한 정확한 장소는 알지 못했던 것 같다. 또는 알았더라도 방편과 주변의 상황을 이해하지 못했던 것 같다."[21]

"내 생각에는, 절대로," 존스 씨는 말했다.

"존 브라운은 그의 측근들에게도 자신의 모든 계획을 전하지 않았다. 그와 이야기를 나눌 때면, 무감각 상태에 빠진 북부 사람들을 자극하기 위해 그 자신과 몇몇 추종자의 목숨을 버릴 각오가 되어 있다는 생각이 저절로 들었다. 그는 그러한 희생이 북부 백인들의 몸 속에 깃들인 깊은 잠을 일깨우기 위해 필요하다고 생각하는 듯했다. 그는 흑인 대원의 희생은 아무런 효과가 없으리라는 것을 잘 알았다. 내가 이따금 그와의 대화를 통해 추측할 수 있는 한, 그는 스위스의 족장 아놀드 윙켈리드를 모방하고자 했다. 윙켈리드는 오스트리아 창병(槍兵)들에게 자신을 내던지며 외쳤다. '자유로 가는 길을 비키라.'"[22]

델러니는 그 자신의 대담하고 창의적인 방식으로 브라운이 캔자스에서 종결되는 또 다른 '지하철도'를 기도하고 있다고 생각했다. 델러니 자신은 아프리카로 가는 중이었으며, 이 운동에 적극적으로 참여할 수가 없었다.

대표자대회가 채택한 헌법은 자유를 위해 싸우는 한 무리의 고립된 사람들의 정부를 위해 입안된 한 도구였다. 전문(前文)에는 이렇게 적혀 있었다.

"이로써 미국 전역에 존재하는 노예제도는 우리의 독립선언서에 기술된 영구적이고 자명한 그 진실들을 완전히 무시하고 모독하는 행위로, 일부 미국 시민들의 다른 시민들에 대한 야만적이고 정당한 이유가 없으며 이치에 닿지 않은 전쟁에 다름 아니고, 영속하는 속박과 가망 없는 예속이나 무조건적인 멸종을 불러올 뿐이다.

그리하여 우리 미국의 시민들과 대법원의 최근 결정에 따라 백인들이 존중해야 하는 권리를 갖고 있지 않다고 공표된 압박받는 사람들은, 법률에 의거하여 강등된 다른 모든 사람들과 더불어 당분간 다음과 같은 임시 헌법과 법령을 우리 스스로 규정하고 제정하여, 나아가 우리의 목숨과 재산과 자유를 지키고, 우리의 활동을 결정하고자 한다."[23]

여기에 언급된 독립선언서는 아마 원래 계획했던 대로, 실제 공격이 이루어질 1858년 7월 4일에 채택하기로 되어 있었던 것 같다. 그것은 원래의 독립선언서를 의역한 것으로, 이렇게 끝났다.

"우리는 더 이상 그들을 노예로 취급하지 않을 것을 선언하며, '노동자는 임금을 받을 자격이 있다'는 것을 알기 때문에, 미 합중국의 제한된 시민 대표자들인 우리는 세계의 대법원 판사에게 호소하노니, 우리의 취지의 정확성을 위해, 노예주의 억압받는 시민들의 이름으로, 그리고 그들의 권한으로, 다음을 엄숙히 공표하라. 노예들은 하나님의 변치 않는 율법에 따라 모든 사람은 그러해야 하듯이, 자유롭고 독립적이며 마땅히 그러해야 한다. 그들은 아직도 영구적인 '예속'을 고집스레 강요하는 그 압제자들에 대한 모든 충성 의무에서 면죄되며, 그들과 그런 압제자들 사이의 모든 우호적인 관계는 완전히 사라졌으며 또한 그러해야 하고, 이러한 주의 자유롭고 독립적인 시민들처럼, 그들은 압제자들의 횡포에서 자신을 보호할 완전한 권리와 충분하고 정당한 이유를 갖고 있다. 어떤 국민이든 인류애와 개혁의 모든 진실한 친구들의 도움을 간청하고 보호를 요청할 수 있다. 모든 동맹과 접촉하고, 자유 독립 시민들이 마땅히 할 수 있는 다른 모든 행동을 할 수 있는 권리가 있다. 또한 독립선언서를 지지하고, 신성한 하나님의 보호를 확고히 믿으며, 우리는 우리의 목숨과 우리의 신성한 명예를 걸고 서로에게 상호 서약하는 바이다."[24]

이 헌법은 48개 조항으로 구성되었다. 성년에 이른 사람은 누구나 회원이 될 수 있었으며, 5~10명의 국회의원으로 구성된 국회, 대통령 겸 부통령, 각자 순회 재판소를 열 수 있는 5명으로 구성된 법원이 설립되었다. 이 모든 간부들은 최고사령관, 국장, 장관, 기타 관공리 선출에 일치 단결해야 했다. 모든 재산은 공동 재산의 원칙에 따르고, 봉급은 지급되지 않도록 했다. 모든 사람은 노동을 해야 했다. 모든 음란한 행위는 금지되었다.

"혼인관계는 항상 존중될 것이며, 가족들은 가능한 한 함께 지낼 것이고, 흩어진 가족은 재결합하도록 장려하며, 직업소개소를 설립할 것이다. 가능하면 빠른 시일 안에 종교 및 기타 교육을 위해 학교와 교회를 설립한다. 일주일이 시작되는 첫날을 휴식의 날로 여기고, 도덕적·종교적 가르침과 향상, 고통 제거, 젊은이들과 무식자들의 교육, 개인의 청결 장려에 쓴다. 그날은 몹시 급박한 경우가 아니라면 어느 누구도 평상시의 근육 노동을 수행할 필요가 없다."[25]

모든 사람은 무기를 휴대하되 감추어서는 안 되었다. 포로 생포, 대원들과 재산 보호에 대한 특별 규정도 있었다.

존 브라운은 자신의 결과물에 만족하여 집으로 편지를 적어보냈다.

"8일과 10일에 각자 다른 안건에 대해 이곳에서 유익한 노예제 폐지 대표자대회가 열렸다. 헌법은 약간 수정되어 채택되었으며, 협회가 조직되었다."[26]

모든 일이 순조롭게 출발한 것으로 보인 바로 이때, 동부에서 불안을 심어주는 소식이 날아왔다. 포브스는 11월부터 동부에 머물며 점점 매우 가난해지고 성이 났으며, 그의 협박과 귀띔과 방문은 빈번해지고 성가신 존재가 되어가고 있었다. 그는 윌슨 상원의원, 찰스 섬너, 헤일, 시워드와 호레이스 그릴리, 보스턴 무리에게 불평을 해댔다. 노예제 반대운동의 이러한 지도자들이 실제 권한을 존 브라운의 손에 남겨놓고, 기대가 어긋난 뒤로 자신과 같은 노련한 군인을 경시하는 이유를 이해할 수가 없었다.

존 브라운은 그 전에 포브스를 점잖지만 단호하게 다루었으며, 그를 회유할 방법을 찾아보려 했으나 헛되고 말았다. 브라운은 성급하게 그의 문제를 해결하려고 했던 것 같다. 매사추세츠 친구들에게 채덤 대표자대회에 참석해 달라는 편지를 보냈지만, 샌번과 하우는 이미 포브스에게서 위협적인 경고성 편지를 받은 적이 있었다. 포브스는 분명히 브라운의 운동에 관한 철저한 정보를 갖고 있었으며 문제를 일으킬 심산이었다. 아마 이 시기에 맥큔 스미스와 백인에 대해 당연한 불신을 가졌으며, 흑인으로서 긍지를 기르고 싶은 열망을 갖게 된 능력 있는 뉴욕 흑인 집단의 신임을 얻었을 것이다. 포브스는 이렇게 얻은 정보를 이용하여 공화당 지도자들에게 압력을 가해 더 효과적인 노예제도와의 전쟁을 준비하게 만들고, 존 브라운의 평판을 나쁘게 만들 방법을 찾았다. 샌번은 급하게 편지를 적어보냈다.

"이번 계획은 당분간 미루어야 할 것 같습니다. 포브스가 그 의사에게 보낸 편지들을 읽어보니 그는 이 계획의 세부 사항을 알고 있으며, 심지어는 그 의사, 스턴스 씨와 내 자신이 그 소식을 들었다는 것까지 알고 있습니다(아는 사람이 거의 없는 마당에). 그가 어떻게 이런 사실을 알게 되었는지는 수수께끼입니다. 그는 호킨스(존 브라운)가 대표자 지위에서 면직되어야 하며, 그 자신이나 어떤 다른 인물이 그 자리에 앉아야 한다고 요구하면서, 그렇게 하지 않으면 이 일을 세상에 공표하겠다고 위협하고 있습니다."[27]

게릿 스미스는 이렇게 결론지었다.

"브라운은 더 이상 진행해서는 안 됩니다."

하지만 히긴슨은 현명하게도 반대했다.

"나는 어떠한 연기도 이 계획의 포기로밖에 여길 수가 없습니다. 우리가 지금 포기하면 H. F.(포브스)의 명령이나 위협에 못 이겨, 내년에도 사정은 같을 것입니다. 유일한 길은 그 남자를 피해가는 것입니다(그자가 악의를 억누를 수 없다면). 일이 제대로 착수되면, 그가 무슨 말을 하든 누가 신경 쓰겠습니까?"[28]

포브스를 회유하기 위해 더 많은 노력이 이루어졌지만, 그는 과격한 편지를 적어보냈다.

"나는 노예제 반대와 인류애의 이름으로 심히 속아왔소. 나는 노예제 반대운동을 위해 여러 해 동안 노고를 아끼지 않았 소. 보상을 바라거나 생각지도 않았소. 그간 나는 내 과업을 전혀 자랑하지 않았으나, 그렇더라도 결실이 전혀 없는 건 아 니었소. 인내심은 바닥났으며, 싫어하면서도 가혹함에 의존 해왔소. 그자들에게 내가 결국 지쳐서 손을 뗄 거라고 자만하 지 말라고 하시오. 난 아직 처음처럼 팔팔하니까."[29]

"이자의 정면에서 계속 일을 진행한다는 건 미친 짓"이라 고 샌번은 적었다.

존 브라운은 뉴욕으로 와서 스턴스와 하우를 만나라는 압 력을 받았다. 브라운은 이미 이 문제로 채덤에서 한 달 가까 이 지체했지만, 부름에 응했다. 샌번은 말한다.

"5월 20일쯤이던가, 스턴스가 뉴욕에서 브라운을 만났을 때, 앞으로의 캔자스 소총 관리를 이 위원회가 아니라 스턴스 씨만의 대리인으로 브라운의 손에 맡기기로 상황이 정리되었 다. 또한 좀처럼 보스턴에 들르는 일이 없던 게릿 스미스가 5 월 말에 보스턴으로 올 예정이었다……. 그는 도착하여 리비 에라 하우스에 여러 개의 방을 잡았다. 그곳에서 1858년 5월 24일, 비밀위원회(3월에 조직되었으며, 스미스·파커·하우·히 긴슨·스턴스·샌번으로 구성된)가 당시의 상황을 논의하기 위 해 모임을 가졌다. 공격 날짜를 연기하기로 이미 결정이 나 있었으며, 무기 사용은 일시적으로 금지 상태에 놓여 있었다. 그래서 무기는 당분간 캔자스에서만 사용할 수 있었다. 남은 문제들은 브라운이 당장 캔자스로 가야 하느냐, 앞으로 그를 위해 어느 정도의 자금을 모아야 하느냐는 것이었다. 이 위원회의 6명의 성원들 중 한 사람(히긴슨)만이 그 자리에 없었다……. 브라운이 당장 캔자스로 가야 한다고 만장일치로 결정이 났다."

스턴스를 만난 직후인 5월 21일, 브라운은 보스턴을 방문했으며, 그곳에 머무는 동안 히긴슨과 한 차례 이야기를 나누었다. 히긴슨은 당시에 이에 대한 기록을 해두었다. 그는 브라운이 리비에라 하우스 위원회가 1859년 겨울이나 봄까지 공격 시기를 연기하기로 결정한 것을 몹시 유감스러워했다고 적었다. 그때가 되면 이 비밀위원회가 브라운에게 2,000~3,000달러의 자금을 모금해줄 것이었다. 그 사이 브라운은 캔자스로 가서 포브스를 눈가림하고, 캔자스위원회의 책임을 덜어주기 위해 무기를 옮기기로 했다. 그들은 앞으로 브라운의 계획을 모르게 되어 있었다.

"브라운을 엄밀히 조사하는 즉시," 히긴슨의 이야기는 이어진다.

"나는 그가…… 공격 연기는 13명의 대원들과 캐나다의 대원들에게 크나큰 낙담을 안겨줄 것으로 여긴다는 사실을 알았다. 가을에 공격을 시작한다는 것은 불가능했다. 그는 300달러가 있다면 하루도 연기하지 않을 생각이었다(그는 결국 그렇게 말했다). 그의 대원들을 오하이오에서 데려오는 데는 각자 25달러의 비용도 들지 않을 것이며, 그가 필요한 것은 그 비용이 전부였다. 포브스가 그의 계획을 떠벌리고 다닌다면 이로울 것이 전혀 없었다. 그는 그의 적대자들이 그를 과소평가하기를 원했다. 그러나 아직은…… 공포가 점점 심해져서 이러한 효과를 상쇄할 것이며, 그러면 별 차이가 없을 것이다. 그는 그만한 돈을 손에 넣으면 하루도 지체하지 않을 것이다. 그는 동부의 친구들 가운데 일부는 행동하는 인물들이 아니라고 불만을 나타냈다. 그들은 윌슨의 편지에 위협당했으며, 장애물들을 과장했다. 그렇더라도 그들이 자신을 무모하다고 생각해서는 안 된다고 그가 말했다. 또한 그들이 자금을 쥐고 있기 때문에, 그는 그들이 없다면 무력해졌다. 채덤에서 한 달을 소비하는 등, 지연으로 말미암아 이번 출정과 관련하여 받은 거의 모든 자금을 낭비해버렸다."[30]

이제 브라운에게는 무기를 숨기고, 대원들을 뿔뿔이 흩어지게 하고, 캔자스에서 1년 동안 숨어 지내는 수밖에 달리 도리가 없었다. 그것은 불가피한 일이었으며, 의심할 여지 없이 공격의 성공을 망치는 데 일조했다. 캐나다의 흑인들은 이 계획이 실현되지 않자 손을 뗐으며, 브라운의 결단력과 분별력을 의심했다. 그의 아들은 북부 오하이오의 한 건초 더미에 무기를 숨겨두었다.

한편 일부 대원들—스티븐스, 쿡, 티드, 길, 테일러와 오웬 브라운—은 대표자대회가 폐회된 직후 오하이오의 클리블랜드로 가서, 가까운 지역에서 할 일을 발견했다. 브라운은 그 당시 캐나다에서 편지를 적어보냈다.

"세 사람을 제외하고 모두가 하던 일을 중단한 모양이다.

나머지 대원들이 낙담하거나 언짢아하는 대신, 사내답고 당당하게 참을성과 불굴의 정신의 본보기를 따르기를 진심으로 바라는 바이다. 이곳에는 비가 많이 내려 어떤 성과도 기대할 수가 없다. 동부에서 15달러를 받았을 뿐이다. F.(포브스 대령)가 우리의 동부 친구들을 위협했기 때문이다. 우리는 당분간 더 이상의 활동을 연기할 수밖에 없지 않을까 매우 염려스럽다. 그들(그의 동부 친구들)은 우리에게 머지않아 넉넉한 도움을 주겠다고 약속하며, 활동을 연기하라고 종용한다. 나는 이곳의 문제를 해결하고, 우리가 클리블랜드로 가서 너를 만나 함께 의논할 수 있을 만큼의 도움을 한 시간 한 시간 기대하고 있다. 그만한 자금을 손에 넣으면 당장 그렇게 할 것이다. 직접적인 노력을 미루어야만 한다면 어떻게 될까? 훌륭하고 뛰어난 인물들은 헛된 불만에 빠지거나, 낙담하여 팔짱을 끼거나, 빈둥거리며 앉아 있을 것이다. 자신들의 속내를 내보이기가 어려운 시기이다. 자신의 한계를 정할 만큼 어려운 시기다. 우리의 어려움은 대원들이 여지껏 관여해온 가장 원대한 과업 중 하나를 포기하게 만드는 그런 일이겠지?"[31]

2주 후 카기를 제외한 나머지 대원들은 클리블랜드로 갔으며, 존 브라운은 스턴스를 만나기 위해 동부로 갔다. 노련한 인쇄공이었던 카기는 캐나다의 해밀턴으로 가서 헌법을 정리하여 인쇄했으며, 브라운이 동부에서 돌아온 6월 중순경에 클리블랜드에 도착했다. 릴프에 따르면, 브라운은 가진 자금이 별로 없었으나, 릴프를 뉴욕과 워싱턴으로 보내 포브스를 살펴보고, 가능하면 신뢰를 회복할 방법을 찾아보도록 했다. 그러나 릴프는 이미 소심해져서 미온적인 태도를 취했으며, 배를 타고 영국으로 가버렸다. 나머지 대원들은 뿔뿔이 흩어졌다. 오웬 브라운은 오하이오 애크런으로 갔다. 쿡은 클리블랜드를 떠나 하퍼스 페리 인근 지방으로 갔다. 길은 아마 오하이오의 레바논에 있던 한 셰이커 교도의 개척지에서 일자리를 얻었던 것 같다. 티드는 이미 그곳에 고용되었다. 스튜어드 테일러는 일리노이로 갔다. 스티븐스는 클리블랜드에서 브라운을 기다렸다. 그 사이 리먼은 애쉬타뷸라 카운티에서 일자리를 얻었다. 존 브라운은 6월 3일에 보스턴을 떠나, 노스엘바의 집에 잠깐 들르기 위해 길을 나섰다. 그런 다음 그와 카기, 스티븐스, 리먼, 길, 파슨스, 모펫, 오웬은 함께 모여 캔자스로 길을 떠나 6월 말경에 도착했다.

이렇게 해서 '흑인 동지 집단'을 조직하려던 존 브라운의 시도는 별안간 끝나버렸다. 그의 절친한 친구들은 원대한 계획이 연기되었을 뿐이라고 이해했지만, 히긴슨의 예견처럼 연기는 열기를 꺾는 효과를 가져왔으며, 브라운이 대규모의 캐나다 분견대를 조직할 가망은 현격하게 줄어들었다. 그런데도 씨앗은 이미 뿌려졌다. 수백만 인류를 향한 '채텀 독립 선언서'의 마지막 구절은 단순한 수사적 기교만이 아니었다.

"천지 만물은 괴롭고 고통받는 자녀들을 슬퍼한다. 천국은 주홍빛으로 물들어 있도다!"

—3—
# 장엄한 검은 길

주 여호와의 신이 내게 임하셨으니, 이는 여호와께서
내게 기름을 부으사 가난한 자에게 아름다운 소식을 전하게 하려
하심이라. 나를 보내사 마음이 상한 자를 고치며 포로가 된 자에게
자유를, 갇힌 자에게 놓임을 전파하려 하심이라.

메인 주와 플로리다 주의 중간쯤, 앨러게이니의 심장부에서 거대한 통로 하나가 머리를 들어 120여 년 전에 토머스 제퍼슨이 "대서양을 건넌 보람이 있다"고 말한 장관을 드러낸다. 제퍼슨의 찬사는 이어진다.

"매우 높은 대지 위에 서 있도다. 오른쪽으로는 쉐난도 강이 뻗어 올라가 100마일에 걸쳐 이 산의 발치를 따라 뻗어가면서, 한 굽이를 발견한다. 왼편에는 포토맥 강이 역시 통로를 찾아 다가온다. 그 두 강은 만나는 순간 힘을 합쳐 앨러게이니 산을 부술 듯 내달려서 산을 두 동강으로 만들어버리고는, 차츰 바다로 사라진다."[1]

이곳이 하퍼스 페리이며, 이곳이 존 브라운이 미국의 노예 제도를 공격하기 위해 선택한 거점이었다. 그는 여러 가지 이유로 이곳을 선택했다. 그는 아름다움을 사랑했다.

"1858년 피터보로에서 내가 브라운을 만났을 때," 샌번은 이렇게 적었다.

"모튼이 응접실에게 우리에게 어떤 듣기 좋은 음악을 연주하고 있었다. 당시에 인기가 있던 슈베르트의 '세레나데'였을 것이다. 음악을 사랑했던 이 늙은 청교도는 상당 부분을 따라 부르며 울면서 앉아 있었다."[2]

그는 미국의 병기고가 그곳에 있으며, 그곳을 점령하면 공격 성공에 매우 필요한 그의 초기 계획에 극적인 효과를 제공할 것이므로 하퍼스 페리를 선택했다. 그러나 이 둘 모두 사소한 이유에 지나지 않았다. 가장 중요하고 결정적인 이유는 하퍼스 페리가 '장엄한 검은 길'로 통하는 가장 안전한 천연 입구였기 때문이다. 지도를 보라. 표시된 부분이 노예제의 '검은 띠'이다. 1859년에 4백만 명의 노예들 중 최소한 300만 명이 이곳에 모여 있었다. 두 개의 길은 남쪽으로 이어져 동부의 입구로 향한다. 하나는 실제로 넓고 편안하지만, 법률적으로나 사회적으로 남자 노예들에게 워싱턴이 금지한 길이며, 해리엇 터브먼과 모든 도망자들에게 알려진 다른 길은 앨러게이니의 연봉들과 하퍼스 페리의 통로를 향해 왼편으로 이어졌다. '장엄한 검은 길'을 보기 위해서는 앨러게이니 산맥과 남부의 늪지들을 슬쩍 쳐다보는 것으로 족하다. 이곳에

압도적인 수의 강력한 보호를 받으며, 노예제에서 자유로 가는 길이 놓여 있었으며, 그 길을 따라 결연한 무장조직대원들에게 쉽사리 영구적으로 요새화된 피난처 구실을 할 수 있는 요새와 은신처가 널려 있었다.

브라운이 세웠던 계획의 정확한 세부 사항은 결코 완전히 밝혀지지는 않을 것이다. 릴프의 말대로, "존 브라운은 절대적으로 알려야 할 필요가 있는 내용 외에는 절대 언급하려 하지 않은 사람이었다. 대부분의 가까운 친구들 가운데 어느 누구도, 그리고 나는 가장 절친한 친구 중 하나였는데, 브라운이 그런 친구로 붙여주기 위해 필요한 최소한의 정보 이상을 손에 넣을 수 없었다."[3]

지도를 얼핏 보더라도 존 브라운이, 쉐난도 강의 동쪽에 솟아 있으며, 하퍼스 페리에서는 로돈 고지로 알려진 블루릿지 산맥에서 작전을 수행하고자 했다는 사실을 분명히 알 수 있다. 로돈 고지는 하퍼스 페리의 마을 위로 500~700피트까지 대담하게 솟아 있고 해발 1,000피트까지 솟구쳤다. 이 고지는 정남쪽으로 급히 달려갔다가 남서쪽으로 방향을 틀어 처음 3마일쯤 쭉 내려간 다음 1,500피트까지 솟아오른다. 이만한 높이는 실제로 하퍼스 페리 밑으로 25마일에 이르기까지 이어지며, 이곳에서 산맥은 넓어져서 조밀하고 미로처럼 복잡한 산림지대로 이어졌다가 2,000피트 이상 솟아오른다. 이 높은 지점의 오른쪽에 있으며, 하이 놉(2,400피트의 봉우리)이 눈에 보이는 포키어 카운티에서 '장엄한 검은 길'은 시작되었다.

1850년 이 카운티에는 1만 명 이상의 노예들이 있었으며, 650명의 자유 흑인들이 있었다. 이와 비교하여 백인들은 9,875명이었다. 이 카운티에서 버지니아의 남부 접경 지역에 이르기까지 대다수 주민이 노예인 일련의 흑인 카운티가 있었다. 이러한 카운티에는 1850년에 최소 26만 명의 흑인들이 거주했다. 이곳에서부터 '장엄한 검은 길'은 존 브라운이 그의 일기에 적었고, 의심할 나위 없이 표시된 지도에 나온 것처럼 남쪽으로 향했다.

이러한 고지에 이를 수 있는 가장 쉬운 길은 하퍼스 페리에서 출발하는 것이었다. 병기고 앞마당에서 출발하여 한 시간쯤 올라가면 접근하기 어려운 요새들에 100여 명을 쉽사리 숨길 수 있었다. 지나치게 많은 짐을 지지만 않는다면. 무기와 탄약, 식량을 갖고 가더라도 별 어려움 없이 후퇴하면서 공격을 몰아낼 수 있었다. 요새와 방어시설을 이러한 산에 준비해둘 수 있었으며, 습격하기 전에 이러한 곳들을 철저하게 탐사하고 길을 표시해두었다. 메릴랜드에서 뻗어나온 큰 도로의 교차점에 있는 하퍼스 페리에 병기고가 있었다. 의심할 여지 없이 계획은 이러했다.

먼저, 포토맥 강의 메릴랜드 쪽에서 대원들과 무기를 소집하고, 둘째 병기고를 불시에 습격하여 점령하며, 셋째 무기와 탄약과 탈취한 것들을 갖고 쉐난도 강을 건너 로돈 고지로 가서 산 속의 산림지대에 숨겨놓으며, 넷째 그때부터 간헐적으로 내려가서 노예들을 해방시키고 먹거리를 손에 넣은 후, 남쪽으로 퇴각한다는 것이었다.

대부분의 저자들은 브라운이 병기고에서 퇴각하여 포토맥 강을 건널 생각이었다고 여겼던 것 같다. 조금만 생각해봐도 이러한 계획이 얼마나 터무니없는지 알 것이다. 브라운은 유격전을 잘 알았으며, 하퍼스 페리의 습격 실패는 처음부터 그것이 큰 실수였음을 증명하지 못한다. 이 습격은 퇴각로가 차단되었기 때문에 실패한, 산에서 내려간 습격이 아니었다. 무기와 탄약 열차가 전위부대와 합류하지 못해서 실패한, 무기고 마을을 지나 산으로 올라가는 형태의 습격이었다.

이것은 존 브라운이 20년 동안—한 흑인 목사 옆에 무릎을 꿇고 앉아 아들들에게 노예제도와 싸우며 피를 흘리기로 맹세시킨 날부터—천천히 공들여서 조직적으로 세운 원대한 계획이었다.

존 브라운이 자신의 계획을 실행에 옮기기 위해 사용한 자금줄은 정확히 알려지지 않았다. 샌번은 말한다.

"1858년 브라운이 최초로 요청한 금액은 1,000달러의 자금이 전부였다. 이 자금을 손에 넣으면 4월이나 5월에 전투를 시작하겠다고 맹세했다. 스턴스 씨가 이 자금의 관리인 역할을 맡았다. 5월 1일 전에 거의 모든 자금이 들어왔거나 기부 승낙이 이루어졌다. 스턴스가 300달러를 기부하고, 우리 위원회의 남은 회원들이 더 적은 액수들을 기부했다. 그러나 머지않아 앞서 언급한 액수는 너무 적을 것으로 여겨졌으며, 포브스가 알고 있는 내용을 발설하기 전에 자금 부족으로 말미암아 브라운은 난처해졌다."[4]

처음부터 마지막까지 조지 스턴스는 7,500달러 상당의 무기와 현금을 제공했으며, 게릿 스미스는 1,000달러 이상을 기부했다. 메리암은 10월에 금으로 600달러를 직접 가져왔다. 3월 10일과 10월 6일 사이에, 브라운은 최소 2,500달러를 경비로 사용했다. 샌번은 전부 합쳐 4,000달러를 브라운에게 모금해주었다. 힌튼은 말한다.

"브라운이 받은 자금은 12,000달러를 넘지 않았을 것으로 추정된다. 식량과 무기 등을 마련하는 데 10,000달러 이상 들었을 것이다. 물론, 더 적은 액수의 기부금과 후원금이 들어왔지만, 1856년 9월 15일 그가 캔자스의 로렌스를 떠났을 때부터 1959년 10월 16일 그가 20명의 대원들을 이끌고 버지니아의 하퍼스 페리로 진격했던 기간 동안, 총 추정액이 25,000달러라면, 시간과 노고와 목숨의 소비를 제외하고 모든 지출을 감당할 수 있을 것이다."[5]

그러나 이 총액에는 그의 가족을 위해 모금한 1,000달러의 기금은 포함되지 않는다.

브라운이 꾸리고자 했던 시민 조직은 여지껏 언급한 바와 같다. 군사 조직은 그의 캔자스 경험과 독서에 기초를 두었다. 그의 일기에는 이런 내용이 기재되어 있다.

체르케스에는 550,000 정도가 있고
스위스에는 2,037,030

> 유격전은 웰링턴 경의 삶을
> 보면 알 수 있다.
> 71쪽에서 75쪽까지(미나)
> 102쪽도 참고하라. 같은 책에
> 몇 가지 귀중한 암시가 들어 있다. 196쪽도 참고할 것.
> 간부들에게 가장 중요한 가르침을 주는 내용들이 있다.
> 같은 책의 235쪽도 참고.
> 깊고, 또한
> 좁은 협곡에서는 한 부대를 저지하는 데
> 300명이면 족할 거라고.
> 236쪽의 윗부분도 참고할 것.

W. P. 게리슨의 설명에 따르면,[6] 웰링턴의 이러한 삶은 스톡퀘러가 그린 삶이었으며, 언급된 쪽수는 1810년 미나(Mina)의 지휘 아래 스페인 유격대와 취사방법과 훈련방법에 대해 언급하는 부분이었다. 이런 대목이 나온다.

"이곳의 연봉들은 무질하게 흩어져 있다. 이곳에서는 한 발자국 내디딜 때마다 굴러내리고 무너진 무수한 바윗덩어리와 흙, 크게 벌어진 틈, 깊고 좁은 협곡을 만난다. 이런 곳에서는 한 부대를 저지하는 데 300명이면 족할 것이다."

캐롤라이나와 버지니아의 앨러게이니 산맥은 지형적으로 비슷했으며, 이곳에 작전 본부를 두기 위해, 브라운은 함께 또는 소규모 부대로 작전을 수행할 수 있는 기간 요원만의 부대를 제안했다.

"1중대는 56명의 사병, 임관되지 않은 12명의 장교, 8명의 상등병, 4명의 하사관과 임관된 3명의 장교(2명의 중위와 1명의 지휘관), 1명의 군의관으로 구성된다.

사병들은 각각 7명의 분대로 나뉘고, 각 분대에 1명의 군의관을 두어 1번부터 8번까지 번호를 붙인다.

2분대는 1소대를 이룬다. 소대는 1번부터 40번까지 번호를 붙인다.

각 소대에는 1명의 하사관을 배속하고, 이에 따라 번호를 붙인다.

2소대는 1중대를 구성한다. 중대는 1중대와 2중대로 나뉘고, 각 중대는 각각의 하사관이 지휘한다."[7]

4중대는 1대대를 구성하고, 4대대는 1연대를, 4연대는 1여단을 구성했다.

그의 자원과 계획이란 이 정도였다. 이제 그가 협력자로 선택한 사람들을 살펴보자.

하퍼스 페리 습격에 참여한 사람의 수는 알려져 있지 않다. 아마도 적극적인 노예 조력자들을 포함하여 50여 명이었을 것이다. 아마 죽음을 당했을 것으로 보고된 17명의 흑인은 전혀 알려지지 않았으며, 도움을 주고 도망친 노예들에 대해서도 알려진 것이 없다. 실제로 습격한 것으로 여겨지는 대원 수는 22명 정도로 압축된다. 그들은 당연히 2개의 주요 집단으로 나뉘는데, 흑인 집단과 백인 집단이다. 22명 중 예닐곱 명이 흑인이었다.

가장 중요한 인물은 오스본 페리 앤더슨(Osborne Perry Anderson)으로, 자유민으로 태어난 펜실베이니아 물라토였으며, 당시 스물네 살이었다. 그는 생업이 인쇄공이었으며, "점잖고, 성품이나 태도가 천성적으로 위엄이 있고, 겸손하고, 소박한 남자"였다. 그는 캐나다에서 존 브라운을 만났다. 하퍼스 페리 습격에 대한 가장 흥미롭고 믿을 만한 글을 썼으며, 나중에는 남북전쟁에 참여하여 싸우기도 했다.

그 다음으로 실스 그린(Shields Green)이 있었는데, 사우스캐롤라이나 출신의 순혈종 흑인으로, 아내가 죽은 뒤 여전히 노예 신분인 살아 있는 어린 아들을 남겨두고, 노예제도의 손아귀에서 도망친 사람이었다. 스물네 살 가량으로, 키가 작고 활발했으며, 교육은 받지 않았으나 타고난 재능이 뛰어나고 대담무쌍한 인물이었다. 그는 프레더릭 더글러스의 집에서 브라운을 만났는데, 더글러스는 이렇게 전한다.

"내 집에 머무는 동안, 존 브라운은 자신을 여러 이름으로—때로는 '황제'로, 또 다른 때는 '실스 그린' 등으로—부른 한 흑인을 알게 되었다……. 그는 도망 노예로, 사우스캐롤라이나의 찰스턴에서 도망쳐왔다. 사우스캐롤라이나는 노예가 도망치기에는 쉽지 않은 주였다. 그러나 실스 그린은 고난이나 위험을 겁내는 사람이 아니었다. 말이 별로 없는 사내였으며, 그의 언변은 유별나게 불완전한 엉터리였으나, 그의 용기와 자긍심은 그를 위엄 있는 인물로 만들어주었다. 존 브라운은 그린이 어떤 '재료'로 '만들어졌는지' 당장에 알아보았으며, 그에게 자신의 계획과 목적을 털어놓았다. 그린은 브라운을 쉽게 믿었으며, 언제든 움직일 준비를 갖추고 그와 함께 가겠다고 맹세했다."[8]

데인저필드 뉴비(Dangerfield Newby)는 하퍼스 페리 인근 출신인 자유민 물라토였다. 서른 살이었는데, 키가 크고 체격이 다부졌으며, 명랑하고 상냥했다. 하퍼스 페리에서 남쪽으로 30마일 가량 떨어진 곳에 노예 상태의 일곱 자녀와 아내가 있었다. 아내는 이 당시 머지않아 남부로 팔려갈 신세였는데, 하퍼스 페리 습격 직후에 팔려갔다. 뉴비는 부대에 잡다한 정보를 전해주는 척후병이었으며, 습격이 이루어진 밤까지 인근 마을에서 살았다.

존 코프랜드(John A. Copeland)는 노스캐롤라이나의 자유 흑인 부모에게서 태어나 오벌린에서 자랐으며, 오벌린 대학에서 교육받았다. 머리칼이 곱슬거리지 않은 물라토로 스물두 살이었으며, 보통 체격에 생업이 목수였다. 버지니아의 검찰관이었던 헌터(Hunter)는 이렇게 전한다.

"그와의 교제를 통해 나는 그를 우리가 수감하고 있던 죄수들 중에 가장 존경할 만한 인물 중 하나로 여겼다……. 그는 구릿빛 피부의 흑인이었으며, 다른 죄수들과 마찬가지로 흔들림 없이 단호하게, 또한 훨씬 더 위엄 있게 처신했다. 그들 중 어느 누구에게라도 면죄를 천거하는 것이 가능했다면, 이 남자 코프랜드를 천거했을 것이다. 하물며 그가 처형되는 장면을 목격하다니, 애석하지 않을 수가 없었다."[9]

루이스 세라드 리어리(Lewis Sherrard Leary)는 노스캐롤라이나에서 노예로 태어났으며, 이 사람 역시 오벌린에서 자라, 그곳에서 마구 제작자로 일했다. 오벌린의 한 친구는 이렇게 증언했다.

"그는 나중에 다시 들러서, 내가 그에게 준 액수를 그대로 지키고 싶으며, 어떤 목적을 위해 특정 액수를 손에 넣고 싶다면서, 그 돈을 어떻게 쓸 것인지에 대해 이야기하며 매우 조심스러워했다. 단지 노예들이 도망치도록 돕는 데 쓰고 싶다고만 알려주었다. 그러면서 열여덟 살쯤이라고 들은, 한 젊고 아름다워보이는 아가씨의 은판(銀板) 사진을 내게 보여주었다……."[10]

그러나 여기에서 심리를 맡은 메이슨 상원의원은 위험의 냄새를 맡았으며, 우리는 리어리를 죽음으로 몰아넣은 이유들을 추측할 수 있을 뿐이다. 그는 캔자스 대원이 아닌 외부에서 들어온 브라운의 최초 신병이라고 전해졌다.

보스턴 출신의 자유 흑인이었던 존 앤더슨(John Anderson)은 루이스 헤이든(Lewis Hayden)이 보냈으며, 최전선으로 출발했다. 그가 최전선에 도착하여 죽음을 당했는지, 아니면 너무 늦게 도착했는지는 아직까지 전혀 밝혀지지 않았다.

흑인 혈통 중 일곱번째 대원은 예레미아 앤더슨(Jeremiah Anderson)이었다. 채덤 대표자대회의 모든 원문 보고서에는 그의 이름이 흑인들과 함께 명부에 올라 있으며, 그를 보았던 버지니아 출신의 한 백인이 전하는 것처럼, "중키에 머리칼이 매우 검고 피부는 거무잡잡했다. 그를 캐나다 물라토라고 여긴 사람들도 있었다."[11] 그는 북쪽으로 이주한 버지니아 노예주들의 계통이었으며, 인디애나에서 태어났다. 당시 스물여섯 살이었다.

백인들 중에는 그 누구보다도 먼저 존 브라운, 세 아들로 이루어진 그의 가족, 맏사위의 두 형제인 윌리엄 톰슨과 더핀 톰슨이 있었다.

올리버 브라운은 키가 크고 근육이 잘 발달되었으나 스물한 살이 채 되지 않은 청년으로, 갓 결혼한 몸이었다. 왓슨은 스물다섯 살의 젊은이로, 훤칠하고 운동선수처럼 체격이 좋았다. 오웬은 몸집이 크고, 빨간 머리의 조로한 듯한 서른다섯 살의 사내로, 한쪽 다리를 절름거렸으며, 무던하면서도 냉소적인 데가 있었다. 톰슨 형제는 존 브라운의 이웃 사람들이었으며, 형제자매가 20명이나 되었다. 브라운 가족과 그들의 가족은 결혼으로 맺어졌으며, 앤 브라운에 따르면, 스물여섯 살이었던 윌리엄 톰슨은 "친절하고, 관대하며, 다른 사람에게 도움을 많이 주는" 사람이었다. 스물두 살의 더핀 톰슨은, 앤 브라운에 따르면, "매우 조용하고 살결이 희며, 생각에 잠긴 얼굴에 곱슬거리는 금발이었으며, 눈동자는 부드럽고 밝은 청색이었다. 항상 친절하고 착한 소녀 같았다."[12]

대원들 중 주목할 만한 세 인물은 카기와 스티븐스와 쿡으로, 각각 개혁가, 군인, 그리고 시인이었다. 카기의 가족은 쉐난도 밸리 출신이었다. 그는 스물네 살이었으며, 영문학 교육을 많이 받아 캔자스에서 신문 기자를 지냈는데, 그곳에서 자유주 운동에 열렬히 참여했다. 노예제도라는 당면 과제에 투철한 신념을 갖고 있었으며, 그러한 신념을 위해 기꺼이 모든 것을 걸었다. "당신들 모두 죽음을 당할 것이네"라고 그의 계획을 들은 한 친구가 외쳤다.

"그래, 나도 안다네, 힌튼. 그러나 그 결과는 그만한 희생을 치를 가치가 있을 걸세."

힌튼은 이렇게 덧붙인다.

"나는 내 친구를 아름다운 인격을 지닌 사람으로 기억한다. 보기 좋고 잘생긴 머리 모양, 조용하고 부드러우면서도 한편으로는 날카로울 정도로 예리하고 신랄한 목소리."[13]

앤더슨은 카기가 "청년이었을 때, 노예제도 반대자로서 집을 떠나, 자신이 북부로 안내한 3명의 노예에게 자유라는 선물을 주었다"고 적었다. "노예제도에 대한 타고난 증오 때문에 자신이 태어난 주에서 기꺼이 망명할 수밖에 없었으며, 타고난 능력과 노력해서 얻은 크나큰 능력들로 말미암아, 캡틴 브라운의 두터운 신임을 얻었다. 외모에는 무관심했다. 이따금 챙이 축 늘어진 모자를 쓰고, 한쪽 다리는 제대로 들어가고 다른쪽 다리는 목이 긴 부츠의 꼭대기로 말려올라간 바지를 입고 돌아다녔다. 빗질을 하지 않아 머리가 덥수룩했으며, 면도를 하지 않았고, '최신 유행'은 전적으로 무시했다."[14]

스티븐스는 잘생기고 키가 6피트에 이른 코네티컷 출신 군인으로 스물여덟 살이었으며, 한 동료 군인을 학대한다는 이유로 상관을 구타하고 미군에서 탈영한 인물이었다. 캔자스에서 적극적으로 활동했으며, 머지않아 존 브라운 밑으로 들어갔다.

"당신은 왜 하퍼스 페리에 왔습니까?"

한 버지니아 사람이 물었다.

"내 친구들을 속박에서 벗어나도록 도와주기 위해서였소. 당신은 노예제도에 대해 아무것도 몰라요. 나는 아주 잘 압니다. 그건 죄악 중의 죄악이오. 나는 살아갈수록 점점 노예제도를 증오하게 됩니다. 이 감옥에 누워 있는 후로도, 부모들과 강제로 헤어진 노예 아이들의 울부짖음이 들려옵니다."[15]

쿡도 스물아홉 살의 코네티컷 출신이었으며, 키가 큰 푸른 눈의 금발로, 잘생겼지만 스티븐스와는 상당히 다른 유형이었다. 수다스럽고, 충동적이며, 침착하지 못하고, 모험을 갈망하지만 신념이 확고하지는 않은 인물이었다. 존 브라운을 따르긴 했으나, 굳이 존 브라운이 아니더라도 마음에 드는 사람이라면 누구든 따랐을 것이다. 꿈을 꾸며, 위험에 정면으로 돌진했다가 불길한 죽음 앞에 서면 대경실색하여 비참한 얼굴로 뒷걸음을 치는 사람이었다. 그는 대원들 중에 가장 철저하게 사람의 아들다운 인물이었다.

다른 한 사람도 언급해야 할 것이다. 존 브라운의 습격을 망친 것은 아마 그의 둔하고 완강한 태도였을 것이기 때문이다. 그 사람이 바로 찰스 티드였다. 그는 메인 주 출신으로 스물일곱 살이었으며, 캔자스 전투에서 단련된 인물로, 소심하고, 건방지고 걸핏하면 싸우려 드는 사람이었다. 그는 마침내 하퍼스 페리 공격 계획이 밝혀졌을 때 하퍼스 페리를 점령하는 계획을 완강하게 반대했으며, 앤 브라운에 따르면, "심하게 열을 받아서 분노를 식히기 위해 농가를 떠나 하퍼스 페리 근처에 있던 쿡의 거주지로 내려갔을 정도였다." 일주일이 지나서 부루퉁하여 굴복하고 돌아왔다.

이들 외에 그다지 뚜렷하지 않은 성격을 지닌 다른 6명의 대원이 있었다. 5명은 캐나다와 중서부, 메인 출신의 젊은 캔자스 개척자들이었으며, 브라운과 몽고메리 밑에서 유격전을 통해 단련되었고, 자신들이 보았던 노예제도를 철저하게 증오했다. 그들은 브라운의 인격을 숭배하고 모험을 사랑하는 사람들이었다.

마지막 신병인 메리암은 뉴잉글랜드의 귀족이었으나 개혁운동가로 변신하여, 세상의 악덕과 맹목적이지만 헌신적으로 싸웠다. 흑인 루이스 헤이든은 보스턴에서 그를 만나, "몇 마디 나눠본 후에, '나는 500달러가 필요하고 그걸 꼭 손에 넣어야 합니다'라고 말했다. 이러한 요구에 깜짝 놀란 메리암은 대답했다. '그만한 뜻이 있다면, 수중에 들어갈 겁니다.' 그러자 헤이든은 자신이 존 브라운 주니어를 통해 알게 된 것을 간략하게 메리암에게 말했다. 캡틴 브라운은 챔버스버그인가 어느 곳에 있는데, 한 무리의 해방자들을 이끌고 버지니아로 들어갈 준비를 하고 있으며, 자금이 필요하다는 것이었다. 이 말에 메리암이 대꾸했다. '존 브라운이 그곳에 있는 것이 확실하다면, 내가 자금을 대고 당신과 함께 가겠소.'"[16]

이들이 바로 그들이었다. 이상가, 공상가, 군인, 복수자 등, 말이 없고 사려 깊은 부류에서 민첩하고 충동적인 부류, 냉철하고 통렬한 부류에서 무식하고 신의가 두터운 부류에 이르기까지 다양했다. 그들은 하나님을 믿고, 영혼을 믿고, 운명을 믿고, 자유를 믿었다. 그들에게 세상이란 열광적이고, 젊고, 규제되지 않은 어떤 것이었으며, 그들은 그것을 올바르게 조절하기 위해 태어난 사람들이었다. 그들은 한 무리 진실한 개혁운동가들이었으며, 한편으로는 결점과 터무니없는 면이 많았으나, 다른 한편으로는 음흉하거나 불결한 면은 전혀 없었다. 전체적으로 그들은 보기 드문 한 무리의 사람들이었다. 그들과 함께 살았던 앤 브라운은 말했다.

"그들 모두를 하나로 합쳐 생각하면, (태도 등에 대해 말하자면) 내가 그동안 만났던 모든 위치의 사람들과 대조될 것이다."[17]

그들은 교양이 있거나 많은 교육을 받은 사람들은 아니었다. 카기는 상당한 학교 교육을 받기는 했지만. 그들은 지적으로 분방하고 호기심이 많았다. 여러 대원들이 당시 유행하던 심령론에 끌렸으며, 거의 모든 대원들이 세상의 사회적 관습에 회의적이었다. 그들은 주로 개척적인 삶이라는 거친 학교에서 단련되었으며, 여러 번 죽음과 맞섰고, 열정적이었으며, 호기심이 강했고, 들떠 있었다. 그들 가운데 일부는 음악을 애호했으며, 다른 이들은 취미 삼아 시를 짓기도 했다. 그들이 공감하는 가장 광범위한 공통의 근거는 존 브라운의 인격에 있었다. 그들은 그를 경외하고 사랑했다. 그를 통해 그들은 노예제도를 증오했으며, 그와 그가 믿는 것을 위해 기꺼이 자신들의 목숨을 걸었다. 그들도 역시 노예제도와 다른 일들에 대해 죄의식을 갖고 없애야 한다는 신념을 지니고 있었지만, 존 브라운은 그들의 꿈을 하나의 열정적인 행위로 모았다.

마지막으로 바로 존 브라운이 있었다. 그의 생김새는 여러 번 언급했다. 1959년에 그는 머리칼이 희고, 두 눈은 불타는 듯하며, 길다란 흰 턱수염이 올림피아의 주피터 신을 연상시키는 인상적인 모습이었다. 그러나 한 가지는 잊지 말아야 할 것이다. 존 브라운은 이 시기에 병자였다. 1856년에서 1859년까지 몸이 아프지 않은 날은 한 달도 채 안 되었다. 1857년 5월에 그의 건강은 '상당히 호전되었'으나, 머지않아 '학질과 열병으로 허약해져서 집으로 떠나' 일주일을 허비했다. 8월에 그는 '불건강'과 '학질과 열병의 반복'에 대해 적었다. 9월과 10월에 그의 건강은 '형편없'었다. 1858년의 봄과 여름에는 '그다지 튼튼하지 않'다는 것을 알았으며, 7월 8월에는 '학질로 자리에 눕'는 바람에 '너무 아파서' 편지를 쓸 수도 없었다. 10월이 되어서도 '여전히 몸이 약'했으며, 12월에 '어느 정도 회복되었'으나, 다음해 봄에 '그다지 건강하지 않'다는 것을 알았다. 4월에는 운명적인 해를 맞아 열광적으로 활동하는 가운데, '머리와 귀에 문제가 있고 학질을 앓은 결과 상당히 지쳤'다. 7월 말경 '질병이 발목을 붙들었'으며, 아프고 병든 몸 때문에 하퍼스 페리 습격을 감행해야 한다고 고집을 꺾지 않았던 것이 분명하다.

필요한 자금의 일부를 모으고 부대를 꾸린 후, 존 브라운은 앞에서 살펴보았듯이, 포브스의 폭로로 말미암아 '백조의 늪'에서 일어난 마지막 학살이 그를 끌어들였던 캔자스에 숨을 수밖에 없었던 1858년 초여름에 공격을 감행할 예정이었다. 그는 1858년 6월에 캐나다를 떠나 캔자스로 향했다. 쿡은 자신의 수다스러움을 염려한 브라운의 바람에 약간 어긋나, 하퍼스 페리로 가서 서적 판매인과 운하 관리인으로 행세하며, 한 아가씨에게 구애하여 그녀와 결혼하고 나서 본대를 기다리는 선발자 역할을 했다. 캐나다를 떠난 후 열 달이 지난 1859년 3월, 존 브라운은 구출된 12명의 노예들을 계획 성공의 전조로 여기고, 이들과 함께 캐나다에 다시 나타났다. 그는 소식을 퍼뜨릴 동안 머물다가 북부 오하이오로 가서 캔자스의 대중들 앞에서 노예제도에 대해 연설했다.

"그는 자유주 지지자들의 난폭한 박해자인 줄 몰랐던 사람에게는 어느 누구에게도 손가락질을 하지 않았다고 말했다. 그는 결코 살인을 저지른 적이 없었다. 비록 어떤 경우에는, 다른 사람들뿐만 아니라 그를 따르는 젊은이들에게도 어떤 일을 어떻게 처리하는지 알려주었으며, 그들이 그 일을 마무리짓기는 했지만. 그는 한 알의 옥수수만큼도 결코 파괴하지 않았으며, 어떤 노예제 찬성자의 집이나 재산에도 불을 지르지 않았다. 그는 자신의 행동으로 노예제 찬성자들을 캔자스 준주에서 몰아낸 적이 없었다. 하지만 필요할 때는 그들을 울타리의 말뚝처럼 땅속으로 몰아넣어, 그곳에서 영구적인 이주자로 남게 할 사람이었다.

브라운은 자신이 무법자라고 말했다. 미주리의 주지사가 그를 붙잡는 사람에게 3,000달러의 포상금을 약속하고, 제임스 뷰캐넌은 250달러를 더 약속한 무법자라고. 그는 조용히, 덧붙여서 언급했다. 존 브라운은 제임스 뷰캐넌의 육신을 자유주의 감옥으로 안전하게 데려오는 사람에게 2달러 50센트를 줄 것이라고. 그는 체포된다고 해서 결코 굴복하지는 않았을 것이다. 굴복을 통해 그가 얻을 수 있는 것은 아무것도 없기 때문에. 하지만 그를 붙잡으려는 시도가 이루어진다면, 즉석에서 모든 문제를 해결할 것이다. 그러한 노예들의 해방은 노예제도에 직접적인 타격으로 작용했으며, 그는 기회가 생기면 모든 노예들의 족쇄를 깨부수는 것이 자신의 임무라고 여긴다는 연설을 했다. 그는 철저한 노예제 폐지론자였다."[18]

그런 다음 그는 가족을 만나고 더글러스를 방문하기 위해 (그곳에서 실스 그린을 만나 설득시켰다), 그리고 게릿 스미스와 샌번과 상의하기 위해 동부로 갔다. 콩코드의 앨콧은 이렇게 적었다.

"이날 저녁 나는 캡틴 브라운이 시청사에서 캔자스 사건들과 그들이 어느 정도 가담한, 그곳에서 벌어진 최근의 문제들에 대해 언급하는 것을 들었다. 그는 뛰어날 정도로 평이하고 감각적인 말로 자신의 이야기를 들려주며, 우리 모두 그의 용기와 종교적 열정에 깊은 감동을 받는다. 우리 마을 최고의 인물들이 그의 말에 귀를 기울인다. 에머슨과 소로, 호어 판사, 내 아내. 그들 중 일부는 특별한 요청이 없어도 그의 계획에 도움이 될 뭔가를 기부한다. 그는 그만큼 고결함과 능력에 대한 신뢰를 불어넣는다.

나는 그의 연설이 끝난 후 그와 몇 마디 나눠보고 그가 보통 사람들보다 우수하며, 캔자스 주의 사건들과 이상에서 바름의 제자임을 안다. 그는 샌번의 손님이며, 단 하루 동안 머문다. 앤더슨이라는 한 젊은이가 그와 동행한다. 내가 듣기로, 그들은 무장을 하고 가서, 필요할 경우 자신들을 보호할 거라고 한다. 그들은 지금 코네티컷과 더 먼 남부로 가고 있을 것이다. 하지만 대장은 다가올 몇 달 동안 그의 목적지와 계획에 대해 거의 아무것도 우리에게 알려주지 않는다. 그러나 그는 노예제도에 대한 증오를 숨기지 않으며, 적절한 시기에 자유를 위해 공격할 준비가 되어 있음을 숨기지도 않는다. 내 생각에는 가능하면 많은 노예들을 도망시켜, 주인에게 노예라는 재산을 위태롭게 만들려는 것이 그의 목적일 것이다. 나는 그가 도전하는 모든 것을 감당할 거라 생각한다. 그는 꼭 필요하다면 반드시 그 일을 행동에 옮길 사람이며, 순교자의 인내와 결심을 갖춘 사람이니까.

대자연은 분명 그를 만드는 데 면밀한 주의를 기울였다. 그는 한 인간으로서 당당한 외모를 지녔다. 어깨가 떡 벌어지고 꼿꼿하며 키가 훤칠하다. 두 눈은 깊은 회색이며, 짐승이 아주 작은 바스락거림에도 튀어나갈 준비를 갖춘 것처럼, 머리를 들고 웅크린 자세를 취한 듯하며, 꿈쩍하지 않지만 다정하다. 이마 위로 짧게 내려오는 머리칼을 뒤로 쓸어넘겼으며, 코는 날카로운 메부리코이고, 꽉 다문 입술에, 목소리는 억제하는 듯한 인상을 주지만 금속성으로 철저한 신중을 암시한다. 결연한 입, 철두철미하게 강한 힘을 느끼게 하는 용모와 체격. 이곳에 온 후로 찰랑거리는 듯한 턱수염은 더 길어졌다. 그의 수염은 무사다운 분위기와 사도다운 풍채를 더해준다. 예순 살의 노인이었으나 기민하고 민활하며, 어떠한 위기가 닥쳐도 대담하게 대처할 준비가 되어 있다. 내가 만난 사람 중에 가장 사내다운 남자이다. 공명정대한 사람의 다른 이름이라고 할까."[19]

존 브라운은 5월 한 달을 보스턴에서 보내며 자금을 모으고, 뉴욕에서 보내며 흑인 친구들과 의논했다. 한번은 코네티컷으로 가서 수천 개의 창을 만드는 일을 서둘렀다. 질병이 방해가 되었으나, 이윽고 6월 20일, 5명의 전위부대―브라운과 그의 두 아들, 제리 앤더슨과 카기―가 남쪽으로 출발했다. 그들은 챔버스버그에서 여러 날 머물렀으며, 이곳에서 카기는 신의가 두터운 흑인 이발사인 왓슨과 협력하여, 대원과 우편물과 화물을 전송할 총대리인으로 추대되었다. 그런 다음 그들은 헤이거스타운을 통과하여, 7월 3일에 하퍼스 페리에 나타났다. 이곳에서 쿡을 만났다. 쿡은 지도를 파는 장사꾼 행세를 하고, 병기고 근처의 운하 수문을 관리하고, 브라운에게 정기적으로 정보를 알려주는 역할을 했다. 브라운과 두 아들은 처음에는 이곳저곳을 떠돌아다녔다. 한 농부가 그들에게 즐거이 인사를 건넸다.

"좋은 아침입니다, 신사 양반들? 안녕들 하시오?"

그들은 농부답게 그 인사에 대꾸했다. 그들의 대화는 다음과 같이 이어졌다.

"그런 식으로 그들과 인사를 나눈 후, 내가 말했다. '신사 양반들, 금이나 은 같은 광석을 찾으러 나오신 모양이죠?' 그의 대답은 이러했다. '아닙니다. 우리는 땅을 찾으러 나온 겁니다. 땅을 사려고 해요. 약간의 돈이 있는데, 가능하면 그걸 늘리고 싶어서요.' 그는 내게 땅의 가격을 물었다. 나는 그에게 근방의 땅이 15달러 내지 30달러 정도라고 말해주었다. 그가 말했다. '높은 가격이군요. 이곳에서는 에이커당 1달러나 2달러 정도에 살 수 있을 거라고 생각했답니다.' 내가 그에게 말했다. '에끼 이 양반. 그 가격에 땅을 살 거라고 기대한다면, 서쪽으로 더 멀리 가봐야 할 게요. 캔자스나, 정부 땅이 있는 그 준주들 중 어느 곳으로.' …… 잠시 후에 내가 어디에서 왔느냐고 물었다. 그의 대답은 이랬다. '뉴욕 주의 북부 쪽에서 왔소이다.' 나는 그곳에서 뭘 했느냐고 물었다. 그는 농사를 지었는데, 얼마 전에 서리가 하도 심하게 내려 곡물이 죽어버렸다고 말했다. 아무런 수확을 거두지 못해, 그곳의 땅을 팔아치웠으며, 더 멀리 남쪽으로 와서 잠시 농사를 다시 지어볼 수 있을 거라 생각했노라고."[20]

이렇듯 태평스럽고 호기심이 강한 농부를 가장하여 돌아다니다가, 브라운은 세를 낼 수 있는 농가를 하나 알았으며, 35달러에 아홉 달 동안 그 농가를 빌렸다. 하퍼스 페리와 이곳에서 5마일쯤 떨어져서 조용하고 외딴곳인 챔버스버그 사이의 큰 도로에 있던 농가였다. 그 농가는 부네스보로 산봉우리에서 뒤편으로 300야드쯤 떨어진 곳에 서 있어서 잘 보였다. 큰길의 반대편에는 600야드쯤 떨어진 곳에 방 하나와 다락방 하나가 딸린 또 하나의 오두막이 있었는데, 그곳은 근처에 관목숲이 우거져서 잘 보이지 않았다. 브라운은 이곳에 정착하여 점차적으로 대원들을 데려오고 물품을 가져왔다. 무기는 특히 천천히 들여왔다. 대부분의 총은 8월경에 코네티컷에서 챔버스버그에 도착했지만, 창은 한 달이 더 지나도록 도착하지 않았다. 그런 다음 대원들도 서서히 들어왔다. 그들은 사방에 멀리 떨어져 있었으며, 온갖 종류의 직업을 갖고 있었고 재정 상태도 서로 달랐다. 그들은 정확히 언제 습격이 이루어질지 확실히 알지 못했다. 이 모든 사정으로 말미암아 브라운은 7월에서 10월까지 지체할 수밖에 없었으며, 유지 비용이 매우 커졌다. 딸인 앤과 올리버의 젊은 아내가 와서 7월 16일부터 10월 1일까지 가정일을 돌봤다.

이 중대한 시점에 해리엇 터브먼이 병에 걸렸으며—심각한 손실이 아닐 수 없었다—여러 다른 지연 사태가 벌어졌다. 8월 1일까지 브라운의 두 딸과 세 아들, 사위의 두 형제, 코폭 형제, 티드, 제리 앤더슨과 스티븐슨이 하퍼스 페리에 모여들었다. 해즐릿과 리먼, 테일러가 곧이어 왔다. 카기는 아직 챔버스버그에 있었으며, 존 브라운 자신은 "낮에는 노동을 하고, 밤에는 때로는 갈색 노새인 늙은 돌리를 타고, 또 이따금은 마차를 타고 힘들게 돌아다녔다. 어둠이 내린 직후에 출발하여, 다음날 새벽녘이면 세를 낸 농가와 챔버스버스 사이를 50마일 이동했다. 이런 일을 하지 않을 때는 사령부와 챔버스버그 사이를 오가며, 일이 제때 성사될 수 있도록 준비했다."[21]

북부에서는 존 브라운 주니어가 무기를 배로 운반하고 대원들을 모으고 자금을 모금하고 있었다. 그는 8월 10일에 보스턴에 도착하여 곧바로 더글러스의 집으로 갔으며, 나중에 로구엥과 함께 캐나다로 갔다. 연맹의 모든 주요 지부들을 방문한 다음 북부 오하이오를 찾아갔다. 그 결과는 빈약했다. 사람이 부족해서가 아니라 이 시기에 꼭 필요한 종류의 사람이 부족했기 때문이었다. 수천 명의 흑인들이 자유를 위해 싸울 준비를 갖추고 기다리고 있었다. 하지만 이들 대다수는 존 브라운이 당장 쓸 수 있는 사람들이 아니었다. 상당수의 무장한 흑인들을 남부로 데려온다면 즉각 발견되어 내전이 일어날 것이다. 그래서 브라운은 처음에는 더글러스나 레널스, 홀든, 델러니 같은 지도자들을 선발하기를 원했다. 분별력이 있고 신중하며 영향력이 있는 사람들로, 그가 더글러스에게 말했듯이 북부와 남부에 떼지어 몰려다니는 벌들을 모을 수 있는 사람들을. 그러나 선발된 이들의 관심을 끌기란 쉽지 않은 일이었다. 이들 각자는 자신의 일이 있었고, 자신만의 급진적인 노예 구제 이론을 품고 있었다.

그들은 또한 광범위하게 흩어져 있었다. 그들 중 많은 수가 1858년에 설득되었지만, 공격의 연기는 재고와 의심의 시간을 주고 말았다. 여러 면에서 처음의 열정은 사그라들었지만, 죽지는 않았다. 노예제 폐지라는 대의는 그만큼 지대했으며, 필요한 것은 사람들에게 이번이 효과적인 공격을 감행할 진짜 기회임을 설득하는 것이었다. 그들은 존 브라운이 실제로 나타나서 그들의 마음에 이러한 사실을 새기게 해줄 마법을 요구했다. 그들은 그의 대리인들을 확신할 수 없었다. 그러나 사람들은 계속 왔으며, 다른 사람들은 준비를 하기 시작했고, 또 다른 사람들은 거의 이해했다. 백인 친구들에게 캔자스로 가라는 다급한 전갈이 전해졌다. 그에 대한 반응 역시 시원찮았다.

브라운은 많은 수의 북부 흑인들을 불러들이는 자신의 능력은 프레더릭 더글러스의 태도에 꽤 많이 달려 있음을 알았다. 더글러스는 전국적으로 알려진 최초의 위대한 흑인 지도자로, 능력과 기교와 용기가 있는 사람이었다. 그가 존 브라운을 따른다면, 누가 주저할 수 있겠는가? 그가 거절한다면, 그만한 이유가 있지 않을까? 그래서 존 브라운은 지속적으로 더글러스를 설득했으며, 마지막으로 호소하기 위해 챔버스버

그의 한 버려진 채석장에서 8월 19일에 최종 협의회를 열도록 준비했다. 더글러스는 전한다.

"내가 다가가자, 그는 나를 상당히 의심스럽게 쳐다보았지만, 금세 알아보고 진심으로 맞아주었다. 내가 만났을 때 그는 손에 낚시 도구를 들고 있어서, 열심히 낚시를 하고 있는 것으로 보였다. 하지만 나는 잡은 고기를 한 마리도 보지 못했으며, 그가 '낚시꾼의 행운'에 별로 신경 쓰지 않는다고 생각했다. 낚시는 위장 전술일 뿐이었으며, 괜찮은 전술이었다. 그는 어느 모로 보나 평범한 이웃 사람으로 보였으며, 근처의 여느 농부들처럼 편안해보였다. 모자는 낡고 찌그러졌으며, 의복은 당시 그가 머물던 채석장의 색깔과 비슷했다.

얼굴에는 불안한 표정이 드리워졌다. 나는 내가 위험한 임무를 띠고 있다는 느낌이 들었으며, 내게는 현상금이 나붙지 않았으나, 그 자신처럼 유명해지고 싶다는 생각이 잠시 스치기도 했다. 우리—카기 씨와 캡틴 브라운, 실스 그린과 나—는 바위틈에 앉아서 곧 떠맡을 큰 임무에 대해 이야기를 나누었다. 캡틴 브라운이 전에 잠깐 암시했을 뿐인 하퍼스 페리의 점령은 이제 그의 확고한 목적으로 선언되었으며, 그는 내가 그 일을 어떻게 생각하는지 알고 싶어했다. 나는 내가 들이밀 수 있는 모든 논거를 들어 즉석에서 그 방법에 반대했다. 내가 보기에 그런 방법으로 노예들을 탈출시킨다는 것은(원래의 계획처럼) 치명적일 것이며, 그 일에 참여한 모든 이들에게 치명적일 것 같았다. 그건 연방 정부를 공격하는 일이나 마찬가지일 것이며, 온 나라가 우리를 공격하려 들 것이었다. 캡틴 브라운은 이 문제의 다른 면에 대해 장황하게 말했다. 그는 전국을 뒤흔들어놓는 것에 전혀 반대하지 않았다. 그에게는 전국에 필요한 것은 바로 깜짝 놀랄 무슨 일인 듯했다……

우리의 대화는 길고 열정적이었다. 우리는 토요일의 대부분과 일요일의 일부를 이런 논의로 보냈다: 브라운은 하퍼스 페리 습격에 찬성했고, 나는 반대했다. 그는 곧이어 전국을 뒤흔들어놓을 공격을 감행하고자 했고, 나는 점차적으로 기묘한 방법으로 노예들을 앨러게이니 산으로 끌어내는 방안에 찬성했다. 그가 처음에 제안했듯이. 나는 그가 완전히 마음을 굳혔으며 단념시킬 수 없다는 것을 알고, 실스 그린에게 눈길을 돌리고 캡틴 브라운이 했던 말을 듣지 않았느냐고, 나는 집으로 가야겠다고, 나와 함께 가겠다면 그렇게 하자고 말했다. 캡틴 브라운은 우리 둘 다 그와 함께 가자고 종용했지만, 나는 그렇게 할 수 없었으며, 그가 노예들의 사지에 그 어느 때보다 단단하게 족쇄를 채울 것이라고 느낄 수밖에 없었다. 헤어지면서 그가 친절 이상으로 내게 팔을 두르며 말했다.

'내게 오시오, 더글러스. 내가 목숨을 걸고 당신을 지켜주겠소. 나는 특별한 목적이 있어서 당신을 원하는 겁니다. 내가 공격하면, 벌들이 떼를 지어 들끓을 것이며, 당신이 그들을 모으는 일을 도와주기를 바랍니다.'

하지만 신중론, 아니면 나의 비겁은 친애하는 이 노인의 웅변에 방어벽을 쳤다. 내 방향을 결정한 것은 아마 이 둘 모두였을 것이다. 떠나려다가 나는 그린에게 어떤 결정을 내렸는지 물어보았다. 나는 불완전한 말로 냉담하게 말하는 그에게 깜짝 놀랐다. '친애하는 노인과 같은 길을 갈 거요.' 이곳에서 우리는 헤어졌다. 그들은 하퍼스 페리로 가고, 나는 로체스터로 가기로 했다."[22]

더글러스의 결정은 의심할 여지 없이 많은 흑인들이 브라운에게 합류하지 못하도록 했다. 그러나 실스 그린은 남부로 출발했다. 노예 사냥꾼들이 그를 뒤따랐으며, 그와 오웬 브라운은 강을 헤엄쳐 건너야 했다. 오로지 북쪽이 아니라 남쪽으로 간 덕분에 체포의 위험을 벗어날 수 있었다.

이 시기에 세낸 농가에서의 생활은 흥미롭다. 앤더슨은 전한다.

"지나친 감상은 없었다. 흑인에 대한 무례한 모욕 행위 따위는 없었으며, 그의 대의를 위해 애썼다. 대원들 각자의 심장은 고통받고 탄원하는 노예를 위해 하나처럼 조화를 이루어 뛰었다. 나는 한 노예제 반대 가족의 도덕적 정신적 육체적 사회적 조화를 완전하게 깨닫고, 그 대척점인 노예제 반대 운동의 원칙들을 엄밀히 수행할 수 있었다는 것에 대해 하나님에게 감사드린다. 미 대륙의 각처에서 온 대원들은, 존 브라운의 집에서, 그리고 존 브라운이 있는 곳에서 만나 하나의 무리로 결집되었으며, 그 점에서 증오에 찬 편견은 감히 추한 자아를 참견하지 않았으며, 차별의 망령은 들어갈 곳을 찾지 못했다······.

 지나가는 사람의 눈에는, 그 집과 그 주변은 아무런 안중에도 없을 법했다. 이와 비슷한 통나무집이라면 아무런 관심을 끌지 않았을 것이다. 조야하고 볼품 없고 낡은 그 집은 들어가서 오래도록 머물며, 그 집에 있던 두 방의 수수께끼를 간파할 특권이 있는 사람만을 위한 곳이었다. 지붕 밑 방에는 부엌, 응접실, 식당, 널찍한 화장실, 다락방, 광, 구치소, 훈련실이 마련되어 있었다. 우리가 케네디 농가에서 어떻게 살았는지는 아무도 모를 것이다.

 아침마다 이 고매한 노인이 집에 있을 때면, 가족을 불러모아 성경을 읽어주고, 하나님에게 모든 인류를 위한 열렬하고도 감동적인 기도를 올렸다. 특히 압제자들을 대신한 그의 탄원은 연민의 정을 자아낼 정도였다. 존 브라운은 기도할 때마다 하나님에게 노예의 해방을 강력하게 간청하지 않는 적이 없었다. 이러한 임무가 끝나면, 대원들은 지붕 밑 방으로 가서 온종일 그곳에 머물렀다. 집 주위를 어슬렁거리는 대원은 거의 없었다. 이웃 주민들은 주의가 깊고 의심이 많았기 때문이다. 서로 이야기를 나누는 데에도 조심해야 했다. 집에 찾아오는 손님들이 수상히 여길 수도 있었기 때문이다. 더구나 이 일을 감독하던 딸과 며느리, 한두 명의 남자 대원들이 요리하고, 세탁하고, 다른 가사일을 돕기 위해 정기적으로 특파되었다. 두 여자분이 떠난 후에는 우리가 모든 일을 했다. 나이나 조직 내에서의 서열 때문에 이런 일에서 면제되는 사람은 없었다.

 우리는 지붕 밑 방에 머물 수밖에 없었을 때 여러 번 포로상태나 다름 없었으므로, 포로들의 주요 임무는 포브스의 교범을 공부하고, 때로는 스티븐스 대장의 교육 하에 조용하지만 엄격한 훈련을 받는 것이었다. 또 다른 때는 총신의 표면을 청동빛으로 윤내고, 개혁의 주제들을 논의하고, 우리들 개인의 살아온 이력을 이야기했다. 하지만 이야기거리가 거의 고갈되자, 유폐되다시피 한 상황에서 오는 권태, 강요된 침묵 따위로 말미암아 대원들은 견디기 힘든 지경에 이르곤 했다. 그럴 때면, 노예제도도 노예주에 대해서도 점잔빼며 논의하는 일이 없었다. 두 숙녀분이 머물렀을 때는 그 두 사람의 친절로 감금상태에서 오는 지루함을 상당 부분 달랠 수 있었다. 우리는 자유로이 돌아다닐 수가 없었으므로, 두 숙녀분이 야생 과일이나 꽃을 숲과 들판에서 따오곤 했다."[23]

 젊은 딸이었던 앤은 이렇게 전한다.

 "어느 날, 내가 그곳으로 내려간 후 얼마 지나지 않아서, 아버지는 식탁 앞에 앉아 뭘 쓰고 계셨다. 나는 곁에서 바느질을 하고 있었다(그 방에는 아버지와 나 둘뿐이었다). 그때 처마 밑에 둥지를 튼 조그만 굴뚝새 두 마리가 문으로 날아 들어오더니 날개를 퍼덕이며 시끄럽게 지저귀었다. 잠시 후 새들은 둥지로 날아갔으며 우리에게 다시 오기를 여러 번 반복했다. 마치 우리의 주의를 끌려고 하는 것 같았다. 새들은 큰 곤란에 빠진 것처럼 보였다. 나는 아버지에게 그 작은 새들에게 무슨 일이 생겼다고 생각하시느냐고 여쭈었다. 아버지는 새들이 전에 그렇게 행동하는 것을 본 적이 있느냐고 물으셨다. 나는 없다고 말했다. 그러자 아버지가 말씀하셨다. '그럼 가서 살펴보자꾸나.' 우리는 밖으로 나가, 한 마리 뱀이 들보를 타고 올라가서 둥지 안의 어린것들을 막 집어삼키려 하는 장면을 목격했다. 아버지는 뱀을 죽였다. 잠시 후 아까전의 새들이 난간에 앉아 목이 터질 듯이 노래했다. 새들은 마치 어린 새끼들을 구해준 것에 대해 아버지에게 기쁨과 감사를 표현하려는 듯했다. 방으로 돌아간 후, 아버지가 새들이 당신에게 도움을 요청하다니 참으로 기이한 일이라고 말씀하시면서, 당신이 성공하실 전조라고 생각하지 않느냐고 물으셨다. 아버지는 그 일에 무척 깊은 인상을 받으신 모양이었다. 아버지가 미신에 사로잡혔다고는 생각하지 않는다. 아버지는 항상 하나님이 당신에게 그 일을 맡기셨다고 생각하고 느끼셨다."[24]

대원들은 종교와 노예제도를 자유로이 토론하고, 페이네의 《이성의 시대》와 볼티모어의 《태양》을 읽었다. 존 브라운 자신은 이웃 주민들의 환심을 사기 위해 주의를 기울였으며, 아픈 동물이나 사람들을 잘 돌봐주어, 그와 그의 아들들은 가장 인기있는 사람들이 되었다. 오웬은 이웃 사람들과 오랫동안 대화를 나누곤 했으며, 쿡도 지도를 팔며 전국을 돌아다니고 있었다. 한 조그만 덩커 예배당이 근처에 있었는데, 무저항 노예제 반대 원칙을 지닌 곳이었다. 이곳에서 존 브라운은 자주 예배하고 설교했다. 그러나 이 모든 주의와 조심에도 불구하고, 그들 주위에는 의심의 눈초리가 숨어 있었으며 언제라도 발각될 위험이 도사리고 있었다.

브라운의 딸이 전하는 바에 따르면, "근처에 살며 그집의 바로 뒤에 있는 케네디 땅의 과수원을 빌린 한 가난한 가족이 있었다. 몸집이 작고 맨발로 지내는 부인과 4명의 작은 아이들(부인은 막내를 팔에 안고 다녔다)이 해가 있을 동안 언제든 과수원으로 떼지어 오곤 했으며, 이따금 하루에 여러 번 건너오기도 했다. 거의 항상 그들은 계단을 올라와 집안으로 들어가서 잠시 머물곤 했다. 이런 일은 우리에겐 상당히 성가신 일이었다. 부인이 식사시간에 눈에 띄기라도 하면, 대원들은 음식물과 식탁보를 주섬주섬 들고 조용히 위층으로 사라져야 했다.

어느 토요일 아버지와 나는 교사 근처의 작은 숲에서 열린 종교(덩커) 모임에 간 일이 있었다. 집에 남은 사람들은 하이프마스터 부인을 빈틈없이 경계해야 한다는 사실을 잊어버렸으며, 그녀는 그들의 눈에 띄기 전에 집안으로 슬그머니 들어갔다가, 실스 그린(9월이었던 것이 분명하다)과 바클레이 코폭과 윌 리먼을 보았다. 그후 또 한 번은 티드가 베란다에 서 있는 것을 보았다. 그녀는 이 낯선 사람들이 북부로 도망치는 흑인들이라고 생각했다. 나는 그녀와 좋은 관계를 유지하기 위해 그녀가 원하거나 요청한 것은 뭐든지 주곤 했지만, 우리는 그녀가 탐정이거나 우리를 밀고할지 모른다는 두려움을 끊임없이 느꼈다. 그것은 화약 심지에 불이 붙은 화약고 위에 서 있는 것과 같았다."[25]

온갖 경계에도 불구하고, 소문이 퍼지기 시작했다. 한 프로이센 폴란드 사람이 초대된 캔자스 협력자들 중에 끼여 있었다. 그는 1856년에 캔자스에 있었으며 브라운과 카기에게 알려졌다. 1859년 8월 브라운으로부터 계획을 들은 후 이 폴란드 사람은 신시내티의 '가제트'라는 신문의 통신원인 에드먼드 밥(Edmond Babb)에게 그들의 계획을 폭로했다. 그러니 미국방부에 서신을 보낸 사람은 아마 밥이었을 것이다.

"저는 한 비밀 협회의 존재를 발견했습니다. 광범위한 봉기를 유발하고 남부에서 노예를 해방시키는 것이 목적인 집단입니다. 이 운동의 지도자는 캔자스의 '늙은 존 브라운'입니다."

편지에는 계획과 거의 일치하는 세부 사항들이 이어졌다. 그러나 국방장관 플로이드는 여름 휴양지에서 휴가를 즐기고 있었으며 미국의 병기고와 상관 없는 몇 가지 사소한 모의를 하고 있었다. 그래서 호언장담하는 투로 그가 말했듯이,

"그런 악독하고 난폭한 음모를 미국 시민이라면 꾸미지 못할 것이라는 내 생각에 만족하여, 나는 그 편지를 치워버리고는, 그 습격 사건이 발생했을 때까지 더 이상 그 편지에 대해서는 생각하지 않았다."[26]

별로 신중하지 못한 게릿 스미스도 한 흑인 청중에게 이내 노예 봉기를 예상한다는 것을 분명하게 보여주는 말을 언급

했다. 하퍼스 페리 대원들도 강요된 휴지기로 말미암아 논란에 빠지고 불평을 토해냈다. 존 브라운은 대원들의 험담과 편지 쓰기를 신랄하게 비난했다. 그는 카기에게 말했다.

"제 자신을 지킬 수 없는 사람을 친구들이 지켜줄 거라고 기대하는 사람은 누구든 멍청한 바보요. 우리의 모든 친구들에게는 각자 특별한 친구들이 있소. 그 친구들에게는 또 그들만의 친구들이 있고. 이렇듯 길게 이어진 연줄 끝에 있는 누군가에게 비밀을 지키라는 부담을 준다는 것은 옳지 않을 것이오."[27]

한편 대원들은 브라운의 계획들이 마침내 발표되자 불만을 가졌다. 앤 브라운은 그들이 대체로 "8월 초에 농가에 도착한 후까지 정부 기관의 습격이 '계획'의 일부라는 것을 알지 못했다"고 적고 있다.[28] 그들은 더 큰 규모의 미주리 습격 재연을 원할 뿐이었으며 병기고를 점령할 뜻은 없었다. 티드는 특히 완강했으며 비타협적이었다. 논의가 뜨겁게 달아오르는 바람에 존 브라운은 한 번 사임했으나, 즉각 재선출되었으며, 그에게 다음과 같은 정식 편지가 보내졌다.

"존경하는 대장님, 우리는 모두 당신의 결정을 지지하기로 동의했습니다. 우리들 대다수는 당신이 당신의 결정을 고수하는 한 당신의 결정을 고수할 것입니다."[29]

이런 식으로 브라운은 서두를 수밖에 없었으며 이에 따라 장남을 재촉했다. 장남은 이렇게 대응했다.

"제가 캐나다에서 만든 협회들을 통해, 최대한 짧은 편지

형식의 통지로 각 개인의 회원들에게 손을 내밀 수 있습니다. 우리 부대의 일에 저의 모든 시간을 헌신하고 있습니다. 특히 나가서 기금을 모금할 것입니다. 제가 지금까지 이해한 바로는, 어쩔 수 없는 상황이 아니라면, 당신이 봄이 오기 전에 석탄 갱구를 열어젖히고 일에 착수하는 것을 최선으로 생각하시지 않을 거라 여겼습니다. 그러나 당신에게도 여러 가지 이유가 충분히 있을 거라 생각하며, 그렇다면, 더 작은 역할을 맡은 사람들은 반대하지 말아야 할 것입니다. 제가 당신에게 적어보냈던 그 옛 광산업자들과 제때 연락이 닿을 수 있기를 기대하고 있습니다. 그러기 위해서는 모든 신경을 집중해야 할 것입니다. 당신이 제게 알려주시는 내용은 그로 말미암아 이득을 볼 사람들 귀에 들어갈 것이며, 이들은 최대한 빠른 시일 안에, 꼬치꼬치 캐물을 것입니다. 그러니 지속적으로 제게 사정을 알려주세요."[30]

10월 6일이 되어서야 브라운은 "그달 말에 움직일 수 있을 것으로" 기대했으며 서둘러 필라델피아로 떠났다. 그곳에서 대규모의 한 흑인 집단을 만났으며, 로커스트 가 1221번지에 함께 머물렀던 연회 공급자 도르시가 그에게 300달러를 주었다고 한다. 어떤 면에서 그는 이번 방문에 실망했다. 앤더슨이 전하는 말에 의하면 그는 '매우 중요한 임무를 띄고' 갔다.

"얼마나 중요한 일인지를 그곳과 다른 곳의 사람들도 이제는 알았다. 이 큰 일의 주요 특징에 얼마나 영향을 받고 영향을 주었는지, 농가에 있던 우리들은 그들이 돌아온 후 전모를 알게 되었다. 늙은 대장이 수심이 가득한 마음으로 중요한 점을 상세하게 지적했기 때문이다."[31]

아마도 그는 여전히 더글러스와 뉴욕과 필라델피아의 지도자들을 설득하려 애쓰고 있었을 것이다.

두 부인은 9월 말경에 농가를 떠났으며, 앤더슨과 코프랜드와 리어리가 도착했다. 메리암은 필라델피아 여행길에 있던 브라운에게 합류하여 총의 뇌관을 구입하기 위해 볼티모어로 파견되었다. 다른 사람들이 오고 있을 때 브라운은 별안간 10월 17일로 습격 날짜를 못박았다. 이러한 갑작스런 변화는 아마 관공리들과 이웃 주민들이 점차 꼬치꼬치 캐묻기 시작했고, 정부측에서 남부 주둔지들에 병력을 배치하기 위해 병기고에서 무기를 옮기고 있었기 때문이었을 것이다. 앤더슨이 전하는 바처럼, 그것은 불행한 결과를 가져왔다.

"전갈을 기다리던 다른 부대원들이 일이 벌어졌을 때 제시각에 도착할 수 있었더라면, 조병창과 차고와 소총 제작 공장을 접수하는 문제는 상당히 달라졌을 것이다. 그러나 농가에 머물던 대원들은 철저하게 갇혀 지냈던 터라, 그 주일 동안 낮에 밖으로 나가 집과 농장 근처를 돌아다녔으며, 엿보던 이웃 주민들에게 노출되었고, 그 결과 이웃 주민들은 그 다음주 초에 조사를 시작할 조치를 취했다. 캡틴 브라운은, 그의 예상대로 작전 실행 시기에, 다른 부대의 지원을 받지 않았지만, 이웃 주민들의 염려가 며칠 동안 진정될 수 있었다면, 지원을 받지 못한 실망감은 그다지 크지 않았을 것이다."[32]

전갈을 기다리던 노예들 주위에 가장 가까이 있던 사람들만 연락이 닿을 수 있었으며, 힌튼 같은 여러 명의 신병들은 도중에 오도가도 못하는 상황에 처해, 제때 도착할 수가 없었다. 드디어 최후의 날이 밝았다.

"10월 16일 일요일 아침, 캡틴 브라운은 평소보다 일찍 일어나서, 대원들을 불러내려 예배를 보게 했다. 그는 성경의 한 장을 읽었다. 노예들의 상태에 적절한 내용이었다. 노예들의 형제로서 우리가 맡을 임무를 알려주고 나서, 노예 소유를 허락하는 땅에 사는 노예들의 해방을 도와달라고 하나님에게 간절한 기도를 올렸다. 그러한 과정은 깊은 감명을 주었다."[33]

회의가 열렸다. 흑인인 앤더슨이 사회를 보았다. 오후에 최종 명령이 떨어졌으며, 일몰 직후 어둠이 내리자, 존 브라운은 말했다.

"자, 여러분, 그대들의 마음에 이 한 가지를 새겨주고 싶소. 그대들은 모두 그대들에게 목숨이 얼마나 소중한지, 그대의 친구들에게 목숨이 얼마나 소중한지 알고 있습니다. 그점을 기억하면서, 그대들의 목숨이 그대들에게 소중하듯 다른 사람들의 목숨도 그들에게는 소중하다는 것을 잊지 마시오. 그런 고로, 어느 누구의 목숨도 취하지 않도록 하시오. 피할 수 있는 일이라면. 그러나 그대 자신의 목숨을 구하기 위해 다른 목숨을 취할 수밖에 없다면, 반드시 그렇게 하시오."[34]

—4—
## 결전의 날

악을 선하다 하며, 선을 악하다 하는 그들은 화 있을진저.

"일요일 저녁 8시 정각, 캡틴 브라운은 말했다.

'대원들, 무기를 드시오. 우리는 하퍼스 페리로 진격할 것입니다.'

그의 말과 마차는 문 앞에 끌어다놓았으며, 많은 수의 창과 큰 쇠망치 하나와 쇠지레를 마차 안에 넣어두었다. 그런 다음 대장은 낡은 캔자스 모자를 쓰고 나서 말했다.

'갑시다, 친구들!'

우리는 그의 뒤를 따라 임시 주둔지를 줄지어 나가, 아래쪽의 언덕을 지나 큰 길로 이어진 좁은 길로 들어섰다."[1]

오웬 브라운과 메리암, 바클레이 코폭에게는 하퍼스 페리로 출발하라는 명령을 받기 전까지 농가와 무기를 지키라는 명령이 내려졌다. 티드와 쿡은 전신선을 절단하고 카기와 스티븐스는 교량 보초병을 억류할 예정이었다. 왓슨 브라운과 테일러는 포토맥 강 위에 놓인 다리를 점유하고 올리버 브라운과 윌리엄 톰슨은 쉐난도 다리를 점유하도록 되어 있었다. 제리 앤더슨과 도핀 톰슨은 병기고 구내에 있는 창고를 점유하고, 한편 해즐릿과 에드윈 코폭은 조병창을 점유할 예정이었다.

그날 밤 사이 카기와 코프랜드는 소총 제작 공장을 엄습하여 감시하고, 다른 대원들은 인근 마을로 나가서 일부 노예주들과 그들의 노예들을 데리고 들어오기로 했다.

대원들이 출발했을 때는 춥고 어두운 밤이었다. 존 브라운이 말 한 마리가 끄는 수레에 창과 큰 쇠망치와 쇠지레를 싣고 앞장을 섰다. 그의 뒤에서는 대원들이 조용히 띄엄띄엄 진군했다. 쿡과 티드가 이들을 이끌었다. 그들은 5마일을 가야 했다. 완만하게 기복하는 구릉지대를 넘어 숲을 통과한 다음 절벽과 신시내티와 오하이오를 잇는 운하 사이의 좁은 길로 내려가야 했다. 철로가 가까워지자, 쿡과 티드는 볼티모어와 워싱턴으로 이어진 전신선을 절단했다. 그들은 다리에서 잠시 길을 멈추고 사격 준비 자세를 취했다. 10시 정각에 교량의 야간 순찰자 중 한 사람인 윌리엄 윌리엄즈(William Williams)는 어느새 카기와 스티븐스의 손에 붙들린 포로라는 것을 알고 깜짝 놀랐다. 카기와 스티븐스는 윌리엄즈를 덮개를 씌운 건조물을 통과하여 마을로 데려갔다. 왓슨 브라운과 스튜어드 테일러는 교량을 감시하도록 남겨두었다. 나머지 대원들은 하퍼스 페리로 들어갔다.

두 강 사이의 지대는 상당히 높다. 주위의 험준한 산 때문에 위축되어 두 강이 만나는 낮은 지점으로 흘러 내려가기는 하지만. 이곳에서 다리는 메릴랜드로 이어진다. 다리를 건너면 버지니아가 나오는데, 이곳은 길가에서 60야드쯤 올라가서, 포토맥과 나란히 뻗어 있으며, 무기가 만들어지는 조병창의 관문이었다. 조병창 관문에서 60야드쯤 떨어진 쉐난도 강쪽에 병기고가 있으며, 이곳에 무기가 보관되어 있었다. 대원들은 조병창 관문으로 진격했다. 야간 순찰자는 그곳이 어떻게 점령되었는지를 들려준다.

"'관문을 열라'고 그들이 말했다. 나는 '내가 창에 찔리는 한이 있어도 그럴 수 없'다고 말했다. 그러자 그들 중 한 명이 내 머리 위쪽의 관문 홍예로 뛰어올라왔으며, 또 다른 사람이 뛰어와 내 외투 자락을 움켜쥐고 나를 붙들었다. 나는 안에 있었고 그들은 밖에 있었으며, 홍예로 올라온 자는 내 머리 위쪽에 서 있었는데, 내가 그들에게 관문을 열어주려 하지 않자, 대여섯 명이 마차에서 뛰어들어와, 내 가슴을 총으로 탁탁 치면서, 내게 열쇠를 넘겨주라고 말했다. 나는 그럴 수 없다고 말했다. 또 다른 자가 이에 대꾸하며 열쇠를 넘겨받기를 기다릴 시간이 없으니, 수레로 가서 쇠지레와 큰 쇠망치를 꺼내, 곧장 안으로 들어가자고 말했다. 수레가 들어갈 관문의 양쪽에는 커다란 쇠사슬이 걸쳐져 있었다. 그들은 쇠지레를 쇠사슬에 끼우고 비틀어 문을 열고는, 달려들어가서 수레에 탔다. 한 사람이 나를 데려갔다. 그들은 모두 내 주위에 모여

내 얼굴을 들여다보았다. 나는 내 주위의 수많은 총을 보고 금방이라도 숨이 끊어질 것처럼 겁에 질렸다."[2]

앤더슨이 전하는 바에 따르면, 포로로 붙잡힌 두 명의 야간 순찰자는 "제리 앤더슨과 도핀 톰슨의 관리하에 남겨두었으며, 스티븐스는 조병창과 소총 제작 공장을 접수하기 위해 대원들을 배치했다. 이때쯤 상당한 동요가 일어났다. 마을에서는 사람들의 왕래가 많았으므로, 우리는 여러 명의 포로를 붙잡고서야 어느 정도 일을 처리할 수 있었다. 포로들을 감금한 후, 우리는 시가의 반대편으로 가서 조병창을 점령했다. 알버트 해즐릿과 에드윈 코폭은 잠시 동안 그곳을 점유하고 있으라는 명령을 받았다."[3]

14명의 다른 대원들은 재빨리 마을로 흩어졌다. 올리버 브라운과 윌리엄 톰슨은 쉐난도 강을 가로지르는 다리를 점령하여 엄호했다. 이 다리는 쉐난도 강 위쪽의 철도 교량에서 330야드쯤 떨어진 곳에 있었으며 노예들이 가득한 아래쪽 골짜기 로돈 고지와 '장엄한 검은 길'로 곧장 이어지는 통로였다. 그러나 쉐난도를 건너는 길이 그 길밖에 없는 것은 아니었다. 반마일을 약간 더 위쪽으로 올라가면 소총 제작소가 있었으며, 그곳에는 쉽게 건널 수 있는 개울이 있었다. 카기와 코프랜드는 그곳으로 가서, 야간 순찰자를 사로잡고 그곳을 점령했다.

"총 한 발 쏘지 않고, 어떠한 폭력행위도 없이, 이러한 곳들은 모두 점령되었으며, 포로들은 감금되었다"고 앤더슨은 전한다. "마을을 점령한 후 브라운과 스티븐스, 책임 지위가 없는 대원들은 창고로 돌아가서, 회의를 열었으며, 회의가 끝난 후 스티븐스 대장과 티드, 쿡, 실스 그린, 리어리와 나는 마을로 갔다. 도로에서 몇몇 흑인들을 만났으며, 그들에게 우리의 목적을 알렸고, 그 즉시 그들은 우리에게 합류하기로 동의했다. 그들은 이런 기회를 오래 전부터 기다려왔다고 말했다. 그러자 스티븐스는 그들에게 흑인들의 집을 돌며 소식을 알려주라고 부탁했으며, 그들은 각자 다른 방향으로 길을 떠났다. 그 결과 많은 흑인들이 사건의 현장으로 모였다. 우리가 붙잡은 최초의 포로는 루이스 워싱턴 대령(조지 워싱턴의 친척)이었다. 우리가 그의 집에 가까이 다가가자, 스티븐스 대령은 그 집의 접근을 감시하도록 리어리와 실스 그린을 각각 측면과 정면에 배치했다. 그런 다음 우리는 문을 두드렸지만, 아무런 대꾸가 없었다. 여자들이 위층 창문으로 내다보고 있었다. 우리는 건물 안으로 들어가서 그 집의 소유주를 수색하기 시작했다. 워싱턴 대령이 자신의 방문을 열고, 우리에게 자신을 죽이지 말아 달라고 애원했다. 스티븐스 대장이 대꾸했다. '당신은 우리의 포로요.' 그러자 대령은 말문이 막혔거나 정신을 잃을 정도로 술에 취한 것처럼 서 있었다. 스티븐스는 그에게 하퍼스 페리로 갈 준비를 하라고 말했다. 자신은 노예제도를 없애기 위해 왔지, 자신을 보호하기 위한 경우가 아니라면 목숨을 취하기 위해 온 것이 아니라고, 그렇지만 함께 가줘야겠다고. 대령이 대답했다.

'나를 놓아준다면, 내 노예들을 주겠소.' 대장이 말했다. '아니오. 그래도 함께 가줘야겠소. 그러니 준비를 하시오.'"[4]

그래서 그와 그가 소유한 남자 노예들을 데려갔다. 큼지막한 사륜마차와 라파예트 검을 비롯하여 상당한 무기도 함께 가져갔다. 이들이 떠나고 또 한 명의 대농장주와 그의 노예들을 사로잡은 후, 새벽이 오기 전에 하퍼스 페리에 도착했다.

그 사이 일정기간 계속되는 감리교 신앙 부흥 전도 집회에서 밤늦게 돌아오던 하퍼스 페리의 주민들이 포로로 붙잡혔으며 새벽 한 시쯤에 동쪽의 볼티모어와 오하이오 행 열차가 도착했다. 이 열차는 억류되었으며 이 지방의 흑인 구내 운반인이 다리를 지키던 브라운의 보초병들이 쏜 총에 맞아 숨졌다. 승객들은 크게 흥분했지만, 처음에는 일종의 파업이 일어난 거라고 생각했다. 동이 트고 나서 열차는 가던 길을 갈 수 있었으며, 존 브라운은 기관사를 안심시키기 위해 몸소 앞장을 서서 걸으며 다리를 건넜다. 그렇게 10월 17일 월요일이 시작되었으며, 앤더슨이 전하는 바에 따르면, "소란스럽고 흥분시키는 사건들이 일어났다. 전날 밤의 활동 결과, 우리는 소요와 소동이 일어날 거라고 각오하고 있었으나 주위를 둘러보고는 놀라지 않을 수 없었다. 어스레한 미명과 좀더 밝은 새벽빛이 크나큰 혼란을 드러냈으며, 해가 떠오르자 갑작스런 공포가 들불처럼 번졌다. 남자들과 여자들, 아이들이 사방에서 집을 떠나는 장면을 목격할 수 있었다. 어떤 사람들은 마을 주민들이나 멀리 떨어진 특정지구 주민들에게서 피신처를 찾았으며, 다른 사람들은 산허리로 기어올라, 여러 방향으로 급히 떠났다. 갑작스런 공포에 휩싸인 것이 분명했다. 그러한 공포는 그들의 표정이나 그들의 행동에서 분명히 볼 수 있었다.

캡틴 브라운은 더없이 민첩했다. 한편으로는 그가 이따금 다소 당혹스러워 보인다고 생각할 수밖에 없었다. 그는 루이스 세라드 리어리와 네 명의 노예, 이웃 주민인 한 자유민에게 소총 제작 공장에 있는 존 헨리 카기와 존 코프랜드에게 합류하라고 명령했으며, 그들은 즉시 그렇게 했다……. 열차가 출발한 후, 잠시 정적이 감돌았다. 다수의 포로들은 이미 창고에 들어가 있었으며, 마을에서 소집했던 이웃에 살던 많은 흑인들 중 다수가 무장을 했다."[5]

이 시점까지는 존 브라운이 세운 계획의 모든 것이 정확히 이루어졌으며, 죽은 사람은 한 명밖에 없었다. 조병창이 접수되었으며, 25명 내지 50명의 노예들이 무장을 했고, 여러 명의 노예주들이 감금되었으며, 그 다음 행동은 무기와 탄약을 농가에서 가져오는 것이었다. 쿡은 대원들이 새벽에 마을에서 돌아갔을 때, "나는 오한이 들어, 몸을 덥이기 위해 잠시 창고에 머물렀다. 캡틴 브라운이 나에게 티드와 함께 가라고 명령했으며, 티드는 윌리엄 리먼을 데려갈 예정이었다. 네 명의 노예(앤더슨은 열네 명의 노예라고 전하고 있다)가 그와 함께 워싱턴 대령의 큰 마차를 타고, 다리를 건너, 터렌스 번즈와 그의 형과 그들의 노예 포로들을 데려갈 예정이라고 나는 생각했다. 나는 번즈와 그의 형을 그들의 집에 포로로 억류하라는 명령을 받았으며, 티드와 그와 동행한 노예들은 캡틴 브라운의 집으로 가서 무기를 장전하여 교사(校舍)로 가지고 내려와야 했다. 윌리엄 리먼은 포로들을 감시하기 위해 나와 함께 남았다. 마차가 돌아오자, 명령에 따라, 우리는 모두 교사로 출발했다. 그곳에 도착하자, 나는 캡틴 브라운의 명령에 따라, 노예들 중 한 명과 함께 남아서 무기를 지켜야 했으며, 그 사이 티드는 다른 흑인들과 함께 남은 무기를 가지러 돌아가야 했고, 번즈는 윌리엄 리먼과 함께 조병창의 캡틴 브라운에게 보내져야 했다. 이때 윌리엄 톰슨이 페리에서 올라와 모든 일이 순조롭다고 보고한 다음, 윌리엄 리먼을 따라잡기 위해 길을 재촉했다. 티드가 떠나고 잠시 후, 나는 상당한 방화소식을 들었으며 그 원인을 알고 불안해졌으나, 교사에 머물며 무기를 지키라는 명령이 엄중했으며, 나는 그 명령에 엄격하게 복종했다. 오후 4시경에 티드가 두번째 화물을 갖고 왔다."[6]

이때 아마 치명적인 장애가 발생했을 것이다. 농가는 교사에서 3마일 이상 떨어져 있지 않았으며, 4마리의 크고 강한 말과 도움을 줄 수 있는 10명 남짓한 사람들과 육중한 수레가 있었다. 이 사람들이 3마일도 채 안 되는 거리를 마차 두 대분의 화물을 옮기는 데 11시간이 걸렸다는 사실은 브라운이 승리를 손에 쥐고 있는 때에 전례 없이 공격에 실패할 수밖에 없었던 비밀을 말해준다. 쿡이 쓸데없이 더디게 움직였음이 분명하다. 그는 바이어네스의 집에 앉아서 인간의 평등에 대해 연설을 늘어놓았다. 얼마 후 티드가 마차를 끌고 농가로 가서 한 대분의 무기를 실어와서, 케네디 농가의 도로가 오른쪽으로 거의 직각을 이루는 지점으로부터 포토맥 강과 만나는 지점에 내려놓았다. 페리에서 3마일이 채 떨어지지 않은 곳이었다. 교사는 이곳에 서 있었으며, 아이들은 반은 죽은 것처럼 겁에 질렸다. 쿡은 이곳에서 멈추고 마차에서 무기를 내렸다. 잠시 후 리먼이 바이어네스와 함께 감시소로 가서, 꾸물거리며 실제로 도로 가에 앉아 있었다. 그렇더라도 그들은 열 시 정각 이전에 도착했을 것이다. 서둘렀다면 질퍽한 길에도 불구하고, 처음에 실어온 무기가 아침 8시 전에 교사에 도착했으며, 10시까지는 보관하던 모든 무기가 도착할 수 있었을 것이 분명하다. 브라운이 이렇게 예상했다는 점은 안전한 농가에 있던 사람들을 안심시키고 아마 서두를 것을 재촉하기 위해 윌리엄 톰슨을 보낸 사실로 알 수 있다. 그러나 두번째의 마차가 나타났을 때는 오후 4시였으며, 브라운이 완전히 포위당한 후 겨우 세 시간이 지나서였다. 쿡의 이야기로 판단하건데, 톰슨은 티드를 전혀 보지 못했던 것 같다. 의심할 여지 없이 습격을 실패하게 만든 것은 티드와 쿡, 그리고 어쩌면, 윌리엄 톰슨의 이런 변명할 도리가 없는 지체 때문이었을 것이다. 존 브라운은 결코 그렇게 말한 적이 없었다. 자신 이외에 어느 누구도 비난받아야 한다는 암시를 내비친 적이 없었다. 그러나 그것이 존 브라운의 성품이었다.

마을에서의 사건들은 급하게 돌아갔다. 쿡이 떠난 후, 브라운은 앤더슨에게 "그가 페리로 타고 온 마차에서 창을 꺼내, 여러 농장에서 우리와 함께 온 흑인들과 우리의 대원들 중 어느 누구와도 연락을 취하지 않고 나섰던 다른 사람들의 손에 쥐어주"라고 명령했다.[7]

주민들은 "공포와 흥분에 휩싸여 거칠어졌다……. 포로들도 공포에 사로잡혔다. 어떤 사람들은 집으로 가서 가족들을 만나고 싶어했다. 마치 마지막인 듯. 호위한 상태에서 그들에게 그러한 특권이 허용되었으며, 그들을 다시 데려왔다. 조병창 관문의 파수병 중 하나인 에드윈 코폭에게 한 주민이 총을 쏘았지만, 총알은 그를 맞추지 못했으며, 가까이 있던 반란자들 중 한 명이 자신의 총을 들어, 적을 죽여 넘어뜨렸다. 워싱턴 대령에게서 탈취해온 무기 중에 2연발 총 한 자루가 있었다. 아침 일찍 리먼은 이 무기에 알이 굵은 산탄을 장전하고 나이가 지긋한 한 남자 노예의 손에 쥐어주었다. 코폭이 공격을 당한 후, 이 노인은 스티븐스 대장에게서 한 주민을 체포하라는 명령을 받았다. 노인은 그 주민에게 중지하라고 명령했으며, 그가 거부하자, 즉각 그에게 사격을 가했으며, 그가 쓰러졌고, 한 번의 몸부림도 없이 숨이 끊어졌다."[8]

존 브라운이 마음속에 품고 있던 그 다음 조치는 알려지지 않았으나, 월요일 아침 9시에 다음과 같은 행동을 무난하게 취할 수 있었을 것이다.

(a) 무기를 포토맥 다리 건너로 가져가서, 쉐난도 다리를

건너, 로돈 고지로 갖고 올라갈 수 있었을지도 모른다. 메릴랜드 쪽에서 온 사람들이 합류했을지도 모르며, 브라운과 그의 대원들은 인질들을 데려감으로써 퇴로를 엄호할 수 있었을 것이다. 카기와 그의 대원들은 쉐난도 강을 걸어서 건너, 그들을 지원할 수도 있었을 것이다.

(b) 무기를 교사에서 포토맥으로 갖고 내려가서, 이 강을 건너 카기에게 가져갈 수도 있었을 것이다. 브라운과 그의 대원들이 그곳의 분대와 합류하여 모두 로돈 고지로 후퇴할 수 있었을 것이다. 브라운이 무기를 교사에 잠깐 멈추게 한 사실로 보건데, 그는 머릿속으로 이런 생각을 하고 있었을 가능성이 큰 것으로 보인다.

반면, 대체로 브라운이 세운 것으로 여겨지는 계획은 도저히 가능할 법하지 않다. 즉, 그가 포토맥 강을 건너 메릴랜드 산으로 들어가는 퇴로를 의도했다는 계획 말이다. 먼저, 그는 바로 그 전에 메릴랜드 산에서 나와 무기와 탄약이 있는 곳으로 내려갔으며, 둘째, 이러한 작전은 '장엄한 검은 길'에서 남부까지 그의 대원들을 차단시키게 되었을 것이다. 그가 페리를 두번째로 점령하지 않는다면. 그러므로 이것은 브라운의 계획이 아니었을 것이 분명하다. 그와 반대로 무기를 교사로 가져가서 그곳에 있던 노예들의 손에 쥐어줄 생각이었던 것 같다. 그런데 그들은 왜 메릴랜드 쪽에 남겨졌을까? 산의 서쪽에 있는 메릴랜드 전지역에는 강건한 흑인들이 천 명도 안 되었으며, 그 중 십분의 일밖에 이번 봉기를 알지 못했을 것이고, 한편 브라운에게는 1,200명 이상에게 쥐어줄 무기가 있었다. 그렇다. 브라운은 무기를 대량으로 이동시킬 생각이 없었다. 그는 아마 1톤이나 1톤 반 가량의 화물을 갖고 있었을 것이다. 그는 그 화물을 먼저 교사로 이동시킨 다음, 페리의 일이 다 잘 되면, 곧장 강을 건너 산으로 가고자 했다. 쿡은 새벽 5시 전에 출발했으며, 브라운은 분명히 무기가 열 시까지는 교사에 도착했다는 소식을 들을 것으로 예상했다. 열한 시에 윌리엄 톰슨을 케네디 농가로 급파했다. 앤더슨은 톰슨의 전갈이 농가에 머물던 대원들을 더욱더 느긋하게 만들었다고 생각한다. 그러한 전갈은 그때까지는 성공했음을 알려주었기 때문이다. 이건 분명히 불가능한 일이다. 아무리 초보자라도 일분 일초가 귀중하다는 것은 분명 알았을 것이다. 톰슨은 그의 전갈을 오해했던 걸까? 티드의 지연은 어찌된 것이며 오웬 브라운은 무슨 생각을 하고 어떤 행동을 취했을까? 그건 궁금한 수수께끼이지만, 그것이 이 공격의 수수께끼이다. 무기를 가진 분대가 정오 이전에만 다리에 도착했더라면 습격은 성공했을 것이다. 그렇더라도, 브라운에게는 그의 앞에 열린 3개의 노정이 있었으며, 그 길은 모두 성공의 길을 약속했다.

(a) 그는 대원들을 모아 강을 건너 메릴랜드로 돌아갈 수 있었을 것이다. 이는 그의 전반적인 계획의 주요 특징을 버리는 것을 의미했지만 말이다. 시간이 흐르면서 스티븐스와 카기는 이런 방안을 역설했지만 브라운은 거절했다.

(b) 그는 로돈 고지로 갈 수도 있었으나, 그렇게 되면 그의 무기와 비품과 무엇보다도 그의 아들들 중 하나와 쿡, 티드, 메리암, 코폭과 노예들을 버려야 했을 것이다. 이건 도저히 생각할 수도 없는 일이었다.

(c) 그는 인질들을 이용할 수도 있었을 것이다. 이렇게 하지 않은 대가로 나중에 두고두고 자신을 책망하지만, 특질상 어느 것에 대해서도 다른 어느 누구도 비난하지 않았다.

한편 지연된 매순간은 이 지역을 자극했으며 주민들의 미몽을 깨웠다. "하퍼스 페리를 떠난 열차는 버지니아와 메릴랜드와 워싱턴에 돌연한 공포를 가져왔다. 승객들은 눈에 띄는 대로 신문을 가져와서, 반란에 관한 글을 썼으며, 열차가 급히 제 길을 따라 떠나면 창문으로 신문을 집어던졌다."[9]

한 지방 내과의사는 이렇게 전한다.

"나는 그때 산허리로 돌아가서, 주민들을 한데 모으고, 이러한 패거리를 제거하기 위해 우리가 할 수 있는 일이 무엇인지 알아보려 애썼다. 그들은 매우 성가신 존재인 것 같았다. 나는 산허리에 이르렀을 때 그들이 보어리에게 총을 쏘았다는 사실을 알았다. 아마 일곱 시쯤이었을 것이다……. 나는 루터교 교회의 종을 울려 주민들을 한데 모아서 어떤 종류의 무기가 있는지 알아보라는 지시를 내렸다. 한두 자루의 22구경 소총과 몇 자루의 산탄총을 발견했다. 그 사이 찰스타운의 지원대 지휘관인 로원에게 심부름꾼을 보내놓았다. 열차가 동쪽으로 오는 것을 막기 위해 볼티모어와 오하이오 철도 회사에도 심부름꾼들을 보내, 열차들이 하퍼스 페리에 접근하지 못하게 했으며, 세퍼즈타운에도 심부름꾼을 보냈다."[10)]

또 다른 목격자는 이렇게 덧붙인다.

"싸움을 준비하는 데는 지연 시간을 피할 수 없었다. 무기가 부족했기 때문이었다. 몇 자루의 22구경 총과 사냥용 새총밖에 찾을 수가 없었다. 당시 하퍼스 페리에는 수천 수만 정의 머스켓총과 정평이 났던 소총이 있었지만, 그것들은 모두 상자에 담겨 병기고에 쌓여 있었으며, 병기고는 적의 손안에 있었다. 탄약도 부족하기는 마찬가지였다. 마을의 상점에서 발견된 얼마 안 되는 탄환을 다 써버린 후, 양은 접시와 숟가락을 녹여 탄환으로 주조해야 했다.

9시까지 변변찮게 무장한 수많은 주민들이 캠프 힐에 모여들었으며, 대여섯 명으로 구성된 분대가 페리의 위쪽으로 조금 떨어진 포토맥 강을 건너, 체사피크와 오하이오 운하의 배를 끄는 길로 내려가서, 그곳에 배치된 두 명의 보초병을 공격하기로 결론을 내렸다. 이 보초병들에게는 브라운의 대원 네 명이 더 보강되어 있었다. 메들러 지휘관이 지휘하던 또 다른 소규모 부대는 쉐난도 강을 건너 소총 제작소 반대편에 포진하고, 아비스 지휘관은 보충대를 이끌고 쉐난도 다리를 점령하며, 로더릭 지휘관은 일부 병기 제조자들을 이끌고 조병창의 바로 위쪽 하퍼스 페리의 서쪽에 있던 볼티모어와 오하이오 철도 회사에 주둔하기로 했다."[11)]

이윽고 민병대가 도착했으며 브라운의 대원들을 차단하기

위한 활동이 시작되었다. 제퍼슨 호위대는 포토맥 강을 건너, 메릴랜드 쪽으로 내려와서, 포토맥 다리를 접수했다. 쉐난도 다리를 점령하여 보초병 한 명을 남겨두고 병기고의 후위로 진격하도록 이 지방 부대를 파견했으며, 한편 병기고 앞쪽의 집들을 엄습하도록 다른 지방 부대를 파견했다.

"낯선 사람들이 흘러들면서," 앤더슨은 전한다.

"적이 탈출 시도를 막기 위해, 창고와 병기고의 사정거리 내 근처의 위치들을 점령했다. 캡틴 브라운은 그들의 작전적 행동을 보고 말했다. '우리는 우리의 세 위치를 고수하며, 그들이 굴복하지 않으려 하면, 사내답게 죽을 것이다.'"[12]

정오에 제퍼슨 호위대가 공격해왔다. 호위대는 메릴랜드에서 포토맥 다리를 건너기 시작했다. 다음은 앤더슨의 이야기이다.

"우리가 처음으로 군부대의 공격을 당한 건 그날 열두 시 무렵이었다. 그 전에, 한층 더한 어려움을 예상했던 캡틴 브라운은 전날 밤 루이스 워싱턴 대령에게서 탈취해온 그 유명한 검을 허리에 찼으며, 그 기억할 만한 무기로 대원들을 지휘했다. 대장은 미군 부대가 메릴랜드 쪽에서 다리로 들어왔다는 전갈을 받고, 일부 대원들을 이끌고, 시가지로 들어가서, 우리들도 그곳으로 오라고 병기고에 전갈을 보냈다. 우리는 명령대로 서둘러 시가지로 갔다. 그가 말했다. '군부대가 다리 위에 있소. 도심지구로 내려오고 있소. 그들을 따뜻하게 맞이합시다.' 그런 다음 그는 우리 주위를 돌며, 용기의 말을 전했다. '여러분! 침착해야 합니다! 탄약과 총알을 낭비하지 마시오! 목표물을 겨누고, 한 발 한 발 신중하게 쏘아야 합니다!' '미군은 자신들이 나타나자마자 우리가 후퇴하는 모습을 보게 될 것이오. 먼저 사격을 가할 때에는 신중해야 합니다.' 우리 대원들은 화기를 제대로 지급받았으나, 캡틴 브라운에게는 그때 소총이 없었다. 그의 유일한 무기는 앞에서 언급한 검이었다.

머지않아 군부대가 다리에서 나와, 우리와 정면으로 대치한 시가지로 올라왔다. 우리는 고르지 못한 위치를 점유하고 있었다. 그들이 60~70야드 내에 이르렀을 때, 캡틴 브라운이 말했다. '저들에게 사격을 시작하시오!' 우리는 그렇게 했고, 그들 중 여러 명이 쓰러졌다. 소규모의 사격이 여러 번 되풀이되었다. 이제 군부대는 대경실색하여 소란스러웠다. 군인답게 종대를 이루어 행군해 들어왔던 그들은 뿔뿔이 흩어졌다. 일부는 부상을 입어 죽어가는 자들을 급하게 붙들어 부축했다. 여러 명이 바닥에 죽어 넘겨졌다. 그들은 처음에는 우리가 사격을 가하리라고는 깨닫지 못한 듯했으며, 우리가 총알 한 방 쏘아보지 못하고 그들에게 쫓겨날 거라고 예상했던 것이 분명했다. 캡틴 브라운은 이러한 사태를 충분히 이해한 듯했으며, 그래서, 매우 적절하게 그리고 우리의 호위를 받으며, 그들의 활동을 앞질러 방해하기 위한 작업에 착수했다. 그들은 우리의 행동을 예상하지 못한 결과, 여러 명의 죽은 자들을 바닥에 내버려두고, 지리멸렬하게 다리로 후퇴하여,

증원군이 하퍼스 페리에 올 때까지 다리의 엄폐물 밑에 머물렀다. 군부대가 퇴각하지마자, 우리는 각자 이전에 맡은 자리로 돌아가라는 명령을 받았다."[13]

이때에 흑인 뉴비가 죽음을 당했으며 그를 공격한 자는 그린의 총에 맞았다. 두 명의 노예도 싸우다 죽었다. 이제 "잠시 동안 비교적 조용했다. 다만 주민들은 공포에 휩싸여 사나워진 듯했다. 남자들과 여자들, 아이들은 허둥지둥 그곳을 버리고 산허리로 기어올라가 산을 뒤덮었다. 이들 중에 백인 도망자들이 많은 모양이었다. 자신들의 불운한 도시에서 도망쳐온 자들이었다. 이 시간 동안, 케네디 농가에 심부름을 갔다 돌아오던 윌리엄 톰슨은 다음으로 올라온 철도원들에 의해 다리에서 포위되어, 포로로 잡혀 웨이저의 집으로 끌려갔다."[14]

오후 한 시쯤 되자 사태가 브라운에게 불리하게 돌아갔다. 절망적이지는 않았다. 그의 메릴랜드 대원들이 아직도 지리멸렬한 제퍼슨 호위대의 후미를 공격할 수도 있었으며 병기고에는 인질들이 가득했다. 그러나 민병대와 주민들이 도심지로 계속 흘러 들어왔으며 3시쯤 되자 "사방에서 오고 있는 장면을 볼 수 있었다." 카기는 브라운에게 전갈을 보내 후퇴를 종용했다. 그러나 브라운은 어려운 진퇴양난에 직면해 있었다. 로돈 고지로 가서 대원들 절반과 모든 탄약을 잃느냐? 아니면 메릴랜드로 후퇴하느냐? 메릴랜드로 가는 길은 열려 있다고 그는 확신했다. 인질들을 이용하면 될 것이었다. 그사이 메릴랜드 파견대가 언제라도 나타날 수 있었다. 한 번은 제퍼슨 호위대를 메릴랜드 파견대로 오인하기도 했다. 이 일에 대해 카기에게 다시 전갈을 보내 "몇 분 동안 저항을 계속하면, 우리가 모두 그곳을 소개시키겠다"고 했다. 메릴랜드 파견대는 여전히 도로 위쪽 어딘가에서 완고한 티드와 함께 꾸물거리고 있었으며, 쿡은 교사에서 한가로이 휴식을 즐기고 있었다.

심부름꾼 제리 앤더슨은 카기에게 이르기 전에 총에 맞아 치명적인 부상을 입었으며, 카기의 파견대는 대규모 병력의 공격을 받고 강물 속으로 후퇴했다.

"그 시기에는 강물이 바위가 많은 하상 위로 잔물결을 일으키며 흘러간다"고 한 버지니아 사람은 적고 있다. "강바닥을 쉽게 걸어서 건널 수 있다. 침입자들은 메들러 부대의 공격을 받고는 반대편 강가로의 퇴로를 발견하고, 강물 한중간쯤에 있던 커다랗고 평평한 바위로 다가갔다. 그러나 그 바위에 닿기 전, 카기가 물속으로 쓰러지더니, 보기에 한 번의 몸부림도 없이 숨이 끊어졌다. 다른 네 명은 바위에 이르러, 그곳에서, 잠시 동안, 별 효과가 없는 엄폐물을 만들어, 주민들의 사격에 응사했다. 그러나 오래지 않아 그들 중 두명이 그자리에서 숨졌으며 다른 한 명은 치명적인 부상을 입고 엎어졌다. 물라토인 코프랜드만 남아, 은신처 역할을 하는 바위 위에 무사하게 서 있었다.

그 결과, 하퍼스 페리의 병사 제임스 홀트(James H. Holt)

가 코프랜드를 사로잡기 위해, 손에 총을 쥐고 강물 속으로 돌진했다. 홀트가 접근하자 코프랜드는 홀트에게 총을 겨누며 싸울 의지를 보였으며, 홀트는 정지하여 자신의 총을 겨누었다. 그러나, 보고 있는 사람들이 놀랍게도, 둘 모두의 무기에서는 총알이 발사되지 않았다. 나중에 들은 바에 의하면, 둘의 총이 모두 물에 젖어 일시적으로 못쓰게 되어 버렸던 것이다. 그러나 홀트는 다시 앞으로 나아가면서, 계속해서 방아쇠를 당겼으며, 코프랜드도 마찬가지였다."[15]

코프랜드는 생포되었으며, 카기에게서 브라운에게 두번째 전갈을 전하러 가던 리먼은 죽음을 당했다. 이제 사태가 절망적으로 변하고 있었지만, 조병창에는 포로들이 가득했고 거기에 존 브라운의 마지막 희망이 있었다. 그는 최후 수단으로 이러한 주민들을 쉽게 차폐물로 이용하여 산으로 도망칠 수도 있었다. 그러나 이러한 시도를 하다보면, 일부 포로들이 죽음을 당할 수밖에 없었으며 브라운은 자신의 목숨을 구하기 위해 무고한 피를 희생시키는 일을 두고 주저했다. 그는 협상을 통해 이와 똑같은 목적을 이룰 수도 있을 거라고 생각했다. 그래서 그는 먼저 그의 모든 병력과 중요한 포로들을 '차고'라는 조병창 관문 근처의 한 작은 벽돌 건물로 철수시켰다. 포로들 중 하나인 데인저필드 지휘관은 이렇게 전한다. "그는 포로들을, 아니 자신이 선택한 상당수의 포로들을 이끌고 차고로 들어갔다. 차고로 들어간 후, 이런 연설을 했다. '여러분, 당신들은 내가 왜 다른 사람들로부터 당신들을 골랐는지 궁금할 것이오. 그건 당신들이 가장 영향력이 크다고 믿기 때문이오. 지금으로서는, 당신들의 친구들이 내 대원들에게 베푸는 것과 똑같은 운명을 당신들도 공유해야 할 것이라고 말할 수밖에 없을 것 같소.' 그런 다음 곧바로 출입문과 창문에 빗장을 지르고, 벽돌벽에 총안(銃眼)을 뚫기 시작했다."[16]

습격자들이 이렇듯 분명히 약화되어 혼란이 가중되었다. 주민들은 브라운이 가진 병력이 얼마나 소규모인지를 깨닫고 그의 뻔뻔스러움에 격노했다. 그의 대원들은 목숨을 지키기 위해 필사적으로 싸우기 시작했다.

"브라운이 그 건물에 틀어박혔을 즈음, 버클리 카운티 민병대의 한 부대가 마틴스버그에서 도착했으며, 이들은 하퍼스 페리와 그 주변 지역의 일부 시민들과 함께 조병창으로 돌격하여 차고 밖에 있던 대다수의 포로들을 석방시켰으나, '요새'에서 적이 짜증스럽게 계속 뿜어대는 총탄으로부터 상당한 손실을 입지 않은 건 아니었다."[17]

이러한 사정은 무기를 풀어놓았으며 버지니아 순찰대의 한 명은 이렇게 전한다: "도심지로 흘러 들어온 사람들은 술집으로 쳐들어가서, 술을 잔뜩 마신 후, 병기고로 들어가, 미국 정부의 총과 탄약으로 무장했다. 그들은 고함을 지르며 닥치는 대로 연신 총질을 해댔다."[18]

차고 안에 있던 포로들은 "어디랄 것도 없이, 유리창으로 보이는 사방에서 무서운 총격 소리를 들었다. 몇 분 뒤 모든 유리창이 박살났으며, 수백 발의 총알이 출입문을 뚫고 날아왔다. 공격 부대가 보일 때마다 차고 안에서 이에 응사했다. 이런 상황은 그날 거의 온종일 이어졌으며, 이상한 이야기지만, 한 명의 포로도 다치지 않았다. 수천 발의 총알이 벽에 파묻혔으며, 문에 난 총알 구멍은 한 사람이 기어서 통과할 수 있을 만큼 컸다."[19]

그 불운한 습격자들은 '공허한 일제사격'의 흔적을 보았으며, 반면 "산허리에서 들려오는 메아리, 시민들의 비명소리, 부상자와 죽어가는 자들의 괴로운 신음소리, 이 모든 것들이 허공을 가득 메웠으며, 참으로 소름이 끼쳤다." 그러나 "탄약과 총알은 전혀 낭비되지 않았다. 우리는 엄폐물 밑에서 사격을 가해, 매우 효과적으로 목표물을 손에 넣었다. 휴전의 백기를 밖으로 보내기 전의 한 시간 동안, 사격은 중단되지 않았으며, 적이 하나씩 끊임없이 바닥으로 넘어졌다."[20]

올리버 브라운은 총에 맞아 한 마디 말도 입밖에 내보지 못하고 죽었으며 테일러는 치명적인 부상을 입었다. 시장이 무장을 하지 않고, 정찰활동을 하기 위해 과감하게 나왔다가 죽음을 당했다. 그 즉시 포로인 윌리엄 톰슨의 뒤를 따라 앤드류 헌터(Andrew Hunter)의 아들이 호텔로 돌진해 들어갔다. 헌터는 나중에 브라운을 기소한 주정부 검사가 되었다.

"우리는 그가 있는 방으로 쳐들어갔다가, 그의 주위에 여러 명이 있다는 것을 알았지만, 그들은 미약한 저항을 할 뿐이었다. 우리는 반복해서 그의 머리에 우리의 총구를 내렸다. 나와 다른 한 사람이. 방에 있던 그를 쏘기 위해서였다.

그곳에는 젊은 아가씨가 하나 있었는데, 그 호텔의 경영자인 포크 씨의 여동생이었다. 그녀는 이 남자의 무릎에 앉아, 두 팔로 그의 얼굴을 가리고, 우리가 총을 겨눌 때마다 온몸으로 그를 막았다. 그녀는 우리에게 말했다. '제발, 기다려주세요. 법에 따르도록 해주세요.' 내 동료가 그를 죽이라고 소리쳤다. '우리가 저 자의 피를 흘리게 하자'는 것이 그의 말이었다. 사방에서 소리를 질렀다. '베캠 씨의 목숨은 이 사악한 노예제 폐지론자들 수만 명의 목숨보다 귀중했다.' 나는 그 일에 대해 냉정하고 신중했다. 누군가가 내 총의 총신을 붙들고 밀었다. 잠시 후 나는 방의 뒤쪽으로 갔다. 여전히 결심을 바꾸지는 않았으나, 내게서 주위의 시선을 딴 곳으로 돌리고, 어느 순간 몰려든 사람들이 더 줄어들면, 그를 쏠 기회를 잡기 위해서였다. 잠시 생각한 끝에 그곳은 그를 죽일 적당한 장소가 아니라는 생각이 퍼득 들었다. 우리는 그를 끌고 나가 교수형에 처할 작정이었다. 잠시 후 우리 부대원 중 일부가 그를 데리고 나갈 길을 트고, 먼저 포크 양을 옆으로 밀치고, 그를 옥외에 밧줄로 달아 올렸다. 나는 그를 한 대 갈겼으며, 다른 많은 사람들도 그렇게 했다. 연단을 따라 그를 밀치고 가면서 다리의 가대(架臺)로 밀었다. 그는 연신 살려 달라고 애원했다. 처음에는 너무나 애처롭게."[21]

그는 가대로 기어들어가면서 총에 맞아 죽었다. 차고의 포로들은 이제 브라운에게 주민들과 타협하라고 강권하면서, 이건 가능한 일이며, 그와 그의 대원들은 도망칠 수 있을 거라고 말했다. 브라운은 그의 아들 왓슨에게 백기를 들려 내보냈지만, 격노한 주민들은 백기를 아랑곳 않고 그를 쏘아 죽였다. 잠시 후에 소강 상태가 생겼으며, 스티븐스가 두번째로 휴전의 백기를 가져갔으나, 사로잡혀 포로가 되었다. 데인저필드는 이렇게 전한다.

"밤중에 사격이 멈추었다. 우리는 칠흑같은 어둠 속에 묻혀, 차고 안에서는 아무것도 볼 수 없었기 때문이다. 그날 낮과 밤 동안 나는 브라운과 많은 이야기를 나누었다. 나는 그가 인간으로서 보여줄 수 있는 최고의 용기를 지녔으며, 노예제도를 제외한 모든 주제에 대해 분별있는 사람임을 알았다. 그는 노예들을 자유케 하는 것이 자신의 임무라고 믿었다. 그 과정에서 자신의 목숨을 잃는다 하더라도. 한 번의 험한 싸움 중에 브라운의 한 아들이 죽음을 당했다. 그 아들은 쓰러졌다. 잠시 후 몸을 일으키려 안간힘을 쓰며, '나는 다 끝났어'라고 말하고는 금세 숨을 거두었다. 브라운은 총안 앞의 그의 위치를 떠나지 않았다. 그러나 싸움이 끝나자 그는 아들의 시신 곁으로 다가가서, 아들의 사지를 곧게 펴고, 아들의 몸에 달린 장식물들을 떼어낸 후, 그런 다음, 내게 눈을 돌리고 말했다. '이 아이는 이번 운동으로 세번째로 잃는 아들이오.' 또 다른 아들은 오전에 총에 맞았으며, 시가지에서 데리고 들어온 후, 당시 죽어가고 있었다. 차고에서 사건이 벌어지는 동안, 그의 대원들은 이따금 지나가는 누군가가 보이면 총알을 날리고 싶어했다. 브라운은 그들을 제지하며 말했다. '쏘지 마시오. 저 남자는 무장을 하지 않았소.' 우리 대원들의 사격은 그날 온종일과 밤늦도록 저지되었으며, 이 시간 동안 그의 대원들 중 여러 명이 죽음을 당했지만, 포로들은 큰 위험 속에 놓여 있기는 했으나 전혀 다치지 않았다. 그날 낮과 밤 동안 브라운의 항복과 포로의 석방에 의지하자는 제안이 여러 번 나왔으나 찬성과 반대가 엇갈렸으며, 아무런 결과를 낳지 못했다."[22]

또 다른 목격자는 이렇게 전한다.

"어둠이 내리기 조금 전에 브라운은 포로들에게 자진하여 밖으로 나가 주민들이 요새 사격을 멈추도록 설득할 사람이 있느냐고 물었다. 주민들은 제 친구들—포로들—의 목숨을 위험에 빠뜨리고 있다며. 그는 주민들이 대원들에게 더 이상의 사격을 가하지 않는다면, 대원들도 포위 병력에게 사격을 가하지 않을 것이라고 약속했다. 이스라엘 러셀(Israel Russel)씨가 그 위험한 임무를 떠맡았다. 이 감옥 근처를 어슬렁거리는 것이 보이기만 하면 흥분 상태의 주민들이 총을 쏠 위험이 있었으며, 그러한 위험을 고려하여 주민들에게 사격을 중지하도록 설득한다면 포로들을 다치게 할 염려가 있었다…….

이제 어두워졌으며 도심지의 흥분 상태는 최고조에 달했다. 특히 죽거나 부상당하거나 포로로 잡힌 친구들이 있는 주민들이 심했다. 온종일 약하게 비가 내렸으며 대기는 춥고 으스스했다. 구름이 끼어 달이 보이지 않는 하늘은 전쟁의 현장 위로 관을 덮는 휘장처럼 걸려 있어서, 그보다 음침한 밤은 상상할 수 없을 정도였다. 호위대는 브라운의 탈출을 막기 위해 차고 주위에 주둔해 있었고, 윈체스터와 프레더릭 시티, 볼티모어, 다른 여러 곳에서 군병력이 하퍼스 페리의 주민들을 돕기 위해 속속 도착하고 있었으며, 하퍼스 페리는 이내 군대를 방불케 했다. 워싱턴의 미국 당국에도 그 사이에 소식이 전해졌으며, 나중에 남부 연합군의 그 유명한 리 장군으로 알려지는 로버트 리(Robert E. Lee) 대령이 밤중에 미 해군 병력을 이끌고, 정부의 이익을 보호하며 침략자들을 죽이거나 사로잡기 위해 밤중에 도착했다."[23]

그 사이 쿡은 뭔가 잘못되었다는 사실을 깨달았다. 그는 티드를 교사에 남겨두고 페리를 향해 길을 떠났다. 그곳이 포위되었음을 안 그는 나무 뒤에서 한차례 일제사격을 가하고 도망쳤다. 교사에서는 아무도 발견하지 못했지만, 위쪽의 도로에서 티드와 모든 농가 수비대와 한 흑인을 만났다. 그들은 모두 돌아서서 북쪽으로 도망쳤다. 티드와 쿡은 말다툼을 벌였다. 그들은 14일 동안 비와 눈을 맞으며 떠돌다가, 이윽고 모두 탈출했다. 쿡만이 먹을 것을 찾아 도심지로 들어갔다가 체포되었다.

로버트 리는 100명의 해군을 이끌고 월요일 자정이 조금 못미쳐 도착했다. 한 포로는 최후의 저항에 관한 이야기를 이렇게 들려준다.

"리 대령은 정부군을 이끌고 밤중에 도착하자, 즉시 그의 보조자인 스튜어트에게 항복의 백기를 들려 내보내면서, 브라운에게 그의 도착을 알리고, 미국의 이름으로 그의 항복을 요구하고, 그에게 정부의 관용에 몸을 맡기도록 충고하라고 일렀다. 브라운은 리 대령의 조건을 받아들이지 않았으며 공격을 기다리기로 결심했다. 스튜어트는 차고로 들어와도 된다는 허락을 받고 불을 밝히자, 큰소리로 외쳤다. '어머나, 당신은 캔자스의 늙은 오사와토미 브라운이 아닙니까? 내가 그곳에서 당신을 포로로 잡은 적이 있는데요.' '그렇소. 하지만 당신은 나를 지켜주지 않았소.' 우리가 브라운의 진짜 이름을 입밖에 낸 것은 이때가 처음이었다. 리 대령이 정부의 관용을 믿으라고 충고한다는 말을 전해듣자, 브라운은 그게 무슨 의미인지 안다고 대꾸했다. 그의 대원들과 그 자신을 교수형에 처할 것이라는 뜻이라고. 그리고는 덧붙였다. '차라리 지금 이곳에서 죽을 것이오.' 스튜어트는 그의 최종 답변을 듣기 위해 다음날 새벽에 돌아오겠노라고 말하고 떠났다. 그가 사라지자 브라운은 당장 출입문과 창문 등에 바리케이드를 치기 시작했으며, 그곳을 최대한 튼튼하게 만들기 위해 애썼다. 이 모든 시간에 브라운의 대원들은 어느 누구도 공포를 드러내지 않았으며, 침착하게 공격을 기다리면서, 사격을 가할 최적의 장소를 고르고, 총알을 최대한 신속하게 장전할 수 있도록 총과 총알을 손질했다······.

스튜어트 중위가 항복을 요구하기 위해 최종 답변을 들으러 아침에 들어왔을 때, 나는 일어서서 브라운 쪽으로 갔다. 그의 답변을 듣기 위해서였다. 스튜어트가 물었다. '항복하여 정부의 자비에 몸을 맡길 준비가 되었소?' 브라운이 대답했다. '아니오, 차라리 여기에서 죽을 것이오.' 그의 태도는 조금의 공포도 드러내지 않았다. 스튜어트가 옆으로 비키더니 공격 신호를 보냈으며, 즉각 큰 쇠망치로 문을 부수는 공격이 시작되었다. 군인들은 벽을 부수는 도구를 찾아 긴 사다리를 하나 가져와서, 그걸로 문을 때려 부수기 시작했으며, 안에 있던 대원들은 쉴 새 없이 사격을 가했다. 나는 안으로 들어오려는 첫번째 시도를 하는 자들을 없앨 수 있도록 바리케이드를 치고 걸쇠를 고정시키는 일을 도왔었다. 그러나 문과 벽을 부수기 시작했을 때 나는 문 가까이에 있지 않았기 때문에 사다리를 사용했을 때에야 걸쇠에 다가갈 수 있었다. 나는 재빨리 걸쇠를 제거했다. 그들은 사다리를 두세 번 연타한 후, 기관차를 조금 뒤로 돌려, 조그만 구멍을 만들었으며, 해군의 그린 대위가 그 구멍으로 겨우 들어오더니, 기관차 위로 펄쩍 뛰어올라, 탄알이 빗발치는 가운데, 잠깐 서서, 존 브라운을 찾아 두리번거렸다. 그는 브라운을 보자, 열 발자국쯤 떨어진 곳으로 튀듯이 다가와서, 검으로 찌르려고 덤벼들어, 브라운의 허리춤을 힘껏 내리쳤다. 브라운이 앞으로 고꾸라지면서 머리를 무릎 사이에 묻었다. 그 사이 그린은 그의 머리를 여러 번 내리쳤으며, 그때마다 나는 그의 두개골이 갈라지기라도 할 것 같은 생각이 들었다. 나는 그때 브라운에게서 두 발자국도 채 떨어져 있지 않았다. 당연히 나는 최대한 신속하게 건물에서 빠져나가, 한참이 흐른 뒤까지 브라운이 죽지 않았다는 사실을 알지 못했다. 그린의 검은 찌르기를 하면서 브라운의 허리띠를 내리쳐서 몸을 꿰뚫지 않았던 모양이다. 검은 휘어져서 둘로 접혔다. 브라운이 머리를 맞았을 때 죽지 않았던 이유는, 그린이 검의 중간 부분을 쥐고, 칼자루로 내리쳐서, 머리통에 부상을 입히는 정도였기 때문이었다.[24]

그 전에 브라운은 다리에서 군부대를 공격한 후, 앤더슨과 해즐릿, 실스 그린에게 병기고로 돌아가라는 명령을 내려놓았다. 그러나 그린은 브라운이 가망이 없는 곤경에 처해 있음을 알고 자진해서 차고로 들어가 마지막까지 싸우기로 마음먹었다. 앤더슨과 해즐릿은 문이 박살나고 군인들이 안으로 들어가는 것을 보고, 병기고의 뒤편으로 가서, 벽을 기어올라 쉐난도로 이어지는 철도를 따라 도망쳤다. 이곳의 벼랑에서 군부대와 한 차례 사소한 접전을 벌였으나 마침내 밤중에 도망을 쳐서, 도심지를 지나 포토맥 강을 건너서 메릴랜드로 들어가 농가로 갔다. 농가는 쑥대밭이 되어 있었다. 그러자 그들은 교사로 돌아갔다가 그곳이 비어 있음을 알았다. 다음날 아침 총성이 들려왔다. 앤더슨의 이야기는 이렇게 이어진다.

"해즐릿은 많은 수의 우리 대원들이 포로로 잡혔으며, 우리가 그들과 합류하기 위해 다리를 따라 내려가기 시작했다는 소식을 듣고는, 오웬 브라운과 그의 대원들이 도심지로 밀고 들어가려는 시도를 하고 있는 것이 분명하다고 생각했다. 우리는 페리가 보이는 곳에 이르자, 군부대가 메릴랜드 쪽으로 강을 건너가며 상당히 활발하게 사격을 가하고 있음을 알았다. 면밀히 살펴본 우리는 놀랍게도 그들이 몇 명의 흑인들에게, 바로 전날 우리 대원들에 의해 케네디 농가에서 무장을 하고 티드에 의해 아래쪽의 교사에 배치되어 있던 흑인들에게 발사하고 있음을 알았다. 그 흑인들은 산 끝자락의 덤불에서, 몸을 홱홱 피하면서, 이따금 적에게 모습을 드러내곤 했다. 군부대는 그들을 뒤쫓아 다리를 건넜지만, 그들은 여러 방향으로 후퇴했다. 산 속으로 더 깊이 들어가 안전해지자, 우리는 아무도 몸에 손상을 입지 않았음을 알 수 있었다. 공격을 당하던 흑인 중 한 명이 우리가 있는 곳으로 다가왔으며, 우리는 그를 큰소리로 불러서 상세한 정황을 물어보았다. 그는 동지들 중 한 명이 총에 맞아서 산허리에 누워 있다고 말했다. 그들은 전날 자신들을 무장시킨 사람들이 페리에 있을 게 분명하다고 생각했다고도 했다. 그건 맞지 않은 생각이라고 우리는 그에게 말했다. 우리는 그에게 우리와 합류하여 나머지 대원들을 수색하겠느냐고 물었으나, 그는 거절하고 제 길을 갔다.

우리가 산자락에 숨어 있을 때, 군부대의 일부가 교사로 가서 그곳을 접수했다. 우리는 덤불을 엄폐물 삼아 위쪽의 다리를 따라 돌아가면서, 그곳을 둘러싸고 있는 그들을 볼 수 있었다. 은신처를 찾거나, 우리 동료들을 만날 수 있다는 마지막 희망으로, 북쪽으로 도망치기로 결정했다."[25]

앤더슨은 가까스로 피신했으나, 해즐릿은 펜실베이니아에서 붙잡혀 버지니아로 송환되었다. 그렇게 해서 존 브라운의 습격은 끝이 났다. 대원들 중 일곱 명—존 브라운 자신과 실스 그린, 에드윈 코폭, 스틴븐스와 코프랜드와 결국에는 쿡과 해즐릿—은 붙잡혀서 교수형을 당했다. 왓슨과 올리버 브라운, 톰슨 형제, 카기, 제리 앤더슨, 테일러, 뉴비, 리어리, 존 앤더슨 등 모두 열한 명은 싸우다가 죽음을 당했으며, 다른 여섯 명—오웬 브라운과 티드, 리먼, 바클레이 코폭, 메리암과 앤더슨—은 도망쳤다.

10월 18일 화요일 정오에 습격은 종결되었다. 존 브라운은 부상을 입고 바닥에 핏자국을 남기며 쓰러져 있었고, 버지니아의 주지사가 그에게 허리를 굽히고 물었다.

"당신은 누군가?"

"내 이름은 존 브라운이오. 캔자스의 늙은 존 브라운으로 잘 알려져 있소. 내 두 아들은 오늘 이곳에서 죽음을 당했고, 나도 죽어가고 있소. 나는 노예들을 해방시키기 위해 이곳에 왔소. 아무런 대가도 바라지 않았소. 나는 의무감에서 행동을 했으니, 만족스럽게 내 운명을 기다릴 뿐이요. 하지만 군부대가 나를 심하게 대했던 것 같소. 나는 늙은이요. 어제 나는 내가 선택한 자를 죽일 수도 있었소. 그러나 어느 누구도 죽일 마음이 없었고, 그들이 나와 내 대원들을 죽이려 하지 않았다면 한 사람도 죽이지 않았을 것이오. 나는 도심지를 점령하여 불을 지를 수도 있었지만 그렇게 하지 않았소. 나는 인질로 잡은 사람들을 친절히 대했고, 그들에게 내가 말하는 진실을 간청하는 바이오. 내가 이번에 노예들을 도망치게 하는 데 성공했더라면, 이와 비슷한 원정대를 꾸리기 위해 지금보다 스무 배가 넘는 대원들을 모집할 수 있었을 것이오. 그러나 나는 실패했소."[26]

—5—

# 진실은 반드시 승리하리라

그는 실로 우리의 질고(疾苦)를 지고, 우리의 슬픔을 당했거늘,
우리는 생각하기를, 그는 징벌(懲罰)을 받아서 하나님에게 맞으며,
고난을 당한다 하였노라. 그가 찔림은 우리의 허물을 인함이요,
그가 상함은 우리의 죄악을 인함이라, 그가 징계를 받음으로 우리가
평화를 누리고, 그가 채찍에 맞음으로 우리가 나음을 입었도다.


실행은 이루어졌다. 다음날 세상은 그 사실을 알았으며, 세상은 놀라 당혹감을 감추지 못하고 가만히 있었다. 세상은 항상 그러했으며, 앞으로도 언제나 그럴 것이다. 존 브라운 같은 예지자가 나타날 때, 세상의 우리들은 그를 얼마나 받아들여야 할까? 우리는 남부 사람들이 그랬던 것처럼, 주변 상황의 음울하고 두려운 이치를 끝까지 파헤쳐야 할까? 다만 우리가 선택한, 우리의 소중한 이상에 한결같이 전념해야 하기 때문에 세상이 깨끗하고 순결한 한 영혼을 십자가에 못박더라도? 우리가 그렇게 한다면, 우리의 역사에 부끄러움을 남길 것이다. 그의 깨끗하고 순결한 논리 앞에서 우리는 주저하

고 머뭇거려야 할까? 어느 때는 돕고, 어느 때는 도움을 주는 것을 두려워하고, 어느 때는 믿고, 어느 때는 의심하면서? 그렇다. 의심과 머뭇거림이 진실된 것인 한, 우리는 그렇게 해야 한다. 그러나 거짓말은 하지 말아야 한다. 우리가 인간이라면, 옳은 것을 알 때까지 주저해야 한다. 우리는 어떻게 옳은 것을 알게 될까? 그것이 스핑크스의 수수께끼이다. 우리는 어둠 속에서 손을 더듬거리는 영혼일 뿐이다. 우리는 이따금 눈을 멀게 하는 광휘로 말미암아 빛을 볼 수 없는 존재들이다. 진실은 때가 되어야만 모습을 드러낸다. 마침내 오늘 우리는 알게 되었다. 존 브라운이 옳았다는 것을.

그러나 우리를 인도할 많은 원칙들이 있다. 이 세상에는 인간에게 매우 중요하며 영원히 옳거나 영원히 그른 일들이 있다고, 모든 사람은 믿는다. 더 단순하고 깨끗한 마음을 지닌 사람들이 생각하듯이, 그 크나큰 옳음은 하나님이 하신 말씀에서 생기거나, 그냥 달리 말하는 것이다. 이 행위는 인류의 선에 이바지하며, 저 행위는 악에 이바지한다고. 그렇다고 하더라도 모든 인간은 이 세상에는 여기저기에, 그리고 반복해서 무수히 많은 방식이 있다는 사실을 안다. 광범위하고도 영구적으로, 이 방법은 그르며 저 방법은 옳다는 태도가 만연해 있다. 이것은 분명 항상 사실이다. 목숨이 위태롭고 국가가 크나큰 위험에 빠졌을 때는.

반면에 인류의 경험이 계속 반복해서 보여주듯이, 논쟁을 일으키고 견해의 차이를 드러내는 보통의 여러 가지 일들은 실제로는 그다지 중요하지 않거나, 그토록 쉽게 분류될 수 있는 것이 아니라는 것 또한 사실이다. 대부분의 경우 양쪽 모두가 매우 옳고 그르기 때문에, 대체로 사람들은 항상 그런 식으로 논쟁하는 경향이 있다. 그들의 목숨의 유한성은 항상 최선의 길이나 최악의 길이 될 필요가 없는, 편의주의의 흔들리는 길이다. 그들은 거리낌없이, 심지어 웃음을 지으며 좋은 길, 안전한 길, 약간 저항하는 길, 이론적으로(그러나 대체로 실행 불가능한) 최선은 아니라 하더라도 훌륭한 길로 연결된 길만을 인정한다. 방식에 대한 그러한 세계관은 통속적이며, 아마도 그래서 세상이 그나마 잘 굴러가는지도 모른다.

그래도 우리 모두는 그러한 태도의 일시적이고 불확실한 특성을 느낀다. 우리는 본능적으로 그러한 세계관의 마음 편한 논조를 불신하며, 무서울 정도로 더 위대한 목소리를 찾아 귀를 기울인다. 더 낫다는 정도가 우리가 느끼기에 최고보다 훨씬 아래인 경우가 많아서, 현재의 영합적인 면모는 우리에게 흉악한 것으로 비치며, 지금까지 그랬듯이 앞으로도 세상이 자기 만족에 빠져 교묘히 회피하고 타협하고 능숙하게 크나큰 악을 피하면, 문득 거대한 흰 빛이 반짝인다. 흔들리지 않고 깜박이지 않으며, 널리 만물을 비추는 광휘로 눈을 멀게 하고, 온 세상을 오로지 빛과 어둠—옳음과 그름—으로 만드는 광명이. 그러면 사람들은 벌벌 떨고 몸부림을 치면서 괴로워하며 비틀거린다. 그들은 작은 목소리로 말한다.

"하지만…… 그렇지만 말야…… 물론," "그건 분명한데, 그렇지만 너무 분명해서 사실일 리가 없어…… 그건 사실이지만, 세상에는 하나의 진실만 있는 게 아냐."

그리하여 그들은 그 빛에서 몸을 숨기며, 굴을 파고 들어가 엎드려 있는다. 그 안에 웅크린 그들에게까지 어둠의 공포와 함께 엄청난 빛이 타올라 그 뒤에서 우렁찬 목소리―스핑크스의 수수께끼―가, 반드시 대답을 해야 하는 목소리가 들려온다.

그런 빛이 존 브라운의 영혼이었다. 그는 단순했다. 화가 나도록 단순했다. 배우지 않았으며, 숨김이 없고, 소박했다. 교양이나 학식, 행복이나 전통에 대한 궤변은 그의 마음을 조금도 움직이지 못했다. 그는 말했다.

"노예제도는 그르다……. 그것을 죽여라. 그것을 파괴하라…… 그것을 뿌리째 뽑아버려라. 줄기와 꽃과 가지까지. 그것에 거처를 주지 말고, 그것을 절멸시켜라. 지금 그렇게 하라."

그가 틀렸던 것일까? 아니다. 법과 권력과 전통이라는 장벽에 의해 어쩔 수 없이 인류의 향상이 막혔다는 것은 지상에서 가장 사악한 짓이다. 그것은 그르다. 영원히 그르다. 그것은 그르다. 무슨 말로 부르든, 어떻게 변장을 하고 숨어 있든, 언제 모습을 드러내든. 그러나 법과 정의와 애국심의 옷으로 변장하고 나타날 때는, 특히나 흉악하고 험악하며 잔인하다.

1859년에 변장한 미국의 노예제도가 그러했으며, 그것은 혁명에 의해 죽어야 했다. 더 온화한 방법으로 없앨 일이 아니었다. 그리고 사람들은 이것을 안다. 그들은 100년 전부터 그것을 알았다. 그러나 그들은 뒷걸음질을 치고, 무서워서 벌벌 떨었다. 이 영혼이 걸어간 순결하고 눈부신 길 주변에서는 얼버무림과 거짓말과 도둑질과 핏빛 살인이 난무했다. 그러나 모든 사람은 본능적으로 이러한 일들이 빛에서 나오는 것이 아니라 빛을 둘러싼 어둠에서 나오는 것임을 느낌으로 알았다. 사람들—정직한 미국 시민들—이 이 빛과 마주하는 방법을 보면 금세 놀라움과 당혹스러움과 연민을 안겨준다. 여러 유형의 사람들이 그 논쟁, 즉 존 브라운(그는 논쟁을 사용하지 않았으므로, 그 자신이 논쟁이었다)을 만나 여기에 화답했다.

먼저, 그 서부 미국인이 있었다. 찰스 로빈슨 같은 전형적인 미국인. 미시시피 계곡의 제국은 엄청난 힘을 발휘하며 그의 상상력을 자극했다. 그런 다음 그 노예 폐지론자가 있었다. 노예제도의 죄악을 본 그로서는 노예제도를 악몽으로 여겼으며, 게릿 스미스가 딱 그 유형이었다. 그리고 하우 박사 같은 인류 애호가와 스텐스 같은 상인이자 무예 수도가가 있었다. 마지막으로, 숙명적인 두 부류—주인과 노예—가 있었다.

로빈슨에게 브라운은 목적지에 이르는 수단일 뿐이었다. 여론이 어떻든, 그는 그 너머에 있었다. 오사와토미 사건에 대해 감사하는 마음이 크게 부풀어올랐을 때, 브라운은 예수 그리스도라고 이름 붙이기에 적합했다. 남부에서 반발의 물결이 온 나라를 정복했을 때, 그는 광신자보다 못한 존재였다.

그러나 그가 어떤 존재였든, 그는 발버둥치는 캔자스와 그 지도자들이 의지할 수 있는 검(劍)이었으며, 그 지도자들이 스스로 움츠린 채 수수방관하고 있다는 것을 알았을 때, 그보다 더 흉악한 행위들을 옮긴, 더럽혀지지 않은 실천가였다. 브라운의 손은 캔자스를 자유케 하는 유일한 손은 아니었지만 없어서는 안 되었으며, 처음도 아니고 마지막도 아니었지만 로빈슨 같은 냉정하고 숙련된 정치가는 그를 도와준 사람들의 머리를 밟고 권력을 향해 기어올라, 현재의 가능성들을 위해 반은 이루어진 그의 이상을—주(州)로서의 지위를 위해 인간의 자유를—팔아버렸다. 브라운은 게리슨 같은 유형의 노예제 폐지론자를 경멸했다. 악을 알아보고도 그것을 내치지 않는다는 것은 존 브라운에게는 벌 받을 일이었다. "말, 말, 말뿐이로군." 브라운은 비웃으며 말했다. 그는 육체적인 타격과 대조해 보면 영혼의 가치를 정확하게 평가하지도 않았다. 그 자신이 찰스타운 교수대에 선 가장 위대한 영혼과 맞부딪치기 전날까지는.

그러나 존 브라운이 노예제 폐지론자들의 행동을 올바르게 평가하지 못했다 하더라도, 그들 중에 그를 만났을 때 그를 높이 평가하지 못했을 사람은 거의 없었다. 본능적으로 그들은 그가 그들이 싸우는 악의 핵심과 요점을 파악한 사람이라는 것을 알았다. 그들은 증거나 자격증을 요구하지 않았다. 다만, 존 브라운을 요구했다.

게릿 스미스도 그랬다. 스미스는 브라운을 보자 그를 믿었으며, 자신의 집으로 그를 초청했다. 노예제도의 심장부를 공격하기 위한 그의 상세한 계획을 들었다. 모두 1,000달러 이상을 브라운에게 주었으며, 그의 성공을 빌었다! 그러나 공격이 이루어졌을 때, 이루 말할 수 없는 놀라움에 떨었다. 모호한 말로 얼버무리며 브라운의 계획을 알고 있었다는 사실까지 부정했다. 분명히 그는, 그의 가족은, 그의 운은 위험의 그림자 속에 놓여 있었다. 하지만 존 브라운은 어디에 있었는가?

하우 박사도 마찬가지였다. 증언대에 선 그의 기억은 괴로울 정도로 나빴으며, 그는 남부에서 그 유명한 환대를 맛본 뒤로 브라운의 열렬한 지원자에서 흔들리는 미약한 지원자로 바뀌었다. 그는 노예제도가 인간적이라는 것을 발견하고, 그 자신도 깜짝 놀랐다. 더할 수 없이 끔찍하도록 흉악한 것이 아니라, 인간적인 견지에서 볼 때 나쁜 정도에 불과다는 것을 알았다. 인간의 나쁜 제도를 무력을 이용해서 공격해야 하는가? 아니면 캐롤라이나 어느 집 뒷마루의 시원한 그늘에 앉아 설득력 있는 논쟁으로 풀어가야 하지 않을까? 하우 박사는 쿠바를 방문하고 돌아와서 후자 쪽으로 기울었으며, 습격이 이루어진 후에는 지나칠 정도로 괴롭고 무서워했다. 그는 곤두박질을 치듯이 캐나다로 도망갔다. 보스턴위원회의 회원들 중 스턴스만이 자리에서 일어나 대중들이 노려보는 밖으로 나가서, 그 즉시 명확하게 말했다.

"나는 존 브라운이 이 19세기를 대표하는 사람이라고 믿습니다. 워싱턴이 지난 세기의 대표자였듯이. 하퍼스 페리 사건과 이탈리아인들이 민주 정치를 위해 보여주었던 역량은 이 시대의 위대한 사건들이었습니다. 하나는 유럽을 자유케 할 것이며, 다른 하나는 미국을 자유케 할 것입니다."[1)]

존 브라운에 대한 흑인의 태도는 프레더릭 더글러스와 실스 그린이 전형적으로 그려낸다. 더글러스는 말했다.

"존 브라운이 하퍼스 페리의 도심지를 공격하여 장악했다는 소식이 전해지던 날 저녁, 우연찮게 나는 필라델피아의 내셔널 홀에서 많은 청중에게 연설을 하고 있었다. 그러한 소식은 우리에게 지진을 일으키는 듯한 놀라운 효과를 전달했다. 아무리 대담한 사람이라도 숨을 멎게 할 만한 일이었다."[2)]

와이스와 뷰캐넌은 곧바로 더글러스를 추적하기 시작했으며, 그는 캐나다로 도피하여 결국 영국으로 건너갔다. 더글러스는 왜 존 브라운에게 합류하지 않았을까?

첫째, 그는 기질과 성향이 완전히 다른 사람이었기 때문이다. 둘째, 그는 흑인 노예만이 알 수 있듯이, 노예 세력의 엄청난 힘과 조직을 알고 있었기 때문이다. 브라운의 계획은 더글러스의 이성에 전혀 호소하지 못했다. 더글러스는 '지하철도' 방법을 확대해서 체계화할 수는 있다고 믿었으나, 더 이상의 계획은 가능하다고 생각하지 않았다. 전국적인 세력만이 전국의 노예제도를 없앨 수 있었다.

더글러스와 마찬가지로 실제로 흑인들도 그러했다. 그들은 존 브라운을 믿었지만, 그의 계획은 믿지 않았다. 브라운은 그들의 따뜻하고 애정 있는 가슴을 흔들었으나, 그들의 딱딱한 머리를 감동시키지는 못했다. 이를테면, 캐나다 흑인들은 노예제도가 무엇을 의미하는지 알았던 사람들이다. 그들은 노예제도로 말미암은 타락과 억압과 그보다 더 치명적인 방종의 고통을 겪었던 사람들이다. 그들은 노예제도라는 체제를 알고 있었다. 그들은 노예였던 것이다.

그들은 사랑하는 이들이 멀리까지 미치는 촉수에서 도망치도록 돕기 위해 이미 목숨을 내놓았다. 그들은 자유의 땅에 도착해서 인간이라는 기쁨을 맛보기 시작했다. 그들의 작은 집은 떼를 지어 불어나고 있었다. 그들은 교회를 짓고, 숙박소를 만들고, 사교 모임을 갖고, 신문을 만들었다. 그러자 그 부름이 전해졌다. 그들은 그 노인을 사랑했으며 그를 소중히 여겼고, 수천 가지의 초라한 방식으로 그의 일을 돕고 진척시켰다.

그런데 그 부름이라는 건 무엇이었을까? 그들은 자신의 형제 노예들을 자유케 하기 위해 자신들의 목숨을 희생시키라는 요구를 받은 걸까? 그들은 마음의 준비가 되어 있지 않았던 걸까? 아니다. 그들은 언제라도 그렇게 할 준비를 갖추고 기다렸다. 그러나 여기에서 그들은 몇 명의 노예를 자유케 하고, 전국을 뒤흔들기 위해 자신들의 목숨을 희생시키라는 요청을 받았다. 그들은 존 브라운이 마지막까지 완전히 깨닫지 못한 것을 알았다. 그의 큰 뜻이 실패한다면 희생에는 엄청난 의미가 있다는 것을. 그리고 그들은 그가 실패할 거라고 확신했다. 실은 실패하지 않아도 됐다. 역사와 군사학은 그 계획의 본질적인 온당함을 증명한다. 그러나 흑인들은 역사와 군사학에 대해 아는 것이 없었다.

그는 노예제도와 노예 세력을 잘 알았으며, 그것들은 풍부한 상상력을 지닌 그에게는 터무니없이 중대하고 정복할 수 없는 것으로 여겨졌다. 그는 하나님의 직접적인 목소리가 부족한 어떤 것으로도 그것들을 전복할 수 없을 거라고 생각했다. 몰록(아이를 제물로 바치고 섬긴 신)의 제단에 바친 인간의 목숨이 노예 해방의 날을 앞당길 수도 있지만, 그들은 이 쓸쓸한 희망에 목숨을 맡겨야 한다는 요구를 받은 걸까? 그들 대부분은 아니라고 말했다. 흑인이든 백인이든 그들의 대다수 동료들이 지금까지 '대답 없는 목소리'에 대꾸하듯이. 그들은 마지못해, 천천히, 심지어 주저하면서 그렇게 말했지만, 그들의 지도자 더글러스도 그렇게 말했듯이, 그렇게 말했다. 그들의 온 삶은 이미 희생이 아니었던가? 그들은 하나님이나 인간의 권한으로 그들이 이미 주었던 것보다 더 많은 것을 주어야 한다는 요구를 받은 걸까? 그들은 세상에 무슨 빚을 더 졌단 말인가? 세상은 그들에게 갚을 수 없는 양만큼의 빚을 지지 않았나?

또한 이번 습격에서 흑인들에게 요구한 희생은 백인들에게 요구한 희생보다 훨씬 컸다. 1859년에 자유 흑인이 버지니아 땅에 발을 들여놓는 것만으로도 범죄가 되었으며, 도망 노예가 돌아간다면 다시 노예가 되거나 죽음을 당했다. 설상가상으로, 흑인들은 도망갈 기회가 전혀 없었으며 붙잡힌다는 건 생각할 수도 없는 일이었다.

이 모든 사정에도 불구하고 그리고 비겁과 굴종과 숙명을 길들이는 끔찍한 노예제도에도 불구하고, 죽음과 잔인성에 의해 도의심과 자긍심과 용기를 체계적으로 말살시키는 그 끔찍한 노예제도에도 불구하고, 캐나다와 미국에는 희생을 치를 각오가 된 십여 명의 흑인들이 있었다. 그러나 부름의 부득이한 비밀주의와 모호함과 막연함, 반복된 날짜 변경, 교신의 어려움, 흑인들의 빈곤…… 이 모든 것들이 효과적인 협력을 지나치게 어렵게 만들었다.

그렇더라도, 15명 내지 20명의 흑인들이 부름에 응했으며, 시간이 있었다면 아마 참여했을 것이다. 다섯 명인가, 아마 6명이 실제로 제때에 왔으며, 30~40명의 노예들이 적극적으로 도왔다. 이 땅 위의 수많은 흑인들과 지도자의 특성을 고려할 때, 이것은 대수롭지 않은 숫자였다. 그러나 숫자는 부족했지만 실스 그린 같은 인물들이 있어서 그 부족분을 메웠다. 그는 가난하고 배우지 못한 도망 노예였으며, 이 땅의 법을 알지 못했고, 삶에 짓눌리고 몸은 만신창이였다. 그는 가만히 앉아서 더글러스와 브라운이 그 오래된 챔버스버그 채석장의 바위 틈에서 논쟁하는 것을 귀담아 들었다. 어떤 것들은 이해했으며, 또 어떤 건 이해하지 못했다. 하지만 그가 분명히 이해한 한 가지는 존 브라운의 영혼이었다. 그래서 그는 말했다. "나는 저 노인과 함께 갈 것이오." 다시 운명적인 그 월요일의 극심한 격분 속에서, 한 백인과 한 흑인은 그들 앞에 놓인 자유를 지지하는 자신들을 발견했다. 그 백인은 존 브라운의 가장 진실한 동료였으며 흑인은 실스 그린이었다. 나중에 그 백인은 말했다. "내가 그에게 오라고 말했습니다. 우리는 더 이상 할 수 있는 것이 아무것도 없다고." 그러나 그는 이렇게 말할 뿐이었다. "나는 노인에게 내려가야 합니다." 그리고 그는 존 브라운과 죽음에게로 내려갔다.

이것이 노예의 태도였다면, 주인의 태도는 어떠했을까? 사태의 엄청난 모순과 지독히도 어리석은 짓거리가 제 모습을 드러낸 것은 존 브라운이 남부의 독선적이고 오만하고 성난 노예 세력과 마주했을 때였다. 그 상황을 그려보라. 늙고 핏물이 튄 노인, 겨우 몇 시간 전에 입은 부상으로 반쯤 죽은 것이나 마찬가지인 노인, 55시간 동안 잠을 자지 못하고, 거의 그 시간 동안 먹지 못하고, 바로 그의 눈 앞에 두 아들의 죽은 시신이 있으며, 7명의 살해된 동지들의 시신이 여기저기 쌓여 있고, 아내와 유족들이 헛되이 귀를 기울이고 있으며, 평생의 꿈이었던 목표는 실패로 돌아가고, 마음속으로는 이미 죽은 채, 차갑고 더러운 바닥에 누워 있는 남자. 그의 주위에는 냉혹하고 꼬치꼬치 캐묻기 좋아하는 한 무리의 남부 귀족들과 그들의 종자(從者)들이 있었는데, 그후의 연방 탈퇴를 주도한 주요 지도자들 중 하나가 우두머리였다.

"누가 당신을 보냈는가…… 누가 당신을 보냈나?" 이러한 심문자들은 고집스레 물었다.

"어떤 사람도 나를 보내지 않았소……. 나는 인간의 모습을 한 주인은 어느 누구도 알지 못하오!"

"당신이 온 목적은 무엇이었나?"

"우리는 노예들을 해방시키기 위해 왔소."

"당신의 행위를 어떻게 정당화하겠는가?"

"그대들은 하나님과 인류에게 엄청난 죄를 저지르고 있으며 누구든 그대들이 제멋대로 악독하게 노예로 삼고 있는 그들을 해방시키기 위해 그대들을 방해한다면 그건 전적으로 옳은 일일 것이오. 나는 내가 옳은 일을 했다고 생각합니다. 다른 사람들도 언제든 그리고 항상 당신들을 방해한다면 옳은 일을 하게 될 것이오. 나는 '남에게 대접받고자 하는 대로 너희도 남을 대접하라'는 성서의 황금률은 다른 사람이 자유를 얻도록 도울 모든 사람들에게 적용된다고 생각합니다."

"그렇지만 당신은 성경을 믿지 않지 않은가?"

"틀림없이 나는 성경을 믿소."

"당신은 이것을 종교적인 운동으로 여기는가?"

"내 견해로는 그것은 인간이 하나님에게 드릴 수 있는 최고의 사명이라고 생각합니다."

"당신은 자신을 하나님의 손에 맡겨진 도구라고 여기는가?"

"그렇소."

"무슨 원칙에 따라 당신의 행위를 정당화하겠는가?"

"황금률에 따라서. 나는 도와줄 사람이 아무도 없는 노예 상태의 가엾은 이들을 불쌍하게 여깁니다. 내가 이곳에 온 이유는 그것이오. 개인적인 원한이나 복수심, 보복하고자 하는 마음을 만족시키기 위해서가 아니오. 억압받는 자들과 학대받는 자들, 하나님의 판단으로는 당신처럼 선하고 소중한 그들에 대한 나의 연민 때문이었소."

"그렇겠지. 그런데 왜 노예들을 그들의 뜻과 반대로 데려갔는가?"

"나는 결코 그런 적 없소······."

"이번 운동에 있어서 당신의 의논 상대자들은 누구인가?"

"내겐 북부 전체에 무수한 동조자들이 있소······. 그대들은 내가 가장 불쌍하고 가장 위약한 흑인들, 노예제도로 말미암아 억압당한 그들의 권리를 가장 부유하고 유력한 사람들의 권리만큼이나 존중한다는 것을 이해해줬으면 좋겠소. 그것이 나를 움직여온 사상이었소. 오로지 그것만이. 우리는 고통받고 말할 수 없이 억압당한 그들을 위해 애쓰면서 희생 외에 아무런 보상도 예상치 않았소. 억압당한 자들의 비탄의 울부짖음이 나의 동기이며, 내가 이곳에 오도록 부추긴 유일한 이유요."

"왜 비밀리에 그짓을 했나?"

"성공하려면 그럴 필요가 있다고 생각했기 때문이오. 다른 이유는 아무것도 없었소······. 양심에 호소하는 권고는 가망이 없다는 스미스 씨의 말에 동감합니다. 나는 양심에 호소하는 권고 이외에 다른 주장을 호소할 때까지 노예주의 사람들이 노예제도의 당면 문제를 진정한 견지에서 생각이라도 해 볼지 의심스럽소."

"당신이 성공할 경우 노예들이 대대적으로 봉기할 거라고 예상했는가?"

"아닙니다. 그건 바라지도 않았소. 이따금 그들을 모아서, 자유롭게 해줄 것으로 기대했습니다."

"그때까지 이곳을 손에 넣을 것으로 예상했는가?"

"당신은 내가 그럴 의도가 없었다면 붙잡혔을 수도 있다고 가정하며 당신의 힘을 과대평가하고 있소. 나는 공개적인 공격을 개시한 후로 너무 더뎠소. 월요일 밤 내내, 그리고 정부군의 공격을 받았을 때까지 나의 작전행동이 지연되었기 때문이오."

"무기는 어디에서 구했나?"

"내가 구입했소."

"어느 주에서?"

"그건 말하지 않겠소. 내겐 할 말이 전혀 없소. 다만 전적으로 정당하다고 믿는 조치를 실행에 옮기기 위해, 방화범이나 깡패의 짓거리를 하기 위해서가 아니라, 엄청난 고통을 당하는 그들을 돕기 위해 이곳에 왔다고 주장하는 수밖에는. 또한 이 말을 하고 싶소. 당신은—남부의 모든 당신네 사람들은—이 문제를 해결할 준비를 하는 것이 좋을 것입니다. 준비는 빠를수록 좋을 것이오. 당신들은 나야 아주 쉽게 처치할 수 있을 게요. 지금도 거의 처치된 것이나 마찬가지니까. 그러나 이 문제는 아직 해결되지 않고 있소. 이 흑인 문제 말입니다. 아직 그 끝에 아직 이르지 않았소."

"브라운, 미국의 모든 깜둥이를 손에 넣는다면, 그자들과 함께 뭘 할 건가?"

"그들을 석방시키리라."

"당신의 의도는 그들을 유괴하여 해방시키는 것이었는가?"

"전혀 그렇지 않소."

"그들을 석방시키려면 이 집단의 모든 사람들의 목숨을 희생시키게 되었을 텐데?"

"나는 그렇게 생각하지 않소."

"난 알아. 당신은 광신적인 사람인 모양이군."

"나는 당신이 광신적이라고 생각합니다. 신은 파괴할 자를 먼저 미치게 만듭니다. 당신은 미쳤소."

"흑인들을 해방시키는 것이 당신의 유일한 목적이었나?"

"전적으로 우리의 유일한 목적이었소……."

"넌 강도야." 방청석의 누군가가 외쳤다.

"당신같은 노예주들이 강도요." 브라운이 맞받아 쏘아붙였다.

그때 와이스 주지사가 끼여들었다.

"브라운 씨, 당신의 은빛 머리카락은 죄의 피로 붉게 물들었어. 이런 어려운 말들을 삼가하고 영원의 세계를 기억해야지. 당신은 부상으로, 아마 치명적일 부상으로 고통을 당하고 있잖은가. 이러한 대의를 통해 죽음을 피한다 해도, 재판을 받아 죽음에 항복해야 할 것이야. 당신의 고백이 당신에게서 죄가 발견될 가능성을 정당화시켜주지. 그리고 지금도 당신은 버지니아의 법률에 따른 중죄를 저지르고 있어. 이런 소감을 밝힘으로써 말이지. 당신에게 해를 끼칠 수밖에 없는 위협적인 선언을 하니 당신의 영원한 미래에 관심을 돌리는 것이 나을 것이야."

존 브라운은 대답했다.

"주지사님, 어느 모로 보나 당신이 내게 친절히 경고하는 그 영원의 세계로 내가 들어간 후 15년이나 20년만 지나면 당신도 그 세계로의 여행을 시작할 것이오. 그리고 이곳에서의 내 시간이 열다섯 달이 되든, 열닷새가 되든, 열다섯 시간이 되든, 나는 언제든 갈 준비가 되어 있소. 뒤에도 영원의 세계가 있고 앞에도 영원의 세계가 있습니다. 이건 제아무리 길다 하더라도 찰나에 지나지 않습니다. 당신이 가진 시간과 내가 가진 시간의 차이는 근소합니다. 그러니 당신에게 마음의 준비를 하라고 이르는 것입니다. 나는 준비가 되어 있소. 당신에게는 큰 책임이 하나 있고, 당신은 나보다도 더 준비를 해야 하오."[3]

그리하여 존 브라운이 체포된 날부터 그가 죽은 날까지 그리고 그후, 재판에 오른 것은 남부와 노예제도였다. 존 브라운이 아니었다. 사실 존 브라운의 습격이 버지니아 주에 던진 진퇴양난의 궁지는 완벽했다. 그의 침략이 한 미치광이가 이끌고 노예들이 한 남자에 대한 비난을 거부했던 사건, 한줌 광신자들이 저지른 일이었다면, 이 사건을 무시하고, 그 최악의 범죄자들을 조용히 처벌하고 잘못 안 지도자를 사면하거나 그를 정신병원으로 보내는 것이 적절한 절차였을 것이다. 만약, 다른 한편으로, 버지니아가 자신의 사회적 존재를 위협하고, 자신의 노예들에게 위험한 불온성을 심어주었으며, 미래를 위해서도 흉악한 조짐이 만연하도록 만든 음모에 직면했다면, 색다른 예방조치, 신속하고 극단적인 처벌, 통렬한 불만만이 자연스런 대응이었다. 그러나 이러한 상황은 모두 사실일 수가 없었다. 어느 쪽을 택해도 불리한 양도논법의 뿔은 논리적으로 붙잡을 수 없는 것이었다. 그런데 남부와 버지니아는 정확히 이런 상황에 처하게 되었다. 브라운의 습격이 너무나 가망없고 터무니없어서 뭔가를 달성할 수는 없다고 주장하며, 앤드류 헌터의 말을 빌리자면, '단 한 명의 노예도' '강압에 의하지 않고는' 존 브라운에게 합류하지 않았다고 하면서도, 버지니아 주는 습격자들을 처벌하기 위해 25만 달러를 썼으며, 1천~3천 명의 군인들을 그 근방에 주둔시키고 온 나라를 소용돌이에 휘말리게 했다. 이러한 행위의 모순을 다양한 사람들이 느꼈을 때, 침입한 백인들의 위험을 침소봉대하려는 시도가 이루어졌다. 심리를 주관하던 판사는 1889년에야 이렇게 적었다. 브라운 부대원의 수는 목격자들에 의해 75명 내지 100명이었던 것으로 증명되었으며, 그는 "대규모의 지원병을 예상했다"는 것이었다. 한편 버지니아

주의 검사였던 앤드류 헌터는 전국 규모의 음모를 보았다.

그렇다면, 이 사건의 진실은 무엇이었을까? 프레더릭 더글러스가 22년 후에 즉석에서 말한 대로였다.

"존 브라운이 노예제도를 끝장내는 전쟁을 끝내지 않았던 거라면, 적어도 노예제도를 끝장내는 전쟁을 시작한 것이었다. 날짜와 장소, 대원들을 살펴보면, 우리는 캐롤라이나가 아니라 버지니아, 섬터 요새가 아니라 하퍼스 페리와 병기고, 앤더슨 시장이 아니라 존 브라운이 미국의 노예제도를 끝장내고, 이 나라를 자유 국가로 만든 전쟁을 시작했음을 알게 될 것이다. 이 전쟁이 시작되기 전까지, 자유에 대한 기대는 희미하고 어슴푸레하고 불확실했다. 억누를 수 없는 충돌은 약속과 표결과 타협의 하나였다. 존 브라운이 팔을 뻗었을 때 하늘은 맑아졌다. 자유를 위해 무장한 무리는 갈라진 합중국의 균열을 정면으로 바라보며 서 있었고, 무력 충돌이 임박했다."[4]

존 브라운의 습격이 남북전쟁을 촉진시켰던 길은 이러했다. 먼저, 그는 버지니아의 흑인들을 자극했다. 그의 계획이 얼마나 멀리까지 알려졌는지는 물론 추측할 수 있을 뿐이다. 10월 17일에 습격이 발생할 것임을 안 사람은 별로 안 되었을 것은 분명하다. 그러나 이 운동이 일단 성공적으로 출발하자, 오스본 앤더슨은 그가 한 말로 미루어 그 사실을 알고 있었던 것이 확실하다. 그는 노예들이 협조할 준비가 되어 있다고 말했던 것이다. 그의 말은 남북전쟁에 참여한 20만 명의 흑인 군인들에 의해 증명되었다. 습격 후 단 일주일 만에 다섯 번의 선동적인 방화가 이루어졌다는 사실로 보건데 뭔가 잘못되었던 것이 확실했다. 헌터는 이러한 방화를 "북부의 밀사들" 탓으로 돌리려 했으나, 이는 증명되지 않았으며 거의 불가능한 일이었다. 다른 유일한 예상 가해자들은 노예들과 자유 흑인들이었다. 힌튼이 버지니아 노예의 매매로만 1859년에 발생한 손실이 1천만 달러였다고 주장한 것으로 보아 버지니아는 이렇게 믿었다.[5] 존 브라운을 방문했던 한 여자는 이렇게 말했다. "나는 교도관과의 대면을 잊기가 어려웠다(그날 아침 '50명의 흑인을 팝니다'라는 그의 광고를 보았다)."[6] 수상한 노예를 이런 식으로 일소한 행위가 어느 정도까지 이어졌는지를 증명하기란 불가능하지만 인구조사 보고서는 그에 관한 상당한 정보를 제공한다. 메릴랜드와 버지니아의 흑인 인구는 1850년에서 1860년 사이에 4퍼센트 조금 넘게 증가했다. 그러나 하퍼스 페리와 접경을 이룬 세 군—버지니아의 로돈과 제퍼슨, 메릴랜드의 워싱턴—에서는 1850년에 17,647명이던 노예 인구가 1860년에는 15,996명으로 줄어들었는데, 거의 10퍼센트가 감소한 것이다. 이는 1,600명의 노예가 사라졌다는 뜻이며 매우 중요한 의미를 지닌다.

둘째, 존 브라운이 하퍼스 페리에 나타나기 오래 전에, '도망노예송환법'의 입안자이며 하퍼스 페리 투자 위원회 위원장인 메이슨, 이 위원회 위원이었던 제퍼슨 데이비스, 와이스와 헌터, 그밖에 버지니아 인들 같은 남부 지도자들은 연방탈

퇴가 노예제도를 보호하는 유일한 방법이라고 제의했다. 존 브라운은 이런 사람들에게 엄청난 논쟁과 두려운 경고를 안겨주었다. 그들은 논쟁을 이용했으며, 경고를 감추고 은폐했다. 논쟁은 이러했다. 이것은 노예제도 폐지론이다. 이것은 북부이다. 이것은 극단적인 조처에 기대지 않을 경우 남부와 남부의 소중한 제도가 기대할 수 있는 종류의 대접이다. 이러한 노선을 따라 나아가면서, 그들은 백인 참여자들과 북부 동조자들에 관한 한 그 습격을 강조하고 확대했다. 와이스 주지사는 11월 25일에 남부의 귀와 뷰캐넌 대통령의 눈을 위해 중대한 성명서를 발표했으며, 상원 위원회의 절대 다수 보고서는 불길한 말로 끝을 맺었다. 반면 존 브라운의 습격이 알려주는 경고, 즉 흑인 폭동의 위험은 작은 목소리로 속삭여질 뿐이었다.

셋째, 이건 남북전쟁과 더 멀리까지 이어진 길이었다. 그 습격은 전국의 양심을 흔들어놓고 지도했다. 그 결과에 주목한다는 것은 이상한 일이었다. 충동적이고 자기의 행위를 변명하고 싶은 사람들은 인쇄물을 급조했다. 무저항주의자인 게리슨에게는 '기드온의 검'은 질색하도록 싫었다. 비처는 존 브라운을 극구 비난했으며 시워드는 그를 가혹하게 비방했다. 그러자 이 땅에 불길한 침묵이 깔렸으며 한편으로는 그 자신을 변호하는 그의 목소리가 전국에 들렸다. 거대한 공감의 흥분이 끓어올라 세상을 휩쓸었다. 존 브라운은 법적으로는 범법자였으며 누구나 아는 살인자였다. 그러나 점점 많은 사람들이 브라운의 비합법적인 행위는 친구들의 복리를 위한 가장 고결한 자기 희생의 사명에 대한 복종에서 나왔음을 희미하게, 그러더니 점차 명확하게 인식하기 시작했다. 그들은 자문하기 시작했다. 그런 헌신을 고취할 수 있는 이 대의라는 것은 무엇일까? '속박 속에 있는 형제'라는 단순한 말의 반복은 주의를 끌 수밖에 없었다. 이 개념의 아름다움은 터무니없음과 실행불가능성에도 불구하고 시인과 철학자와 보통 사람의 흥미를 끌어당겼다.

분명히, 전국민이 흑인 문제를 오래 전부터 곰곰이 생각해 오고 있었지만, 1859년 10월 중순에서 12월까지의 40일 동안에 그토록 극적이고 사사로운 관심사로 말미암아 전국민의 주의를 붙든 일은 전에 한 번도 없었다. 이렇듯 전국적으로 사람들의 이목을 끌게 된 것은 버지니아와 존 브라운 때문이었다. 버지니아는 과장된 비탄으로 이목을 끌었으며, 존 브라운은 그의 정신력과 우직함과 통찰력이 그의 재판과 투옥과 처형이 이루어지는 사이 여지껏 가장 강력한 노예제 폐지 논의를 불러일으켰기 때문이었다. 버지니아가 "남부의 심장에 불을 지르기" 위해 존 브라운을 이용한 바로 그 방법을 존 브라운은 북부의 양심에 불을 지르기 위해 사용했다. 버지니아의 검찰관이었던 앤드류 헌터는 재판이 짧아야 하며 처벌은 신속해야 한다고 주장했으며 존 브라운은 이점에 전적으로 동의했다. 그는 자신의 행위 결과로부터 도망치거나 버지니아의 재판관을 괴롭게 하고 싶은 마음이 없었다. 그곳 낡은 차고에서 성공을 눈앞에 두었다가 실패하여 상당한 정신적 당혹감이 지나간 후, 희생을 불러일으킨 그의 사명의 진짜 중요성이 서서히 그의 앞에 솟아올랐다. 그를 구하려는 계획 앞에서 그는 처음에는 생각에 잠겨 말했다.

"내 목숨을 구하려는 시도를 부추겨야 할지 모르겠소. 내가 지금 죽는 것이 낫지 않을지 확실히 모르겠소. 나도 실수를 할 수 없는 건 아닙니다. 나도 틀릴 수·있습니다. 하지만 내가 죽는다면 내 목적은 실현에 더 가까워질 것이라고 생각합니다. 좀더 생각해봐야겠소."[7]

그리고 이러한 신념은 점차 그를 사로잡고 소름이 끼치게 했으며, 그는 과단성 있게 말하기 시작했다.

"지금은 내가 너무나 사랑하는 그 대의를 위해 죽는 것보다 더 나은 사명은 없을 것 같소. 나는 죽음으로써 살아 있는 것보다 더 많은 것을 할 수 있을 것이오."[8]

그리고 또, "나는 내 죽음의 시간과 방식 모두에 있어서 하나님을 믿을 수 있습니다. 이 순간의 나는 내 피로써 하나님과 인류를 위한 나의 고백을 확실하게 증명하면, 내가 그동안 평생에 걸쳐 이루어낸 모든 것보다도 더, 내가 열렬히 추진하고자 애썼던 운동을 대단히 앞당기게 될 것이라고 믿습니다." 그리고 나서 이윽고 철저한 희생의 그 마지막 위대한 찬가를 불렀다.

"나처럼 미천하고 하찮은 인간이, 죽음이 찾아올 때(누구나 그럴 수밖에 없듯이) 정의와 하나님의 영원하고 불변하는 진리를 지키기 위하여 대자연의 빚을 갚을 수 있도록 허락받은 그 적은 사람들 사이에 다소라도 자리를 마련하려고 괴로워할 것임을 알고 놀라지 않을 수 없습니다."9)

재판은 힘든 경험이었다. 버지니아는 군중들의 폭력과 전 세계의 모든 선량한 사람들의 공감 사이에서 공평하게 재판하려고 시도했다. 주 내 법령을 보호하기 위해, 버지니아는 한 사람을 살인죄로 공판에 회부해야 했다. 그 법령들의 독단적인 판관으로 앉아 있는 바로 그 사람이 인류의 배심원 앞에서 그러한 법령들의 유죄를 입증했다. 버지니아는 버지니아라는 주의 선한 이름을 변호하기 위해, 친족이 이 습격으로 목숨을 잃은 사람들, 어떠한 포로도 극단적인 처벌을 피할 수 없도록 하겠다고 맹세한 사람들의 광폭한 피의 복수를 제지해야 했다. 재판은 법적으로 공정했으나 꼴사납게 서둘러, 위협하는 여론과 거대하게 떠도는 불안에 굴복하여 결론을 내릴 수밖에 없었다. 존 브라운은 오로지 이러한 불공정하고 경솔한 처사에 대해서만 항의했다. 그는 세상이 그가 왜 그러한 행위를 했는지 이해하기를 원했기 때문이었다. 반면 헌터는 그 지역의 폭도들을 두려워했을 뿐만 아니라 이 머리 흰 개혁운동가를 바라보며 서서히 일어나는 감상도 두려워했다. 그리하여 그는 합법적이지만 잔인할 정도로 끈질기게 소송절차를 추진했다. 피고인은 부상을 입어 침상에 누운 채로 법정에 소환되었다. 급하게 결정된 변호사들에게는 협의하거나 준비할 시간이 거의 주어지지 않았다. 존 브라운은 10월 20일에 군청 소재지인 찰스타운에 정식으로 투옥되었으며, 10월 25일에 예비 심문을 받았고, 10월 26월에 대배심에 의해 "반란을 목적으로 노예들과 공모하고, 버지니아 주를 상대로 반란을 기도했으며, 일급 살인을 저질렀다"는 죄목으로 기소되었다.

10월 27일 목요일, 그의 심문이 시작되었다. 배심원은 임명 전의 배심원에 대한 기피나 브라운의 변호사들도 없이 선출되었으며, 정신이상이라는 구실을 끌어와 그의 변호를 무시했다. 노인은 침상에서 일어나 말했다.

"나는 그것을 나에 관해 다른 방침을 택해야 하는 사람들의 파렴치한 술책과 핑계로 보며, 참으로 치욕스런 짓이라고 생각합니다……. 나는 정신이상이라는 것에 대해서는 전혀 모릅니다. 내가 할 수 있는 한, 그런 내막으로 나를 해치려는 어떠한 시도도 거부합니다."[10]

금요일에 한 매사추세츠 변호사가 심리 과정에서 도움을 주고 또한 은밀히 탈출 방법을 암시하기 위해 도착했다. 존 브라운은 그런 모든 시도에 대해 조용히 생각했지만, 이 변호사와 존 앤드류와 그의 친구들이 보낸 다른 두 사람의 도움을 기쁘게 받아들였다. 판사는 이 사람들에게 소송사건을 준비할 시간을 주지 못하겠다고 퉁명스럽게 거절했지만, 그럼에도 불구하고 배심원이 물러간 월요일까지 이어졌다. 월요일 오후 늦게 그들은 돌아왔다. 레드패스는 이렇게 전한다.

"이 순간 몰려든 사람들은 법정 안의 모든 방청석과 피고인 주위, 난간 너머까지 넓은 홀을 가득 채우고도 모자라 출입문 밖에까지 넘쳐났다. 불안하면서도 한 마디도 입밖에 내지 않고 경청하는 사람들은 그곳에 서서, 머리와 목을 똑바로 세우고, 늙은 브라운의 재판이 마감되는 장면을 목격했다."

법정의 서기관이 기소장을 읽고 물었다.

"배심원 여러분, 어떻습니까? 법정에 선 피고인 존 브라운은 유죄입니까, 무죄입니까?"

"유죄요." 배심장이 대답했다.

"반란을 일으키기 위해 노예들과 다른 자들과 공모하고 의논한 반역죄와 일급 살인죄입니까?"

"그렇소."

레드패스의 설명은 이어진다.

"이러한 평결을 답신으로 읽는 동안 그 많은 사람들에게서는 아무런 소리도 들려오지 않았다. 그자리에 있던, 방금 전에 법정 바깥에서 그의 머리 위에 위협과 저주의 말을 쏟아부으려고 한패가 된 수백 명의 사람들에게서는 승리나 환호의 표현이 전혀 나오지 않았다. 법정의 형식에 따라 소비된 그 모든 시간 동안 이 기이한 침묵에 끼어드는 것도 없었다. 늙은 브라운 역시 한 마디도 하지 않았으며, 다만, 이전의 여느 날인 것처럼, 시선을 돌려 그의 초라한 침상을 정돈하고 나서, 태연하게 그 위에 몸을 쭉 뻗고 누웠다."[11]

그 다음주 수요일 존 브라운은 형에 처해졌다. 그는 창백한 얼굴로 고통스럽게 발걸음을 옮기며, 유별나게 큰 네모난 방안의 가스등 밑으로 의자를 가져가서 미동도 않고 그대로 있었다. 판사가 이의점에 대한 자신의 판결을 읽었으며 서기관이 물었다.

"당신에게 사형선고를 내려서는 안 되는 이유를 댈 게 있습니까?"

그러자 존 브라운은 자리에서 일어나 상체를 앞으로 기울이며, 부드럽고도 단호한 목소리로, 그 마지막 장엄한 연설을 시작했다.

"법정을 즐겁게 해줄지도 모르겠는데, 하고 싶은 말이 몇 마디 있소.

먼저, 나는 지금까지 줄곧 내가 인정했던 것, 즉 노예들을 해방시키기 위한 나의 계획 이외에는 모든 것을 부인합니다. 나는 그 일을 공명정대하게 치르고 싶었습니다. 지난 겨울에, 미주리로 들어가 어느 누구의 옆구리에도 방아쇠를 당기지 않고 노예들을 데려가서, 그 지역을 관통하여 마침내 캐나다에 도착했을 때 내가 그랬듯이 말입니다. 나는 더 큰 규모로 그와 똑같은 일을 다시 해내려고 했습니다. 내가 하고자 했던 건 그것이 전부입니다. 나는 결코 살인이나 반역, 재산의 파괴를 저지르려 하지 않았으며, 노예들을 자극하거나 선동하여 반란을 꾀하거나, 폭동을 일으키려고 하지 않았습니다.

또 한 가지 반대하는 것이 있습니다. 즉, 내가 그런 죄값을 받아야 한다는 것은 불공정합니다. 물론 나도 인정하지만 공정하게 증명된 방법을 내가 방해했다면(나는 이 소송사건에서 증언한 대다수 목격자들의 진실과 정직을 감탄하기 때문에), 내가 부유한 사람들과 권세 있는 사람들, 똑똑한 사람들, 소위 훌륭한 사람들, 그들의 친구들—아버지나 어머니, 형제 자매, 아내나 아이들, 그러한 부류의 어느 누구라도—을 대신하여 방해하고 이러한 방해를 통해 내가 고통을 당하고 희생을 치렀다면, 그것은 모두 옳았을 것입니다. 이 법정 안에 있는 사람이라면 누구라도 처벌보다는 보상을 받을 만한 행위로 여겼을 것입니다.

이 법정은, 내 생각에는, 하나님의 법의 정당함을 알고 있습니다. 여기에는 입맞춤을 했던 성경, 아니면 적어도 신약성서로 여겨지는 책이 있습니다. 그것은 사람들이 내게 무슨 짓을 하든, 나는 그들에게 무슨 일이든 해야 한다고 가르쳐줍니다. 그것은 또한 내게 '자기도 함께 갇힌 것 같이 속박 속에 있는 그들을 기억하라'고 가르쳐줍니다. 나는 그 가르침을 실행하기 위해 전력을 다했습니다. 나는 아직 너무 어려서 하나님이 사람의 외모를 취하지 아니하심을 이해하지 못하겠습니다. 그분의 멸시당한 불쌍한 사람들을 대신하여, 내가 했던 것처럼 방해한 것은—내가 그랬다고 거리낌없이 인정했듯이—틀리지 않았으며, 옳았다고 믿습니다. 이제, 정의의 최후를 앞당기기 위해 내 목숨을 박탈당하고, 내 피를 내 자식들의 피와 흉악하고 잔인하고 불공정한 법규로 말미암아 권리를 무시당한 이 노예의 땅에 사는 수백 만의 피와 뒤섞어야만 한다면, 받아들이겠으니, 그렇게 하도록 하시오! 한 마디만 더 하겠소.

 나는 이 재판에서 그동안 내가 받은 처우에 전적으로 만족합니다. 모든 상황을 고려할 때, 내가 예상했던 것보다 관대했소. 하지만 나는 죄의식을 느끼지는 않습니다. 나는 처음부터 내가 의도했던 바를 말했으며, 의도하지 않은 것은 언급하지 않았습니다. 나는 결코 어느 누구의 목숨도 취하려 기도하지 않았으며, 반역을 저지르거나, 노예들을 선동하여 반란을 일으키거나, 어떠한 보통의 폭동도 일으킬 계획이 없었습니다. 결코 어느 누구에게도 그렇게 하도록 부추기지 않았으며, 항상 그런 생각을 단념시켰습니다.

 나와 연관된 일부 사람들의 진술에 관해서도 한마디 하고 싶습니다. 그들 중에 내가 그들을 내게 합류하도록 유인했다고 진술한 사람이 있다고 합니다. 하지만 사실은 그 반대입니다. 그들을 해치기 위해 이런 말을 하는 것이 아닙니다. 그들의 나약함을 슬퍼하기 때문입니다. 자신의 자유 의사에 따라 내게 합류하지 않은 사람은 그들 중에 하나도 없으며 그들 자신을 희생시킨 사람이 더 많습니다. 그들이 내게 오기 전날까지는 그 많은 사람들을 나는 결코 보지 못했으며, 한마디도 나눠보지 못했습니다. 내가 지금까지 진술한 목적은 그것입니다.

 이제 다 마쳤습니다."[12]

 12월 2일 죽음의 날이 찬란하게 밝아왔다. 그는 스물 네 시간 전에 아내에게 작별의 입맞춤을 했으며, 이날 아침 그의 불운한 동료들을 방문했다. 먼저 실스 그린과 코프랜드를, 그 다음에 흔들리는 쿡과 코폭을, 동요하지 않는 스티븐스를 방문했다. 이윽고 그는 교수형에 처해질 장소를 향해 몸을 돌렸다. 아침 일찍부터 3천 명의 군인들이 교수대 주위를 행진했다가 반대 행진을 하고 있었다. 그 교수대는 찰스타운에서 반마일 가량 떨어져 세워졌으며, 사람들은 15마일에 이르도록 교수대를 에워쌌다. 사람들의 가슴에는 침묵이 자리잡았다. 존 브라운은 말을 타고 나가 아침을 맞았다.

"이곳은 아름다운 땅이오."

그가 말했다. 그곳은 아름다웠다. 굽이치듯 드넓게 펼쳐진 들판이 햇빛에 반짝거렸다. 그 너머로는 쉐난도 강이 북쪽으로 우렁차게 흘러갔으며, 더 멀리 아득한 곳에는 냇 터너가 싸우다 죽었고 가브리엘이 은신처를 찾았으며 존 브라운이 그의 장엄한 꿈을 쌓아올렸던 블루 릿지의 거대한 연봉들이 솟아 있었다. 그가 지나가면서 한 흑인 아이에게 입맞춤을 했다고 말하는 사람도 있지만, 앤드류 헌터는 그 말을 격렬하게 부정한다. "흑인은 그에게 접근할 수 없었다." 헌터의 말이 아마 맞을 것이다. 그러나 그가 교수형에 처해질 때 그의 주위에 있던 모든 사람들이 무릎을 꿇었다. 그는 마지막으로 이렇게 기도했다.

"이웃을 사랑하는 모든 이들에게 내 사랑을 전합니다. 내가 공개적으로 참살을 당할 때 나약하거나 위선적인 어떠한 기도도 내게 쏟아지지 않기를 간청해왔습니다. 또한 내 유일한 신앙심 깊은 종자(從者)들은 백발의 노예 어머니들이 인도하는, 불결하고, 남루하고, 모자도 쓰지 않은 맨발의 불쌍하고 가여운 노예 소년들과 소녀들이기를 간청했답니다. 안녕! 안녕히!"[13]

— 연보 —

● **어린 시절과 청소년 시절**

1800년: 5월 9일, 코네티컷 토링턴에서 태어났다.
        9월, 버지니아에서 가브리엘의 지휘 아래 노예 봉기를 시도한다.
1805년: 가족이 오하이오로 이주한다.
1812년: 한 노예 소년을 만난다.
1816년: 교회에 나가기 시작한다.
1819년: 매사추세츠 플레인필드에서 잠시 학교에 다닌다.


● **무두장이 시절**

1819년~1825년: 오하이오 허드슨에서 무두장이로 일한다.
1821년: 6월 21일, 다이앤디 러스크와 결혼한다.
1822년: 6월, 사우스캐롤라이나에서 노예 봉기 시도

1825년~1835년: 펜실베이니아 랜돌프에서 무두장이로 일하고, 우체국장을 지낸다.
1831년: 냇 터너(Nat Turner)가 8월 21일 버지니아에서 봉기
1832년: 8월 10일, 첫 아내가 세상을 떠난다.
1833년: 7월 11일, 메리 앤 데이와 결혼한다.
1834년: 11월 21일, 흑인을 교육하기 위한 계획 개요를 정한다.
1835년~1840년: 오하이오 허드슨과 그 근방에 거주하며 토지에 투기한다.
1837년: 경제 공황으로 큰 손해를 본다.
1839년: 그와 그의 가족이 노예제도를 철저히 증오할 것을 맹세한다.
1840년: 오벌린 대학을 대신하여 버지니아 토지를 측량하고 1,000에이커 구매를 제안한다.


● 목양업자 시절

1841년: 목양업을 시작한다.
1842년: 파산한다.
1843년: 9월, 네 자녀를 잃는다.
1844년: '퍼킨스와 브라운의 양모회사'를 설립한다.
1845년~1851년: 오하이오 스프링필드에서 퍼킨스와 브라운 소유의 양모 도매점을 관리한다.

1846년: 8월 1일, 게릿 스미스가 흑인들에게 애디론댁 농장을 제공한다.

1847년: 프레더릭 더글러스가 브라운을 방문하여 노예 습격에 관한 그의 계획을 전해 듣는다.

1849년: 양모를 팔기 위해 유럽으로 가서, 8월과 9월에 프랑스와 독일을 방문한다.

1849년: 그의 가족이 최초로 뉴욕 노스엘바로 이주한다.

1850년: 새로운 '도망노예송환법'이 통과된다.

1851년~1854년: 양모업 폐업

1851년: 1월 15일, '길르앗 연맹'을 설립한다.


● 캔자스 시절

1854년: '캔자스-네브래스카 법안'이 통과되어 5월 30일 정식 법률이 된다.

10월, 5명의 아들이 캔자스로 출발한다.

1855년: 6월, '시러큐스 노예제 폐지론자 대표자대회'에 참석한다.

9월, 여섯째 아들과 사위를 데리고 캔자스로 출발한다.

두 아들이 '빅 스프링스 대표자대회'에 참여한다.

10월 6일, 캔자스에 도착한다.

12월, 로렌스 방어를 돕는다.

**1856년**: 4월, 오사와토미에서 열린 한 대중 집회에 참석한다.

5월, 뷰포드의 주둔지를 방문한다.

5월 21일, 노예제 지지자들의 로렌스 약탈

5월 23일~26일, 포타와토미 살해 사건 발생

5월 28일, 두 아들이 체포된다.

6월 2일, '블랙 잭 전투'

7월과 8월, 부상당한 사위를 데리고 아이오와로 가서 레인의 부대에 합류한다.

8월, 로렌스에서 주변의 요새들을 구축하기 위한 공격에 가담한다.

8월 31일, 오사와토미 전투

9월 15일, 미주리의 마지막 캔자스 침입

9월, 기어리가 도착하여 브라운에게 캔자스를 떠나도록 설득한다.

9월 20일, 아들들과 함께 동부로 출발한다.


● **노예제 폐지론자 시절**

**1857년**: 1월, 보스턴에 머물며, '미국 캔자스위원회의 뉴욕집회'에 참석한다.

3월과 4월, 자금을 모금하기 위해 뉴잉글랜드를 순회한다.

코네티컷에서 1,000개의 창을 구입하기로 계약한다.

1857년: 5월, 서부로 출발한다.

8월과 9월, 아이오와 타보에 머문다.

12월, 아이오와에 군사학교를 설립한다.

1858년: 1월, 동부로 돌아간다.

2월, 프레더릭 더글러스의 집에 머문다.

2월, 샌번에게 자신의 계획을 털어놓는다.

4월, 캐나다에 머문다.

5월, 포브스가 그의 계획을 누설한다.

5월 8일~10일, 채덤 대표자대회가 열린다.

5월 19일, 캔자스에서 해밀턴이 학살된다.

5월 20일, 계획을 연기한다.

7월~12월, 사우스캔자스에 머물며 몽고메리와 협력한다.

12월 20일, 노예들을 위한 미주리 습격

● 하퍼스 페리 습격 시기

1859년: 1월 20일, 도망 노예들과 함께 캐나다로 출발한다.

3월 12일, 캐나다에 도착한다.

3월 23일, 클리블랜드에서 연설한다.

4월과 5월, 동부를 마지막으로 방문한다.

6월, 하퍼스 페리로 떠난다.

7월 3일, 3명의 동료들과 함께 하퍼스 페리에 도착한다.

6월~10월, 22명의 대원을 모집하고 탄약을 손에 넣는다.

10월 16일 일요일 저녁 8시, 습격을 개시한다.

10월 17일 월요일 새벽 4시, 도심지와 병기고가 점령된다.

10월 17일 월요일 오전 7시~12시, 정부 민병대 모집

10월 17일 월요일 정오 12시, 브라운의 부대가 포위당한다. 그는 차고로 후퇴한다.

10월 17일 월요일 오후 3시, 카기의 부대가 살해되거나 사로잡힌다.

10월 17일 월요일 밤 12시, 리 장군과 100명의 해군 병력이 도착한다.

10월 18일 화요일 오전 8시, 브라운이 체포된다.

**1859년**: 10월 25일, 예비 심문

10월 27일~11월 4일, 찰스타운(당시에는 버지니아, 현재는 웨스트버지니아)에서 공판

10월 16일부터 12월 2일까지 40일간 수감된다.

12월 8일, 뉴욕 노스엘바에 묻히다.

# ■미주

## 1부 무두장이

### 1장 신세계의 덫
1) 레드패스, 《캡틴 존 브라운의 공적인 삶》, 25쪽.
2) 샌번, 《존 브라운의 삶과 서신》에 게재된 오웬 브라운의 자서전, 7쪽.

### 2장 삶을 바꾼 세 가지
1) 2장에서 인용되는 내용들은 샌번의 《존 브라운의 삶과 서신》에 실린 것들이다. 12~17쪽.

### 3장 불행이 엄습하다
1) 샌번의 책에 게재된 존 브라운의 자서전, 16쪽.
2) 헤먼 홀락, 《New York Journal of Commerce》, 샌번의 책에 인용, 32쪽.
3) 샌번의 책에 게재된 존 브라운의 자서전, 16쪽.
4) 샌번의 책에 게재된 존 브라운의 자서전, 16쪽과 17쪽.
5) 존 브라운 주니어, 샌번의 책에 인용, 34쪽.
6) 루스 브라운, 샌번의 책에 인용, 37~39쪽.
7) 존 브라운 주니어, 샌번의 책에 인용, 91~93쪽.
8) 루스 브라운, 샌번의 책에 인용, 93~94쪽.
9) 같은 책, 104쪽.
10) 루스 브라운, 샌번의 책에 인용, 44쪽.
11) 존 브라운 주니어에게 보낸 편지, 1841년, 샌번의 책에 인용, 139쪽.
12) 아내에게 보낸 편지, 1844년, 샌번의 책에 인용, 61쪽.
13) 루스 브라운, 샌번의 책에 인용, 38~39쪽.
14) 아내에게 보낸 편지, 1839년, 샌번의 책에 인용, 69쪽.
15) 아내에게 보낸 편지, 1851년, 샌번의 책에 인용, 146쪽.
16) 샌번의 책에 게재된 존 브라운의 자서전, 16쪽.

17) 딸에게 보낸 편지, 1847년, 샌번의 책에 인용, 142쪽.
18) 아내에게 보낸 편지, 1844년, 샌번의 책에 인용, 60~61쪽.
19) 아버지에게 보낸 편지, 1846년, 샌번의 책에 인용, 21쪽·22쪽.
20) 딸에게 보낸 편지, 1852년, 샌번의 책에 인용, 45쪽.
21) 1852년 존 브라운 주니어에게 보낸 편지, 1853년 자녀들에게 보낸 편지, 샌번의 책에 인용, 151쪽·155쪽.
22) 아내에게 보낸 편지, 1839년, 샌번의 책에 인용, 68쪽.
23) 샌번, 58쪽.
24) 오벌린 대학의 기록, 샌번의 책에 인용, 134~135쪽.
25) 레비 저넬이 오웬 브라운에게 보낸 편지, 1840년, 샌번의 책에 인용, 135쪽.
26) 가족에게 보낸 편지, 1840년, 샌번의 책에 인용, 134쪽.
27) 일기 원본, 1권, 보스턴 공립도서관, 65쪽.
28) 오벌린 대학 관재인 이사회의 기록, 1840년 8월 28일, 샌번의 책에 인용, 135쪽.
29) 존 브라운 주니어, 샌번의 책에 인용, 87쪽.
30) 샌번의 책에 인용된 계약서, 55~56쪽.
31) 조지 켈로그에게 보낸 편지, 1844년, 샌번의 책에 인용, 56쪽.
32) 존 브라운 주니어에게 보낸 편지, 1843년, 샌번의 책에 인용, 58쪽.
33) 같은 책, 58~59쪽.
34) 같은 책, 59쪽.
35) 같은 책, 59쪽.
36) 존 브라운 주니어에게 보낸 편지, 1844년, 샌번의 책에 인용, 59~60쪽.
37) 같은 책, 61쪽.
38) 루스 브라운, 샌번의 책에 인용, 95쪽.
39) 존 브라운 주니어에게 보낸 편지, 1846년, 샌번의 책에 인용, 62쪽.
40) 1846년에 발행된 회람, 샌번의 책에 인용, 63쪽.
41) 오웬 브라운에게 보낸 편지, 1846년, 샌번의 책에 인용, 22쪽.
42) 존 브라운 주니어에게 보낸 편지, 1847년, 샌번의 책에 인용, 143쪽.
43) E.C. 레오나드, 샌번의 책에 인용, 65쪽.
44) 오웬 브라운에게 보낸 편지, 1847년, 샌번의 책에 인용, 23~24쪽.
45) 오웬 브라운에게 보낸 편지, 1849년, 샌번의 책에 인용, 25쪽.
46) 같은 책, 25쪽.
47) 존 브라운의 거래 적요서, 65쪽; 레드패스, 56쪽.
48) 샌번, 67~68쪽.
49) 존 브라운 주니어에게 보낸 편지, 1849년, 샌번의 책에 인용, 73쪽.

50) E.C. 레오나드, 샌번의 책에 인용, 67~68쪽.
51) 아내에게 보낸 편지, 1850년, 샌번의 책에 인용, 107쪽.
52) 자녀들에게 보낸 편지, 1850년, 샌번의 책에 인용, 75~76쪽.
53) 레드패스, 58쪽.
54) 아들에게 보낸 편지, 샌번의 책에 인용, 145쪽.
55) 자녀들에게 보낸 편지, 1854년, 샌번의 책에 인용, 155쪽.
56) R.H. 다나, 〈월간 애틀랜틱〉, 1871년.

## 2부 캡틴 브라운

### 1장 아프리카의 마력

1) 오웬 브라운, 샌번의 책에 인용, 10~11쪽.
2) 존 브라운 주니어, 샌번의 책에 인용, 35쪽.
3) 샌번, 34쪽.
4) 동생 프레더릭에게 보낸 편지, 1834년, 샌번의 책에 인용, 40~41쪽.
5) 루스 브라운, 샌번의 책에 인용, 37쪽.
6) 존 브라운 주니어, 샌번의 책에 인용, 52~53쪽.
7) 레드패스, 65쪽.
8) 레드패스, 53~54쪽.
9) 레드패스, 59~60쪽.
10) 램스 혼에서 출간되었으며, 샌번의 책에 인용된 '삼보의 실수', 130쪽.
11) 프레더릭 더글러스, 《프레더릭 더글러스의 삶과 시대》 2부 8장, 1892년, 337~342쪽.
12) 샌번, 97쪽.
13) 레드패스, 61쪽.
14) 루스 브라운, 샌번의 책에 인용, 100쪽.
15) 레드패스, 62쪽.
16) 아내에게 보낸 편지, 1850년, 샌번의 책에 인용, 106~107쪽.
17) 샌번의 책에 인용된 훈령과 협정 및 결의서, 124~127쪽.
18) 같은 책.
19) 같은 책, 132쪽.
20) 같은 책, 132쪽.
21) 루스 브라운, 샌번의 책에 인용, 131~132쪽.

22) 아내에게 보낸 편지, 1852년, 샌번의 책에 인용, 108~109쪽.
23) 루스 브라운, 샌번의 책에 인용, 104쪽.
24) 자녀들에게 보낸 편지, 1852~1853년, 샌번의 책에 인용, 110쪽과 148쪽.

### 2장 캔자스의 부름

1) 《미국의 인류학자》와 와 비교해보라. 4권 2책, 1902년 4월~6월.
2) 존 브라운 주니어에게 보낸 편지, 1854년, 샌번의 책에 인용, 191쪽.
3) 존 브라운 주니어, 샌번의 책에 인용, 188~190쪽.
4) 자녀들에게 보낸 편지, 1854년, 샌번의 책에 인용, 110~111쪽.
5) 레드패스, 81쪽.
6) 아내에게 보낸 편지, 1855년, 샌번의 책에 인용, 193~194쪽.
7) 존 브라운 주니어, 샌번의 책에 인용, 190~191쪽.
8) 루스 브라운, 샌번의 책에 인용, 105쪽.
9) 기어리 주지사의 고별 연설, 《캔자스 주 역사협회 의사록》 4권, 739쪽.

### 3장 작은 전투를 계속하다

1) 가족에게 보낸 편지, 1855년, 샌번의 책에 인용, 201쪽과 205쪽.
2) 레드패스, 103~104쪽.
3) 가족에게 보낸 편지, 1855년, 샌번의 책에 인용, 217~221쪽.
4) 아내에게 보낸 편지, 1855년, 샌번의 책에 인용, 217~221쪽.
5) G.W. 브라운, 《올드 존 브라운의 회상》 8쪽; 필립스, 《캔자스의 역사》, 레드패스의 책에 인용, 90쪽.
6) 가족에게 보낸 편지, 1855년, 샌번의 책에 인용, 217~221쪽.
7) 가족에게 보낸 편지, 1856년, 샌번의 책에 인용, 223쪽.
8) 기딩스가 존 브라운에게 보낸 편지, 1856년, 샌번의 책에 인용, 224쪽.
9) D.W. 와일더, 《캔자스 주 역사협회 의사록》 6권, 337쪽.
10) E.A. 콜먼, 샌번의 책에 인용, 260쪽.
11) 제임스 핸웨이, 힌튼의 《존 브라운과 그를 따른 사람들》에 인용, 695쪽.
12) 본디, 《캔자스 주 역사협회 의사록》 8권, 279쪽; 스프링, 《캔자스》, 143쪽.
13) 제이슨 브라운, 샌번의 책에 인용, 273쪽.
14) E.A. 콜먼, 샌번의 책에 인용, 259쪽.
15) 존 브라운 주니어, 샌번의 책에 인용, 278쪽.
16) 가족에게 보낸 편지, 1856년, 샌번의 책에 인용, 236~241쪽.
17) 샌번, 287~288쪽.

18) 레드패스, 112~114쪽.
19) 본디, 《캔자스 주 역사협회 의사록》 8권, 282~284쪽.
20) 같은 책, 285쪽.
21) 같은 책, 284쪽.
22) 본디, 《캔자스 주 역사협회 의사록》 8권, 286쪽; 가족에게 보낸 존 브라운의 편지, 1856년, 샌번의 책에 인용, 236~241쪽.
23) W.A. 필립스, 샌번의 책에 인용, 306~308쪽.
24) 힌튼, 201~204쪽.
25) 새뮤얼 워커, 《캔자스 주 역사협회 의사록》 6권, 267쪽.
26) 〈몬태나 라파예트 군민에게 보내는 호소〉, 샌번의 책에 인용, 309쪽.
27) 새뮤얼 워커, 《캔자스 주 역사협회 의사록》 6권, 272~273쪽.
28) 샌번의 책에 인용, 321쪽.
29) 존 브라운이 가족에게 보낸 편지, 1856년, 샌번의 책에 인용, 317~318쪽.
30) 찰스 로빈슨이 존 브라운에게 보낸 편지, 1856년, 샌번의 책에 인용, 330~331쪽.
31) 〈존 브라운의 연설〉, 레드패스의 책에 인용, 163~164쪽.
32) 레드패스, 164~165쪽.
33) 존 브라운의 기록, 샌번의 책에 인용, 332~333쪽.
34) 《캔자스 주 역사협회 의사록》에 적힌 기어리 주지사의 집행 적요 4권, 537쪽.
35) 어거스투스 워틀스에게 보낸 편지, 1857년, 샌번의 책에 인용, 391쪽.
36) 레인과 브라운의 서신, 샌번의 책에 인용, 401~402쪽.
37) F.B. 샌번과 다른 친구들에게 보낸 편지, 1858년, 샌번의 책에 인용, 474~477쪽.
38) 같은 책.
39) 힌튼, 레드패스의 책에 인용, 199~206쪽.
40) 조지 B. 길, 힌튼의 책에 인용, 218쪽.
41) 샌번, 481~483쪽.
42) 해밀턴, 《캐나다의 존 브라운》, 4~5쪽.
43) 샌번, 491쪽.


## 3부 3일간의 자유

### 1장 원대한 계획
1) 레드패스, 48쪽.
2) 레드패스, 71쪽.

3) 힌튼, 레드패스의 책에 인용, 203~205쪽.
4) 조지 빌의 회상, 힌튼의 책에 인용, 732~733쪽.
5) 힌튼, 171~172쪽.
6) 존 브라운의 비망록, 샌번의 책에 인용, 244쪽.
7) 존 브라운의 기록, 샌번의 책에 인용, 241~242쪽.
8) 게릿 스미스가 존 브라운에게 보낸 편지, 샌번의 책에 인용, 364쪽.
9) 예레미야 브라운, 레드패스의 책에 인용, 174~175쪽.
10) 메리 스턴스 부인의 회상, 힌튼의 책에 인용, 719~727쪽.
11) 샌번, 《존 브라운과 그의 친구들》, 8쪽.
12) 허드가 존 브라운에게 보낸 편지, 1857년, 샌번의 책에 인용, 367쪽.
13) 샌번, 375~376쪽.
14) 존 브라운의 연설, 샌번의 책에 인용, 379쪽.
15) 엘리 태이어에게 보낸 편지, 1857년, 샌번의 책에 인용, 382쪽.
16) 웨이랜드 박사의 회상, 샌번의 책에 인용, 381쪽.
17) 36대 국회 상원위원회의 1회기 보고서, 278번, 리처드 릴프의 증언, 96쪽.
18) 힌튼, 614~615쪽.
19) 어거스투스 워틀스에게 보낸 편지, 1857년, 샌번의 책에 인용, 393쪽.
20) 존 쿡의 고백, 힌튼의 책에 인용, 700~701쪽.
21) 리치먼, 《펜실베이니아 사람들 중의 존 브라운》, 20~21쪽.
22) 리치먼, 28~29쪽.
23) 힌튼, 156~157쪽.
24) 더글러스, 《프레더릭 더글러스의 삶과 시대》, 385~386쪽.
25) 테오도르 파커에게 보낸 편지, 1858년, 샌번의 책에 인용, 434~435쪽.
26) 히긴슨에게 보낸 편지, 1858년, 샌번의 책에 인용, 436쪽.
27) 샌번, 438~440쪽.
28) 존 브라운 주니어에게 보낸 편지, 1858년, 샌번의 책에 인용, 450~451쪽.
29) 가족에게 보낸 편지, 1858년, 샌번의 책에 인용, 440~441쪽.
30) 샌번에게 보낸 편지, 1858년, 샌번의 책에 인용, 444~445쪽.

## 2장 흑인 동지들과의 만남

1) 힉콕, 《오하이오의 흑인》, 42쪽.
2) 같은 책, 44쪽.
3) 윌리엄스, 《아메리카의 흑인 인종》 2권, 65~67쪽.
4) 미국 흑인 전문학교의 특별 신문 9권, 10쪽.

5) 미국 흑인 전문학교의 특별 신문 9권, 15쪽.
6) 미국 흑인 전문학교의 특별 신문 9권, 16쪽.
7) 더글러스, 《프레더릭 더글러스의 삶과 시대》, 1892년, 345쪽.
8) 미국 흑인 전문학교의 특별 신문 9권, 16~19쪽.
9) 미국 흑인 전문학교의 특별 신문 9권, 20~21쪽.
10) 존 브라운의 일기초, 보스턴 공립도서관, 2권, 35쪽.
11) 존 브라운 주니어에게 보낸 편지, 1858년, 샌번의 책에 인용, 452쪽.
12) 브래드포드, 《해리엇, 제 민족의 모세》, 118~119쪽.
13) 웬델 필립스의 편지, 《해리엇, 제 민족의 모세》에 인용, 155~156쪽.
14) 해밀턴, 《캐나다의 존 브라운》, 10쪽.
15) 앤더슨, 《하퍼스 페리에서 들려오는 목소리》, 9쪽.
16) 롤린, 《마틴 델러니의 삶과 사회 봉사》, 85~90쪽.
17) 존스의 회상, 해밀턴 《캐나다의 존 브라운》에 인용, 14~15쪽.
18) 힌튼, 178쪽.
19) 존스의 회상, 해밀턴의 책에 인용, 14쪽과 16쪽.
20) 롤린, 《마틴 델러니의 삶과 사회 봉사》, 85~90쪽.
21) 조지 길의 회상, 힌튼의 책에 인용, 185쪽.
22) 존스의 회상, 해밀턴의 책에 인용, 16쪽.
23) 힌튼, 619~633쪽.
24) 힌튼, 642~643쪽.
25) 임시 헌법 42항.
26) 가족에게 보낸 편지, 1858년, 샌번의 책에 인용, 455~456쪽.
27) 샌번이 히긴슨에게 보낸 편지, 1858년, 샌번의 책에 인용, 458쪽.
28) 히긴슨이 테오도르 파커에게 보낸 편지, 샌번의 책에 인용, 459쪽.
29) 포브스가 히긴슨에게 보낸 편지, 1858년, 샌번의 책에 인용, 460~461쪽.
30) 샌번, 463~464쪽.
31) 오웬 브라운에게 보낸 편지, 리치먼 《퀘이커교도들 사이의 존 브라운》에 인용, 1858년, 40~41쪽.

## 3장 장엄한 검은 길

1) 제퍼슨, 《버지니아에 관한 짧은 기록》.
2) 샌번, 467쪽.
3) 36대 국회 1회기 상원위원회 보고서, 278번; 리처드 릴프의 증언, 100쪽.
4) 샌번, 457쪽.

5) 힌튼, 130~131쪽.
6) 게리슨, 〈앤도버 리뷰〉에 인용, 1890년 12월과 1891년 1월.
7) 보초 일반 수칙, 1859년 10월 10일, 힌튼의 책에 인용, 646~647쪽.
8) 더글러스, 《프레더릭 더글러스의 삶과 시대》, 387쪽.
9) 헌터, 남부 역사협회의 간행물에 재판된 〈존 브라운의 습격〉 1권 3번, 188쪽
10) 36대 국회 1회기 상원위원회의 보고서, 278번: 랄프 플럼의 증언, 181쪽.
11) 배리, 《하퍼스 페리의 이상한 이야기》, 93쪽.
12) 앤 브라운, 힌튼의 책에 인용, 529~530쪽.
13) 힌튼, 453쪽.
14) 앤더슨, 《하퍼스 페리에서 들려오는 목소리》, 15쪽.
15) 힌튼, 496~497쪽.
16) 샌번, 월간 〈애틀랜틱〉과 힌튼의 책에 인용, 570쪽.
17) 앤 브라운, 힌튼의 책에 인용, 450쪽.
18) 클리블랜드에서 가진 연설의 신문 기사, 3월 22일, 레드패스의 책에 인용, 239~240쪽.
19) 브론슨 앨콧의 일기, 샌번의 책에 인용, 504~505쪽.
20) 36대 국회 1회기 상원위원회의 보고서, 278번: 존 웅셀드의 증언, 1~2쪽.
21) 앤더슨, 《하퍼스 페리에서 들려오는 목소리》, 19쪽.
22) 더글러스, 《프레더릭 더글러스의 삶과 시대》, 388~391쪽.
23) 앤더슨, 《하퍼스 페리에서 들려오는 목소리》, 23~25쪽.
24) 앤 브라운, 샌번의 책에 인용, 531쪽.
25) 앤 브라운, 힌튼의 책에 인용, 265쪽.
26) 36대 국회 1회기 상원위원회의 보고서, 278번: 존 플로이드의 증언, 250~258쪽.
27) 카기에게 보낸 편지, 1859년, 힌튼의 책에 인용, 257~258쪽.
28) 앤 브라운, 힌튼의 책에 인용, 260쪽
29) 오웬이 존 브라운에게 보낸 편지, 1850년, 힌튼의 책에 인용, 259쪽.
30) 존 브라운 주니어가 카기에게 보낸 편지, 1859년, 샌번의 책에 인용, 547~548쪽.
31) 앤더슨, 《하퍼스 페리에서 들려오는 목소리》, 26쪽.
32) 같은 책, 27쪽.
33) 같은 책, 28쪽.
34) 같은 책, 29쪽.

## 4장 결전의 날

1) 앤더슨, 《하퍼스 페리에서 들려오는 목소리》, 31~32쪽.

2) 36대 국회 1회기 상원위원회의 보고서, 278번; 다니엘 필러의 증언, 21~22쪽.
3) 앤더슨, 《하퍼스 페리에서 들려오는 목소리》, 33쪽.
4) 같은 책, 33~34쪽.
5) 같은 책, 36~37쪽.
6) 존 에드윈 쿡의 구술, 힌튼의 책에 인용, 700~718쪽.
7) 앤더슨, 《하퍼스 페리에서 들려오는 목소리》, 37쪽.
8) 같은 책, 37~38쪽.
9) 레드패스, 249쪽.
10) 36대 국회 1회기 상원위원회의 보고서, 278번; 존 스타리의 증언, 25쪽.
11) 보틀러, 〈존 브라운 습격에 대한 회상〉, 〈센추리 매거진〉에 인용, 1883년 7월, 405쪽.
12) 앤더슨, 《하퍼스 페리에서 들려오는 목소리》, 42쪽.
13) 같은 책, 39~40쪽.
14) 같은 책, 40쪽.
15) 보틀러, 〈존 브라운 습격에 대한 회상〉, 〈센추리 매거진〉에 인용, 1883년 7월, 401쪽.
16) 데인저필드, 〈센추리 매거진〉에 인용, 1885년 6월.
17) 배리, 《하퍼스 페리의 이상한 이야기》, 67쪽.
18) 패트릭 히긴슨, 힌튼의 책에 인용, 290쪽.
19) 데인저필드, 〈센추리 매거진〉에 인용, 1885년 6월.
20) 앤더슨, 《하퍼스 페리에서 들려오는 목소리》, 42쪽.
21) 헨리 헌터의 증언, 레드패스의 책에 인용, 320~321쪽.
22) 데인저필드, 〈센추리 매거진〉에 인용, 1885년 6월.
23) 배리, 《하퍼스 페리의 이상한 이야기》, 70~71쪽.
24) 데인저필드, 〈센추리 매거진〉에 인용, 1885년 6월.
25) 앤더슨, 《하퍼스 페리에서 들려오는 목소리》, 52쪽.
26) 존 브라운, 샌번의 책에 인용, 560~561쪽.

**5장 진실은 반드시 승리하리라**

1) 36대 국회 1회기 상원위원회의 보고서, 278번; 조지 스턴스의 증언, 241~242쪽.
2) 더글러스, 《프레더릭 더글러스의 삶과 시대》, 1892년, 376쪽.
3) 〈뉴욕 헤럴드〉의 통신, 샌번의 책에 인용, 562~571쪽.
4) 하퍼스 페리의 스토어어 대학에서 가진 프레더릭 더글러스의 연설, 1881년 5월.
5) 힌튼, 325~326쪽.
6) 스프링 부인, 레드패스의 책에 인용, 377쪽.
7) 신문 기사, 레드패스의 책에 인용, 376쪽.

8) 스프링 부인, 레드패스의 책에 인용, 377쪽.
9) 누나에게 보낸 편지, 1859년, 샌번의 책에 인용, 607~609쪽.
10) 존 브라운의 의견, 레드패스의 책에 인용, 309쪽.
11) 신문 기사, 레드패스의 책에 인용, 337쪽.
12) 레드패스, 340~342쪽.
13) 조지 스턴스 부인에게 보낸 편지, 1859년, 610~611쪽.

─ 부록 ─

처음 다섯 편은 브라운과 그의 동시대인들이 쓴 글이며, 여섯번째와 일곱번째 자료는 뒤 보아가 이 자서전을 쓸 때 존 브라운의 기억을 떠올리게 해준 정치 상황을 보여준다.

─ 1 ─

존 브라운의 전기를 썼던 샌번이 관찰했듯이, 브라운은 "책을 쓰기 위해 애쓰는 것을 싫어하여, 글로 쓰는 거의 모든 것을 짧게 단축해야 했다." 그가 쓴 꽤 긴 글 가운데 하나인 〈삼보의 실수〉는 가장 인상적인 그의 작품이기도 하다. 1850년 이전에 써서 소책자로 만들 생각이었던 이 작품은 미완성으로 남아 있었다. 브라운은 노예제 폐지론 지지 잡지였던 〈램스 혼〉에서 출간하기 위해 1848년에 원고의 일부를 기탁한 적이 있었다. 샌번의 저서 《존 브라운의 삶과 서신》(런던, 1885년) 128~131쪽에 인용된 이 글은 메릴랜드 역사협회의 도서관에서 발견되었다. 이 글이 취한 도덕적 비난과 브라운이 마치 흑인인 것처럼 서술했다는 사실 때문에 오늘날의 독자에게는 매우 기묘한 글로 비칠 것이다. 그러나 뒤 보아가 이 책에서 그 내용을 힘있게 변호했다는 사실을 주목하라.

## "삼보의 실수"

(1)

편집자 여러분께

나의 다른 흑인 형제들처럼, 나는 오랜 삶을 이어오면서 몇 가지 실수를 저지르기도 했겠지만, 항상 내 잘못을 제때에 발견하고 바른 길을 민감하게 받아들이는 일에 뛰어났다는 것을 한눈에도 알아보실 겁니다. 여러분들에게 몇 가지 실례를 보여드리고 싶습니다.

이를테면, 나는 어렸을 때 읽기를 배웠습니다. 하지만 성스럽고도 범속한 역사에 관심을 주지는 않았습니다. 그랬더라면 하나님과 인간의 진정한 품성을 익히 알게 되었을지도 모르지요. 개인과 사회, 국가가 추구해야 할 바른 길을 배웠을지도 모르고, 내 마음에 합리적이고 실질적인 생각들을 셀 수 없이 다양하게 축적하여, 남녀노소를 불문하고 수백만 타인의 경험을 통해 얻는 바가 있었을 것이며, 삶에서 가장 중요한 곳들에 필요한 자격을 얻기 위해 노력하여, 가장 슬기로운 최선의 결단과 가장 고결한 감정과 동기로 내 정신을 튼튼하게 했을지도 모릅니다.

그러나 나는 시시한 소설과 이런저런 통속적인 재밋거리로 채워진 신문 같은 보잘것없는 글을 탐독하며 내 온 삶을 보냈습니다. 그리하여 삶의 진실들에 다가가지 못했으며, 무의미한 말과 천한 재치에 맛들여서, 냉정한 진실이나 유용한 지식 또는 실제적인 지혜의 맛을 알지 못한답니다. 이로 말미암아 나는 내 자신이나 타인에게 아무런 도움도 주지 못하는 삶을 살아왔으며, 정독할 가치가 전혀 없는 허무맹랑한 글을 썼다고 할 수 있습니다. 하지만 이제는 내가 어디에서 그것을 놓쳤는지 금방 알 수 있습니다.

내가 아주 젊었을 때 저지른 또 다른 잘못은, 담배를 피우면 내가 어른처럼 보일 거라고 생각했다는 것입니다. 그러나 일부 백인들보다 더 열등한 인간이 되었을 뿐입니다. 내가 이런 식으로 낭비한 돈은 그 이자만으로도 고통받는 수많은 사람들을 구제할 수 있었을 것이며, 잘 선택한 흥미로운 책을 도서관을 지을 만큼 구입할 수도 있었을 것이고, 내 노년의 평안을 위해 제법 큰 농장을 하나 살 수도 있었을 것입니다. 그러나 실은 내게는 지금 책도, 의복도, 타인을 이롭게 했다는 만족감도 없으며, 백발이 성성한 내 머리를 누일 곳조차 없답니다. 하지만 이제는 내가 어디에서 그것을 놓쳤는지 금세 알 수 있습니다.

내 삶의 또 다른 실수는, 내가 프리 메이슨단(회원 상호간의 부조와 우애를 목적으로 삼은 비밀 결사 단체)과 오드 펠로단(비밀 공제 조합), 금주단, 그밖에 10여 개의 다른 비밀 모임에 들어가서, 똑똑하고 현명하고 선량한 회원들을 찾아 흥미롭고 교훈적이며 유용한 많은 것들을 배우려고 하지 않았다는 것입니다. 귀중한 시간의 대부분을 함부로 낭비했으며, 때로는 단 1년 만에 엄청난 돈을 헤프게 쓰기도

했습니다. 그때 그 돈을 이자를 놓았다면, 언제나 나를 공명정대하게 지켜주었을 것이며, 나는 영향력 있는 인격자가 되었거나 부끄럽지 않은 소명을 추구하여, 타인을 이롭게 하고 그들을 향상시킬 수도 있었을 것입니다. 그러나 나는 항상 가난했고, 빚을 짊어졌으며, 지금은 마부나 구두닦기, 사기꾼 같은 직업을 찾아 돌아다녀야 한답니다. 하지만 나는 재빠르게 알아차리는 데 일가견이 있답니다. 내가 어디에서 그것을 놓쳤는지 이제는 쉽사리 알 수 있습니다.

(2)
내가 더 커서 저지른 또 다른 잘못은, 보편적인 흥미를 끄는 중요한 일을 생각해볼 수 있도록 흑인들을 만나보라는 소명을 받았을 때마다, 거침없는 말재주를 자랑하려고 안달하고 내가 받아들인 이런저런 경박한 이론을 고집하여, 대개는 수중에 있던 돈마저 다 날려버리고, 하찮은 것들에 대해 논쟁하면서 시간을 낭비했으며, 그래서 대중의 복지를 장려할 것이라고 생각된 많은 중요한 대책들을 완전히 못쓰게 만들었다는 것입니다. 그러나 내가 어디에서 그것을 놓쳤는지 금세 알겠다고 말할 수 있어서 기쁩니다.

(나는 결코 아주 큰 실수들을 저지르지는 않았으므로) 내 삶의 또 다른 작은 잘못은 (우리 종족의 가장 중요한 관심사들을 조성할 때 단합하기 위해) 아무리 사소한 차이점도 양보하지 않으려 했다는 것입니다. 이런 식으로 나는 항상 단

지 몇 사람과, 더 빈번하게는 홀로 행동해야만 했으며, 삶의 목표가 될 만한 어떤 것도 성취하지 못했습니다. 그러나 한 가지 위안이 되는 것이 있습니다. 이제는 내가 그것을 어디에서 놓쳤는지 단박에 알 수 있기 때문입니다.

내가 저지른 또 하나의 사소한 실수는, 다른 사람이 어떤 면에서든 나의 기준에 맞지 않으면, 그가 아무리 값진 특성을 많이 지녔고, 어떤 중요한 자리를 차지하는 데 아주 감탄할 만큼 적합한 사람이라 할지라도, 나는 그를 전적으로 거부하고, 그의 영향력을 해치고, 그의 방법들을 반대했으며, 그의 의도가 선한 것이었고 그의 계획이 제대로 이루어졌는데도 그가 패배하면 기뻐하기까지 했답니다. 그러나 이제는 반박당할 것을 염려하지 않고 이렇게 말할 수 있어서 크나큰 만족을 느낍니다. 그것을 어디에서 놓쳤는지 금세 알 수 있다고.

(3)

내가 저지른 또 한 가지 작은 실수는, 나의 이론들이 훌륭했다 하더라도, 자제력을 실행에 옮기기 위해 한 번도 노력하지 않았다는 것입니다. 예를 들어, 나는 비싸고 화려한 옷과 좋은 지팡이, 회중시계, 자전거 체인, 반지, 가슴 장식 핀과 그밖에 많은 물건들을 구입했습니다. 일부 잘사는 백인들처럼, 그런 것들로 나를 범속한 서민들과 구분할 수 있을 거라고 생각했기 때문입니다. 나는 언제나 사치스런 파티를 열고, 최신 유행하는 재밋거리를 좇는 데 맨 앞장을 섰습니다. 또한 돈이 있기만 하면(그리고 심지어는 빌린 돈으로) 거리낌없이 내 입맛을 만족시키기 위해 탐식했으며, 음식을 나르는 사람들에게 땅콩이나 사탕 같은 것을 듬뿍듬뿍 안겨주었고, 이따금은 그럴듯한 만찬을 베풀었으며, 마차를 세놓는 집에서는 항상 호남아의 고객이었습니다. 이런 식으로, 그리고 다른 여러 방식으로 돈을 낭비하여, 나는 내 고통받는 형제들을 이롭게 할 수가 없었으며, 이제서야 서툴지만 내 자신의 영혼과 육신을 올곧게 지킬 수 있게 되었습니다. 그렇더라도 나를 생각이 없거나 판단력이 무딘 사람으로 생각하지는 말아주십시오. 이제 나는 내가 그것을 어디에서 놓쳤는지 당장에 알 수 있으니까요.

내 삶의 또 다른 사소한 잘못은, 항상 냉대하고 모욕하고 그릇된 모든 부류에게 얌전히 순종함으로써 백인들의 총애를 받을 거라고 기대했다는 것입니다. 그들의 야만적인 억압에 당당히 맞서서, 한 인간으로서 내 위치를 찾고, 한 시민으로, 한 남자로, 한 아버지로, 한 형제로, 한 이웃으로, 한 친구로서의 책임—하나님이 모든 사람에게 요구하듯이—을 떠맡지 않고서 말입니다. 나는 내 모든 굴종의 대가로, 남부의 노예제 옹호자들이 북부의 줏대 없는 정치가들에게 주는 것과 똑같은 응보를 찾아다니는 모양입니다. 공화당원들과 민주당원들은 뇌물을 받고 위협당하고 우롱당하고 속임수에 빠지기를 즐겨 하여, 남부 사람이 뱉은 침을 핥을 수만 있다면 크나큰 영광일 거라고 생각하기 때문입니다. 나도 그와 똑같은 응보를 받고 있습니다. 그러나 나는 범상치 않게 눈치가 빠른 사람입니다. 이제는 그것을 어디에서 놓쳤는지 단박에 알 수 있습니다.

내가 저지른 또 하나의 작은 실수는, 그동안 누구보다 열정적인 노예제 폐지론자였으면서도, 특정한 종교 교의들에 대해 내 친구들과 끊임없이 전쟁을 벌여왔다는 것입니다. 나는 처음에는 장로회파 사람이었으나, 퀘이커교도 친구들과 함께 행동한다는 것은 결코 생각할 수도 없었습니다. 그들은 일급 이단자들이었으니까요. 그리고 침례교 교인들은 물 속에 빠져 있고, 감리교 교인들은 하나님의 선택의 원리를 부정했습니다. 게리슨과 애비 켈리, 그외에 진실로 인자한 사람들로 말미암아 눈을 뜬 후의 세월에 대해 말하자면, 나는 안식일을 사랑하는 내 친구들에게 모든 힘을 쏟았으며, 그 시점에서는 모두가 위태롭다고 느꼈습니다. 최근 프랑스가 식민지의 노예제도를 폐지해서 증명한 것과 마찬가지로.

편집자 여러분, 이제 나는 의심하지 않습니다. 내가 그동안 성공적인 삶을 살지 않았다 하더라도, 그대들은 내가 특별할 만큼 눈치가 빠르다는 것을 온전히 믿어주실 것을. 이제 나는 내가 그것을 어디에서 놓쳤는지 눈 깜짝할 사이에 알 수 있답니다.

— 2 —

브라운은 '미국 길르앗 연맹'을 위해 다음과 같은 선언서/전략적 입문서를 작성했다. 그는 1851년 초 매사추세츠 스프링필드에서 이 조직의 창단을 도왔다. 이 연맹은 1850년의 '도망노예송환법'과 도망친 노예들(그리고 실은 자유주들의 모든 미국 흑인들)을 납치해서 남부로 보내 노예 신세로 만들겠다는 새로운 위협에 맞서 조직되었다. 그러한 위협에 맞서서, 무장 항거를 비롯한 직접적인 행위를 제안했다. 특이하게도 브라운의 호소는 "우리의 일을 수행하고 싶은 뜨거운 심장을 가진 모든 흑인들"을 향한 것이었다. 이 지역에서 44명의 미국 흑인들이 "충고의 말"로 끝나는 협정에 서명했다.

다음 글에는 백인 동지들을 구하는 방법에 관한 뛰어난 구절이 들어 있다. 출처는 샌번이 쓴 《존 브라운의 삶과 서신》의 124~126쪽이다.

## 협정

미 합중국의 시민으로서 정의롭고 자비로우신 하나님을 믿으며, 그분의 성령과 모든 강력한 도움을 겸허히 간청하면서, 우리는 언제까지나 사랑하는 우리 나라의 국기에 진실할 것이며, 항상 그 국기를 생각하며 행동할 것이다. 여기에 이름을 적은 우리들은 '미국 길르앗 연맹'의 한 지부를 설립하는 바이다. 우리는 당장 우리 자신에게 적합한 도구를 제공할 것이며, 그러한 도구를 소유하지 못한 자들 가운데 우리에게 합류할 의사가 있다면 누구든 도울 것이다. 우리는 우리의 과업을 수행하는 데 참여하고자 하는 마음이 있는 흑인이라면 누구나, 남녀노소를 불문하고 받아들이는 바이다. 이 연맹의 노약자들과 어린 성원들의 임무는 우리 중 누군가가 공격을 받을 경우 모든 성원들에게 곧바로 알리는 것이다. 우리는 당분간 강건한 성원들의 용기와 재능을 어느 정도 시험하여 가장 중요한 임무들을 수행할 자들 가운데서 간부를 선출할 수 있을 때까지 회계원과 간사를 두는 것 외에 어떠한 간부도 두지 않기로 합의한다. 지혜와 두려움 없는 용기, 능력, 보편적인 선행 외에 어느 것도 어떤 식으로든 우리가 간부를 선출하는 데 영향을 미치지 않을 것이다.

미국 길르앗 연맹 지부 1851년 1월 15일<br>존 브라운이 작성하여 추천

### 충고의 말

"단결은 힘이다."

미국 사람들의 개인적인 용맹만큼 매력적인 것도 없다. 영원히 기억될 '애미스태드' 사건을 보라. 대담하고 어느 정도까지는 성공한 한 남자가 진정으로 자신의 권리를 변호했다는 이유로 그의 목숨을 놓고 벌어진 그 재판은, 3백

만 명이 넘는 순종적인 흑인 집단의 축적된 학대와 고통보다도 더 심하게 전국에 걸쳐 연민을 자아낼 것이다. 가혹한 터키에 대항해서 싸운 그리스, 러시아에 대항한 폴란드를 굳이 이야기하거나, 오스트리아와 러시아에 대항한 헝가리를 굳이 들먹여서 이를 증명할 필요는 없을 것이다. 끝까지 자신의 권리를 위해 싸운 사람에게 유죄를 선고할 배심원은 북부에 있는 주에서는 발견할 수 없을 것이다. 배심원의 심리 권한을 도망 노예에게 허용해서는 안 된다고 주장하는 남부의 국회의원들은 이를 잘 이해하고 있다. 흑인들은 날랜 백인 친구들을 그들이 생각하는 것보다 10배는 갖고 있으며, 또한 앞으로 그런 친구들의 수는 10배 이상 늘어날 테지만, 백인 이웃들의 어리석은 행동과 방종을 흉내내고, 나태와 안일과 향락에 빠지는 것만큼 그들의 소중한 권리를 열렬히 지킬 사람은 절반밖에 되지 않을 것이다.

지난 20년 동안 그대들을 대신해서 개개인이 소비한 돈을 생각해보라! 그대들을 위해 집회를 열었다가 감금된 사람들을 생각해보라! 그대들 중에 《낙인 찍힌 손》을 본 적이 있는가? 그대들은 러브조이와 토레이라는 이름을 기억하는가?

그대들 중 어느 누가 체포된다면, 최대한 신속하게 동지들을 끌어모아야 한다. 그대들에게 대항해서 적극적인 역할을 맡을 적보다 수적으로 앞설 수 있도록. 최고의 강건한 대원이 장비를 갖추지 않거나, 무기를 다른 사람의 눈에 띄게 한 채로 지상에 나타나도록 해서는 안 된다. 이 점을 미리 이해해야 한다. 그대들의 계획은 그대들만 알아야 하며, 배신자는 누구를 막론하고 어디에서 붙잡혀 죄가 증명되든, 마땅히 죽어야 한다는 사실을 알아두어야 한다. "두려워서 마음에 겁내는 자가 있으면 길르앗 산에서 돌아갈지니"(사사기 7장 3절, 신명기 20장 8절).

모든 비겁자들에게 평화로운 조건에서 결정을 내릴 수 있는 기회를 주어라. 준비가 되었으면 한 순간도 지체하지 말아라. 지체하면 모든 결단을 잃을 것이다. 최초의 공격이 모두가 관여할 수 있는 도화선이 되도록 하라. 수가 불어났다고 해서 그대들의 일을 반만 하지 않도록 하며, 적에 대한 과업을 분명히 처리하라. 다른 어느 누구에게도 간섭하지 말아라. 그대의 임무를 조용히 수행함으로써 소동이 몰고올 사람들이 모이기 전에 그 일을 결말짓게 될 것이다. 또한 그대에게 반대를 표명하는 자들보다 유리한 위치에 있게 될 것이다. 그들은 장비도 심사숙고한 계획도 전혀 준비되지 않았을 것이기 때문이다. 그들에게는 모든 것이 혼란이고 공포일 것이다.

그대가 이 일을 훌륭하게 치러낸 뒤에는 적들이 쉽사리 그대를 공격하지 못할 것이다. 그들이 공격을 한다면, 그대뿐 아니라 그대의 백인 친구들과도 마주치지 않을 수 없을 것이다. 그대는 백인 전투부대에 무사히 의지할 수 있을 것이며, 이를 통해 담판을 지을 수 있을 것이므로.

확고하고, 단호하고, 냉정하라. 그러나 극단으로 내몰릴 때는 자신의 과업이 그대뿐 아니라 다른 사람들에게도 장엄할 만큼 소중한 과업이 되도록 해야 한다는 사실을 기억하라. 그들에게 통나무 집에 사는 사람들은 방화를 저지르지 않으리라는 것을, 그대도 그대의 백인 이웃들만큼 고통을 당할 수 있다는 것을 분명히 알려주어라. 구출작전에 참여한 후 공격을 당한다면, 아내를 데리고 가장 탁월하고 유력한 백인 친구의 집으로 들어가라. 그러면 효과적으로 그들에게 그대와 연계되어 있다는 혐의를 씌울 것이며, 그들이 그대와 함께 시민 단체를 결성할 수밖에 없게 만들 것이다. 그래서 그들은 이 일에 대해 선택의 여지가 없어질 것이다.

어떤 사람들은 틀림없이 그 자신의 선택이 옳다는 것을 스스로 증명할 것이며, 다른 사람들은 겁을 내 피할 것이다. 심리가 진행될 때는, 순식간에 공포를 불러일으킬 더 나은 방법을 생각해낼 수 없다면, 법정에서 종이 뭉치에 화약을 넣고 거리낌없이 불태움으로써 소동을 일으킬 수도 있다. 또한 한 사람이나 그 이상의 적을 인질로 잡을 수도 있다. 그러나 그런 경우에 그 포로에게 즉석에서 상황을 알려주고 분발하도록 해야 한다.

노예 사냥꾼에게 한 번쯤은 효과적으로 올가미를 사용할 수도 있다. 그대의 무기를 지키고, 절대로 무기를 버리거나, 무기를 내놓거나, 무기를 그대의 몸에서 멀리 떼어놓도록 설득당하는 일은 없어야 한다. 한 방울의 피라도 남아 있는 한, 서로의 곁에, 그리고 그대의 친구들 곁에 있어야 한다. 어쩔 수 없다면 목을 매달되, 필요 없는 말을 입 밖에 내서는 안 된다. 자백해서는 안 된다.

단결은 힘이다. 제대로 준비하지 않았다면 아무리 좋은 목적이라도 이루어질 수가 없으니, 필요한 것이 너무 많지 않도록 하라. 뉴욕의 햄릿과 롱의 경우를 보라. 여기에는 명확히 밝혀진 작전 계획이나 적합한 사전 준비가 없었다. 원하는 결과는 제안된 방법에 의해 효과적으로 이룰 수 있을 것이다. 즉, 양도할 수 없는 우리의 권리를 향유하는 결과는.

—3—

1859년 11월 29일, 브라운이 조지 스턴스 부인에게 보낸 이 편지는 목숨뿐만 아니라 죽음을 걸고서도 노예들과 일체감을 갖고 싶다는 그의 바람을 드러낸다. 보스턴의 상인이었던 조지 루터 스턴스는 브라운이 하는 모금운동의 주요한 재정 지원가였다. 그의 아내는 조각가 에드윈 브래킷(Edwin A. Brackett)이 감옥에 갇힌 브라운을 방문하도록 주선했다. 브래킷이 만든 흉상은 가장 친숙한 브라운의 이미지 가운데 하나가 되었다. 이 편지는 샌번의 저서 《존 브라운의 삶과 서신》의 610~611쪽에 게재되었다.

이곳에 감금된 후로 제가 받은 편지 중에 이 달 8일에 보내신 당신의 편지보다 더 큰 만족과 위안을 주는 것은 없었습니다. 저는 지금 매우 즐겁고, 이보다 행복한 적은 없었습니다. 한마디를 쓸 시간밖에 없답니다. 하나님께서 당신과 당신의 모든 가족에게 보답해주실 것입니다! 이웃을 사랑하는 모든 이들에게 내 사랑을 전합니다. 내가 공개적으로 참살을 당할 때 나약하거나 위선적인 어떠한 기도도 내게 쏟아지지 않기를 간청해왔습니다. 또한 내 유일한 신앙김 깊은 종자(從者)들은 백발의 노예 어머니들이 인도하는, 불결하고 남루하고 모자도 쓰지 않은 맨발의 불쌍하고 가여운 노예 소년들과 소녀들이기를 간청했답니다.

안녕! 안녕히!

1859년 11월 29일

존 브라운이 조지 스턴스 부인에게 보낸 편지

—4—

이 편지는 존 브라운이 처형되기 바로 전, 뉴욕 블루클린과 윌리엄스버그의 부인들이 존 브라운 아내 메리 브라운을 위로하기 위해 쓴 것이다. 이것을 존 브라운이 먼저 보고, 처형되면서 아내에게 보내는 자신의 편지와 동봉한 것으로, 주간 〈앵글로-아프리칸〉(1859년 12월 17일자)에 실렸다.

친애하는 브라운 부인

늙으셨으나 당신 남편의 소중한 친구임을 믿어 의심치 않는 헨리 하이랜드 가넷 경의 집에서, 이 도시의 일부 흑인 부인들이 만나, 억압당한 동족에게 "하나님이 주신 권리"를 찾아주려다가 자신의 목숨과, 그에게는 자신의 목숨보다 더 소중했던 사람들의 목숨을 바친 분을 위해 우리 모두의 아버지에게 간절한 기도를 드린 후 몇 주가 흘렀습니다. 그 모임은 간절한 기도와 눈물의 시간이었고, 하나님과 씨름한 시간이었으며, 우리 가운데 어떤 이들은 우리 사랑하는 형제의 모범이 되신 그분을 통해 우리가 평안의 답을 얻었다고 느꼈으며, 저는 우리가 일치했던 경험에서 "평안할지니"라고 말씀드릴 수 있을 것 같습니다.

기도를 위한 그 모임이 있기 전까지, 나와 내가 아는 그 많은 사람들은, 말하자면 크나큰 어둠의 공포에 휩싸여 괴로워했습니다. 잠자는 세상 위로 희뿌연 새벽이 밝아오기 전, 낮 동안의 분주한 시간들에도, 어스름이 몰려올 때도, 깜깜한 한밤중에도, 우리의 슬프고 괴로운 영혼에서 끊임없이 울부짖음이 터져나왔습니다.

"주님, 우리 형제의 피를 구하려는 포학하고 잔인한 자들의 손아귀에서 우리 형제를 구원해 주소서!"

우리는 쉴 수가 없었습니다. 우리는 서로에게 아무런 위안을 줄 수도 없었습니다. 그러나 그때 이후로 개인적으로는 제 가슴에서 괴로움이 벗겨졌으며, 이상한 이야기이지만 그분에 대해 불안하고 근심스런 마음을 느낄 수가 없습니다. 아, 당신은 울면서 말씀하시겠지요. "그이는 당신들의 남편이 아니니까요"라고. 하지만 친애하는 친구여, 그분은 영광되고 진실로 사랑하는 우리의 형제이며, 우리는 우리보다, 심지어 쓸쓸히 슬퍼하는 그분의 동료들보다도 더욱더 친절히 그분을 돌봐주시는 한 분이 계시다는 사실에 만족합니다.

우리는 압니다. 그분은 손에 든 보옥(寶玉)처럼 우리 하나님에게 소중한 분이라는 것을. 당신은 그것을 의심하나요? 우리는 그렇지 않습니다. 우리는 당신이 의심하지 않을 거라고 확신합니다. 천국의 아버지께서는 10명의 천사들을 얼른 보내시어 이들을 소름 끼치게 하실 수는 없는 걸까요? 그 옛날처럼, '한 분의' 영광스런 내방자를 보내실 수는 없는 걸까요? 내방자가 왔을 때, 하나님의 충직한 종인 그분은 사슬에 묶이고 수갑이 채워진 채 간수들이 지켜보는 가운데 그 허름한 침상에서 잠을 자다가, 천사의 목소리에 순종하여 자리에서 일어나 앞으로 나가셨을 것입니다. 아무것도 알지 못하고 다만, "그것은 환영이었던가?"라고 물으셨을 것입니다. 네, 분명 그러셨을 것입니다.

우리의 하나님은 변하지 않으십니다. 당신의 남편이 구원된다면, 30년이 넘게 그분의 고매한 정신을 쥐어짜듯이 괴롭힌 그 잔인한 현장을 몇 년 더 슬퍼하실 것입니다. 그리고 지금 그분의 귓가에 "올라 앉으라"고 속삭여주시는 것이 주님의 뜻이라면, 그것이 불의 바퀴라 할지라도, 당신은 그 수레의 바퀴를 막을 것입니다. 그러지 마세요, 슬픔에 빠지신 친애하는 내 자매여. 우리는 압니다. 고매하신 투사와 같은 생각에서, 당신은 이런 금언을 갖고 계시리라는 것을.

"나의 하나님—약속의 하나님—께서는 모든 일을 정의롭게 하십니다."

그렇습니다. 우리는 우리가 어떻게 다시 또다시 만나서 당신을 위해, 아직도 속박 속에 있는 이들을 위해 기도했는지, 그리고 지금 당신에게 이 연민의 말을 전하면서 우리에게 빼앗긴 권리를 찾아주기 위해 거리낌없이 목숨을 내주신 그분과, 11월 12일자 〈트리뷴〉에 밝힌 그분의 제언에 따라 우리가 엄숙한 유산으로 받아들이는 그분의 유족들에게 우리의 깊고도 다함 없는 감사를 얼마나 간절히 표현하고 싶은지를 알려드리고 싶었습니다. 그분에게 '영광의 면류관'을 주는 것이 참으로 주님의 뜻이라면 말입니다. "너희가 여기 내 형제 중에 지극히 작은 자 하나에게 한 것이 곧 내게 한 것이니라"라는 말씀을 들을 모든 이들을 위해 준비된 영관(榮冠)을.

그러니 당신의 소중한 남편에게 전해주세요. 이제부터는 당신이 우리 자신일 것이라고! 우리는 가난하고 멸시당한 백성입니다. 자유주들의 억압적인 제약 사항들에 의해, 일용할 빵을 구하기 위해 이른 새벽부터 밤늦게까지 수고하며, 돈을 벌 수 있는 일자리에는 나아갈 수도 없게 금지되어 있습니다. 하지만 우리는 모든 자유주에서, 그리고 모든 흑인 교회에서 한 무리의 자매들을 구성하여, 매주일 우리의 푼돈을 모아 당신의 무릎에 충실히 쏟아줄 것을 희망하며, 또한 하나님의 도움으로 그렇게 할 작정입니다.

하나님은 우리를 도우실 것입니다. 하나님은 과부의 판관이시며, 아버지를 잃은 이들의 아버지이기 때문입니다. 당신은 과부가 되었으며, 당신의 자녀들은 아버지를 잃은 아이들이 되었습니다. 당신의 남편과, 당신 자녀들의 아버지는 우리 하나님의 다음과 같은 명령을 이행할 수 있도록 자신의 목숨을 소중히 여기지 않았기 때문입니다.

"그러므로 무엇이든지 남에게 대접을 받고자 하는 대로 너희도 남을 대접하라. 이것이 율법이요, 선지자니라."(기독교 천계법뿐만 아니라 모세의 율법도 마찬가지입니다.)

두려워 마소서, 사랑하는 자매여. 야곱의 하나님을 믿으소서. 그 옛날 하나님은 압제자에게 이 말씀과 함께 선지자를 보내셨나니, 그들이 주님의 말씀을 영광되게 하지 않고 선지자를 살해한다면, 불행과 재앙과 화는 그들의 것입니다. 그러니 이와 같이 하나님을 믿으십시오. 그리고 아버지를 잃은 당신의 자녀들을 그분에게 맡기신다면, 당신과 그 자녀들이 당신의 사랑하는 남편처럼 바르게 행동하고 자비심을 사랑하고 당신의 하나님과 함께 겸허히 걷는다면, 당신은 영세를 얻을 것입니다.

우리는 머지않아 우리 사랑으로 모은 헌금의 첫 결실을 당신에게 보내기를 희망합니다. 많은 이들이 분명히 당신을 보살필 것입니다. 이와 더불어 우리는 당신과 당신의 자녀들을 보살필 모금운동을 펼칠 것입니다. 당신이 이제 충분하다고 말씀하실 때까지, 당신이 직접 우리에게 말씀하실 때까지.

"헐벗은 이들을 입히고, 굶주린 이들을 먹이고, 집 없는 이들에게 머물 곳을 주라. 그들은 매일같이 압제자에게서 도망치고 있나니."

우리는 당신에게 지금 편지를 쓰라고 요구하지 않겠습니다. 우리는 당신의 외로움을 알고 있으며, 그것을 개의치 않을 수가 없습니다. 우리는 요즘과 같이 엄숙한 날들의 고뇌가 두렵습니다. 자매들을 대신해서 당신에게 이런 말씀을 글로 적을 수 있는 특권을 얻은 저는, 과부의 심정과 그 모든 쓸쓸함을 잘 압니다. 그러나 우리는 기도합니다.

당신의 주인이시며, 당신이 섬기고, 사도의 보답을 받지 않고는 그분의 이름으로 사도에게 차가운 물 한 잔도 주지 않겠노라 말씀하셨던 그분은 그분의 얼굴이 당신에게서 빛나게 하실 것이며, 당신의 괴로운 마음에 평화를 말씀하실 것이며, 복음서의 크나큰 위안을 보내실 것이니, 복음서에는 그분의 조언과 당신 남편이며 우리의 형제이신 분의 생명을 당신의 가슴속으로 인도하시는 목소리가 담겨 있습니다. 삼위일체의 한 분이신 여호와께서 당신이 거주하시는 곳에 생명과 빛과 평화를 밝혀주시기를.

당신의 친애하는 자매들이 기도합니다.

—5—

급진적인 저널리스트이며 (나중에는 브라운의 전기를 쓴) 제임스 레드패스에게 보낸 이 편지에서, 프레더릭 더글러스는 자신이 다른 곳에서는 "연민에 빠진 흑인"이라고 불렀던 브라운을 찬미했을 뿐만 아니라, 노예제도에 끼칠 브라운의 영구적인 효과를 뚜렷하게 인식했다. 브라운이 자신의 계획을 털어놓은 최초의 미국 흑인이었던 더글러스는 하퍼스 페리 작전에 참여하기를 거부했었다. 더글러스는 이 편지를 월간 〈더글러스〉(1860년 9월호)에 실었다.

## 친애하는 친구

당신의 친절한 편지, 7월 4일에 노스엘바에서 당신과 다른 친구들을 만나도록 나를 초청한 편지가 어제야 제 손에 들어왔답니다. 하루나 이틀 전에만 제게 도착했더라도, 그 뜻에 따를 수 있었을 텐데요. 혁명적인 그날 당신과 다른 친구들과 함께 모여, 제가 이 19세기의 인물로 여기는 분을 영광되게 했다면 참으로 기뻤을 것입니다. 실은 그의 불멸의 명성에 빛을 주기 위해 우리가 할 수 있는 일은 거의 없습니다. 흠 없는 고결한 목숨으로 입증되고 그의 피로 증명된 존 브라운의 원칙들은 스스로 증명되었습니다.

그의 이름은 우리가 그의 이름을 크게 하고 영속시키기 위해 우리의 손길을 보탤 필요가 없을 만큼, 밝고 영구적인 영광으로 덮여 있습니다. 우리가 모여야 한다면, 그것은 오로지 우리 자신을 위해, 그리고 노예가 되어 짐승 같은 상태에 빠진 인류를 위해서일 것입니다. 존 브라운을 충분히 알고, 그의 결심을 나누고, 그의 확신을 향유하고, 그의 삶과 죽음의 크나큰 목적들에 공감했던 것을 저는 제 삶의 가장 큰 특권으로 여깁니다. 우리가 그의 명예가 된다는 것은 오로지 우리 자신들의 명예가 되는 것입니다. 그것은 그와 비슷한 자질을 소유했음을 암시하는 것이니까요.

저는 평화로운 방법으로 노예의 자유를 얻을 수 있다는 희망은 거의 갖고 있지 않습니다. 평화로운 노예 소유에 관한 오래된 방침으로 말미암아 노예 소유주들은 도덕적이고 인간적인 이해로 이를 수 없는 곳에 머물렀습니다. 그들은 정의와 인간애에 대한 호소를 들을 귀가 없고 심장이 없습니다. 노예가 목을 멍에에, 등을 채찍에, 발목을 차코와 족쇄에 순순히 내미는 동안, 노예제도를 정당화하기 위해 지식을 끌어들이고 성경을 인용할 것입니다. 존 브라운과 그의 용감한 동지들의 노력은, 겉으로는 무익해보이지만 필연의 힘을 뒤엎고, 노예제도의 안전망을 흔들어놓아 20년 동안 행했던 다른 모든 노력을 합친 것보다 더 많은 성과를 이루어냈습니다.

당신과 친구들은 그 일로 4일에 만나기로 제안했으나, 잠든 땅이 다시 살아날 수는 없을 것입니다. 그러나 존 브라운이 침착하게 교수대로 다가가 결국 목숨을 내놓게 만든 고매한 원칙들과 사심 없는 헌신은 결코 죽어 없어지지 않을 것입니다. 그것들은 오히려 그의 죽음을 더욱 설득력 있게 만듭니다. 미국 노예들과 그 친구들의 눈과 심장은 어리석게도 앨러게이니의 우뚝 솟은 봉우리들로 향하지 않고 있습니다. 그곳의 헤아릴 수 없이 많은 협곡과 동굴, 좁은 골짜기, 바위는 앞으로도 자유를 찾아 쫓기는 이들에게 숨을 곳이 되어줄 것입니다. 버지니아의 산 속에 있던 존 브라운의 학교에서 보낸 5일은 노예들에게 50년은 걸려야 배울 수 있는 것보다 더 많은 것을 가르쳐주었습니다. 최초의 공격을 한 후에 병기고에 남아 있었다는 실수조차도 앞으로의 성공에 필요한 열쇠임을 증명해줄지도 모릅니다. 이 친애하는 노인이 압제자들의 목숨에 표했던 염려와 존중—그의 목숨을 보전하게 했어야 할—은 미래의 반란자들이 흉내내지도 못할 것입니다. 노예 소유주들은 정의에 무관심한 만큼 관대함에도 무감각하며, 그들이 할당하는 벌은 다시 그들에게 할당되어야 할 것입니다. 제 마음은 언제나 당신과 함께입니다.

1860년 6월 20일, 로체스터
프레더릭 더글러스가 제임스 레드패스에게 보낸 편지

1905년, 30명의 미국 흑인이 나이아가라 폭포의 캐나다 쪽에 있는 포트 이에리에서 만나, 데이비스 레버링 루이스가 "20세기에 최초로 완전한 시민권을 요구하기 위한 미국 흑인들의 집단적인 노력"이라고 부른 운동에 착수했다. 이 운동에 참여하거나 재정적인 후원을 한 백인은 전혀 없는 상태로, '나이아가라운동'은 '부커 T. 워싱턴의 터스키기 머신'과 그것의 점진주의적인 정치운동에 의미심장한 도전을 시작했다. 이 집단은 이듬해에 하퍼스 페리를 개최지로 삼아 정치 집회를 열기로 했다. 이 모임의 설립자이며 서기장이었던 뒤 보아가 "국민에게 고함"이라는 연설문을 준비하여, 1906년 8월 집회 마지막 날 저녁에 읽었다. 그보다 이틀 앞서 브라운에게 바치는 선물로서 맨발로 행진해 들어온 사절단은, 뒤 보아가 브라운의 이름으로, "자유의 몸으로 태어난 미국인에게 속한 낱낱의 권리를" 간청하는 목소리에 귀기울였다.

## 국민에게 고함

한 해의 힘든 노역에서 벗어나 잠시 일용할 빵을 버는 일에서 한숨을 돌리고 '나이아가라운동'에 참석한 우리들은 국가를 향해 눈길을 돌려 천만의 이름으로 경청의 혜택을 다시 간청합니다. 지난해에 흑인 증오자들의 과업은 이 땅에서 융성했습니다. 미국 시민들의 권리를 옹호하는 이들은 한 발짝 한 발짝 뒤로 물러났습니다. 흑인의 투표권을 훔치는 일은 진전했으며, 훔친 투표권을 대표하는 50명 이상의 국회의원들이 아직도 이 나라의 수도에 앉아 있습니다. 여행과 공공 편의시설에서 나타나는 차별은 너무나 넓게 퍼져 있어서, 별로 신통치 못한 우리 형제들 중 일부는 실제로 그러한 흑인 차별을 큰소리로 비난하기를 두려워하며 보통 이하의 변변찮은 생활에 필요한 것만을 작은 목소리로 요구할 뿐입니다.

'나이아가라운동'은 언제까지나 이러한 차별에 반대합니다. 우리는 한 인격체로서 우리의 온전한 성인이 갖는 권리보다 일점 일획이라도 모자라는 것을 얻는 데 만족하지 않을 것입니다. 우리는 자유의 몸으로 태어난 미국인에게 속한 낱낱의 정치적·사회적 시민으로서의 권리를 주장하는 바입니다. 이러한 권리를 얻을 때까지 우리는 결코 저항을 멈추지 않을 것이며, 미국이 경청하도록 공박할 것입니다. 우리가 벌이는 전쟁은 우리 자신만을 위한 것이 아니며, 모든 진정한 미국인을 위한 것입니다. 그것은 원대한 목표를 위한 싸움입니다. 이 땅이, 우리 모두의 조국이 건국 취지에 어긋나게, 진실로 도둑의 땅이 되고 노예의 고향이 되지 않도록 하기 위해서입니다. 허풍스런 겉치레와 보잘것없는 성취로 말미암아 여러 나라에 웃음거리가 되고 비난의 대상이 되어서는 안 되기 때문입니다.

현대에 들어서서 이전에는 숭고하고 문명화한 민족이 제

땅에서 태어나 자란 동료 시민들을 처우할 때 그토록 비겁하게 강령을 채택하도록 위협한 예는 결코 없었습니다. 장황과 둔사를 걷어내고 아무런 꾸밈없이, 새로운 미국의 강령은 이렇게 전합니다.

흑인이 백인과 동등해지지 않도록 일어서려고 하지도 못하게 하라. 이런 곳이 예수 그리스도를 따르겠다고 고백하는 땅입니다. 그러한 방침의 신성 모독은 비겁에 어울릴 뿐입니다.

자세히 말해, 우리의 요구는 분명하고도 명백합니다.

첫째, 우리는 투표를 할 수 있어야 합니다. 모든 것은 투표를 할 수 있는 권리가 있어야 가능하기 때문입니다. 자유와 인격, 그대 아내들의 존경, 그대 딸들의 정숙, 일할 수 있는 권리, 일어설 수 있는 기회, 이것을 부정하는 자들의 말에 귀 기울이지 않을 수 있게 하는 모든 것은.

우리는 온전한 성인의 선거권을 원하며, 그것을 지금, 이후, 그리고 영원히 원합니다.

둘째, 우리는 공공 편의시설에서 나타나는 차별이 중단되기를 원합니다. 오직 인종과 혈색에 근거해서 철도와 시내전차의 승차권을 분리한다는 것은 미국답지 못하며, 비민주적이고 어리석은 짓입니다. 우리는 그런 모든 차별에 항의합니다.

셋째, 우리는 걷고, 말하고, 우리와 함께하기를 원하는 이들과 함께할 수 있는 자유민의 권리를 요구합니다. 어느 누구도 다른 사람의 친구들을 선택할 권리는 없으며, 그렇게 하려 한다는 것은 인간의 인권에 따른 가장 기본적인 권리를 뻔뻔스럽게 방해하는 짓입니다.

넷째, 우리는 가난한 자뿐만 아니라 부유한 자에게도, 노동자뿐만 아니라 자본가에게도, 흑인뿐만 아니라 백인에게도 법률이 시행되기를 원합니다. 우리는 법률을 지키지 않는 무법자가 아니며, 백인종도 마찬가지입니다. 우리는 더 자주 체포되고, 유죄 판결을 받고, 폭도 취급을 당합니다. 우리는 범죄자와 무법자에게도 정의가 구현되기를 원합니다. 우리는 국가의 헌법이 시행되기를 원합니다. 우리는 국회가 국회의원 선거를 책임지기를 원합니다. 우리는 14차 미국 헌법 수정안이 정확히 수행되기를 원하며, 합법적인 유권자의 선거권을 박탈하려고 시도하는 모든 주의 특권을 박탈하기를 원합니다. 14차 미국 헌법 수정안이 시행되기를 원하며, 어떤 주도 단지 피부색에 따라 선거권을 주는 일이 없기를 원합니다.

국회의 공화당이 남부의 동의 조건과 관련하여 1904년에 내건 공약을 이행하지 못한 것은 분명하고도 고의적이며 미리 계획된 약속 위반으로 보이며, 이는 공화당이 득표수를 얻기 위해 사취죄를 저지른 범죄 집단으로서의 본성을 드러내는 것입니다.

다섯째, 우리는 우리의 자녀들이 교육받기를 원합니다. 남부 교외 지구의 학교체제는 수치이며, 흑인 학교가 있는 읍이나 시는 거의 없습니다. 우리는 국가 정부가 끼여들어 남부의 문맹을 없애주기를 원합니다. 미 합중국이 무지를 타파하지 않는다면 무지가 미 합중국을 타파할 것입니다.

우리가 요구하는 교육이란 진정한 의미의 교육을 말합니다. 우리는 노동을 믿습니다. 우리들 자신이 노동자이지만, 노동이 반드시 교육은 아닙니다. 교육이란 능력과 이상을 개발하는 것입니다. 우리는 우리의 자녀가 이해력 있는 인간이 받는 교육을 받기를 원하며, 흑인 남자아이들과 여자아이들을 오직 종과 하급 직원, 또는 단순히 다른 사람들의 도구로 교육시키려는 모든 획책에 맞서서 언제까지라도 싸울 것입니다. 그들은 알고, 생각하고, 큰 뜻을 품을 권리가 있습니다.

우리가 원하는 몇 가지 주요 사항은 지금까지 지적한 것들입니다. 우리는 어떻게 그것들을 얻을 수 있을까? 우리가 투표할 수 있는 곳에서 투표함으로써, 끈질기고도 지속적인 여론 환기운동을 통해서, 진실의 문을 두드림으로써, 희생과 노고에 의해서.

우리는 폭력을 믿지 않습니다. 멸시당하는 습격의 폭력을 믿지 않으며, 군대의 칭송받은 폭력도 믿지 않으며, 폭도들의 야만적인 폭력도 믿지 않지만, 우리는 존 브라운을 믿습니다. 정의의 화신인 그를 믿으며, 거짓에 대한 그의 증오를 믿으며, 돈과 명예와 목숨까지도 권리의 제단에 기꺼이 바친 그의 희생 정신을 믿습니다. 그리고 여기 존 브라운이 순교한 현장에서 우리는 존 브라운이 목숨을 바쳐 자유케 한 인종의 마지막 해방에 우리 자신과 우리의 명예, 우리의 재산을 바치는 바입니다.

현재 의기양양한 우리의 적들은 우쭐하여 어쩔 줄 몰라 합니다. 정의와 인간애는 승리해야 합니다. 우리는 우리의 이 검은 형제들—결심이 사라지고 머뭇거리며 나약한— 에게 반드시 이런 말을 전하고 싶습니다. 악명이나 금전적인 뇌물도, 부나 명성에 대한 약속도, 한 민족의 인격을 포기하거나 한 인간의 자존심을 잃을 만큼 가치가 있는 것이 아니라고. 우리는 이러한 종족의 지도력을 비겁자들과 굴종자들에게 넘겨주기를 거부합니다. 우리는 인간입니다. 우리는 인간으로 대접받기를 원합니다. 우리는 결코 포기하지 않을 것입니다. 최후의 심판날에도 여전히 우리가 싸우고 있다 하더라도.

우리는 승리할 것입니다. 지나간 과거는 그것을 약속했으며, 현재는 그것을 예시하고 있습니다. 존 브라운을 보내주신 하나님에게 감사드립니다! 게리슨과 더글러스를 보내주신 하나님에게 감사드립니다. 섬너와 필립스, 냇 터너와 로버트 굴드 쇼, 그리고 자유를 위해 목숨을 던진 모든 신성한 죽음에 대해서도! 오늘날의 그 모든 이들을 보내주신 하나님에게 감사드립니다. 그들의 목소리는 비록 적고, 백인이든 흑인이든, 부유하든 가난하든, 행운아이든 불운아이든, 모든 인간의 성스러운 형제애를 잊어버렸다 하더라도.

우리는 이 나라의 젊은 남녀에게 호소합니다. 아직은 탐욕과 속물 근성과 인종에 대한 편견으로 더럽혀지지 않은 이들에게 호소합니다. 정의를 위해 일어서십시오. 그대들 자신이 그대들의 천성만큼이나 가치롭다는 것을 증명하십시오. 북부에서 태어났든 남부에서 태어났든 인간을 인간으로 대접하는 일에 앞장서십시오. 1천만 명의 외국인을 자신의 정치 생활에 흡수시켰던 나라가 1천만 미국 흑인을 그들의 부당하고 불법적인 배제가 반드시 수반할 대가보다 더 적은 비용으로 그와 똑같은 정치 생활로 흡수할 수는 없는 것일까요?

용기를 내십시오, 형제들이여! 인류애를 위한 싸움은 패하지 않았으며, 패하지 않을 것입니다. 모든 창공에는 약속의 노래들이 걸려 있습니다. 슬라브족은 온 힘을 다해 일어서고, 수백만의 황인종은 자유를 맛보고 있으며, 아프리가 흑인들은 빛을 향해 나아가면서 몸부림치고 있고, 어디에서나 노동자들은 투표권을 손에 들고, 기회와 평화의 관문을 열기 위해 투표하고 있습니다. 피로 얼룩진 언덕 위로 아침이 밝아옵니다. 우리는 비틀거려서는 안 됩니다. 우리는 움츠러들어서도 안 됩니다. 창공에는 꺼지지 않는 별들이 반짝이고 있습니다.

## 3일간의 자유

지은이 | W. E. B. 뒤 보아
옮긴이 | 김이숙

1판 1쇄 발행일 2003년 7월 7일
발행부수 2,500부

---

발행인 | 김학원
기획 | 이재민 선완규 한상준 박재호
디자인 | 이준용 김준희
마케팅 | 이상용
저자·독자 서비스 | 인현주(ihj2001@hmcv.com)
조판 | SL 기획
표지·본문 출력 | 희수 com.
용지 | 화인페이퍼
인쇄 | 청아문화사
제본 | 문원제책

---

발행처 | 휴머니스트
출판등록 제10-2135호.(2001년 4월 18일)
주소 | 서울시 마포구 동교동 201-10 석진빌딩 3층 121-819
전화 | 02-335-4422 팩스 | 02-334-3427
홈페이지 | www.hmcv.com

ⓒ 휴머니스트, 2003

ISBN 89-89899-53-2  03840

---

## 만든 사람들

책임 기획 | 박재호(pjh2001@hmcv.com)
책임 편집 | 최양순
책임 디자인 | 이준용
지도·책임 그래픽 | 김준희